高等医学院校护理学专业教材

临床营养学

主　编　孙孟里
副主编　李百花　于　康
主　审　唐　仪
编　委（按姓氏拼音顺序排列）
　　　　艾　华　杜寿玢　李淑媛　李百花
　　　　林晓明　马　方　宋圃菊　孙孟里
　　　　唐　仪　文树根　王　红　魏静心
　　　　杨丽华　于　康　杨勤兵

北京大学医学出版社

LIN CHUANG YING YANG XUE

图书在版编目（CIP）数据

临床营养学/孙孟里主编． －北京：北京大学医学出版社，2003.5（2014.3 重印）
ISBN 978-7-81071-408-2

Ⅰ．临… Ⅱ．孙… Ⅲ．营养学－成人教育：高等教育－教材 Ⅳ．R151

中国版本图书馆 CIP 数据核字（2003）第 021382 号

临床营养学

主　　编：	孙孟里
出版发行：	北京大学医学出版社（电话:010-82802230）
地　　址：	（100191）北京市海淀区学院路 38 号　北京大学医学部院内
网　　址：	http://www.pumpress.com.cn
E - mail：	booksale@bjmu.edu.cn
印　　刷：	莱芜市圣龙印务有限责任公司
经　　销：	新华书店
责任编辑：	冯智勇　　责任校对：周　励　　责任印制：张京生
开　　本：	787mm×1092mm　1/16　　印张：17　　字数：434 千字
版　　次：	2003 年 6 月第 1 版　2014 年 3 月第 9 次印刷
书　　号：	ISBN 978-7-81071-408-2
定　　价：	24.00 元

版权所有，违者必究
（凡属质量问题请与本社发行部联系退换）

前　言

　　临床营养学是护理"专升本"系列教材之一，分【营养学基础】和【营养与疾病】上下两篇。第一篇由北京大学公共卫生学院的宋圃菊、唐仪、林晓明教授编写，第二篇由北医系统、协和医院等医院的营养部主任及资深临床营养专家共同编写。内容包括能量与蛋白质、脂类、碳水化合物及其他营养素的相关知识；各类食品的营养价值；孕妇、乳母、婴幼儿、老年人等不同人群的营养；医院基本膳食，中国居民膳食指南，平衡膳食宝塔及糖尿病、呼吸系统疾病、肝胆胰疾病、胃肠疾病、肾脏疾病及烧伤、手术前后的营养治疗和肠内、肠外营养支持。还有儿童糖尿病、儿童肾脏病、小儿缺钙、苯丙酮尿症等儿科疾病的营养治疗。我们力求把国内外营养学的最新进展介绍给读者，从实用角度出发，本书编写了大量的食谱，以供参考。

　　本书可作为护理专业全日制本科及电大、网校教材。也可供临床护士、医生及营养师参考使用。

　　唐仪教授在百忙中对本书进行了认真、细致的审阅；北大医院营养部的各位营养师对本书进行了仔细的校对，并配制了大量的食谱，在此表示深深的谢意！因时间仓促，错误与不妥之处请各位老师和同仁多多指正。

编者

2003 年 3 月

目　录

第一篇　营养学基础

第一章　宏量营养素 (1)
第一节　蛋白质 (1)
第二节　脂类 (5)
第三节　碳水化合物 (8)

第二章　能量 (12)
第一节　能量的计量单位 (12)
第二节　人体的能量消耗 (12)
第三节　人体能量需要的确定 (14)
第四节　能量的推荐摄入量 (15)

第三章　微量营养素 (17)
第一节　矿物质 (17)
第二节　维生素 (28)

第四章　其他膳食成分 (43)
第一节　水 (43)
第二节　膳食纤维 (44)

第五章　各类食品的营养价值 (46)
第一节　谷类食品营养价值 (46)
第二节　豆类和坚果类的营养价值 (48)
第三节　蔬菜、水果的营养价值 (49)
第四节　畜、禽肉及鱼类的营养价值 (51)
第五节　奶及奶制品的营养价值 (53)
第六节　蛋及蛋制品的营养价值 (55)

第六章　不同人群的营养 (57)
第一节　孕妇、乳母营养 (57)
第二节　婴幼儿营养 (62)
第三节、老年营养 (64)

第七章　中国居民膳食指南及平衡膳食宝塔 ……………………………………… (68)
第一节　中国居民膳食指南 ……………………………………………………… (68)
第二节　中国居民平衡膳食宝塔 ………………………………………………… (70)

第八章　医院基本膳食 ………………………………………………………………… (72)

第九章　医院治疗膳食 ………………………………………………………………… (75)

第十章　诊断与代谢膳食 ……………………………………………………………… (81)
第一节　诊断用试验膳食 ………………………………………………………… (81)
第二节　代谢膳食 ………………………………………………………………… (84)
第三节　诊断与代谢膳食食谱 …………………………………………………… (85)

第十一章　住院病人营养状况评价 …………………………………………………… (90)
第一节　人体组成分析 …………………………………………………………… (90)
第二节　人体测量 ………………………………………………………………… (94)
第三节　生化及实验室检查 ……………………………………………………… (97)
第四节　临床检查 ………………………………………………………………… (102)
第五节　综合营养评定 …………………………………………………………… (103)

第二篇　营养与疾病

第十二章　营养缺乏性疾病 …………………………………………………………… (106)
第一节　蛋白质-能量营养不良 …………………………………………………… (106)
第二节　缺铁性贫血 ……………………………………………………………… (107)
第三节　钙缺乏与过量 …………………………………………………………… (110)
第四节　锌缺乏 …………………………………………………………………… (111)
第五节　硒缺乏与硒中毒 ………………………………………………………… (112)
第六节　维生素 A 缺乏症 ………………………………………………………… (113)
第七节　维生素 D 缺乏症 ………………………………………………………… (114)
第八节　维生素 B_2 缺乏症 ……………………………………………………… (115)

第十三章　胃肠道疾病的营养治疗 …………………………………………………… (116)
第一节　急性胃炎 ………………………………………………………………… (116)
第二节　慢性胃炎 ………………………………………………………………… (118)
第三节　消化性溃疡 ……………………………………………………………… (119)
第四节　克隆病 …………………………………………………………………… (121)
第五节　溃疡性结肠炎 …………………………………………………………… (123)

第十四章　肝胆胰疾病的营养治疗 …………………………………………………… (124)

第一节	病毒性肝炎	(124)
第二节	肝硬化	(127)
第三节	肝性脑病	(129)
第四节	脂肪肝	(133)
第五节	胆囊炎和胆石症	(135)
第六节	胰腺炎	(138)

第十五章　慢性阻塞性肺疾病的营养治疗 (142)

第十六章　心血管系统疾病的营养治疗 (147)
　　第一节　高脂蛋白血症 (147)
　　第二节　高血压 (152)
　　第三节　冠心病 (155)

第十七章　肾脏疾病的营养治疗 (158)
　　第一节　肾脏生理功能 (158)
　　第二节　肾脏病人营养状况评价及营养治疗 (158)
　　第三节　急性肾小球肾炎 (160)
　　第四节　慢性肾小球肾炎 (161)
　　第五节　肾病综合征 (162)
　　第六节　慢性肾功能衰竭 (163)

第十八章　内分泌与代谢疾病的营养治疗 (169)
　　第一节　糖尿病 (169)
　　第二节　妊娠糖尿病 (177)
　　第三节　痛风及高尿酸血症 (178)
　　第四节　甲状腺功能亢进症 (183)
　　第五节　肥胖症 (186)

第十九章　神经精神疾病的营养治疗 (191)
　　第一节　肝豆状核变性 (191)
　　第二节　神经性厌食 (194)

第二十章　外科疾病的营养支持 (196)
　　第一节　概述 (196)
　　第二节　常见外科疾病的营养支持 (199)

第二十一章　烧伤的营养支持 (207)

第二十二章　肠外与肠内营养支持 (212)

第一节　肠外营养的适应证、禁忌证和并发症 …………………………………………… (212)
第二节　肠内营养的适应证、禁忌证和并发症 …………………………………………… (213)
第三节　肠外与肠内营养支持的方式及操作技术 ………………………………………… (215)
第四节　肠外与肠内营养支持的监测 ……………………………………………………… (218)

第二十三章　儿科疾病的营养治疗 …………………………………………………………… (220)
第一节　苯丙酮尿症 ………………………………………………………………………… (220)
第二节　儿童时期的糖尿病 ………………………………………………………………… (224)
第三节　急性肾小球肾炎 …………………………………………………………………… (228)
第四节　肾病综合征 ………………………………………………………………………… (229)
第五节　慢性肾小球肾炎 …………………………………………………………………… (230)
第六节　急性肾功能衰竭 …………………………………………………………………… (231)
第七节　儿童钙缺乏 ………………………………………………………………………… (232)

第二十四章　骨质疏松症与营养 ……………………………………………………………… (236)
第一节　概述 ………………………………………………………………………………… (236)
第二节　骨质疏松症的发病原因及机理 …………………………………………………… (237)
第三节　骨质疏松症的临床表现及诊断 …………………………………………………… (239)
第四节　骨质疏松症的治疗 ………………………………………………………………… (240)
第五节　骨质疏松症的预防 ………………………………………………………………… (242)

第二十五章　营养、饮食与癌症 ……………………………………………………………… (246)
第一节　营养与癌症 ………………………………………………………………………… (246)
第二节　食品中致癌因素 …………………………………………………………………… (249)
第三节　癌症病人的营养治疗和饮食护理 ………………………………………………… (252)

附录一　中国居民膳食营养素参考摄入量 …………………………………………………… (257)

附录二　食物血糖生成指数 …………………………………………………………………… (258)

附录三　常用食物能量表 ……………………………………………………………………… (261)

第一篇 营养学基础

第一章 宏量营养素

第一节 蛋白质

一、蛋白质的生理功能

蛋白质是一切生命的物质基础，是人体的重要组成部分。蛋白质和核酸是生命存在的主要形式，是构成一切细胞和组织的基本物质，没有蛋白质就没有生命。

蛋白质约占人体重量的16%~19%。肌肉、心脏、肾脏、肝脏都含有大量蛋白质，骨骼中、指甲中、头发中也都含有蛋白质。

机体的一些重要生理活性物质由蛋白质构成，如激素、酶、血红蛋白、血浆蛋白等。这些生理活性物质起调节机体的新陈代谢、运输氧、维持渗透压等作用。蛋白质还可形成抗体以抵御外来物质的侵袭。

当机体需要时，蛋白质也能代谢分解产生能量，但蛋白质的主要生理功能并非产生能量。脂肪和碳水化合物的基本成分是碳、氢、氧三种元素，蛋白质的基本成分是碳、氢、氧、氮四种元素，有些蛋白质还含有硫、磷、铁、碘等其他元素。人类在生长发育阶段，应供给充足的蛋白质以满足需要。成年后，机体内蛋白质含量已基本固定，不再增加，但细胞和组织仍在新陈代谢，不断更新，故每日仍需要蛋白质供应。

二、氨基酸

氨基酸（amino acid）是组成蛋白质的基本单位，人体需要蛋白质，实际上就是需要氨基酸。蛋白质是由以肽键连接的许多氨基酸构成的。在人体和自然界中，常见的氨基酸有20多种，它们以不同的种类、数量、排列顺序和空间结构，构成了功能各异的蛋白质，它们不仅化学结构不同，生理功能也各不相同。构成人体蛋白质的氨基酸有20种，其中9种称为非必需氨基酸，它们在人体内可以合成，能满足机体需要；而另有9种氨基酸，人体不能合成或合成速度不能满足机体需要，必须由食物供给，称为必需氨基酸，它们是异亮氨酸、亮氨酸、赖氨酸、蛋氨酸、苯丙氨酸、苏氨酸、色氨酸、缬氨酸，组氨酸是婴儿的必需氨基酸。半胱氨酸在体内可由蛋氨酸转变而成，二者合称含硫氨基酸；酪氨酸可由苯丙氨酸转变而成，二者合称芳香族氨基酸。如果膳食中半胱氨酸和酪氨酸供给充足，则可节约蛋氨酸和苯丙氨酸的需要量，故又将半胱氨酸、酪氨酸称为条件必需氨基酸。

三、蛋白质的分类

可根据蛋白质的营养价值将其分为三类：完全蛋白质、半完全蛋白质和不完全蛋白质。

1. 完全蛋白质 蛋白质中所含的必需氨基酸种类齐全、数量充足、比例恰当,这样人体利用率就高。完全蛋白质也称为优质蛋白质,它们包括动物性食品中的蛋、奶、肉、鱼等以及大豆蛋白。优质蛋白质的氨基酸模式与人体蛋白质接近,必需氨基酸被机体利用的程度高。含优质蛋白质丰富的食物其营养价值也相对较高。

2. 半完全蛋白质 蛋白质中所含的必需氨基酸虽然种类齐全,但其中某一种或几种必需氨基酸的含量相对较低。此种蛋白质的利用率较低,称为半完全蛋白质。含量低的氨基酸,称为限制氨基酸,如粮谷中的赖氨酸。因为黄豆及其制品中含赖氨酸较多,故将40%小米面、40%面粉、20%黄豆面混合,以提高蛋白质的利用率。这种搭配着吃、相互补充其必需氨基酸不足的作用,营养学上称为蛋白质互补作用。

3. 不完全蛋白质 蛋白质中所含必需氨基酸的种类不全,不能促进人体生长发育,也不能维持生命,例如肉皮中的明胶蛋白。

四、蛋白质营养不良和人体蛋白质营养状况评价

我国改革开放后,经济得到发展,膳食组成优化,居民营养状况得到改善,根据1992年全国营养调查结果,蛋白质摄入量达到每个标准人每日68g,占RDA(每日膳食中营养素供给量)的90.3%,城市达到98.7%,农村为85.9%。个别经济不发达地区,如农村或边远山区,仍应注意蛋白质的营养问题。

当蛋白质供给不足时,肠粘膜和消化腺等新陈代谢快的组织和器官首先受累,发生消化不良、腹泻或失水,导致营养素吸收不良。继而影响肝脏,发生脂肪浸润,血浆蛋白尤其是白蛋白合成受阻。随着病情加重,可有肌肉萎缩、贫血、水肿,出现负氮平衡。患者组织蛋白分解,体重减轻,免疫力低下。儿童则消瘦,生长发育迟缓,甚至智力障碍。妇女可出现月经失调、生殖功能障碍。

人体蛋白质营养状况评价:

1. 人体测量 体重、身高、体质指数、上臂围、皮褶厚度等。
2. 生化检查

   血清白蛋白:正常参考值 30~50g/L

   血清运铁蛋白:正常参考值 2.2~4.0g/L

   血清总蛋白:正常参考值 60~80g/L

3. 氮平衡 婴幼儿、儿童、青少年、孕妇、乳母应为正氮平衡;健康的成年人应为零氮平衡。

五、蛋白质的消化、吸收和代谢

食品中蛋白质的消化从胃开始。胃酸先使蛋白质变性,并激活胃蛋白酶原,在小肠中经胰蛋白酶及糜蛋白酶消化分解为氨基酸、二肽或三肽,再被小肠吸收。二肽、三肽进一步分解为氨基酸,才能进入门静脉,然后被运送到肝脏和身体其他组织、器官被利用。

肠道内的蛋白质,不仅仅来自食物,还来自肠道脱落的粘膜细胞和消化液分泌等,称之为内源性蛋白质,其中大部分被消化和重吸收并参与蛋白质合成。未被吸收的蛋白质,则随粪便排出。

人体组织、器官和体液中的游离氨基酸统称为氨基酸池。游离氨基酸参与体内一系列代谢反应。一部分参与体内蛋白质合成;一部分参与分解代谢成为二氧化碳、糖或脂类,成为

产能的物质；一部分可用于生成新的含氮物质，如肾上腺素、肌酸、肌酐、嘌呤、尿酸等。

机体每天由皮肤、毛发、粘膜及妇女月经失血等排出的氮，相当于20g以上的蛋白质，这是不可避免的氮损失。当摄入氮与排出氮相等时，为零氮平衡；如摄入氮多于排出氮，为正氮平衡，反之则为负氮平衡。生长发育期儿童、妊娠妇女、疾病恢复期应保证正氮平衡。疾病期、饥饿时、蛋白质能量营养不良时可出现负氮平衡。

六、食物蛋白质营养评价

各种食物中蛋白质的含量、氨基酸模式等均不同，人体对食物中不同的蛋白质的消化、吸收和利用率也不相同，所以营养学主要从食物中蛋白质的含量、被消化吸收的程度和被人体利用的程度三个方面，进行综合评价。

（一）食物中蛋白质含量

食物中蛋白质的含量是营养评价的基础，因为即使某种食物的蛋白质质量好，但所含数量太少，也不能满足人体的需要。

食物中蛋白质含量测定一般用凯氏定氮法，一般来说，食物中含氮量占蛋白质的16%，故先测出食物的含氮量，再乘以6.25（16%的倒数）即可得出蛋白质含量。

（二）蛋白质消化率

蛋白质消化率是指食物中的蛋白质能够被胃肠道消化吸收的程度。有许多因素影响蛋白质的消化率，如食物的品种、烹调方式和食品加工等。如大豆整粒食用时，消化率仅60%，而加工成豆浆或豆腐后，消化率可提高至90%。蛋白质消化率可用以下公式计算：

$$蛋白质消化率（\%）= \frac{食物氮 - （粪氮 - 粪代谢氮）}{食物氮} \times 100\%$$

一般成人24小时的粪代谢氮为0.9~1.2g左右。按上述公式计算的结果为真消化率，如将粪代谢氮略去不计，则得出表观消化率，后者实际应用较多。

一般动物性食品蛋白质的消化率高于植物性食品。奶类97%~98%，肉、鱼92%~94%，蛋类97%~98%，米饭82%，小米79%。

（三）蛋白质利用率

蛋白质利用率是食物中蛋白质被利用的程度。常用的指标有：

1. 蛋白质的生物价 生物价是蛋白质消化吸收后在机体内被利用的程度。生物价愈高，营养价值愈高，最高为100。

$$蛋白质生物价 = \frac{储留氮}{吸收氮} \times 100$$

$$吸收氮 = 食物氮 - （粪氮 - 粪代谢氮）$$

$$储留氮 = 吸收氮 - （尿氮 - 尿内源性氮）$$

几种常见食物蛋白质的生物价为：蛋94，牛奶85，牛肉76，虾77，鱼76，大米77，甘薯72，土豆67，白菜76，玉米60。

2. 蛋白质净利用率 净利用率是体内储留的蛋白质占摄入蛋白质的比例。

$$蛋白质净利用率（\%）= \frac{储留氮量}{摄入氮量} \times 100\%$$

也可由：生物价×消化率得出。几种食物的净利用率为：全鸡蛋84%，鱼81%，牛肉

73%，大豆66%，土豆60%，面粉51%。

3. 蛋白质功效比值（PER） 功效比值是反映蛋白质的营养价值的指标，是指动物每摄入1g蛋白质所增加的体重克数。一般用生长期动物，实验期为28天，所测蛋白质为饲料中唯一的蛋白质来源，占饲料能量的10%。

$$蛋白质功效比值 = \frac{动物增加的体重（g）}{摄入食物蛋白质（g）}$$

为避免不同实验条件的差异，以酪蛋白的功效比值为2.5，设酪蛋白对照组，使实验结果有可比性。几种常见食物蛋白质功效比值为：全鸡蛋3.92，全牛奶3.09，鱼4.55，大豆2.32，大米2.16，精制面粉0.60。

4. 氨基酸评分（或称蛋白质化学评分） 氨基酸评分是目前采用较多的一种评价方法，是被测食物蛋白质中某种必需氨基酸与参考蛋白质中该氨基酸量的比值。一般以鸡蛋蛋白质为参考蛋白质。

$$氨基酸评分 = \frac{被测蛋白质每克氮中氨基酸量（mg）}{参考蛋白质每克氮中氨基酸量（mg）}$$

计算出每种必需氨基酸评分后，最低的必需氨基酸（第一限制氨基酸）评分即为该蛋白质的氨基酸评分。

几种食品氨基酸评分为：全蛋1.00，人奶1.00，鱼1.00，牛肉1.00，牛奶0.98，大豆0.63，精制面粉0.34，大米0.59，土豆0.48。

氨基酸评分较简单，但没有考虑消化吸收的问题，功效比值法又有人与实验动物的差异，并且不同年龄所需的氨基酸模式也不同，因此以人类2~5岁年龄组的氨基酸模式作为最佳的依据，并经人体真消化率对特定蛋白质做了修正，称之为蛋白质消化率校正的氨基酸评分。此评分已在欧美等国家应用。此法得出的评分，如酪蛋白1.00，牛肉为0.92，燕麦粉0.57，花生粉0.52，全麦0.40。1992年我国进行全国营养调查，其代表性膳食结构平均估计为：大米228 g，面粉178 g，杂粮（玉米）33 g，半肥瘦猪肉37.4 g，奶14g，鸡蛋16g，鱼28 g。蛋白质总量52.7 g，其中动物性蛋白质12.8 g。这一膳食结构的蛋白质消化率校正的氨基酸评分为0.69。

七、蛋白质的推荐摄入量及食物来源

2000年中国营养学会公布了中国居民膳食营养素参考摄入量（Chinese DRIs），其中包括推荐营养素摄入量（recommended nutrient intake, RNI），不再使用推荐的膳食营养素供给量（RDA）。RNI是健康个体膳食营养素摄入量的目标值，个体摄入量低于RNI不一定表明该个体未达到适宜状态。如果达到或超过RNI，则可以认为该个体无摄入不足的危险。中国居民膳食蛋白质的推荐摄入量（RNI）见表1-1。

畜、禽、鱼肉含蛋白质15%~20%，奶1.3%~3.0%，蛋11%~14%，干豆类20%~35%，硬果类如花生、核桃、莲子含15%~20%，谷类8%~10%。一般动物性食品中蛋白质质量好，吸收率高，但含胆固醇及饱和脂肪酸较多。大豆中蛋白质含量高，质量好，不含胆固醇，故应多食用大豆制品。应注意利用蛋白质的互补作用，使膳食多样化。

表1-1 中国居民膳食蛋白质推荐摄入量（RNI）

年龄/岁	蛋白质 RNI（g/d）	
	男	女
0～	1.5～3.0 g／kg·d	
1～	35	35
2～	40	40
3～	45	45
4～	50	50
5～	55	55
6～	55	55
7～	60	60
8～	65	65
10～	70	65
11～	75	75
14～	85	80
18～		
轻体力劳动	75	65
中体力劳动	80	70
重体力劳动	90	80
孕妇		
第一孕期		+5
第二孕期		+15
第三孕期		+20
乳母		+20
60～	75	65

注：1. 成年人（18岁～）蛋白质按1.16 g／kg·d计。
2. 老年人（60岁～）按1.27 g／kg.d或蛋白质占总能量的15%计。
（本表摘自中国营养学会编著，中国居民膳食营养素参考摄入量，第80页，2000）

第二节 脂类

脂类包括脂肪和类脂。脂肪又称中性脂肪或甘油三酯。类脂包括磷脂、糖脂、固醇类、脂蛋白等。脂类是人体需要的重要营养素之一，脂肪、蛋白质和碳水化合物是产能的三大营养素。脂肪在膳食中提供的能量，约占每日总能量摄入的20%～30%。脂类还是细胞膜、神经髓鞘等人体细胞组织的组成成分，具有重要的生理功能。

一、脂类的分类及生理功能

（一）甘油三酯

甘油三酯也称脂肪或中性脂肪，是重要的脂类。食物中的脂类95%是甘油三酯，人体储存的脂类中，甘油三酯高达99%。它是由一个甘油分子和三个脂肪酸分子酯化而成，在人体主要分布于皮下、腹腔和肌肉纤维之间，是机体储存能量的形式。当人体能量摄入过多时，就转变成脂肪储存；机体需要能量供应时，脂肪即分解产生能量。脂肪是膳食中浓缩的能源，1g 脂肪在体内氧化分解可产生能量 37.6kJ（9kcal），比蛋白质或碳水化合物高一倍多。充足的脂肪起节约蛋白质的作用，使其发挥重要的生理功能，不必作为能源物质。

皮下脂肪有隔热保温的作用，可维持正常的体温。器官周围的脂肪组织有支撑和衬垫的作用，可保护体内各脏器及关节。

脂肪还可携带脂溶性维生素并促进其吸收。烹饪时使用油脂，可增加膳食的色、香、味，促进食欲。膳食中含油脂多，胃排空时间长，可增加饱腹感。

（二）脂肪酸

脂肪酸按其碳链长短可分为长链脂肪酸（14 碳以上）、中链脂肪酸（含 6～12 碳）及短链脂肪酸（5 碳以下）。按其饱和程度，可分为饱和脂肪酸（saturated fatty acid，SFA）、单不饱和脂肪酸（碳链中只含一个不饱和双键）和多不饱和脂肪酸（碳链中含两个以上双键）。食物中的脂肪酸以 18 碳为主。长链饱和脂肪酸熔点高，动物脂肪含饱和脂肪酸多，常温下呈固态。植物脂肪含不饱和脂肪酸较多，常温下呈液态。

各种脂肪酸的结构不同，功能也不一样。多不饱和脂肪酸（polyunsaturated fatty acid，PUFA），在保护细胞膜的功能、基因表达和防治心血管病等方面起着重要的作用。目前认为，营养学上最具价值的脂肪酸为 n-3 系列不饱和脂肪酸和 n-6 系列不饱和脂肪酸。n-3 系列即从甲基端数，第一个不饱和双键在第 3、4 碳原子之间；n-6 系列的第一个双键在第 6、7 碳原子之间。n-3 多不饱和脂肪酸对保护脑、视网膜、皮肤和肾脏功能的健全有着重要的意义。深海鱼油中富含 n-3 系列多不饱和脂肪酸，具有降低血脂和预防血栓形成的作用。n-6 多不饱和脂肪酸可促进生长发育。n-6 和 n-3 系列脂肪酸的推荐摄入量，n-3 脂肪酸摄入应不低于总能量的 0.5%，n-6 应不低于总能量的 3%。n-6 与 n-3 的比例（4～6）:1 较适宜。

单不饱和脂肪酸（monounsaturated fatty acid，MUFA）可降低血中胆固醇、甘油三酯和低密度脂蛋白，升高高密度脂蛋白，且没有多不饱和脂肪酸致癌、促进机体脂质过氧化等潜在的不良作用，故可适当提高 MUFA 的摄入量。茶子油和橄榄油中含 MUFA 达 80% 以上，可适量多选用。膳食中脂肪摄入量过高，尤其是饱和脂肪酸摄入过多，可增加乳腺癌和肠癌的发生率。肥胖者患高血压、冠心病、脑卒中、糖尿病的危险性增高。多不饱和脂肪酸摄入过多，可使体内氧化物、过氧化物增加，对人体健康不利。

大多数学者认为，饱和脂肪酸（S）、单不饱和脂肪酸（M）和多不饱和脂肪酸（P）在膳食中的比例应该为 S:M:P = 1:1:1。但近年来，随着学术界对 MUFA 的深入研究，许多营养专家提倡适当提高 MUFA 所占的热比，而降低 SFA 所占的热比。

（三）必需脂肪酸

必需脂肪酸是指人体不可缺少而自身又不能合成、必须通过食物供给的脂肪酸。n-6 系列中的亚油酸和 n-3 系列中的 α-亚麻酸，是人体必需的两种脂肪酸。早年曾将亚油酸、α-亚麻酸和花生四烯酸定为必需脂肪酸。因人体可以利用亚油酸和 α-亚麻酸来合成其他人体需要的脂肪酸，如花生四烯酸等，故目前认为只有亚油酸和 α-亚麻酸符合必需脂肪酸的定义。

亚油酸是合成前列腺素的前体，是磷脂的重要组成成分。必需脂肪酸还与胆固醇的代谢有关。体内大约 70% 的胆固醇与脂肪酸酯化成酯，然后被转运和代谢。如高密度脂蛋白可将胆固醇运至肝脏而被代谢分解。

必需脂肪酸的摄入量，应不少于总能量的3%~5%。必需脂肪酸缺乏，可引起生长缓慢，生殖障碍，皮肤出现皮疹，并可导致肝、肾或神经、视觉系统的病变。

（四）磷脂

磷脂是甘油三酯中的一个或两个脂肪酸被含磷酸的其他基团所取代的一类脂类物质。机体可自行合成磷脂，动植物食品中都含有磷脂。最重要的磷脂是含磷酸胆碱基团的卵磷脂，它是供给胆碱的重要来源。

磷脂是生物膜的重要组成成分。磷脂具有亲水性和亲油性的双重特性，可以帮助脂类及脂溶性物质如脂溶性维生素和激素等顺利通过细胞膜，促进细胞内外物质的交流。磷脂还可作为乳化剂，使体液中的脂肪悬浮在体液中，以利于吸收、转运和代谢。

卵磷脂是磷的重要来源，它可防止脂肪肝形成，有利于胆固醇的溶解和排泄，有降血脂和防止动脉硬化的作用，大豆卵磷脂降血脂的作用尤其明显。

磷脂缺乏可造成生物膜受损，通透性改变，使毛细血管脆性增加，引起水代谢紊乱和皮疹等。

（五）固醇类

胆固醇是机体内主要的固醇物质，它是许多生物膜的重要组成成分，是合成各种类固醇激素的主要原料，如性激素、肾上腺皮质激素等。胆固醇还是合成维生素D及胆汁酸的前体。由于肝脏可以合成内源性胆固醇，故一般不会有胆固醇缺乏。

胆固醇广泛存在于动物性食品中，如长期过量进食含胆固醇高的食物，可使高脂血症、动脉粥样硬化、高血压和冠心病的发病率增高。但内源性胆固醇增多是高胆固醇血症的主要原因，故可适量摄入动物性食品，适当限制饮食胆固醇的摄入量，每天以少于300mg为宜。

二、脂类的消化、吸收及转运

脂肪的消化、吸收主要在小肠。胆汁先将脂肪乳化，胰腺和小肠分泌的脂肪酶将甘油三酯水解成游离脂肪酸和甘油一酯。长链脂肪酸和甘油一酯被吸收后，在小肠细胞内重新合成甘油三酯，并与磷脂、胆固醇及蛋白质形成乳糜微粒，自淋巴系统进入血循环。乳糜微粒是食物脂肪的主要运输形式，甘油三酯约占乳糜微粒重量的80%以上，其随血液流经全身，以满足机体的需要。

血浆中的脂类不能游离存在，它们与蛋白质结合成脂蛋白。脂蛋白是脂类在血液中运输的功能单位。脂蛋白分为乳糜微粒、极低密度脂蛋白、低密度脂蛋白和高密度脂蛋白。极低密度脂蛋白由肝细胞合成，含甘油三酯50%左右，其主要功能是运输内源性甘油三酯，供应给机体各部分。低密度脂蛋白是极低密度脂蛋白的降解产物，主要含有内源性胆固醇。高密度脂蛋白主要由肝脏和肠壁合成，其蛋白质含量达50%，主要功能是将外周组织中的胆固醇、磷脂转运到肝脏代谢并排出体外，高密度脂蛋白的浓度与发生动脉粥样硬化的危险性呈负相关，故可减少动脉硬化的发病率。

磷脂的消化、吸收过程与甘油三酯相似，胆固醇则可直接被吸收。

三、脂类的食物来源及参考摄入量

人类膳食脂肪主要来自动物的肉类、脂肪以及植物的种子。动物脂肪相对含饱和脂肪酸和单不饱和脂肪酸多，而多不饱和脂肪酸含量少。但也不是绝对的，如椰子油、可可油含饱和脂肪酸在90%以上。寒冷地区的鲱鱼油和鲑鱼油则含有大量的n-3系列多不饱和脂肪酸。

亚油酸在植物油中含量较多，葵花子油中占63%、玉米油中占56%、豆油中占52%、花生油中占38%。硬果类也是亚油酸的重要食物来源，核桃、花生仁中亚油酸的含量可达38%。一般食用油中α-亚麻酸的含量很少，菜子油、豆油、葵花子油比其他植物油中含量稍多，比例分别为9%、7%、5%，核桃中亚麻酸的含量可达12.2%。

磷脂在动物肝脏、肾脏、脑、瘦肉、蛋黄、大豆、麦胚、花生中含量较多。胆固醇只存在于动物性食品中，含量高的有动物脑、肝、肾、蛋黄、蟹黄、鱼子等，其他动物性食品如肉、奶、贝壳类也都含有。

我国营养学会于2000年10月制定了中国居民膳食脂肪适宜摄入量（AI）、脂肪能量占总能量的百分比及n-6与n-3的适宜比例（见表1-2）。

表1-2 中国居民膳食脂肪适宜摄入量（AI）及脂肪能量占总能量的百分比

年龄/岁	脂肪	SFA	MUFA	PUFA	(n-6):(n-3)	胆固醇量（mg/d）
0~	45~50				4:1	
0.5~	35~40				4:1	
2~	30~35				(4~6):1	
7~	25~30				(4~6):1	
13~	25~30	<10	8	10	(4~6):1	
18~	20~30	<10	10	10	(4~6):1	<300
60~	20~30	6~8	10	8~10	4:1	<300

注：SFA：饱和脂肪酸；MUFA：单不饱和脂肪酸；PUFA：多不饱和脂肪酸。
（本表摘自中国营养学会编著，中国居民膳食营养素参考摄入量，第102页）

第三节 碳水化合物

碳水化合物也称糖类，是由碳、氢、氧三种元素组成的一大类化合物，由于其分子式中氢和氧的比例与水相同，故称为碳水化合物。

碳水化合物是三大能量营养素之一，是人类从膳食中获取能量的最经济、最主要的来源。每克碳水化合物可产生16.7kJ（4kcal）的能量，脑组织、骨骼肌和心肌活动，都只能依靠碳水化合物提供能量。我国膳食中约60%~65%的能量由碳水化合物提供，重体力劳动者可达80%。

一、碳水化合物的分类

一般将碳水化合物分为四类：单糖、双糖、寡糖和多糖。

（一）单糖

食物中最主要的单糖为葡萄糖、果糖和半乳糖。葡萄糖是构成食物中各种糖类的最基本单位，其含有6个碳原子，具有右旋性，工业上常称为右旋糖。禁食时，葡萄糖是体内唯一游离存在的单糖，空腹血糖的浓度一般为4.4~6.1mmol/L。有些糖类完全由葡萄糖构成，如淀粉。有些则由葡萄糖和其他糖构成，如蔗糖是由葡萄糖和果糖化合而成；果糖主要存在于水果和蜂蜜中。在糖类中果糖最甜，其甜度是蔗糖的1.2~1.5倍。人工制作的玉米糖浆中含有较多的果糖，常加在饮料、冷冻食品和蜜饯中；半乳糖只存在于发酵的酸奶和母乳中。半乳糖是乳糖的组成成分，属6碳糖，在人体中需转化成葡萄糖后才被利用。

食物中还有少量的含有 5 个碳原子的戊糖，如核糖、脱氧核糖、阿拉伯糖、木糖等；糖醇广泛存在于植物中，是单糖还原后的产物，如葡萄糖还原成山梨醇，核糖还原为核糖醇。因为糖醇的代谢不需要胰岛素，故常用于糖尿病病人的膳食，如木糖醇常被用于制作糖尿病病人的糕点和饼干。糖醇类物质在体内消化、吸收的速度慢，提供能量较葡萄糖少，是食品工业中重要的甜味剂。

（二）双糖

双糖由两分子单糖缩合而成。天然食品中含量较多的双糖有蔗糖、乳糖、麦芽糖、海藻糖等。蔗糖是从甘蔗或甜菜中提取的，日常生活中食用的白糖即为蔗糖；乳糖是一个分子葡萄糖加一个半乳糖合成，主要存在于乳及乳制品中。麦芽糖由两个分子葡萄糖合成。淀粉在淀粉酶降解下可生成麦芽糖；海藻糖存在于真菌和细菌中，蘑菇中含量较多，其由两分子葡萄糖组成。

（三）寡糖

寡糖又称低聚糖，是指由 3~10 个单糖构成的聚合物。其中棉子糖和水苏糖存在于豆类食品中，它们易造成肠胀气，故豆类食品需进行适当的加工，才利于食用。目前已知的几种较重要的寡糖还有异麦芽低聚糖、低聚果糖、低聚甘露糖等。

（四）多糖

多糖由 10 个以上的单糖构成，糖原、淀粉和纤维是具有重要意义的多糖。淀粉为植物多糖，是人类碳水化合物的主要食物来源，也是最丰富、最廉价的能量营养素。谷类及根茎类食物中含有丰富的淀粉。淀粉由葡萄糖聚合而成，因聚合方式不同，分为直链淀粉和支链淀粉。直链淀粉为线性结构，由 200~980 个葡萄糖组成，易使食物老化，形成难消化的抗性淀粉；支链淀粉为枝杈状结构，较直链淀粉大，由 600~6000 个葡萄糖组成，易使食物糊化，可提高消化率。

糖原也称动物淀粉，由肝脏和肌肉合成并储存。分为肝糖原和肌糖原。肝糖元可维持正常的血糖浓度，以满足机体，尤其是红细胞、脑和神经组织对能量的需要。肌糖原只供肌肉自身的能量需要。体内的糖原储存只能维持数小时，必须从膳食中不断得到补充。

二、碳水化合物的生理功能

（一）提供能量

碳水化合物是人类最经济、最主要的能量来源。其在体内消化后，主要以葡萄糖的形式被吸收，并迅速氧化为机体提供能量，最终代谢产物为水和二氧化碳。每克葡萄糖可提供 16.7kJ（4kcal）的能量。

（二）构成人体的重要物质

碳水化合物是机体重要的构成成分。细胞膜的糖蛋白、结缔组织的粘蛋白、神经组织的糖脂，都是一些寡糖的复合物。糖脂是细胞膜和神经组织的构成成分，糖蛋白是抗体、酶及激素的构成成分。另外传递遗传信息的核糖核酸和脱氧核糖核酸都含有碳水化合物。

（三）参与其他营养素的代谢

1. 节约蛋白质作用　当体内碳水化合物供给不足时，机体为满足对葡萄糖的需求，则通过糖原异生作用获取葡萄糖。如碳水化合物长期摄入不足，机体则动用体内蛋白质，甚至消耗肌肉、肝脏、肾脏、心脏中的蛋白质，对人体造成严重危害。在碳水化合物供给量充足时，人体首先利用它作为能量来源，这样便可以节约蛋白质，使其主要用于合成组织蛋白质，发挥更重要的生理功能。

2. 抗生酮作用　脂肪代谢所产生的乙酰基必须与葡萄糖代谢产物草酰乙酸结合进入三羧酸循环才能被彻底氧化，产生能量。如果碳水化合物供应不足，脂肪氧化便会不完全而产生过量的酮体。酮体是酸性物质，它在血中的浓度过高会导致酸中毒。如果碳水化合物供应充足，则不会发生上述情况，故人体每天至少需要 50~100g 的碳水化合物。

碳水化合物还可改变食物的色、香、味、型，如白糖是日常生活中最常用的甜味剂。摄入含碳水化合物丰富的食物，还可增加饱腹感。肝糖原还对某些有害物质，如细菌毒素、酒精、砷等有解毒作用。

三、碳水化合物的消化和吸收

膳食中的碳水化合物主要是淀粉。食物进入口腔后，唾液中的淀粉酶可以消化部分淀粉，由于食物在口腔中停留时间很短，水解程度有限。食物进入胃中，胃酸有一定的降解淀粉的作用。小肠是碳水化合物消化吸收的主要部位。食糜进入小肠上端后，淀粉被胰淀粉酶分解为双糖——麦芽糖。肠内还含有麦芽糖酶、蔗糖酶和乳糖酶，可进一步将麦芽糖和来自膳食的蔗糖、乳糖等分解成葡萄糖、果糖和半乳糖等单糖。

在正常情况下，只有单糖能被肠壁吸收。被吸收的单糖进入血液，有的直接被组织利用，有的以糖原形式储存在肝脏和肌肉组织中，有的转变为脂肪储存在脂肪细胞内。果糖的吸收率相对较低，其被吸收后，经肝脏转变成葡萄糖被人体利用，也有一部分转变为糖原、乳酸和脂肪。

发酵是结肠的消化方式，指在小肠不能消化的碳水化合物到达结肠后，被结肠菌群分解，产生氢气、甲烷气、二氧化碳和短链脂肪酸的一系列过程。结肠发酵也是一种消化方式，所产生的气体从呼吸道或通过直肠排出。发酵产生的物质如短链脂肪酸被肠壁很快吸收并参与机体代谢，乙酸被吸收入血，被肝脏、肌肉和其他组织利用。

碳水化合物的类型不同，消化吸收率也不同，引起的餐后血糖的水平也不同。影响因素有碳水化合物的类型、结构、食物的化学成分和含量、食物的烹调加工和物理性状等。

乳糖不耐受是指乳糖酶不足或缺乏，不能或只能少量地分解吸收乳糖，大量的乳糖因未被吸收而进入大肠，在肠道细菌作用下分解而产酸、产气，引起消化道不适，有腹胀、腹痛、腹泻等临床症状。该病亚裔发生率较高。乳糖不耐受的原因：随年龄增加，乳糖酶分泌减少；早产婴儿（34周前出生）发育不全；某些疾病如艾滋病患者；先天性乳糖酶分泌不足等。为减少乳糖不耐受所引发的不适，可选择酸奶，因发酵过程中乳糖已分解。或购买不含乳糖的配方奶粉。

四、碳水化合物的食物来源和适宜摄入量

根据最近全国营养调查资料分析，我国除个别贫穷地区外，温饱问题已基本解决。随着城市人口增长，市场食品供应丰富，我国居民膳食结构已经发生变化，谷类及薯类消费量逐渐减少，动物性食品、蔬菜水果消费量逐渐增加。

根据我国膳食碳水化合物的实际摄入量，参考国外碳水化合物的推荐量，中国营养学会2000年建议，除了2岁以下的婴幼儿外，碳水化合物应占总能量的 55%~65%，包括淀粉、抗性淀粉、非淀粉多糖和低聚糖类等碳水化合物。还应限制纯能量食物，如食用糖的摄入量。

碳水化合物的主要来源是谷类、薯类、豆类、坚果类如栗子、菱角，此外还有蔗糖等食糖。蔬菜、水果除含少量单糖外还含有膳食纤维。

（宋圃菊）

第二章　能　量

一切生物都需要能量来维持生命活动。能量既不能创造也不能消灭，只可以从一种形式转变成另一种形式。人体所需的能量主要来自产能的宏量营养素，即蛋白质、脂类和碳水化合物。酒中的乙醇也能提供较高的能量。能量来自太阳，植物将太阳能转变为化学能并储存下来。人类摄取植物和动物作为食物，获取能量以维持体温的恒定并保证人体各种生理和体力活动的正常进行。

一般情况下，健康成年人摄入的能量与所消耗的能量相等，维持平衡状态。摄入不足或摄入过剩都对健康不利。如果人体摄入的能量不足，机体则动用自身的能量储备，甚至消耗自身的组织以满足生命活动所需的能量。能量长期摄入不足，多同时伴有蛋白质营养不良，导致生长发育迟缓、消瘦、浮肿、活力消失，最后导致死亡。

能量的主要储存方式是脂肪，如长期摄入过剩，则导致肥胖。肥胖者糖尿病患病率是正常体重者的3~5倍。肥胖还是高血压、动脉硬化、冠心病、乳腺癌、结肠或直肠癌、某些退行性疾病的易发危险因素。

第一节　能量的计量单位

国际上通用焦耳（Joule，J）为能量单位，1000焦耳称为千焦耳（kJ），1000千焦耳称为兆焦耳（MJ）。临床营养学目前仍习惯用卡（calorie，cal）或千卡（kcal）为能量单位。两种单位的换算关系如下：

$$1kcal = 4.184kJ, 1kJ = 0.239kcal, 1MJ = 239kcal$$

碳水化合物、脂肪、蛋白质在体内氧化所产生的能量值并不相同，1g碳水化合物约可产生能量16.7kJ（4kcal），1g蛋白质也约可产生能量16.7kJ（4kcal），1g脂肪约可产生能量37.6kJ（9kcal）。此外，1g纯酒精在体内可产生能量29.3kJ（7kcal）。

第二节　人体的能量消耗

人体在正常情况下的能量消耗主要包括基础代谢和生长发育消耗的能量、体力活动消耗的能量和食物热效应消耗的能量几个方面。

一、基础代谢及其影响因素

基础代谢是维持人体最基本生命活动所必需的能量消耗。测定前需空腹12~14小时，室温保持在26~30℃，清醒静卧，全身肌肉放松。基础代谢是维持生命的最低能量消耗，此时能量仅用于维持体温、呼吸、心跳及其他器官的最基本的生理需要。

基础代谢的水平用基础代谢率（basal metabolic rate，BMR）表示。BMR的单位为：$kJ/(m^2 \cdot h)$、$kJ/(kg \cdot h)$、$kcal/d$、MJ/d。

可按体重计算人体的基础代谢率（见表2-1）。

表 2-1 按体重计算基础代谢率（BMR）的公式

年龄/岁	BMR（kcal/d）	BMR（MJ/d）
男		
0~	60.9×W-54	0.255×W-0.226
3~	22.7×W+495	0.0949×W+2.07
10~	17.5×W+651	0.0732×W+2.72
18~	15.3×W+679	0.0640×W+2.84
30~	11.6×W+879	0.0485×W+3.67
60~	13.5×W+487	0.0565×W+2.04
女		
0~	61.0×W-51	0.255×W-0.214
3~	22.5×W+499	0.0941×W+2.09
10~	12.2×W+746	0.0510×W+3.12
18~	14.7×W+496	0.0615×W+2.08
30~	8.7×W+829	0.0364×W+3.47
60~	10.5×W+596	0.0439×W+2.49

注：W：公斤体重

（摘自中国营养学会编著．中国居民膳食营养素参考摄入量．第25页．2000）

人体的基础代谢水平，不仅个体之间存在差异，自身也常有变化，影响人体基础代谢的因素有体格、性别、年龄、不同的生理病理状况、环境条件等。体重相同的人，瘦高者基础代谢率高于矮胖者；生长发育期的儿童、青少年、孕妇、乳母基础代谢率相对较高；男性的基础代谢水平高于女性，因为男性肌肉发达，瘦体质量大；发热、创伤、外科手术、烧伤、甲状腺功能亢进等一切应激状态时，基础代谢率增高。

此外，情绪改变、过冷、过热的气候、睡眠等均可影响基础代谢率。烟中的尼古丁及咖啡中的咖啡因均可刺激基础代谢水平升高。

二、体力活动的能量消耗

体力活动消耗的能量，在人体总能量的消耗中是变动最大的部分，也是人体控制能量消耗、保持能量平衡、保证身体健康最重要的部分。由于性别、年龄、职业、生活方式、体力活动的强度和持续的时间均不同，每个人体力活动所消耗的能量可以有很大差异。肌肉发达者消耗能量多，体重重者做相同的活动较体重轻者消耗能量多。

体力活动可分为职业活动、社会活动、家务活动和休闲活动等，其中以职业活动消耗的能量差别最大。

2000年中国营养学会将体力活动强度定为轻、中、重三级，中国成人活动水平分级见表2-2。

表2-2 建议中国成人活动水平分级

活动强度	职业工作时间分配	工作内容举例	体力活动水平 男	女
轻	75%时间坐或站立 25%时间站着活动	办公室工作、修理电器钟表、售货员、酒店服务员、化学实验操作、讲课等	1.55	1.56
中	25%时间坐或站立 75%时间特殊职业活动	学生日常活动、机动车驾驶、电工安装、车床操作、金工切割等	1.78	1.64
重	40%时间坐或站立 60%时间特殊职业活动	非机械化农业劳动、炼钢、舞蹈、体育活动、装卸、采矿等	2.10	1.82

(摘自中国营养学会编著.中国居民膳食营养素参考摄入量.第33页,2000)

三、食物特殊动力作用

食物特殊动力作用,也称食物生热效应,是指人体摄食过程中引起的额外能量消耗。摄食后,人体对食物中的营养素进行消化、吸收、代谢、转运及储存等,都需要额外消耗能量。这种因摄食而引起的能量的额外消耗,称为食物的特殊动力作用。

蛋白质、脂肪和碳水化合物的食物热效应各不相同,蛋白质最强,约消耗本身产生能量的30%,碳水化合物为5%~6%,脂肪为4%~5%,而混合性膳食的额外能量消耗,相当于基础代谢的10%。

第三节 人体能量需要的确定

确定人体每日所需能量,对制定合理的膳食计划,维持能量平衡,防止肥胖和消瘦,预防心脑血管病和糖尿病,保证人体健康是非常必要的,是营养师每天都要进行的工作。

一、计算法

(一)计算每日能量消耗,确定能量需要

计算某人的一日能量需要,需详细地记录其一天的各项活动,或根据工作性质,确定其活动强度,即可计算出一天的能量消耗,即能量的需要量。根据表2-3可以查出各种强度体力活动的能量消耗。

表2-3 各种强度的体力活动及能量消耗

活动强度	能量消耗
休息	RMR×1.0
很轻	RMR×1.5
轻	RMR×2.5
中等	RMR×5
重	RMR×7

注:RMR为静息代谢率,WHO于1985年提出用RMR代替BMR
　　RMR的测定相对简单,禁食仅需4小时,RMR的数值略高于BMR
(摘自《营养与食品卫生学》.第四版,第33页,2001)

（二）膳食调查

健康人在食物供应充足、体重相对稳定的情况下，从每日膳食回顾，可间接估算出其能量需要。应详细记录摄入食物的种类和数量，一般至少应调查3天，然后计算出平均每人每天的总能量供给。此法简单易行，已被广泛应用。如调查某人群的能量需要，样本应有一定的数量，这样结论才相对可靠。

二、测量法

（一）直接测热法

经典的方法是被测对象在特制的小室内，在一定时间，进行特定的活动，测定循环进入和流出的空气温差，或是小室周围用水包围来测水温差，由气温差或水温差即可求得人体整个代谢过程中所散发的能量。因小室的造价昂贵，影响因素多，故目前很少采用。

（二）间接测热法

这是一种测定被测对象在一定时间内消耗氧气量和产生二氧化碳的量，来计算特定活动的能量消耗的方法。每消耗1升氧可产热20.3kJ（4.9kcal）。其他还有心率监测法、用稳定同位素测产水量法等测定人体能量消耗的方法。

第四节　能量的推荐摄入量

中国营养学会于2000年制定了中国居民膳食能量推荐摄入量（见表2-4）。

表2-4　中国居民膳食能量推荐摄入量（RNIs）

年龄/岁	RNI			
	MJ/d		kcal/d	
	男	女	男	女
0~	0.40MJ/（kg·d）		95kcal/（kg·d）	
0.5~	0.40MJ/（kg·d）		95kcal/（kg·d）	
1~	4.60	4.40	1100	1050
2~	5.02	4.81	1200	1150
3~	5.64	5.43	1350	1300
4~	6.06	5.85	1450	1400
5~	6.70	6.27	1600	1500
6~	7.10	6.70	1700	1600
7~	7.53	7.10	1800	1700
8~	7.94	7.53	1900	1800
9~	8.36	7.94	2000	1900
10~	8.80	8.36	2100	2000
11~	10.04	9.20	2400	2200
14~	12.13	10.04	2900	2400
18~ 轻体力活动	10.04	8.80	2400	2100

(续表)

年龄/岁	RNI			
	MJ/d		kcal/d	
	男	女	男	女
中体力活动	11.30	9.62	2700	2300
重体力活动	13.38	11.30	3200	2700
孕妇		+0.84		+200
乳母		+2.09		+500
50~				
轻体力活动	9.62	7.94	2300	1900
中体力活动	10.87	8.36	2600	2000
重体力活动	13.00	9.20	3100	2200
60~				
轻体力活动	7.94	7.53	1900	1800
中体力活动	9.20	8.36	2200	2000
70~				
轻体力活动	7.94	7.10	1900	1700
中体力活动	8.80	7.94	2100	1900
80~	7.94	7.10	1900	1700

(摘自中国营养学会编著.中国居民膳食营养素参考摄入量.第56~57页,2000)

(宋圃菊)

第三章 微量营养素

第一节 矿物质

矿物质是常量元素和微量元素的总称，指人体内除碳、氢、氧、氮以外的其他元素。这些元素在人体内的种类和数量与外环境存在的种类和数量密切相关。在这些元素中，目前发现有 20 余种是人体必需的。其中，在人体内含量超过体重 0.01% 者称为常量元素或宏量元素，有钙、磷、钠、钾、氯、镁与硫 7 种；含量小于体重 0.01% 者称为微量元素，有铁、锌、碘、硒、氟、铜、钼、锰、铬、镍、钒、锡、硅和钴 14 种。1995 年，FAO/WHO/IAEP 专家认为，维持人体正常生命活动不可缺少的必需微量元素有铁、锌、碘、硒、氟、铜、钼、锰、铬、钴 10 种。随着研究的深入，人类将会发现更多的人体必需微量元素。

矿物质不能在人体内生成，而且除非被排出体外，也不可能在人体代谢过程中消失。它们在体内分布不均匀，如钙、磷主要集中在骨骼和牙齿；铁主要存在于红细胞；碘主要分布在甲状腺等。在人体内，矿物质具有重要的生理功能，主要表现在以下几方面：

1. 构成机体组织成分　如钙、磷是构成骨骼和牙齿的主要成分，硫、磷是构成某些蛋白质的成分。

2. 维持机体酸碱平衡　硫、磷、氯等酸性离子与钾、钠、钙、镁等碱性离子相互配合，构成人体的缓冲体系，调节体内酸碱平衡。

3. 维持组织细胞的正常渗透压　如钠、钾、氯等与蛋白质共同维持组织细胞的渗透压，在体液的移动和储留过程起着重要的作用。

4. 维持细胞膜的通透性和神经、肌肉的正常兴奋性。

5. 构成体内生理活性物质和酶系统的激活剂　如甲状腺素中的碘、谷胱甘肽过氧化物酶中的硒使酶具有活性，又如氯离子对唾液淀粉酶、盐酸对胃蛋白酶有激活作用。

在新陈代谢过程中，每天都有一定量矿物质经各种途径如粪、尿、头发、指甲、皮肤等排出体外。因此，必须每天从膳食中补充。矿物质在食物中分布较广泛，只要注意平衡膳食，一般均能满足需要。根据矿物质在食物中的分布、吸收与人体需要特点，我国人群比较容易缺乏钙、铁和锌，在某些地区和人群还容易缺乏碘、硒。

一、钙

钙（calcium）是人体内含量最多的一种矿物质，是构成人体的重要组分，占人体重的 1.5%～2.0%。正常成人体内含有 850～1200g 钙。钙是构成机体完整性不可缺少的组成部分，其参与机体的各种生理、生化过程，对维持生命起着至关重要的作用。

人体内 99% 的钙分布在骨骼和牙齿中，主要以羟磷灰石结晶的形式存在，少量是与水结合的不定型的磷酸三钙，此部分钙在婴儿期占较大比例，随年龄增长而逐渐减少。其余 1% 的钙以离子形式存在于血液和软组织中，称为混溶钙池。混溶钙池钙与骨骼钙维持着动态平衡，起维持机体细胞正常生理功能的作用。人体有很强的保留钙和维持细胞外液中钙浓度的机制,当膳食钙严重缺乏或机体发生钙异常丢失时,可通过相应机制使骨脱钙以纠正低钙血症,保持血钙稳定。

(一)生理功能

1. 构成骨骼和牙齿 钙是构成人体骨骼和牙齿的主要成分。正常情况下,骨骼中的钙在破骨细胞作用下不断被释放,进入混溶钙池;另一方面,混溶钙池中的钙不断沉积于成骨细胞中形成新骨,使骨骼不断更新。骨骼钙的更新速度随年龄而异,幼儿约1~2年更新一次,儿童阶段每年更新10%,以后随年龄增加更新速度减慢,成年后每年更新2%~4%,40~50岁后,骨吸收大于骨生成,骨骼中钙含量逐渐下降,每年约减少0.7%。骨钙丢失女性早于男性,绝经期后女性骨钙丢失加速,男性一般在60岁后骨钙丢失加速。

2. 维持神经与肌肉的正常活动 钙与钾、钠、镁等离子共同维持着神经肌肉的正常兴奋、神经冲动的传导与心脏的正常搏动。钙离子能降低神经肌肉的兴奋性,当血清钙下降时,神经肌肉的兴奋性升高,可引起抽搐,如孕妇的腓肠肌痉挛、佝偻病儿的惊厥等症状。在神经、心肌与红细胞等细胞膜上,有钙的结合部位,当钙离子从这些部位释放时,细胞膜的结构与功能发生变化,如对钾、钠等离子的通透性改变。据文献报道,某些高血压与钙不足有关,补钙可以降低妊娠高血压的发病率,故应增加每日钙摄入量,多进食含钙丰富的食品,可使孕期高血压发病率明显下降。

3. 调节体内某些酶的活性 钙离子为多种酶的激活剂,对许多参与细胞代谢的大分子合成、转运的酶都有调节作用,如糖原合成酶、三磷酸腺苷酶、琥珀酸脱氢酶、脂肪酶、酪氨酸羟化酶等。

4. 维持细胞组织结构的完整 钙离子是各种生物膜结构的成分之一,在细胞膜钙与磷脂结合,维持其结构完整与通透性;在细胞外液,钙与蛋白质结合,在细胞间起粘连作用;在细胞内,钙与核酸结合,可维持染色体结构的完整。

5. 其他 钙还参与血凝过程、激素分泌、维持体液酸碱平衡以及细胞内胶质的稳定性,还具有降低毛细血管的通透性、防止渗出、控制炎症与水肿的作用。

(二)吸收、代谢与调节

1. 吸收 钙在小肠通过主动转运与被动(扩散)转运吸收。主动转运主要在pH较低的小肠上段,需要活性维生素D[$1,25(OH)_2$-D_3]的参与。机体能根据自身需要而调节对钙的主动转运,当机体钙需要增加或膳食钙较低时,肠道钙的主动转运最活跃。主动转运受膳食成分、体内钙、维生素D的营养状况与生理状况如年龄、性别、生长、妊娠、哺乳等因素影响。在小肠的其他部位,钙可通过被动(扩散)转运吸收,被动转运与肠腔中钙浓度有关。人体钙吸收率一般在20%~60%之间。

肠内钙的吸收受以下因素的影响:

(1)有利于钙吸收的因素:维生素D是促进钙吸收的重要因素;某些氨基酸如赖氨酸、色氨酸、精氨酸等能与钙形成可溶性钙盐,有利于钙的吸收;乳糖能与钙螯合成低分子可溶性物质,促进钙吸收;膳食中钙、磷比例适宜时,有利于两者的吸收,儿童以2:1或1:1为宜,成人以1:1或1:2为宜;人体对钙的需要量大时,钙的吸收率增加,如婴儿、青春期、妊娠期与哺乳期,钙需要量最大,因而吸收率增高。

(2)不利于钙吸收的因素:谷物中的植酸、某些蔬菜如菠菜、苋菜、竹笋等含草酸较多,植酸、草酸能与钙结合成不溶性的钙盐,降低钙的吸收率;膳食纤维中的醛糖酸残基与钙结合,干扰钙的吸收;脂肪过多或脂肪消化不良时,未被吸收的脂肪酸与钙结合成钙皂,影响钙的吸收；抗酸药、四环素、肝素等药物也干扰钙的吸收。

2. 储留 体内钙的储留与膳食钙供给量及机体对钙的需要量有关。当膳食钙摄入量增加以及机体对钙的需要量增加时，储留量也相应增加。高钠摄入量可降低钙在骨骼中的储留，并降低骨密度。另外，氟骨症、糖尿病均对钙代谢有不利影响。

3. 排泄 成人每天通过脱落的肠粘膜上皮细胞、分泌的消化液将钙排入肠道，其中一部分被重吸收，其余由粪中排出。钙也可由尿液、乳汁、汗液排出，排出量取决于膳食钙的吸收量。钙和钠在同一通道重吸收，故钙的排泄受钠的影响。另外，补液、酸中毒、高蛋白质摄入、高镁膳食、卧床以及甲状腺素、肾上腺皮质激素等均可使钙排出增多。

4. 调节 在正常情况下，体内钙维持平衡状态，主要由甲状旁腺素、降钙素和 $1,25-(OH)_2D_3$ 调节，保持钙的内环境稳定。甲状旁腺素能作用于破骨细胞，并促进骨小管对钙的再吸收，使血钙上升；降钙素的作用与其相反，加强成骨细胞的活性，使血钙降低；$1,25-(OH)_2D_3$ 可促进钙的吸收，提高血钙水平，有利于成骨作用。

此外，钙调素调节细胞内钙离子水平，维持其正常生理作用。其他激素如胰岛素、生长激素、甲状腺素、肾上腺素、皮质醇、雌激素、睾酮等在改变和调节器官对甲状旁腺激素、降钙素和 $1,25-(OH)_2D_3$ 的反应方面均有作用。

(三) 钙缺乏与过量

见第十二章第三节。

(四) 适宜摄入量与食物来源

1. 钙适宜摄入量 (AI) 婴儿：建议0.5岁~为400 mg/d。儿童：1岁~600 mg/d，4岁~800 mg/d，7岁~800 mg/d。青春前期与青春期：11岁~1000 mg/d，14岁~1200 mg/d，不分性别。成人800 mg/d，50岁以后为1000 mg/d，孕中期1000 mg/d，孕晚期1200 mg/d，乳母1200 mg/d。

2. 食物来源 应注意食物中钙含量及吸收率两个方面，钙的最好食物来源是乳和乳制品，它不仅钙含量高，吸收率也高；小虾皮、海带以及芝麻酱和肉骨头汤中含钙十分丰富；豆类、豆制品、油料种子和绿色蔬菜含钙也较丰富。

二、磷

成人体内磷 (phosphorus) 含量650g左右，约为体重的1%，占体内无机盐总量的1/4。总磷量的85%~90%以羟磷灰石形式存在于骨骼和牙齿；其余10%~15%与蛋白质、脂肪、糖及其他有机物相结合，分布在体液及软组织中，其中一半左右在肌肉。骨中磷主要为无机磷酸盐，软组织和细胞膜中的磷多为有机磷，体液中的磷均为磷酸盐形式。

(一) 生理功能

1. 构成骨骼和牙齿 磷是构成骨骼和牙齿的重要原料，骨形成中钙磷比为2:1。

2. 生命物质成分 磷构成细胞，是核酸、蛋白质、磷酸、磷脂和辅酶的重要组成成分，参与多种代谢过程。

3. 调节能量释放 磷参与构成三磷酸腺苷 (ATP)、磷酸肌酸 (CP) 等供能、储能物质，在能量的产生、转移、释放过程中起着重要的作用。

4. 酶的重要成分 人体内许多辅酶如焦磷酸硫胺素、磷酸吡哆醛、辅酶Ⅰ、辅酶Ⅱ等都有磷酸的参与。

5. 参与物质代谢 人体内碳水化合物与脂肪的中间代谢与吸收，均需先经磷酸化成为含磷中间产物，才能继续进行反应。如葡萄糖磷酸化为葡萄糖-6-磷酸；脂肪需先在血液中磷酸化，使其更多地溶于水，才能进行反应。

6. 调节酸碱平衡　磷酸盐参与组成缓冲体系，调节机体酸碱平衡。它能与氢离子结合，并从尿中以不同形式、不同数量磷酸盐类排出，来调节体液的酸碱度。

（二）吸收与排泄

1. 吸收　磷主要在小肠中段吸收，摄入混合膳食时，吸收率可达60%～70%。年龄愈小，磷的吸收率愈高。婴儿以母乳喂养时，磷的吸收率>85%，以牛乳喂养时为65%～75%。植酸抑制磷的吸收，食物中的阳离子如钙、镁、铁和铝等常与磷形成难溶性的磷酸盐，影响磷的吸收。

2. 排泄　磷主要通过肾脏排出。当肾功能正常时，尿磷约为摄入磷的2/3。禁食、甲状旁腺素、甲状腺素、降钙素等都能降低肾小管对磷的重吸收，使尿磷增加。维生素D则增加肾小管的重吸收，减少尿磷的排泄。

（三）适宜摄入量与食物来源

1. 适宜摄入量　磷在食物中分布广泛，当膳食中能量与蛋白质供给充足时，磷不会缺乏，但应保持钙磷的适当比例。

我国磷的AI：每日成人、中老年及孕妇、乳母均为700 mg；0至6个月为150 mg；6个月至1岁为450 mg；4岁至6岁500 mg；7岁至10岁700 mg；11岁至17岁1000 mg。

2. 食物来源　磷在食物中分布很广泛，无论动物性食物或植物性食物都含有丰富的磷，磷是与蛋白质并存的，如瘦肉、蛋、奶、动物的肝、肾含量都很高，干豆类、花生、坚果、海带、芝麻酱、粗粮等含磷也较丰富。

三、钾

钾（potassium）离子为机体最重要的阳离子之一。正常人体内钾总量约为50 mmol/kg。其中98%在细胞内，主要分布于肌肉、肝脏、骨骼以及红细胞中，2%存在于细胞外液，其中约1/4存在于血浆中。正常人血清钾浓度为3.5～5.0 mmol/L。人体的钾主要来自食物，成人每日从膳食中摄入的钾为2400～4000 mg，儿童为20～120 mg/kg。

（一）生理功能

1. 维持碳水化合物、蛋白质的正常代谢　葡萄糖和氨基酸经过细胞膜进入细胞合成糖原和蛋白质时，必须有适量的钾离子参与。三磷酸腺苷的生成过程中也需要一定量的钾。

2. 维持细胞内正常渗透压　钾是细胞内的主要阳离子，在细胞内渗透压的维持中起重要作用。

3. 维持神经肌肉的应激性和正常功能　血钾过低可导致肌肉无力及瘫痪，严重时可影响呼吸肌，出现呼吸衰竭；血钾过高时可出现肌肉无力、麻痹，严重时可发生瘫痪。

4. 维持心肌的正常功能　心肌细胞内外的钾浓度对心肌的自律性、传导性和兴奋性起着重要作用。

5. 维持细胞内外正常的酸碱平衡和离子平衡。

6. 降低血压　补钾对高血压及正常血压有降低作用。

（二）吸收与代谢

人体摄入的钾大部分由小肠吸收，吸收率约90%左右。肾脏是维持钾平衡的主要调节器官，90%的钾由肾脏排出，经粪便和汗液也可排出少量。人体每日钾的摄入量与排出量大致相等。患者因病禁食或食欲减退时，钾摄入量减少，但在排尿时仍丢失一定量的钾，如不注意经静脉补充，容易发生低钾血症，故对采用肠外营养支持的病人及食欲差者，应密切监测血钾水平。

（三）缺乏与过量

人体的钾主要来自食物，蔬菜和水果中含钾丰富，在正常情况下，一般不会发生低钾血症和高钾血症。

1. 缺钾与血钾过低　血清 K^+ 浓度 < 3.5 mmol/L 时，称为低钾血症。因进食量过少、禁食、频繁呕吐、腹泻、多尿、大量出汗等原因，使钾大量丢失，可导致低钾血症。临床表现为神经肌肉应激性降低，骨骼肌无力，出现软瘫；随着低 K^+ 的加重，可发生肋间肌、横膈肌无力，出现呼吸困难、缺氧和窒息；平滑肌无力致腹胀及肠梗阻；心肌兴奋性增高，出现心律失常；长期、慢性失 K^+ 患者，可导致肾功能障碍。

2. 钾过多与血钾过高　高钾血症指血清 K^+ 浓度 > 5.5 mmol/L。摄入过多含钾食物一般不会导致高 K^+，但患者有肾功能不全时则可能发生。大量输入库存血、静脉注射 KCl 等，可导致严重高钾血症。临床表现为肌肉无力，尤以下肢为重，以后沿躯干向上肢延伸；高 K^+ 抑制心肌自律性、传导性和兴奋性，引起心律失常。

（四）适宜摄入量与食物来源

1. 适宜摄入量　我国钾 AI 值为 1~3 岁 1000mg，4~11 岁 1500mg，14 岁以上 2000mg，孕妇（早、中、晚）与乳母 2500mg。

2. 食物来源　食物中含钾十分广泛，蔬菜和水果是钾的最好来源。每 100g 食物钾含量高于 800mg 以上的有赤豆、蚕豆、黄豆、冬菇、紫菜等。每 100g 蔬菜和水果中含钾 200mg 左右，鱼类中含钾 200~300mg，肉类中含钾 150~300mg，谷类中含钾 100~200mg。

四、镁

镁（magnesium）是人体必需的常量元素，是人体细胞内的主要阳离子，浓集于线粒体中，仅次于钾和磷，在细胞外液仅次于钠和钙居第三位。镁主要分布于细胞内，细胞外液中的镁不超过 1%。正常成人体内总镁含量约为 25g，其中 60%~65% 分布于骨骼和牙齿中，27% 分布于软组织。血清镁含量为 0.75~0.95 mmol/L。

（一）生理功能

1. 酶的激活剂　镁作为多种酶的激活剂参与 300 余种酶促反应，镁能与细胞内许多重要成分如三磷酸腺苷等形成复合物而激活酶系，或直接作为酶的激活剂激活酶系。如激活磷酸转移酶及水解肽酶系的活性；激活 $Na^+ - K^+ - ATP$ 酶的活性；激活腺苷酸环化酶的活性；激活己糖激酶、羟化酶、丙酮酸脱氢酶、胆碱酯酶等的活性，而参与体内多种重要代谢过程，包括蛋白质、脂肪、碳水化合物的代谢；氧化磷酸化作用；神经冲动的产生和传递；核酸完整性的维持、转录和翻译的准确性等；镁几乎与生命活动的各个环节都有关。

2. 维持骨骼、神经肌肉的正常结构与功能　镁与钙、磷构成骨盐，是维持骨细胞正常结构和功能所必需的元素。镁与钙既有协同作用又相互拮抗，当钙不足时，镁可部分代替钙，而当摄入镁过多时，又阻止骨骼的正常钙化。镁使神经肌肉兴奋和抑制的作用与钙相同，其在骨骼肌与平滑肌的收缩中起重要作用。

3. 维持心血管系统的正常功能　镁是心血管系统的保护因子，可维持心肌的正常结构及心脏的正常节律。它作为心肌细胞膜上 $Na^+ - K^+ - ATP$ 酶必需的辅助因子，影响心肌的收缩过程。同时，镁能作用于周围血管系统，使血管扩张，血压下降。许多心血管疾病与神经肌肉功能性疾病都有镁的耗竭。

4．其他　低浓度的镁具有利胆作用，碱性镁盐可中和胃酸，镁离子在肠道中还具有导泻作用。

（二）吸收与代谢

镁主要在小肠吸收，吸收率受膳食中镁含量的影响，摄入少时吸收率增加，摄入多时吸收率降低。膳食中的氨基酸、乳糖等有利于镁的吸收，而过多的磷、钙以及草酸、植酸、膳食纤维等影响镁的吸收。

镁主要由尿中排出，粪便和汗液也可排出少量的镁。体内镁的水平主要由肾脏调控。蛋白质-能量营养不良、胃肠功能紊乱以及消化液大量丢失，可导致镁缺乏。

（三）适宜摄入量与食物来源

1．适宜摄入量　我国镁的 AI 为每日 11 岁以上的正常人为 350mg，孕妇与乳母为 450mg，0～6 个月为 30mg，6～12 个月为 70mg，1～3 岁为 100mg，4～6 岁为 150mg，7～10 岁为 250mg。

2．食物来源　植物性食物含镁较多，如绿叶蔬菜、粗粮、坚果中都含有丰富的镁，肉类、淀粉类及牛奶中镁的含量中等，加工精制的食品以及油脂中镁含量最低。除了食物之外，从饮水中也可以获得少量镁。

五、铁

铁（iron）是人体必需微量元素中含量最多的一种，也是最容易缺乏的一种。铁缺乏可导致缺铁性贫血，是我国主要的公共营养问题之一，其高发人群为婴幼儿、儿童、青少年与生育期女性。正常成人体内含铁总量约为 4～5g，主要存在于血红蛋白中，占 60%～75%，3% 在肌红蛋白中，1% 为含铁酶类，如细胞色素氧化酶、过氧化氢酶、过氧化物酶等，以上铁按存在的形式称为功能性铁。其余为储存铁，以铁蛋白和含铁血黄素的形式存在于肝、脾与骨髓中，约占体内总铁的 25%。

（一）生理功能

1．氧的转运与组织呼吸　铁为血红蛋白、肌红蛋白、细胞色素 A 及某些呼吸酶的成分，参与体内氧与二氧化碳的转运、交换和组织呼吸过程。

2．红细胞的形成与成熟　铁在骨髓的幼红细胞内，与卟啉结合成正铁血红素，再与珠蛋白合成血红蛋白。铁缺乏时，新生的红细胞中血红蛋白量不足，影响 DNA 的合成及幼红细胞的分裂、增殖、成熟，还可使红细胞变形能力降低，寿命缩短，自身溶血增加。

铁还有许多重要功能，如催化 β-胡萝卜素转化为维生素 A，参与嘌呤与胶原的合成、抗体的产生以及药物在肝脏的解毒等。

（二）吸收与代谢

铁主要以三价铁的形式存在于食物中，少数食物中为二价铁。三价铁在胃中被还原为二价铁后被小肠上端粘膜吸收。一般情况下，植物性食物中铁的吸收率较动物性食物为低，如大米为 1%、玉米、黑豆为 3%、莴苣为 4%、面粉为 5%、蛋类为 3%、鱼为 11%，动物肉、肝为 22%，牛奶是贫铁食物，且吸收率不高。

食物中的铁可分为血红素铁与非血红素铁两类。肉类等食物中的铁约 50% 左右是血红素铁，其他为非血红素铁。血红素铁在体内的吸收不受饮食中植酸、磷酸的干扰。非血红素铁首先与结合的有机物分离，并还原为二价铁后方可被吸收，吸收率较低，常受膳食因素的干扰，如粮谷及蔬菜中的植酸盐、草酸盐；茶叶及咖啡中的鞣酸、多酚类物质，蛋类中所含的卵黄高磷蛋白，均干扰非血红素铁的吸收。胃酸缺乏或过多服用抗酸药时，影响铁离子释放，也阻碍铁的吸收。但维生素C、某些单糖、有机酸以及肉、鱼、禽中的内因子有促进非血红素铁吸收的作用。核黄素亦对铁的吸收、转运与储存有利。体内铁需要量与储存量对血红素铁或非血红素铁的吸收都有影响，当储量多时，吸收率低，储量少时，吸收率高。

在人体代谢过程中，铁可被反复利用，成人每日可获得衰老红细胞被破坏后的再生铁约20mg，可被再利用合成血红蛋白。人体每日排泄的铁很少，成年男性每日约排泄1mg，育龄妇女月经失血，每日多损失铁0.6~0.7mg。

（三）铁缺乏

铁缺乏可导致缺铁性贫血，是世界性公共营养问题之一，在发展中国家普遍存在，特别对儿童和妇女的健康造成较大的威胁。

1．铁缺乏的原因　从营养学角度分析，主要为：（1）食物铁摄入不足，从食物获取铁不能满足机体需要，这与经济状况、饮食习惯等因素有关；（2）膳食铁的生物利用率较低，一般见于食物中的铁含量和吸收率均较低时；（3）育龄女性月经失血和妊娠期引起铁需要量增加而摄入量未相应增加；（4）缺乏早期缺铁监测指标，使相当数量的人长期处于隐性缺铁而未被及时发现，进一步发展为缺铁性贫血。

2．铁缺乏的分期　体内铁缺乏可分为三个阶段：（1）储存铁减少期：此时储存铁减少，甚至耗竭，表现为血清铁蛋白含量下降；（2）红细胞生成缺铁期：此时除血清铁蛋白含量下降外，血清铁下降，总铁结合力上升，转铁蛋白饱和度下降，红细胞游离原卟啉浓度上升；（3）缺铁性贫血期：该期除以上指标变化外，血红蛋白和红细胞容积下降。

3．铁缺乏对人体的影响　铁缺乏影响儿童的生长发育、身体素质和学习记忆力；儿童易烦躁、精力不集中、抗感染性疾病能力和身体抵抗力下降。此外，经研究发现，铁缺乏可增加铅的吸收，铁缺乏儿童铅中毒的发生率比无铁缺乏的儿童高3~4倍，可能与缺铁时可导致机体对二价金属吸收率增高有关。

（四）缺铁性贫血

见第十二章第二节。

（五）铁过负

正常情况下，通过膳食途径不会引起铁中毒。铁过多或超负荷主要见于遗传性血色病及获得性血色病。遗传性血色病为常染色体隐性遗传病；获得性血色病因长期过量摄入铁、长期大量输血、肝病引起铁代谢障碍以及各种原因引起红细胞生成障碍等造成。慢性铁过负可导致心力衰竭、肝硬化、糖尿病、性腺萎缩及皮肤色素沉着等；急性铁过负可引起坏死性胃肠炎。治疗铁过负可采用药物疗法或放血疗法。

（六）适宜摄入量与食物来源

1．适宜摄入量（AI）　我国铁的AI为：成年男子15mg，成年女性（绝经期前）20mg、50岁以上15mg，孕妇（中期）25mg，孕妇（后期）35mg，乳母为25mg。

2．食物来源　膳食中铁的良好来源为动物肝脏、动物全血、畜禽肉类、鱼类、大豆、黑木耳、芝麻酱等。蔬菜中含铁量不高，油菜、苋菜、菠菜、韭菜等利用率不高。

六、锌

锌（zinc）为人体必需微量元素之一，正常成人体内含锌量约为2~2.5g，主要存在于肌肉、骨骼和皮肤中，少量存在于内脏及血液中。血液中的锌大部分在红细胞内，红细胞膜上锌浓度较高，主要以金属酶、碳酸酐酶和碱性磷酸酶的组分存在，血浆中的锌主要与蛋白质相结合。游离锌含量很低。

（一）生理功能

1. 酶的组成成分或酶的激活剂　锌是人体许多重要酶的组成成分，目前已知有200余种含锌酶，如超氧化物歧化酶、果糖二磷酸酶、碱性磷酸酶、乳酸脱氢酶等。锌是RNA聚合酶、DNA聚合酶的激活剂。

2. 促进生长发育　锌参与核酸和蛋白质的合成以及细胞的生长、分裂和分化等过程。因此，锌缺乏时出现生长发育迟缓、身材矮小、性器官发育不良等。

3. 改善味觉，促进食欲　锌参与唾液蛋白的构成；而且锌是味觉素的结构成分，味觉素是一种与味觉有关的蛋白质，有营养和促进味蕾生长的作用，故锌缺乏时，味觉迟钝，食欲下降。

4. 促进维生素A代谢　锌可促进视黄醛的合成和构型转化；参与肝脏中维生素A动员，维持血浆维生素A的浓度，故锌可促进维生素A的代谢和维持其正常的生理功能。锌对维持眼睛的暗适应能力和皮肤健康也有着重要的作用。

5. 保证免疫系统的完整性　锌可直接影响胸腺细胞的增殖，使胸腺素分泌正常，以保证免疫系统的完整性。

（二）吸收与代谢

锌主要在小肠内被吸收。锌的吸收受肠粘膜细胞含锌量的调节。食物中的植酸、膳食纤维以及铜、镉、钙、亚铁离子能抑制锌的吸收；维生素D、葡萄糖、乳糖、半乳糖、柠檬酸等能促进锌的吸收。消化道中锌的吸收率一般为20%～30%左右。锌主要经肠道排出，小部分由尿排出，仅少量经汗液排出。

（三）锌缺乏

见第十二章第四节。

（四）推荐摄入量与食物来源

1. 推荐摄入量（RNI）　我国居民锌的RNI：4岁～12 mg/d；7岁～13.5 mg/d；11岁～男18.0 mg/d，女15.0 mg/d；14岁～男19.0 mg/d，女15.5 mg/d；18岁～男15.5 mg/d，女11.5 mg/d；孕早期11.5 mg/d，孕中期、孕晚期16.5 mg/d，乳母21.5 mg/d。

2. 食物来源　动物性食物含锌丰富且吸收率高，以牡蛎含锌量最高，其他为畜禽肉及肝脏、蛋类、鱼及海产品、豆类、谷类，而蔬菜及水果含量较低。

七、铜

铜（copper）是人体必需的微量元素，人体内含铜总量约为50～120mg，分布于体内各组织器官中，其中以肝和脑中浓度最高，血清铜正常值为10～24 μmol/L。

（一）生理功能

铜是体内许多氧化酶的组成成分，如铜蓝蛋白（亚铁氧化酶Ⅰ）、细胞色素氧化酶、超氧化物歧化酶、多巴胺β-羟化酶等，它们在人体内发挥着重要的作用。

1. 维持正常造血机能　铜参与铁的代谢和红细胞生成，铜能促进铁的吸收、转运和储存。铜蓝蛋白催化二价铁氧化成三价铁，对生成转铁蛋白起重要作用并可促进血红蛋白的形成。正常骨髓细胞的形成也需要铜。

2. 促进结缔组织形成　铜主要通过赖氨酰氧化酶促进结缔组织中胶原蛋白和弹性蛋白的交联，以形成强壮、柔软的结缔组织。如铜缺乏，则影响胶原结构，可导致骨骼、皮肤和血管的病变。

3. 维持中枢神经系统正常功能　铜在神经系统中起着重要的作用，如细胞色素氧化酶能促进髓鞘的形成。在脑组织中多巴胺β-羟化酶可催化多巴胺转变为去甲肾上腺素。多巴胺β-羟化酶还与儿茶酚胺的生物合成有关。

4. 保护机体免受氧化损伤　铜是超氧化物歧化酶（SOD）的成分，SOD具有抗氧化作用，能催化超氧阴离子转变为过氧化物，并进一步转变为水，从而保护细胞免受超氧阴离子的损伤。铜蓝蛋白是几种自由基的清除剂，并可保护易被氧化的不饱和脂肪酸。

5. 维持毛发正常颜色和结构　酪氨酸酶为含铜酶，它能催化酪氨酸转变为多巴，再转变为黑色素，为皮肤、毛发、眼睛所必需，缺铜时毛发脱色。硫氢基氧化酶也属于含铜酶，它具有维护毛发正常结构及防止角化的作用。

此外，铜对胆固醇代谢、葡萄糖代谢、免疫功能、激素分泌等也有影响。

（二）吸收与代谢

铜主要在小肠被吸收，吸收率约为40%，某些膳食成分可能影响铜的吸收和利用，如锌、铁、钼、维生素C、蔗糖和果糖，但所需量都比较高。铜吸收后，被运至肝脏、骨骼等组织、器官，用以合成铜蓝蛋白和含铜酶。

铜主要经粪、尿和汗排出，其中约80%经胆汁排出，其次为小肠粘膜，仅3%从尿中排出。

（三）适宜摄入量与食物来源

1. 适宜摄入量（AI）　我国铜的AI为14岁以上各人群包括孕妇、乳母均为2.0 mg/d；婴儿：出生～6个月 0.4 mg/d，6～12个月 0.6 mg/d；1～3岁 0.8 mg/d；4～6岁 1.0 mg/d；7～10岁 1.2 mg/d；11～13岁 1.8 mg/d。

2. 食物来源　铜广泛存在于各种天然食物中，人体一般不易缺乏。牡蛎、动物的肝脏和肾脏、鱼、坚果、干豆类含铜十分丰富，牛奶、绿叶蔬菜含铜较低。

八、硒

硒（selenium）是人体必需微量元素之一，硒缺乏是克山病发病的基本因素，补硒能有效地预防克山病发生。人体含硒总量约为14～20mg，广泛分布于所有组织和器官中。人体内肝、胰、肾、心、脾、牙釉质和指甲中硒浓度较高，脂肪组织中含量最低。

（一）生理功能

1. 硒是谷胱甘肽过氧化物酶的重要组成成分　硒参与谷胱甘肽过氧化物酶（GSH-Px）的构成，GSH-Px具有清除自由基、抗氧化的作用，可保护细胞膜免受氧化损伤，维持细胞的正常功能。

2. 参与甲状腺激素的代谢　含硒的脱碘酶可将甲状腺分泌的 T_4 转化为活性形式 T_3 而发挥重要的生理作用。

3. 保护心肌健康　硒能降低心血管病的发病率。动物实验证实，硒对心肌纤维、小动脉及微血管的结构及功能有重要作用。我国科研工作者在20世纪70年代就发现，硒缺乏是克山病发病的基本因素，补硒能有效地预防克山病的发生。

4. 解除重金属的毒性　硒在胃肠道中可与铅、镉、汞等重金属结合，形成金属硒蛋白复合物并排出体外，起到解毒作用。

此外，硒还有促进生长、保护视觉器官及抗肿瘤的作用。

（二）吸收与代谢

硒主要在小肠吸收，吸收率大多在50%以上，与其存在的形式、化学结构、溶解度有关。溶解度大的硒化合物比溶解度小的化合物容易吸收；蛋氨酸硒比无机形式的硒吸收率高。

硒被吸收后，与血浆白蛋白结合，转运至各器官和组织中。硒主要经粪便排出，约为摄入量的33%~58%，由呼吸及皮肤排出微量，其他以无机硒形式从尿中排出。

（三）硒缺乏与硒中毒

见第十二章第五节。

（四）推荐摄入量与食物来源

1. 推荐摄入量（RNI） 我国硒的RNI为：1~3岁 20 μg/d，4~6岁 25 μg/d，7~10岁 35 μg/d，11~13岁 45 μg/d。14岁以上各类人群（除乳母外）均为50 μg/d，乳母为65 μg/d。

2. 食物来源 动物性食品肝、肾、肉以及海产品含硒较丰富，粮食、豆类、蔬菜及水果中硒含量受产地地质环境的影响，不同地区土壤及水中硒含量差异较大，因而食物中硒含量也有很大区别，高硒地区的粮食、豆类和蔬菜中硒含量是克山病地区同类产品的1000倍。

九、铬

铬（chromium）是一种银白色有光泽的硬金属，耐腐蚀性强，是必需微量元素之一。铬具有很高的生物活性，以Cr^{3+}的形式存在于人体的各部分，人体内铬含量约为5~10mg，主要存在于骨骼、皮肤、脂肪、肾上腺、大脑和肌肉中。

（一）生理功能

1. 加强胰岛素的作用 Cr^{3+}是葡萄糖耐量因子（GTF）的重要组成成分，GTF可使胰岛素充分地发挥作用，增强葡萄糖的氧化利用并转变成脂肪储存，以维持正常的糖耐量。铬缺乏的临床表现为葡萄糖耐量下降。

2. 预防动脉粥样硬化 铬可影响脂肪代谢，抑制脂肪酸和胆固醇的合成，降低血中甘油三酯、低密度脂蛋白，升高高密度脂蛋白，因此可预防动脉粥样硬化。

3. 促进生长发育 铬参与蛋白质、核酸代谢，并可促进血红蛋白合成。铬摄入不足时，可导致儿童生长迟缓。给营养不良的儿童补充铬，可增加他们的生长速率。

（二）吸收与代谢

无机铬的吸收率很低，一般小于3%。铬与有机物结合后，吸收率可升高至10%~25%。膳食中某些因素可影响铬的吸收率，如高浓度的单糖和双糖都不利于铬的吸收，食物中的植酸盐也明显降低铬的吸收率，而维生素C可促进铬的吸收。铬代谢后大部分从尿中排出，经粪便、皮肤排出很少。

（三）适宜摄入量与食物来源

1. 适宜摄入量（AI） 我国铬的AI为：出生~6个月 10 μg/d，6~12个月 15 μg/d，1~3岁 20 μg/d，4~10岁 30 μg/d，11~17岁 40 μg/d，18岁以上各人群为50 μg/d。

2. 食物来源 铬的良好食物来源为肉类和整粒粮食，啤酒酵母及肝脏中铬含量较高且易于吸收。膳食铬主要来源是谷类、肉类及鱼贝类。粮食经加工精制后，铬含量明显降低。白糖中铬含量低于红糖。

十、碘

碘（iodine）是人体必需微量元素之一，其在体内参与甲状腺素的合成，发挥重要的生理作用。我国为缺碘大国，已采取食盐加碘进行干预。

（一）生理功能

碘在体内参与甲状腺素的合成，甲状腺素是调节人体物质代谢的重要激素，其促进蛋白质合成，保证儿童正常的生长发育，碘缺乏使甲状腺功能减退，导致儿童生长停滞，智力落后；甲状腺素还可促进生物氧化，调节蛋白质、碳水化合物、脂肪及能量的代谢；调节水盐代谢；促进维生素的吸收和利用；活化多种重要酶系。甲状腺素还促进大脑及神经系统的发育，胎儿期或婴儿期缺碘可患克汀病，表现为智力低下，听力、语言及运动障碍。

（二）吸收与代谢

膳食中的碘有两种形式：无机碘和有机碘。无机碘在胃肠道可被迅速吸收；有机碘在消化道被消化、脱碘后，以无机碘形式被吸收，并迅速运转至血浆，并分布于各组织中。甲状腺是体内唯一储存碘的组织。

甲状腺素经代谢分解出的碘，部分可被重新利用，大部分经尿排泄，小部分从粪便、汗液或乳汁中排出。

（三）碘缺乏

我国生活在缺碘地区的人口约3.2亿。因碘缺乏引起的疾病称为缺碘性疾病（IDD），包括克汀病、地方性甲状腺肿和其他缺碘引起的疾病。孕妇缺碘可导致胎儿缺碘，患克汀病；新生儿、婴幼儿缺碘出现甲状腺功能低下为多；儿童、少年和成人则可引起地方性甲状腺肿伴甲状腺功能低下。

1. 缺碘原因

(1) 膳食中碘长期摄入不足，食物及水中的碘均不能满足人体需要。

(2) 某些食物含抗甲状腺素物质，如十字花科植物白菜、萝卜等，含有 β-硫代葡萄糖苷等，影响碘的利用。

(3) 蛋白质摄入不足，饮食中含钙、锰、氟过高或钴、钼不足，均影响甲状腺素的合成。

2. 防治方法

(1) 多食含碘丰富的海产品，如海带、紫菜、海藻等。

(2) 缺碘地区应推广碘盐。

（四）推荐摄入量与食物来源

1. 推荐摄入量（RNI）　我国碘的 RNI 为：出生～3岁 $50\mu g/d$，4～10岁 $90\mu g/d$，11～13岁 $120\mu g/d$，14岁以上 $150\mu g/d$，孕妇与乳母 $200\mu g/d$。

2. 食物来源　海产品含有丰富的碘，如海带、紫菜、淡菜含碘量都非常丰富。海鱼、对虾、干贝、海参、海盐中含碘量也较高。

第二节 维生素

一、概述

维生素是维持人体正常生命活动所必需的一类低分子有机化合物,天然存在于食物中,人体几乎不能合成,需要量甚微,在机体的代谢、生长、发育过程中起着重要的作用,是防治多种营养缺乏病的必需营养素,具有预防多种慢性退化性疾病的保健功能。

(一) 共同特点

维生素的种类很多,化学结构和生理功能各不相同,但有着共同的特点。

1. 维生素或其前体形式存在于天然食物中。
2. 人体自身不能合成或合成量很少,必须由食物提供。
3. 维生素不是人体组织结构的组成部分,也不提供能量。
4. 虽然每日生理需要量很少,但在调节物质代谢过程中却起着很重要的作用。
5. 维生素常以辅酶或辅基的形式参与酶的作用。
6. 有些维生素具有几种结构相似、生物活性相同的化合物,如维生素 A_1 与维生素 A_2,维生素 D_2 和维生素 D_3,吡哆醇、吡哆醛、吡哆胺等。

(二) 命名

维生素命名方式有三种:一是按发现的历史顺序,以英文字母排序命名,如维生素 A、B、C、D、E 等;二是按生理功能命名,如干眼病维生素、抗脚气病维生素、抗癞皮病维生素、抗坏血酸等;三是按化学结构命名,如视黄醇、硫胺素、核黄素等。目前,三种命名方式常混合使用。

(三) 分类

根据溶解性质的不同,维生素可分为脂溶性维生素和水溶性维生素两大类。

1. 脂溶性维生素 有维生素 A、D、E、K,其共同特点是:①化学结构中只含碳、氢、氧三种元素。②不溶于水,只溶于油脂及有机溶剂。③在食物中与脂类共存,在酸败的脂肪中易被破坏。④在肠道内的吸收受脂肪的影响,如脂肪吸收不良,脂溶性维生素的吸收也降低。⑤摄入后,主要储存于脂肪组织与肝脏中。⑥如摄入过量可引起中毒,如摄入过少,可缓慢地出现缺乏症状。

2. 水溶性维生素 包括维生素 B_1、B_2、PP、B_6、B_{12}、叶酸、泛酸、生物素和维生素 C。其共同特点是:①化学组成除含碳、氢、氧外,还有氮、硫、钴等元素。②溶于水而不溶于脂肪及脂溶剂。③在体内几乎不能储备,在满足机体需要后,多余部分会随尿排出。④一般无毒性,如摄入过少,可较快地出现缺乏症状。⑤绝大多数以辅酶或辅基的形式参加各种酶系统,发挥重要作用。⑥营养状况大多可以通过血和/或尿进行评价。

二、维生素 A

维生素 A (Vitamin A) 亦称视黄醇。人体维生素 A 有两个来源:一个是动物性食品中的视黄醇;另一个是植物性食品中的 β-胡萝卜素,它是维生素 A 的前体,吸收后在人体肝脏内转变为视黄醇。

(一) 化学结构与性质

1. 维生素 A 包括所有具有视黄醇生物活性的一大类物质，是指含有 β-白芷酮环的多烯基化合物。狭义的维生素 A 指视黄醇，广义包括维生素 A 和维生素 A 原。维生素 A（视黄醇）有维生素 A_1（视黄醇）和维生素 A_2（3-脱氢视黄醇）之分，二者的生理功能相似。维生素 A_1 主要存在于海鱼中，而维生素 A_2 主要存在于淡水鱼中，维生素 A_2 的生物活性为维生素 A_1 的 40%。棕榈酸视黄酯是视黄醇的主要储存形式。

视黄醇分子末端的 —CH_2OH 在体内可氧化成 —CHO，称视黄醛。11-顺式视黄醛在光的作用下转变为全反式视黄醛，是与视觉有密切关系的维生素 A 活性形式。视黄酸是视黄醛氧化的产物，它对细胞的增生和分化有重要作用。近年认为，它能阻止或延缓癌前病变，防止化学致癌作用，但它不能被还原为视黄醛，对视觉功能无作用。

2. 类胡萝卜素 类胡萝卜素主要来自植物，尤其是黄色、红色蔬菜水果含量最多。目前已发现约 600 种类胡萝卜素，仅约 1/10 是维生素 A 原，其中最重要的为 β-胡萝卜素，它常与叶绿素并存。此外，还有 α-胡萝卜素、γ-胡萝卜素和隐黄素等，也属于维生素 A 原。

3. 理化性质 维生素 A 为淡黄色结晶，胡萝卜素为深红色，其溶液呈黄色或橘黄色，均为脂溶性化合物。维生素 A 及其衍生物易被氧化和受紫外线破坏，油脂酸败过程中，其所含的维生素 A 会受到严重的破坏。食物中的磷脂、维生素 E、维生素 C 和其他抗氧化剂有提高维生素 A 稳定性的作用。烹调过程中胡萝卜素比较稳定，且加工、加热有助于胡萝卜素从细胞内释出，提高吸收率。

(二) 吸收与代谢

食物中的维生素 A 大都以视黄酰酯的形式存在，它与类胡萝卜素经胃内的蛋白酶消化后从食物中释出，在小肠经胆汁和胰脂酶的作用，通过小肠绒毛上皮细胞被吸收。

维生素 A 主要以主动吸收的方式被机体吸收，其特点是必须有载体参加，并有能量消耗，吸收速度较快，吸收率高，约为 70%～90%。而胡萝卜素在肠道以扩散的方式被吸收，吸收率一般为 20%～50%。胆盐可促进二者的吸收，磷脂有助于胡萝卜素的吸收。

维生素 A 以酯的形式主要储存在肝脏，肾脏中维生素 A 储存量约为肝脏的 1%，眼色素上皮中亦储存有维生素 A，其为视网膜备用库。

(三) 生理功能

1. 维持正常视觉 维生素 A 能促进视觉细胞内感光物质的合成与再生，以维持正常视觉，它是眼睛视网膜的杆状细胞内含的感光物质视紫红质的组成成分，视紫红质是 11-顺式视黄醛与视蛋白相结合的复合物，对维持正常的"暗适应"能力有重要的作用。如维生素 A 缺乏，视网膜细胞中视紫红质含量下降，人进入暗处时看不清东西，称为夜盲症，俗称"雀蒙眼"。

2. 维持皮肤和粘膜上皮细胞的正常状态 维生素 A 在维持上皮细胞的正常生长与分化中起着十分重要的作用，其中 9-顺式视黄酸和全反式视黄酸在细胞分化中的作用尤为重要。当维生素 A 缺乏时，上皮细胞退化，粘膜分泌减少，出现皮肤粗糙、脱屑、眼结膜干燥、发炎，可导致各种眼疾。

3. 促进生长发育，维持正常的生殖功能 维生素 A 有助于细胞的增殖与生长，从而维持机体正常的生长发育。缺乏维生素 A 的儿童生长停滞，发育迟缓，骨骼发育不良。

视黄醇和视黄酸对胚胎发育是必需的，缺乏维生素 A 的孕妇所生的新生儿体重较轻。

维生素A缺乏会影响生殖系统上皮组织的正常发育，使雄性睾丸重量下降，精子生成障碍；使雌性动物雌激素分泌的周期性变化消失，阴道、子宫、输卵管及胎盘上皮角化，不能受孕并导致胎儿畸形、死亡。

4. 维持骨骼的正常发育　维生素A可维持正常的骨质代谢，如缺乏可减少破骨细胞的数目，影响成骨细胞的功能，使骨膜骨质过度增生，骨腔变小，导致骨骼发育不良。

5. 抑癌作用　维生素A或其衍生物有抑癌防癌作用，维生素A缺乏影响上皮细胞的正常分化，使机体对某些化学性致癌物的敏感性增加。胡萝卜素或类胡萝卜素都有杀灭单线态氧、清除氧自由基的作用。许多研究表明，高维生素A与β-胡萝卜素摄入者，患肺癌等上皮癌症的危险性减少。

6. 增进人体对疾病的抵抗力　维生素A对机体免疫系统有重要的作用，如缺乏可影响抗体的生成，使机体抵抗力下降。

7. 维生素A与缺铁性贫血的关系　流行病学的调查资料显示，维生素A缺乏与缺铁性贫血往往同时存在。经动物试验显示，维生素A可能有改善铁吸收和促进储存铁转运、增强造血系统功能的作用。

（四）维生素A的计量单位

目前维生素A的计量单位用视黄醇当量来表示。在计算维生素A摄入量时，应将每日摄入的维生素A和β-胡萝卜素都折合成视黄醇合并计算，称为视黄醇当量，计算方法如下：

视黄醇当量（微克）＝ 维生素A（IU）×0.3 + β-胡萝卜素（微克）×0.167

（五）维生素A缺乏症

见第十二章第六节。

（六）维生素A过量与中毒

过量摄入维生素A可引起急性、慢性中毒及致畸毒性。急性毒性常由于一次或多次累计摄入成人推荐摄入量的100倍；儿童超过推荐摄入量的20倍而发生中毒。主要症状为恶心、呕吐、头痛、眩晕、视物模糊、肌肉失调、婴儿囟门突起。当剂量极大时，可有嗜睡、厌食、反复呕吐。

慢性中毒比急性中毒常见，当维生素A使用剂量超过推荐摄入量的10倍以上时可发生，常见症状为头痛、脱发、肝脏肿大、长骨末端外周部分疼痛、皮肤瘙痒、肌肉僵硬等。

正常的饮食一般不会发生维生素A中毒，中毒多因过量口服浓缩维生素A制剂引起，多见于儿童。过量进食狗肝、鲨鱼肝或熊肝可导致急性中毒。

大量摄入类胡萝卜素可出现高胡萝卜素血症，临床表现为出现类似黄疸的皮肤，停止进食后，症状将逐渐消失。

（七）营养状况鉴定

维生素A营养状况应根据生化指标、临床表现、生理、膳食摄入情况予以综合评定，常用检查方法有：血清维生素A水平测定、MRDR试验、视觉暗适应功能测定、血浆视黄醇结合蛋白检测、眼结膜印迹细胞学法和眼部症状检查等。

维生素A缺乏的眼部临床症状包括角膜干燥、溃疡、角化，少儿可见毕脱斑。

（八）推荐摄入量与食物来源

1. 推荐摄入量（RNI）　我国维生素A的RNI为：＞14岁男性800μgRE（视黄醇当量），女性700μgRE；孕早期800μgRE，孕中、晚期900μgRE，乳母1200μgRE。1岁以下适宜摄入量（AI）为400μgRE，1~3岁500μgRE，4~6岁600μgRE，7~13岁700μgRE。

2. 食物来源　维生素 A 的最好来源是动物肝脏，其次是奶油、蛋黄、鱼卵、鱼肝油。植物性食物中，红、黄、绿色的蔬菜和水果中含有丰富的 β-胡萝卜素，如胡萝卜、豌豆苗、红心甜薯、辣椒、空心菜、菠菜、韭菜以及杏、芒果、柿子等。

三、维生素 D

维生素 D（Vitamin D）又称抗佝偻病维生素，它是钙、磷代谢最重要的调节因子之一，参与体内钙和矿物质平衡的调节，是维持高等动物生命所必需的营养素。$1,25\text{-}(OH)_2D_3$ 是维生素 D 在体内的重要代谢产物，其具有类固醇激素的作用，人体内维生素 D 的生理功能是通过 $1,25\text{-}(OH)_2D_3$ 而发挥作用的。

（一）化学结构与性质

维生素 D 是类固醇的衍生物，包括维生素 D_2（麦角钙化醇）和维生素 D_3（胆钙化醇）。维生素 D_2 是由酵母菌或麦角中的麦角固醇经紫外线照射后产生；维生素 D_3 是从食物摄入或人体内合成的胆固醇在体内转化为 7-脱氢胆固醇储存于皮下，经紫外线照射后产生。

维生素 D_3 是白色晶体，溶于脂肪和脂溶剂，化学性质比较稳定，在烹饪加工时一般不易破坏，但脂肪酸败时可使维生素 D 破坏。

（二）吸收与代谢

人类可从两个途径获得维生素 D，即通过膳食摄入或在皮肤内自身合成。人体经阳光或紫外线照射时，可利用自身皮肤内的 7-脱氢胆固醇产生维生素 D_3；经口摄入的维生素 D 在空肠、回肠与脂肪一起被吸收，胆汁可促进其吸收。

吸收的维生素 D 或与乳糜微粒结合，或被维生素 D 结合蛋白输送到肝脏。进入肝脏的维生素 D，代谢生成 $25\text{-}(OH)D_3$，与 α-球蛋白结合转运至肾脏并转化成 $1,25\text{-}(OH)_2D_3$ 和 $24,25\text{-}(OH)_2D_3$ 才具有生物活性。机体通过控制肾脏的 1-α-25-羟化酶的活性，来调节 $1,25\text{-}(OH)_2D_3$ 的合成。

维生素 D 主要储存在脂肪组织与骨骼肌中，其分解代谢主要在肝脏进行，代谢产物进入胆汁并排入肠道，随粪便排出。

（三）生理功能

1. 维持血液中钙、磷的正常浓度　维生素 D 与甲状旁腺激素共同作用，维持血钙水平的稳定。当血钙降低时，维生素 D 可促进肾小管对钙、磷的重吸收，并将钙从骨骼动员出来，在小肠促进结合蛋白质的合成，增加钙的吸收；当血钙过高时，促进甲状旁腺产生降钙素，并阻止骨骼脱钙，增加钙、磷从尿中的排泄量。

2. 促进骨骼和牙齿的钙化过程，维持骨骼和牙齿的正常生长。

3. 具有免疫调节功能，可改变机体对感染的反应。

（四）维生素 D 缺乏症

见第十二章第七节。

（五）毒性

通常经食物摄入的维生素 D 一般不会过量，但摄入过量含维生素 D 的补品，可引起不适甚至中毒。文献中已有因喝强化过量维生素 D 的牛奶，而发生维生素 D 中毒的报道。维生素 D 中毒的临床症状为食欲不振、恶心、呕吐、头痛、发热、烦渴等，如不及时纠正，可影响儿童的生长发育，出现高钙血症、高尿钙症，使钙沉积于肾、心血管、肺、肝、脑和皮下，可导致肾功能减退，高尿钙症严重者可死于肾功能衰竭。严重的维生素 D 中毒可导致死亡,故一定要在医生或营养师的指导下补充维生素D,避免滥用。

(六)营养状况评价

25-(OH)D_3是维生素D在血液中的主要存在形式,可反映维生素D的营养状况。11mg/L为正常范围下限,成人血浆25-(OH)D_3的正常值是夏季15~35mg/L,冬季8~18mg/L。血清钙磷乘积和血清碱性磷酸酶活性亦可用于诊断佝偻病。

(七)推荐摄入量与食物来源

1. 推荐摄入量(RNI)　维生素D既可由膳食提供,又可经暴露日光的皮肤合成,因此很难估计维生素D的总摄入量。我国居民膳食维生素D的RNI为:0~10岁10μg/d,11~14岁5μg/d,18岁~5μg/d,50岁~10μg/d,孕妇和乳母10μg/d。

由于过量摄入维生素D有潜在的毒性,中国营养学会建议我国儿童和成人维生素D的可耐受最高摄入量(UL)为20μg/d。

2. 食物来源　坚持户外活动,经常接受充足的日光照射,是预防维生素D缺乏的最安全、有效的方法。食物中维生素D主要存在于鱼肝油、海水鱼(如沙丁鱼)、动物肝脏、奶油以及蛋黄等动物性食品中。近年来,北京等城市和地区使用维生素A、D强化牛奶,使维生素D缺乏症发病率明显减少,但应注意适量饮用,防止摄入过量而中毒。

四、维生素E

维生素E(Vitamin E)又名生育酚,属于脂溶性维生素,是一组具有α-生育酚活性的化合物。食物中存在着α、β、γ、δ四种不同化学结构的生育酚和四种生育三烯酚,各种食物中它们的含量有很大差别,生理活性也不相同,其中以α-生育酚的活性最强,如以其活性作为100,则β-生育酚为40,γ-生育酚为8,δ-生育酚为20。故通常以α-生育酚作为维生素E的代表进行研究。

(一)理化性质

α-生育酚为黄色油状液体,溶于乙醇、脂肪和脂溶剂,不溶于水。对热和酸稳定,遇碱可发生氧化。维生素E对氧十分敏感,容易被氧化破坏,一般烹调时损失不大,但油炸时活性明显降低,在酸败的油脂中易被破坏。

(二)吸收与代谢

食物中的维生素E以微胶粒的形式在小肠中段被吸收,其通过被动扩散进入肠粘膜细胞,胆盐等可溶性微粒可辅助维生素E的吸收,吸收率一般为20%~25%。中链甘油三酯可促进其吸收,而多不饱和脂肪酸则抑制维生素E的吸收。

血中的维生素E可与各种脂蛋白结合后转运,部分可通过红细胞转运。维生素E存在于脂肪细胞的脂肪滴、所有细胞的细胞膜和血循环的脂蛋白中,主要储存在脂肪组织、肌肉和肝脏中。维生素E主要从粪便排出,少量经尿排泄。

(三)生理功能

1. 抗氧化作用　维生素E是高效抗氧化剂,它与超氧化物歧化酶(SOD)和谷胱甘肽过氧化物酶(GSH-PX)共同构成体内的抗氧化系统,保护细胞膜中的多不饱和脂肪酸、细胞骨架及其他蛋白质的巯基和细胞内的核酸免受自由基的攻击。此功能与维生素E抗动脉硬化、抗癌、改善免疫功能、保护视觉和延缓衰老过程有关。

2. 促进蛋白质更新合成　维生素E参与DNA的生物合成过程,可促进蛋白质及某些酶蛋白的合成,降低某些分解代谢酶的活性,故可增强机体耐力,维持肌肉、心血管系统、中枢神经系统及视网膜的正常结构和功能。

3. 预防和延缓衰老　维生素 E 可减少脂褐素形成，改善皮肤弹性，减轻性腺萎缩，提高机体免疫力。因此维生素 E 可预防和延缓衰老。

4. 抑制血小板聚集　维生素 E 可调节血小板的粘附力和聚集作用，保护红细胞完整性，缺乏时可导致溶血性贫血，心肌梗死与中风的危险性也会增加。

5. 维持生殖器官的正常功能　动物试验证明，维生素 E 缺乏时，不能生成精子，受精卵不能植入子宫。临床上常用维生素 E 治疗先兆性或习惯性流产。

（四）营养水平鉴定

可采用血清维生素 E 水平测定和红细胞溶血试验法。

（五）适宜摄入量与食物来源

1. 适宜摄入量（AI）　维生素 E 的 AI：0～1 岁 3 mgα-TE/d（α-TE：α-生育酚当量），1～3 岁 4 mgα-TE/d，4～6 岁 5 mgα-TE/d，7～10 岁 7 mgα-TE/d，11～13 岁 10 mgα-TE/d，14 岁以上包括成年人、老年人、孕妇、乳母均为 14 mgα-TE/d。

2. 食物来源　维生素 E 广泛分布于自然界，一般情况下不会缺乏，其主要存在于各种油料种子中，故谷类和油脂类是提供维生素 E 的主要食物来源。麦胚、硬果类及豆类也含有丰富的维生素 E。蛋类、绿叶蔬菜、鸡肫、鸭肫中含有一定量的维生素 E，鱼肉类动物性食品及水果中含量很少。

五、维生素 K

维生素 K（Vitamin K）于 20 世纪 30 年代被发现，1939 年确定其化学结构。天然维生素 K 为脂溶性，包括维生素 K_1（叶绿醌）来源于植物，菠菜、花椰菜中含量丰富；维生素 K_2（甲萘醌）是由人或动物肠道中的细菌合成，肝内含量丰富；人工合成的水溶性维生素 K 包括维生素 K_3（亚硫酸氢钠甲萘醌）及维生素 K_4（乙酰甲萘醌）。

（一）理化性质

维生素 K_1、K_2 为黄色油状化合物，能溶解在脂肪和有机溶剂中，不溶于水。维生素 K_3、K_4 是黄色结晶粉末，可溶于水。维生素 K 对热稳定，所以在一般的加工烹调过程中损失较少，但它们在酸、碱、氧化剂和光特别是紫外线的作用下不稳定，易被破坏而失去功效。

（二）吸收与代谢

40%～70% 的维生素 K 经十二指肠和回肠吸收，均需胆汁、胰液参加，并与乳糜微粒结合，由淋巴系统转运至全身，储存于肝脏、皮肤和肌肉。影响膳食脂肪吸收的因素均可影响维生素 K 的吸收。维生素 K 的储存很少，更新很快，吸收的维生素 K 有 30%～40% 经胆汁排到粪中，约 15% 以水溶性代谢产物的形式经尿排出。

（三）生理功能

1. 凝血功能　维生素 K 是维生素 K 依赖凝血因子、血浆凝血抑制物谷氨酸残基 γ-羧基化的重要辅酶，维生素 K 缺乏时，上述凝血因子的合成、激活受到显著抑制，可发生凝血障碍，引起各种出血。

2. 骨钙代谢　维生素 K 水平与骨矿物质密度值呈正相关，如给实验动物补充维生素 K 可增加钙储留，减少尿钙量。

维生素 K 还参与细胞的氧化还原过程，并可增加肠道蠕动，促进消化腺分泌，增强总胆管括约肌的张力。

（四）适宜摄入量与食物来源

1. 适宜摄入量（AI）　成年人维生素 K 的 AI 为 120μg/d，青少年可根据 2μg/（kg·d）计算。

2. 主要食物来源　菠菜、生菜、圆白菜等绿叶蔬菜是维生素 K 最好的食物来源，豆油、橄榄油中含维生素 K 也较高，较少量的维生素 K 也存在于牛奶、奶制品、肉类、蛋类、谷类、水果和其他蔬菜中。

六、硫胺素

硫胺素（thiamin）又称维生素 B_1，是人类发现最早的维生素之一。因发现其与预防和治疗脚气病有关，又称为抗神经炎素或抗脚气病维生素。

（一）理化性质

硫胺素分子是由 1 个嘧啶环和 1 个噻唑环通过亚甲基连接形成。硫胺素为白色结晶，易溶于水，在干燥和酸性溶液中稳定，在碱性环境，尤其在长时间煮烧时维生素 B_1 则迅速分解破坏。还原性物质亚硫酸盐、二氧化硫等能使维生素 B_1 失活，当使用亚硫酸盐作防腐剂或用二氧化硫熏蒸谷仓时，维生素 B_1 被分解破坏。

（二）吸收与代谢

维生素 B_1 主要在空肠被吸收，摄入量少时靠主动转运吸收，大量摄入时靠被动扩散，巴比妥类和乙醇可降低其吸收率。吸收后的硫胺素在空肠粘膜细胞内经磷酸化转变成焦磷酸酯，在血液中主要以焦磷酸酯的形式由红细胞完成体内转运。

机体中维生素 B_1 的总储存量约 30mg，以肝脏、肾脏和心脏中含量最高。其半衰期为 9.5~18.5 天，代谢产物为嘧啶和噻唑及其衍生物。硫胺素从尿中排出，不能被肾小管重吸收。

（三）生理功能

1. 维持碳水化合物的正常代谢　硫胺素焦磷酸酯（TPP）是硫胺素的主要辅酶形式，它作为碳水化合物氧化过程中的辅酶而起作用，参与 α-酮酸的氧化脱羧反应和磷酸戊糖途径的转酮醇酶反应。当硫胺素摄入不足时，机体碳水化合物代谢障碍，并导致氨基酸、脂肪代谢障碍。

2. 维持神经、肌肉的正常生理功能　硫胺素能维持神经、肌肉特别是心肌的正常生理功能，并在维持正常食欲、胃肠蠕动和消化液的分泌方面起着重要作用。

（四）维生素 B_1 缺乏症

硫胺素为水溶性维生素，在体内储存量较少，若膳食中长期缺乏硫胺素或长期食用碾磨过分精细的米和面，又缺少杂粮和其他副食补充时易引起缺乏。硫胺素缺乏症又称脚气病，主要损害神经、血管系统，早期症状有头痛、乏力、烦躁、食欲不振等。依其典型症状临床上可分为三型：

1. 干性脚气病　临床表现为多发性神经炎，以对称性周围神经炎为主，起病常从肢体远端开始，下肢较上肢多见，有灼痛或异样感，呈袜套样分布，逐渐向肢体近端进展，小腿腓肠肌有明显压痛，腱反射异常，严重时有垂腕、垂足等症状。

2. 湿性脚气病　以水肿及循环系统症状为主，浮肿多见于足踝部，严重者下肢水肿。患者活动后出现心悸、气短，查体可见心动过速，心脏以右心扩大为主，严重者可发生心力衰竭。

3. 混合型脚气病　严重缺乏者可同时出现神经和心血管系统的症状。婴儿脚气病多发生于2~5个月龄的婴儿，多见于母乳喂养的缺乏硫胺素的婴儿。发病较成人严重且病程进展迅速，主要表现为消化、泌尿、循环及神经系统症状，严重时有紫绀、嗜睡、惊厥、深反射消失、水肿、心界扩大，可突然死于心力衰竭。

（五）营养状况评价

1. 尿中硫胺素排出量　可反映近期膳食硫胺素摄入水平。
2. 红细胞转酮醇酶活力系数（ETK-AC）或TPP效应测定。

（六）推荐摄入量与食物来源

1. 推荐摄入量（RNI）　我国维生素B_1的RNI为：1~3岁 0.6 mg/d，4~6岁 0.7 mg/d，7~10岁 0.9 mg/d，11~13岁 1.2 mg/d，14~17岁男 1.5 mg/d、女 1.2 mg/d；18~男 1.4 mg/d、女 1.3 mg/d；孕妇（早、中、晚期）1.5 mg/d，乳母 1.8 mg/d。

2. 食物来源　硫胺素广泛存在于各类食物中，含硫胺素丰富的食物是动物内脏和瘦肉以及全谷、豆类和坚果。粮谷是我国人民的主食，也是硫胺素的主要来源，但对谷物碾磨过精，或过度淘洗会造成硫胺素大量丢失。煮饭时加碱或丢弃米汤或用高压锅蒸煮，也使维生素B_1严重丢失或破坏，如不注意纠正，便有可能发生维生素B_1缺乏症。

七、核黄素

核黄素（riboflavin）又称维生素B_2，是由核糖与异咯嗪组成的呈平面结构的物质。核黄素在体内以游离核黄素、黄素单核苷酸（FMN）和黄素腺嘌呤二核苷酸（FAD）三种形式存在于组织中，FMN和FAD均为辅酶，与各种不同酶蛋白结合成各种黄素酶类，这些辅酶是生物氧化过程中不可缺少的重要物质，在碳水化合物、脂肪和蛋白质三大营养素的代谢中起着非常重要的作用。

（一）理化性质

纯品核黄素为橙黄色针状结晶，有微苦味，微溶于水，在水溶液中可呈现黄绿色荧光。核黄素耐热、耐酸，在碱性环境中容易分解破坏。游离型核黄素对紫外线高度敏感，在酸性条件下可光解为光黄素，在碱性条件下光解为光色素而丧失生物活性。结合型核黄素对光较稳定，食物中的核黄素主要呈结合形式。

（二）吸收与代谢

膳食中大部分核黄素是以FMN和FAD辅酶形式和蛋白质结合存在。进入胃后，在胃酸的作用下，FMN及FAD与蛋白质分离，并通过磷酸化与脱磷酸化的主动过程在肠上部吸收。核黄素吸收量与摄入量呈正比，胃酸和胆盐有利于核黄素的释放与吸收。不利于核黄素释放与吸收的因素有：抗酸制剂、乙醇、某些金属离子如Zn^{2+}、Cu^{2+}、Fe^{2+}等以及咖啡因、茶碱和抗坏血酸等。

核黄素进入血液后，一部分与白蛋白相结合，大部分与其他蛋白结合转运，如免疫球蛋白。其主要通过泌尿系统，以游离形式排出体外，乳汁与汗液亦能分泌和排出少量。当长期服用硫胺素制剂时，能增加核黄素排出。

（三）生理功能

1. 作为多种黄素酶类的辅酶，参与体内生物氧化与能量代谢　核黄素在体内以FMN和FAD的形式，作为多种黄素酶类的辅酶，在体内催化多种氧化-还原反应并参与呼吸链中的电子传递系统。此外，核黄素在氨基酸、脂肪酸和碳水化合物的代谢、蛋白质与某些激素的合成、嘌呤碱转化成尿酸等过程中亦发挥重要的作用。

2. 核黄素有激活吡哆醇的作用，参与色氨酸形成尼克酸的过程。

3. 其他　核黄素与铁吸收、贮存与动员有关，在防治缺铁性贫血中起重要作用；近年来发现核黄素具有抗氧化活性，缺乏时脂质过氧化作用可增强，可能与黄素酶-谷胱甘肽还原酶的活性有关。

（四）维生素 B_2 缺乏症

见第十二章第八节。

（五）营养状况评价

核黄素营养状况评价主要根据红细胞谷胱甘肽还原酶活力系数测定及尿中核黄素排出量测定。

（六）推荐摄入量与食物来源

1. 推荐的摄入量（RNI）　我国核黄素的 RNI 为：1~3岁 0.6 mg/d，4~6岁 0.7mg/d，7~10岁 1.0 mg/d，11~13岁 1.2 mg/d，14~17岁 男 1.5 mg/d、女 1.2 mg/d，18~ 男 1.4 mg/d、女 1.2 mg/d，孕妇及乳母均为 1.7 mg/d。

2. 食物来源　动物性食物，如肝脏、乳类、蛋类、各种肉类核黄素含量丰富，新鲜的绿叶蔬菜如菠菜、韭菜、油菜中含量也较多。另外，收获、加工和储存方法不同，也会影响食物中核黄素的含量。

八、维生素 B_6

维生素 B_6（Vitamin B_6）属水溶性维生素，其以吡哆醛、吡哆醇和吡哆胺三种天然形式存在，最常见的市售维生素 B_6 是盐酸吡哆醇。维生素 B_6 参与大约100余种酶反应，在氨基酸代谢、糖异生作用、脂肪酸代谢和神经递质合成中起重要作用，还与机体免疫功能有关。

（一）理化性质

吡哆醛、吡哆醇和吡哆胺均具有维生素 B_6 的活性且性质相似，它们易溶于水和乙醇，在酸性溶液中稳定，在碱性溶液中易被分解破坏，对光敏感。

（二）吸收与代谢

维生素 B_6 多以5-磷酸盐的形式存在于食物中，在人体内经非特异性磷酸酶水解后在小肠上段被吸收，在血浆和红细胞中转运并被肝脏摄取，在肝脏吡哆醇激酶催化其转化为各自的磷酸化形式而参与多种酶反应。

维生素 B_6 以5-磷酸吡哆醛的形式与多种蛋白质结合存在于组织中，肝脏和肌肉组织中含量较高，人体内维生素 B_6 的总体池约为1000 μmol，肌肉中的含量占体池总量的80%以上，血液中仅约有1 μmol。

正常情况下，肝脏是5-磷酸吡哆醛分解为4-吡哆酸的主要器官，人体主要以4-吡哆酸的形式从尿中排出维生素 B_6，经粪便亦可排出少量。

（三）生理功能

维生素 B_6 主要以5-磷酸吡哆醛（PLP）的形式作为转氨基反应中的辅酶并参与近百种酶系的代谢反应。

1. 参与氨基酸代谢　PLP是催化许多氨基酸反应酶的辅助因子，这些酶在蛋白质代谢中具有重要作用。它作为100余种酶的辅酶参与转氨基、脱羧、侧链裂解及脱水等反应。

2. 参与糖原与脂肪酸代谢　PLP参与催化肌肉与肝脏中的糖原转化为1-磷酸葡萄糖,还参与亚油酸合成花生四烯酸及胆固醇的合成与转运。

3. 维生素B_6与一碳单位　PLP是丝氨酸转羟甲基酶的辅酶,该酶参与一碳单位代谢,一碳单位代谢障碍可造成巨幼红细胞贫血。

4. 参与烟酸的形成　在色氨酸转化成烟酸的反应中,需要PLP作为辅酶。

维生素B_6还参与神经介质如5-羟色胺、多巴胺、牛磺酸、去甲肾上腺素的合成。近年发现,高同型半胱氨酸血症为心血管疾病的危险因素,补充维生素B_6能降低血浆同型半胱氨酸水平。

（四）缺乏

单纯维生素B_6缺乏症极少见,常与其他B族维生素缺乏同时存在,多因长期摄入不足或吸收不良导致,慢性肝病、酒精中毒或尿毒症时常有维生素B_6轻度缺乏,临床表现为精神抑郁或易激动以及舌炎、口角炎、脂溢性皮炎等。

（五）营养状况评价

用色氨酸负荷试验和血浆磷酸吡哆醛（PLP）含量测定可评价维生素B_6的营养状况。

（六）适宜摄入量与食物来源

1. 适宜摄入量（AI）　我国维生素B_6的AI为：1～3岁0.5 mg/d,4～6岁0.6 mg/d,7～10岁0.7 mg/d,11～13岁0.9 mg/d,14～17岁1.1 mg/d,18～49岁1.2 mg/d,50岁～ 1.5 mg/d,孕妇与乳母1.9 mg/d。

2. 食物来源　维生素B_6广泛存在于各种动植物食品中,但一般含量不高。酵母及鸡肉、鱼肉等白色肉类含量最高,小麦、玉米、豆类、葵花子、核桃、水果、蔬菜及蛋黄、肉类、动物肝脏等含量也较多。

九、维生素B_{12}

维生素B_{12}（Vitamin B_{12}）含有金属元素钴,是唯一含有金属元素的维生素,其化学名称为钴胺素（cobalamin）。维生素B_{12}是一种能预防和治疗恶性贫血的维生素。

（一）理化性质

维生素B_{12}为红色结晶,可溶于水,在pH 4.5～5.0弱酸条件下最稳定,强酸或碱性溶液中易分解,其活力易被日光、重金属及氧化还原剂破坏,遇热能有一定程度损失,但短时高温消毒时损失不大。

（二）吸收与代谢

食物中的维生素B_{12}以与蛋白质相结合的形式存在,在消化道胃酸、胃蛋白酶及胰蛋白酶的作用下,维生素B_{12}被释放,并与胃粘膜细胞分泌的内因子（IF）结合。维生素B_{12}-IF复合物对胃蛋白酶较稳定,进入肠道后在回肠被吸收。

维生素B_{12}在血循环中与血浆蛋白结合为维生素B_{12}运输蛋白,被转运至细胞表面具有维生素B_{12}特异受体的组织如肝、骨髓、红细胞、肾以及胎盘等。各种能引起胃酸过少、胰蛋白酶分泌不足、回肠疾病及运输蛋白合成减少等因素,均可影响维生素B_{12}的吸收和运输。

维生素B_{12}主要储存在肝脏,约2～3mg,肝肠循环对其重复利用和保持体内储量的稳定十分重要,其代谢后主要经尿排出,少部分经胆汁排出。

（三）生理功能

维生素B_{12}在体内以甲基B_{12}和辅酶B_{12}两种辅酶形式参与体内多种生化反应,发挥其重要的作用。

1. 参与一碳单位的代谢，能提高叶酸的利用率，以影响核酸和蛋白质的生物合成，促进红细胞的发育和成熟。

2. 参与甲基丙二酸与琥珀酸异构化作用、同型半胱氨酸甲基化转变为蛋氨酸的过程。

3. 参与胆碱的合成过程，间接参与脂蛋白形成，有利于肝脏中脂肪的转运，防治脂肪肝，故常给予肝病患者维生素 B_{12}。

（四）维生素 B_{12} 缺乏

1. 巨幼细胞贫血　维生素 B_{12} 参与细胞的核酸代谢，为造血过程所必需，当缺乏时，不仅 5-甲基四氢叶酸脱甲基转变为生理活性的四氢叶酸反应不能进行，而且使合成胸腺嘧啶所需的 5,10-亚甲基四氢叶酸形成不足，使红细胞中 DNA 合成障碍，导致巨幼细胞贫血。临床多见于婴幼儿、孕妇与乳母。小儿初起时安静，不哭闹，面色逐渐苍白亦可蜡黄，呈虚胖面容，头发黄而稀疏。成人有头昏、耳鸣、心慌、皮肤可见紫癜，严重时可导致心脏、肝脏的病变。因红细胞寿命缩短可出现黄疸。

2. 神经系统损害　维生素 B_{12} 缺乏可引起进行性神经病变，出现斑状、弥漫性神经脱髓鞘。开始在末梢神经，逐渐向中心发展，累及脊髓和大脑，形成亚急性复合变性。临床症状为记忆力下降、精神抑郁、表情呆滞、易激动以及四肢震颤等。

3. 高同型半胱氨酸血症　维生素 B_{12} 缺乏，使同型半胱氨酸不能转变为蛋氨酸而在血中堆积。高同型半胱氨酸血症是心血管疾病的危险因素，并对脑细胞产生毒性作用导致神经系统损害。

（五）营养状况评价

1. 血清全转钴胺素Ⅱ　是反映维生素 B_{12} 负平衡的早期指标，一般以 29.6 pmol/L 定为负平衡。

2. 血清全结合咕啉（B_{12}结合咕啉）　≤110 pmol/L 表示肝脏维生素 B_{12} 储存缺乏，进入缺乏的第二期。

3. 脱氧尿嘧啶抑制试验　当骨髓细胞或淋巴细胞的 DNA 合成降低时该试验出现异常，用于维生素 B_{12} 缺乏的第三期评价。

4. 血清维生素 B_{12} 浓度　< 1.1 pmol/L 时，表明维生素 B_{12} 缺乏。

（六）适宜摄入量与食物来源

1. 适宜摄入量（AI）　我国维生素 B_{12} 的 AI 为：1~3 岁 0.9 μg/d，4~6 岁 1.2 μg/d，11~13 岁 1.8 μg/d，14 岁~ 2.4 μg/d，孕妇 2.6 μg/d，乳母为 2.8 μg/d。

2. 食物来源　维生素 B_{12} 主要来源于动物性食品，在肉类、动物内脏、鱼、禽、贝类与蛋类中含量较丰富，奶及奶制品中含有少量，植物性食品中基本不含维生素 B_{12}。

十、烟酸

烟酸（niacin）又名尼克酸、维生素 PP、抗癞皮病因子，是吡啶 3-羧酸及其衍生物的总称，包括烟酸和烟酰胺等。

（一）理化性质

尼克酸纯品为白色针状结晶，溶于水和乙醇，对酸、碱、光、热稳定，是各种维生素中性质最稳定的一种，一般加工烹调损失极小。

（二）吸收与代谢

食物中的烟酸主要以辅酶Ⅰ和辅酶Ⅱ的形式存在，经胃肠道的酶解作用产生烟酰胺，烟酸和烟酰胺均能经胃肠道迅速吸收，并在肠粘膜细胞内转化为辅酶Ⅰ和辅酶Ⅱ。在血液中，烟酸的主要转运形式为烟酰胺，其来源于肠粘膜和肝脏中辅酶Ⅰ的酶解。机体组织细胞可摄取烟酸或烟酰胺合成辅酶Ⅰ或辅酶Ⅱ，并可利用色氨酸合成烟酸。烟酸在肝内甲基化形成N-甲基烟酰胺，并与2-吡啶酮等代谢产物一起从尿中排出。

（三）生理功能

1．参与细胞内生物氧化还原全过程　烟酸在体内以辅酶Ⅰ、辅酶Ⅱ的形式作为脱氢酶的辅酶在生物氧化中起递氢体作用，参与葡萄糖酵解、丙酮酸盐代谢、戊糖的生物合成和脂肪、氨基酸、蛋白质及嘌呤的代谢，在碳水化合物、脂肪和蛋白质的氧化过程中起重要作用。

2．烟酸是葡萄糖耐量因子（GTF）的重要成分，有增强胰岛素效能的作用。

3．维持神经系统、消化系统和皮肤的正常功能，缺乏时可发生癞皮病。

4．扩张末梢血管和降低血清胆固醇水平。

（四）烟酸缺乏症

烟酸缺乏可引起癞皮病，主要损害胃肠道粘膜、皮肤、口、舌以及神经系统。典型症状为皮炎（dermatitis）、腹泻（diarrhea）和痴呆（dementia），又称3D症状。初期症状为体重减轻、食欲不振、头疼、失眠、记忆力减退等，随后出现消化系统、皮肤和神经系统的典型症状。烟酸缺乏常与硫胺素、核黄素缺乏同时存在。

1．皮肤　皮炎为烟酸缺乏症的最典型症状，常在肢体暴露部位对称性出现，以手背、足背、腕、前臂、手指、踝部等最多，其次为肢体易摩擦部位。初起为晒斑样皮炎，其后肤色转为红褐色，有明显浮肿，可伴有疱疹及表皮破裂，易诱发感染。痊愈时有大块脱皮，皮肤有色素沉着及慢性肥厚。

2．消化系统　可见口腔溃疡与杨梅舌，常伴有疼痛和烧灼感；胃肠道症状有恶心、呕吐、腹痛和腹泻等，腹泻严重且难治愈，可合并吸收障碍。

3．神经系统　早期出现失眠、头痛、忧郁或烦躁、记忆力减退，之后进展到出现肌肉震颤、神志不清、精神错乱甚至发展成木僵或痴呆。

（五）营养状况评价

1．尿中N-甲基烟酰胺排出量　24h尿中排出量＜5.8 μmol为缺乏，5.8～17.5 μmol为低水平。

2．一次性口服烟酸负荷试验　口服烟酸50mg后，收集4h尿，测定N-甲基烟酰胺排出量，＜2.0mg为缺乏，2.0～2.9mg为不足，3.0～3.9mg为正常。

（六）推荐摄入量与食物来源

1．推荐摄入量（RNI）　我国烟酸的RNI为：1～3岁6 mgNE/d（NE：烟酸当量）；4～6岁7 mgNE/d；14岁～男15 mgNE/d、女12 mgNE/d；18岁～男14 mgNE/d、女13 mgNE/d；孕妇15 mgNE/d，乳母18 mgNE/d。

2．食物来源　烟酸广泛存在于动植物食物中，动物的肝、肾、肉和植物中的坚果是烟酸的良好来源。豆类和全谷含量也十分丰富，乳类、绿叶蔬菜亦含有一定数量的烟酸。全谷碾磨过度，会使烟酸损失较多。玉米中的尼克酸以结合形式存在，人体不能利用，因此，曾在以玉米为主食的地区广泛流行癞皮病。如在烹调时加入小苏打，可使尼克酸由结合型转为游离型，供人体利用。

十一、叶酸

叶酸（folic acid）是含有蝶酰谷氨酸结构的一类化合物的通称，它是一种重要的 B 族维生素，因最初是从菠菜叶中分离出来，故被命名为叶酸。

（一）理化性质

叶酸为淡黄色结晶粉末，微溶于水，不溶于乙醇、乙醚等有机溶剂。叶酸的钠盐易溶于水，但在水溶液中容易被光解破坏。在酸性溶液中对热不稳定，而在中性和碱性环境中却十分稳定。食物中的叶酸在烹饪加工后损失率可达 50%～90%。

（二）吸收与代谢

膳食中的叶酸在小肠上部经蝶酰多谷氨酸水解酶（PPH）作用，以单谷氨酸盐的形式被吸收。吸收方式为通过载体介导的主动过程，其最适 pH 为 5.0～6.0。当大量摄入单谷氨酸盐时，则主要以简单扩散方式吸收。

叶酸的生物利用率一般在 40%～60%之间，不同的食物吸收率差别较大。一般还原型叶酸吸收率较高，叶酸结构中谷氨酸分子越多则吸收率越低。维生素 C 和葡萄糖可促进叶酸吸收，锌作为叶酸结合酶的辅助因子，对叶酸的吸收也起着重要作用。乙醇、抗惊厥药及口服避孕药可降低结合酶的活性，故影响叶酸的吸收。

人体内叶酸总量约 5～6mg，其中一半左右储存在肝脏，且 80% 以 5-甲基四氢叶酸的形式存在。叶酸的排出量很少，主要通过尿及胆汁排出。

（三）生理功能

食物中的叶酸进入人体后被还原成具有生理作用的活性形式四氢叶酸，四氢叶酸在体内许多重要的生物合成中作为一碳单位的载体发挥着重要的作用。

1. 作为一碳单位的载体发挥重要作用　叶酸能够携带不同氧化水平的一碳单位，包括各种来源的甲基、亚甲基、甲炔基、甲酰基和亚胺甲基等，参与嘌呤和胸腺嘧啶的合成，进一步合成 DNA 和 RNA。

2. 参与氨基酸代谢　叶酸在甘氨酸和丝氨酸、组氨酸和谷氨酸、同型半胱氨酸和蛋氨酸之间的相互转化过程中充当一碳单位的载体。

3. 参与血红蛋白及甲基化合物的合成　叶酸参与血红蛋白及肾上腺素、胆碱、肌酸等重要物质的合成。叶酸缺乏时，影响红细胞成熟，血红蛋白合成减少，导致巨幼红细胞贫血。

（四）叶酸缺乏

叶酸缺乏的原因很多，如膳食摄入不足、吸收不良、机体的需要量增加和丢失过多等。孕妇、老人、酗酒者、服用某些药物如抗惊厥和避孕药等都是叶酸缺乏的高危人群。

1. 巨幼细胞贫血　叶酸缺乏时，DNA 合成受阻，使细胞周期停止在 S 期，更新速率较快的造血系统首先受累。人群观察发现，成人连续 5 个月摄取缺乏叶酸的膳食可出现巨幼细胞性贫血，而婴幼儿仅在 8 周内即可出现症状。

2. 神经管畸形　妊娠早期缺乏叶酸可引起胎儿神经管畸形，主要表现为脊柱裂和无脑畸形。

3. 高同型半胱氨酸血症　叶酸缺乏时，蛋氨酸合成受阻，血中同型半胱氨酸含量增高，能激活血小板的粘附和聚集，对血管内皮细胞产生损害，成为心血管疾病的危险因素。

叶酸缺乏的其他临床表现有精神萎靡、健忘、失眠、阵发性欣快症、舌炎和胃肠道功能紊乱。儿童可影响生长发育。

（五）营养状况评价

1. 血清叶酸及红细胞叶酸水平检测　同时测定血清叶酸、红细胞叶酸及血清维生素 B_{12} 水平，可较准确地反映叶酸的营养状况。当血清叶酸含量 < 7.5 nmol/L、红细胞叶酸含量 < 318 nmol/L、血清维生素 B_{12} 水平 < 74 pmol/L 时，为叶酸缺乏。

2. 血浆同型半胱氨酸浓度　叶酸缺乏者其血浆中同型半胱氨酸水平增高。

（六）推荐摄入量与食物来源

1. 推荐摄入量（RNI）　我国叶酸的 RNI：1～3 岁 150 μg/d，4～10 岁 200 μg/d，11～13 岁 300 μg/d，14 岁以上 400 μg/d，孕妇 600 μg/d，乳母 500 μg/d。安全上限为 1000 μg/d。

2. 食物来源　叶酸广泛存在于动植物食物中，尤其以绿叶蔬菜和酵母含量最丰富，动物的肝、肾、蛋类、大豆、蚕豆、甜菜、菠菜、花菜、芹菜、莴苣以及水果中的梨、柑橘、香蕉和其他坚果类均含有较丰富的叶酸。

十二、维生素 C

维生素 C（vitamin C）是一种水溶性维生素，因能预防和治疗坏血病故称为抗坏血酸。维生素 C 具有高度的还原性质，有抗氧化的生理作用。人体自身不能合成维生素 C，必须从膳食中获取。

（一）理化性质

抗坏血酸为含 6 碳的 α-酮基内酯的弱酸，具有明显的酸味，纯品维生素 C 为白色结晶，极易溶于水，微溶于乙醇，不溶于非极性有机溶剂。维生素 C 极易氧化，尤其在有 Cu^{2+} 或碱性条件下容易破坏，在酸性条件下稳定。

（二）吸收与代谢

维生素 C 在小肠被吸收。绝大多数在小肠远端由钠依赖主动转运系统吸收，经被动简单扩散吸收数量较少。吸收率与摄入量有关，当摄入量不足 100mg 时，吸收率为 80%～90%，摄入量过高时则降低。

人体内有少量维生素 C 储存，各组织中的维生素 C 浓度以脑垂体为最高，其次为肾上腺、肾脏、脾脏及肝脏。维生素 C 主要由尿排出，少量经皮肤与肠道排出。尿中排出量常受摄入量、体内储存量及肾功能影响。当大量摄入维生素 C 时，其代谢产物草酸在尿中排泄增多，是泌尿系结石形成的原因之一，但个体差异较大。

（三）生理功能

1. 羟化过程底物和酶的辅因子　维生素 C 作为酶的辅因子或羟化过程底物参与多种重要的生物合成过程，包括胶原蛋白、肉碱、某些神经介质和肽激素的合成以及酪氨酸代谢等，从而发挥重要的生理功能。目前已知至少有 8 种酶保持高度活性需抗坏血酸参与。

2. 参与胶原蛋白的合成　维生素 C 是脯氨酸及赖氨酸羟化酶的辅因子，催化胶原蛋白肽链上脯氨酸与赖氨酸成为羟脯氨酸及羟赖氨酸，是组成胶原蛋白的重要物质，维生素 C 缺乏时，胶原蛋白合成障碍，使骨、牙、毛细血管间质形成不良，发生出血现象，使伤口愈合不良。

3. 抗氧化作用　维生素 C 为体内重要的抗氧化剂，可清除自由基，防止脂质过氧化，在保护 DNA、蛋白质和膜结构免遭损伤方面起着重要作用。

4. 促进铁的吸收与储存　维生素 C 可维持铁的亚铁状态，促进铁的吸收、转运和储存，有利于红细胞生成。

此外，维生素 C 还可降低血中胆固醇的含量，促进钙的吸收并参与叶酸活化为四氢叶酸。

（四）缺乏与过量

维生素 C 缺乏时，可引起坏血病。其早期症状为疲劳、皮肤出现淤点或淤斑、毛囊过度角化，其中毛囊周围轮状出血具有特异性，常出现在臀部和下肢。继而牙龈肿胀出血，机体抵抗力下降，伤口愈合迟缓，关节疼痛，同时可伴有轻度贫血以及多疑、抑郁等神经症状。经常进食新鲜的蔬菜和水果可预防和治疗维生素 C 缺乏。维生素 C 毒性较低，一般较少发生中毒症状。

（五）营养水平鉴定

1. 负荷试验　受试者口服维生素 C 500mg，收集 4h 尿测定抗坏血酸的排出总量，若大于 10mg 为正常，小于 3mg 为缺乏。

2. 血浆维生素 C 含量　血浆抗坏血酸的饱和浓度为 85 μmol/L，每日摄入维生素 C 60～75mg 的正常成人，其血浆维生素 C 浓度在 34～43 μmol/L，当浓度降至 11～17 μmol/L 时，可认为有抗坏血酸摄入不足。

（六）推荐摄入量与食物来源

1. 推荐摄入量（RNI）　我国维生素 C 的 RNI 为：1～3 岁 60 mg/d，4～6 岁 70 mg/d，7～10 岁 80 mg/d，11～13 岁 90 mg/d，>14 岁男女均为 100 mg/d，孕早期为 100 mg/d，孕中、晚期及乳母为 130 mg/d。

2. 食物来源　维生素 C 主要存在于新鲜蔬菜和水果中。柿子椒、西红柿、菜花及各种深色叶菜，梨、苹果、葡萄、桃、橘子、猕猴桃、山楂、鲜枣等水果均含有丰富维生素 C。

食物在烹饪过程中维生素 C 易遭破坏，故黄瓜、西红柿、小水萝卜等鼓励洗净生食。

（林晓明）

第四章 其他膳食成分

水是食物的基本成分之一，是人体需要量最大、最重要的营养素，人类的一切生命活动都必须有水参与，没有水，就没有生命。

近年来对膳食纤维的研究，证明其具有降低餐后血糖、降低血脂、预防便秘、减肥、减少结肠癌及直肠癌的发病率等重要的生理功能，是人体不可缺少的重要营养素。

许多植物性食物中，含有某些对人体有益的其他化学成分，如大蒜中的有机硫化物；水果蔬菜中的类黄酮；黄豆中的异黄酮；十字花科蔬菜中的异硫氰酸盐；深绿色与黄色蔬菜水果中的类胡萝卜素等。这些膳食中的植物化学成分，可能具有抗氧化、对抗自由基、防癌抗癌、增强免疫力、调节血脂、抑制血小板聚集等作用，在抗衰老、抗癌、预防人类慢性疾病方面有着重要的意义，受到营养学界的广泛关注。但目前对这些生物活性物质的研究，大多数还停留在动物试验阶段，有关人的数据尚不充足，故本章不作详细论述。

第一节 水

水是生命之源，没有水，就没有生命。只要有足够的饮水，人不吃食物仍可存活数周；但若没有水，人数日便会死亡。水是一切生命必需的物质，是饮食中的基本成分，在人类的生命活动中，水发挥着极其重要的作用，是人体需要量最大、最重要的营养成分。

一、水在体内的分布

水是人体中含量最多的成分，年龄越小，含水量越多。成年男性含水量约为体重的60%，成年女性为50%~55%。

水是保持每个细胞外形及构成每一种体液所必需的物质，其在体内主要分布于细胞内和细胞外。细胞内水含量为体内总量的2/3，细胞外约为1/3。各组织器官的含水量相差很大，如血液内为83%，骨骼内为22%，脂肪组织内为10%。

二、水的平衡

体内水的来源包括饮水、食物中水及内生水三大部分。内生水是三大产能营养素在体内氧化分解时产生的代谢水。每克蛋白质产生代谢水0.41g，脂肪为1.07g，碳水化合物为0.6g。正常成人每日饮水约1200ml，食物中含水约1000ml，内生水约300ml。

人体每日需要的水量，因年龄、气候和劳动强度等因素的不同而有差异，健康成人在一般条件下，每日约需水2500ml。体内约60%的水经尿排出，其余经呼吸、皮肤或粪便排出，每日摄入的水量必须和排出的水量保持平衡。

三、水的生理功能

水是构成人体的主要成分。水直接参与物质代谢，促进各种生理活动和生化反应，是体内一切生化反应的主要介质。水是营养物质的载体，代谢产物的溶剂。摄入体内的各种营养物质，都必须通过血液或组织液运送到身体各部位，并将细胞代谢的废物运送到肺和肾脏，经呼吸和尿液排出体外。水还有调节体温的作用，当外界气温过高，或人因运动或疾病产热过多时，可通过汗液蒸发调节体温。水还可滋润皮肤，润滑组织和关节。

四、水缺乏及水过多

水缺乏多见于婴儿、儿童和老年人，因水摄入不足或水丢失过多引起体内失水，重度缺水可形成高渗状态导致脱水，失水占体重的2%时，为轻度水缺乏，患者可感到口渴、尿少、口腔粘膜可轻度发干；失水达体重的10%以上时，为中度水缺乏，患者除口渴外，可有烦躁、眼球内陷、皮肤失去弹性，婴儿可有前囟内陷及躁动或昏睡，成人可有体位性低血压、尿少色深，继续发展可有脉快，四肢发绀、凉、湿，呼吸加快，婴儿可发生昏迷，少尿或无尿；失水超过体重的20%时，会导致死亡。

如果水的摄入量超过排出量，可导致体内水过多或引起水中毒，临床多见于肝、肾疾病和充血性心力衰竭患者，正常人中极少见水中毒。

五、水的需要量

水的需要量变化很大，受气温、年龄、活动强度、膳食等诸多因素的影响。我国目前尚未制定水的需要量标准，健康成人一般每日约需水2500ml。

1989年美国RDA提出：成人每消耗1kcal能量，水的需要量为1~1.5ml。婴儿和儿童体表面积较大，代谢率较高，体内含水多，易发生脱水，以1.5ml/1kcal计算。孕妇、乳母可根据需要适当补充水的入量。

第二节 膳食纤维

膳食纤维过去称为粗纤维，营养学家曾认为，过多摄入粗纤维会影响人体对食物中某些营养素的吸收，尤其对微量元素的吸收不利。近20年来，经过大量的调查研究，认识到膳食纤维与人体健康密切相关，在防治人类糖尿病、心脑血管病等慢性疾病方面具有特殊的生理作用，属于重要的营养成分。

一、膳食纤维的分类

膳食纤维是存在于植物性食物中的一类多糖，但它不能被人体消化吸收。根据其水溶性不同，可分为可溶性纤维及不溶性纤维。可溶性纤维包括果胶、树胶、粘胶及某些半纤维素；不溶性纤维包括纤维素、半纤维素和木质素。

二、膳食纤维的生理作用

1. 降低餐后血糖 可溶性纤维可延缓淀粉在小肠内的消化,减少小肠对糖的吸收,使进食后血糖不致快速升高,并可减少体内胰岛素的释放,故对2型糖尿病有一定的控制作用。

2. 降低血胆固醇 可溶性膳食纤维可降低人的血浆胆固醇水平，如燕麦麸、大麦、豆类和蔬菜中的膳食纤维都有减少胆固醇吸收、抑制胆固醇合成、加速胆固醇排泄、降低血脂的作用。

流行病学调查还表明，膳食纤维摄入量高，与降低冠心病的死亡危险性有关。

3. 控制体重和减肥　大多数富含纤维的食物中脂肪含量较少，食物的能量密度较低，饱腹感强，故可减少能量摄入。膳食纤维还可减慢胃排空时间，增加粪便中的脂肪量，故有控制体重和减肥的作用。

4. 预防便秘　膳食纤维具有促进肠道蠕动和吸水膨胀的特性，使粪便变软，体积增加，有利于排便。

有研究表明，膳食纤维可减少结肠癌及直肠癌的发病率，但此观点学术界尚有不同意见。

三、膳食纤维的推荐摄入量

因世界各国的饮食习惯不同，故膳食纤维的摄入量有较大差异，推荐摄入量应根据种族、年龄、饮食习惯和身体健康状况来制订。我国居民谷物、豆类和绿叶蔬菜的摄入量高于西方国家，故暂定每日摄入2400kcal能量的成年人，膳食纤维每日的适宜摄入量为30.2g。

膳食纤维也不宜摄入过多，因为过多的膳食纤维可能会影响钙、铁、锌、铜和一些维生素的吸收与利用。

四、膳食纤维的食物来源

谷类、薯类、豆类及蔬菜水果等植物性食品中富含膳食纤维。植物成熟度越高其纤维含量越多，谷类加工越精细则含膳食纤维就越少。故应提倡适当增加粗粮、豆类及豆制品、薯类、绿叶蔬菜和水果的摄入量，以保证人体的健康。

（宋圃菊）

第五章　各类食品的营养价值

食品是人类获得能量和各种营养素的基本来源，是维持生命活动必不可少的物质基础。食品按其来源和性质可分为三类：① 动物性食品，如奶类、蛋类、水产品类、各种畜禽肉等；② 植物性食品，如谷类、薯类、豆类、硬果类、蔬菜水果等；③ 用以上两类天然食品为原料而制成的各种制品，如糖、油、酒、罐头、糕点等。

食品营养价值（nutritional value）是指某种食品所含营养素和能量能满足人体营养需要的程度。不同的食品其营养价值也不同，某一种食品营养价值的高低，取决于该食品所含营养素数量的多少、种类是否齐全、相互比例是否适宜以及是否易于消化吸收等。比如：畜禽肉类能提供丰富的蛋白质，但含水溶性维生素、膳食纤维较少；蔬菜水果能提供丰富的维生素、矿物质及膳食纤维，但其蛋白质、脂肪含量极少；粮谷类食品能提供较多的碳水化合物和能量，但其蛋白质的营养价值却较低。因此，各种食品的营养价值是相对的，即使是同一种食品，也会由于其品种、部位、产地、成熟程度等各有不同。

第一节　谷类食品营养价值

谷类食品主要包括小麦、大米、玉米、小米、高粱等。其中以大米和小麦为主。在我国 50%～70% 的能量、55% 的蛋白质及 B 族维生素和某些矿物质来源于谷类食品。谷类食品在我国膳食构成比为 49.7%，占有重要地位。

一、谷类的结构和营养素分布

各种谷类种子都有其相似的基本结构，一般可分为谷皮、胚乳和胚芽三个主要部分，分别占谷粒重量的 13%～15%、83%～87%、2%～3%。谷皮为谷粒的外壳，主要由纤维素、半纤维素等组成，并含有较高的灰分及脂肪，在胚乳的外层、谷皮的内层有一糊粉层，含有较多的磷、丰富的 B 族维生素及矿物质，但在碾磨加工时，易与谷皮同时被分离下来而混入糠麸中；胚乳含大量的淀粉和一定量的蛋白质；胚芽位于谷粒的一端，富含脂肪、蛋白质、矿物质、B 族维生素和维生素 E。

二、谷类的营养成分

（一）蛋白质

谷类蛋白质的含量，因品种、气候、地区及加工方法的不同而异，其蛋白质含量约 8% 左右，即生重 50g 主食可提供 4g 蛋白质，如粳米 8%、机米 7.9%、标准粉的挂面 10.1%、糯米 7.3%、标准粉 11.2%、富强粉 10.3%、小米 9%、玉米面 8.1%。主要由谷蛋白、醇溶蛋白、白蛋白、球蛋白组成，其中以前两者为主。

谷类蛋白质的必需氨基酸组成不平衡，赖氨酸含量少，苏氨酸、色氨酸、苯丙氨酸、蛋氨酸偏低，因此，谷类蛋白质的营养价值比较低，不属于优质蛋白质。可采用氨基酸强化和蛋白质互补的方法，来提高谷类蛋白质的营养价值，如大米用 0.2%～0.3% 赖氨酸强化可明显提高其蛋白质的生物学价值。

（二）脂肪

谷类脂肪含量低，如稻米脂肪含量0.6%、富强粉1.1%、小米3.1%、玉米面3.3%，主要集中在糊粉层和胚芽，在谷类加工时，易转入副产品中，因此，在粗略的营养计算中常可忽略不计。

（三）碳水化合物

谷类碳水化合物主要为淀粉，属多糖类，多集中于胚乳的细胞内，含量在70%以上，如稻米77.7%、富强粉74.6%、标准粉71.5%、小米73.5%。淀粉是人类最理想、最经济的能量来源。淀粉包括直链淀粉和支链淀粉两种，一般分别为20%~30%和70%~80%，但糯米中含支链淀粉较多，直链淀粉使血糖升高的幅度较小，而支链淀粉则相反。

（四）矿物质

谷类含矿物质约为2%，主要在谷皮和糊粉层中，其中主要是钙、磷，多以植酸盐形式存在，消化吸收较差。

（五）维生素

谷类是膳食B族维生素，特别是维生素B_1和尼克酸的重要来源。主要分布在糊粉层和胚部，谷类加工的精度越高，维生素损失就越多。如标准粉含维生素B_1 0.28mg/100g，富强粉含维生素B_1 0.17mg/100g，小麦维生素B_1含量则达0.40mg/100g。谷类不含维生素C、D和A，只有黄玉米和小米含有少量胡萝卜素，玉米的尼克酸为结合型，不易被人体利用，但经过适当加工后，使之变成游离型尼克酸可被吸收利用。

三、加工、烹调及储存对谷类营养价值的影响

（一）谷类的加工

谷类加工有利于食用和消化吸收，但由于谷类所含维生素、矿物质、蛋白质、脂肪多分布在谷粒周围和胚芽内，向胚乳中心逐渐减少，因此，加工精度越高，糊粉层和胚芽损失就越多，营养素损失越大，尤以B族维生素改变显著，如维生素B_1在出粉率95%时含量是0.4mg/100g，至出粉率50%时变成了0.08mg/100g，损失了近8成。

谷类加工过于粗糙，虽然出粉（米）率高，但感官性状差，且不易消化吸收。由于植酸和纤维素含量较高，还影响人体对其他营养素的吸收。我国于1953年制造的标准米（九五米）和标准粉（八五粉）比精白米、面保留了较多的营养素。故在经济发达的今天，应提倡粗细粮搭配。

（二）谷类的烹调

大米在烹调前须经过淘洗，在淘洗过程中即可发生水溶性维生素和矿物质的损失，维生素B_1可损失30%~60%，维生素B_2和尼克酸可损失20%~25%，矿物质可损失70%。一般来说，淘米时水温高，搓洗次数多，浸泡时间长，营养素的损失就多。

米和面在蒸煮过程由于加热而受损失的主要是B族维生素，而蛋白质和矿物质含量很少变化。蒸米饭比捞米饭的B族维生素保存率要高得多；面食在一般蒸、烤、烙时，B族维生素损失较少，但用高温油炸时损失较大，如制作油条时因加碱和经过高温，可使维生素B_2和尼克酸破坏达50%，维生素B_1则损失殆尽。米饭在电饭煲中保温时间越长，维生素B_1的损失就越多。

在制作面包、饼干等食品的焙烤过程中，常会发生褐变反应（又称美拉德反应）产生褐

色物质,可使赖氨酸失去效能,因此,应注意控制焙烤温度和糖的用量。

(三)谷类储存

谷类在储存过程中,若水分含量高,环境相对湿度大,温度比较高时,会引起呼吸作用加强,蛋白质分解,促进霉菌生长,致使蛋白质含量降低,脂肪分解产物积聚,酸度升高,最后霉烂变质失去食用价值,而且还可能产生相应的霉菌毒素,危害人体健康。故谷类应储存在避光、通风、干燥和阴凉的环境下,控制霉菌及昆虫的生长繁殖条件,减少氧气和日光对营养素的破坏,保持谷类的原有营养价值。

第二节 豆类和坚果类的营养价值

豆类和坚果类含有丰富的植物蛋白质,对于那些以吃素食为主的人群来说,是获取优质蛋白质的重要来源。

一、豆类及其制品的营养价值

豆类分大豆类(黄豆、黑豆和青豆)和其他豆类(包括豌豆、蚕豆、绿豆、小豆、芸豆等),是我国人民膳食中优质蛋白质的重要来源。

(一)大豆的营养价值

1. 蛋白质 大豆含有35%~40%的蛋白质,含量之高胜过肉蛋类,由于大豆中含有一些抗营养因素,其蛋白质消化率只有65%,但通过水泡、磨浆、加热、发酵、发芽等方法,制成豆制品,其消化率可明显提高。如豆浆消化率为85%,豆腐消化率达92%~96%。大豆蛋白质的氨基酸组成接近人体需要,故属优质蛋白质。大豆富含赖氨酸,但含蛋氨酸略少,是与谷类蛋白质互补的天然理想食品。

2. 脂肪 大豆含有15%~20%的脂肪,其中不饱和脂肪酸占85%,(亚油酸达50%以上),大豆油中还含有磷脂和维生素E,故豆油是我国居民经常食用的植物油之一。

3. 碳水化合物 大豆含有25%~30%的碳水化合物,包括淀粉、蔗糖及人体不能利用、易引起腹胀的棉子糖和水苏糖,对大豆进行加工制成豆制品后,棉子糖和水苏糖等胀气因子可被去除。

4. 其他 大豆还含有丰富的钙和维生素B_1、B_2,如100g大豆中含钙191mg、维生素B_1 0.41mg、维生素B_2 0.20mg。

大豆中存在一些抗营养因素,影响人体对某些营养素的消化吸收,采取一定的措施,可消除这些因素的影响,保持大豆的营养价值。如抗胰蛋白酶因子,用常压蒸气加热30分钟,即可破坏;植酸可与锌、钙、镁、铁等螯合,影响人体对这些矿物质的吸收,在pH 4.5~5.5的条件下,植酸易被清除;植物红细胞凝血素,经加热即被破坏。

大豆中还含有大豆皂苷和大豆异黄酮,它们具有抗氧化、降低血脂、抗溶血、抗真菌、抗细菌、抑制肿瘤和雌激素样作用。

(二)其他豆类的营养价值

其他豆类主要包括红豆、绿豆、豌豆、蚕豆、豇豆、芸豆等,蛋白质含量约20%左右,含脂肪量极少,碳水化合物含量较高,达50%~60%,因此在糖尿病的饮食治疗中,要将这些豆的重量兑换成相等量的主食。

（三）豆制品的营养价值

豆制品包括非发酵性豆制品，如豆浆、豆腐、豆腐干、腐竹等；发酵豆制品，如腐乳、豆豉、臭豆腐等。

豆制品中，大豆中的有害成分已被去除，且加工使大豆蛋白质的结构变得疏松，可提高消化率，从而提高了大豆的营养价值。

用大豆和绿豆发制成的豆芽，除含原有的营养成分外，还可产生维生素C，如每100g绿豆芽含维生素C 6mg，每100g黄豆芽含维生素C 8mg，故应多选食豆芽及豆制品。

二、坚果、种子类的营养价值

坚果又称壳果，包括树坚果和种子。树坚果包括杏仁、腰果、榛子、山核桃、松子、核桃、板栗、白果等。其中核桃、松子、杏仁、榛子含有丰富的脂肪和蛋白质，脂肪含量可达50%~70%，蛋白质含量约为12%~22%，属植物蛋白质；板栗含碳水化合物较多，鲜板栗为42.2%，干栗子为78.4%，而蛋白质和脂肪的含量相对较少。

种子包括花生、葵花子、南瓜子和西瓜子，它们含有丰富的蛋白质、脂肪、碳水化合物和矿物质，以炒花生仁为例，其含蛋白质23.9%、脂肪44.4%、碳水化合物25.7%，含钙284mg、磷315mg、钾674mg、钠445mg、铁6.9mg、锌2.82mg（均为每100g食部）。

坚果、种子类食品营养丰富，香脆可口，可适当选食。但由于杏仁、花生、核桃和瓜子含脂肪较多，故肥胖、高脂血症及糖尿病的患者不宜过多食用。

第三节 蔬菜、水果的营养价值

蔬菜和水果含有丰富的维生素、矿物质和膳食纤维，但含蛋白质、脂肪很少。此外，蔬菜、水果还含有多种有机酸、芳香物质及色素，因此具有良好的感官性状。经常吃不同种类的蔬菜和水果可增进食欲，帮助消化，对人体健康非常有益。

一、蔬菜、水果的营养成分

（一）碳水化合物

蔬菜、水果所含的碳水化合物包括单糖、双糖、淀粉、纤维素和果胶物质。含糖较多的蔬菜有胡萝卜、洋葱和南瓜等。根茎类蔬菜含有较多的淀粉，如土豆为16.5%、藕为15.2%、山药11.6%、芋头17.1%、红薯23.1%。大多数的绿叶蔬菜含糖量在1%~4%之间。

水果含糖较蔬菜多，约在10%左右。如苹果含糖12.3%、鸭梨为10%，以含果糖为主；桃的含糖量为10.9%、柑橘11.5%，以含蔗糖为主；葡萄含糖9.9%、草莓为6%，以含葡萄糖和果糖为主。

蔬菜、水果是人们获取膳食纤维的主要来源，主要包括纤维素、半纤维素、木质素和果胶。膳食纤维可促进肠蠕动，防止便秘；抑制淀粉酶的作用，降低餐后血糖；并可吸附胆固醇，抑制其吸收，加速其排出，从而降低血脂。

山楂、苹果和柑橘等水果中含果胶较多，是加工果酱、果冻的理想原料。蔬菜中西红柿、胡萝卜和南瓜等含果胶较多。

（二）维生素

新鲜蔬菜、水果是供给维生素C、胡萝卜素、核黄素和叶酸的重要来源。日常食用的水果中，含维生素C最丰富的有鲜枣（243mg/100g）、山楂（53mg/100g）、猕猴桃（62mg/100g）及草莓（47mg/100g）等，仁果及核果类一般维生素C含量较低，如苹果、梨、桃及杏等每100g食部中维生素C的含量为4～7mg。一般在蔬菜代谢旺盛的叶、花、茎内维生素C含量丰富，与叶绿素的分布平行。且深绿颜色蔬菜维生素C的含量较浅色蔬菜高，叶菜中的含量较瓜菜中高，如菠菜中维生素C含量为32mg/100g、小白菜为28mg/100g、南瓜8mg/100g。含维生素C最丰富的有青椒（72mg/100g）、菜花（61mg/100g）及苋菜（47mg/100g）。

胡萝卜素在绿色、黄色或红色蔬菜中含量较多，如胡萝卜、南瓜、苋菜中含量丰富，水果中一般含胡萝卜素较少，含量较多的有苹果、柑橘、杏。

（三）矿物质

蔬菜和水果中含有丰富的矿物质，如钙、磷、铁、钾、钠、镁、铜等。我国膳食习惯蔬菜及水果的摄入量较大，是矿物质的主要来源，对维持体内酸碱平衡起着重要的作用。

绿叶蔬菜一般每100g含钙在100mg以上，含铁1～2mg，如菠菜、雪里蕻、油菜、苋菜含钙较多。但由于蔬菜中的铁是非血红素铁，且蔬菜中的草酸会影响钙和铁的吸收，故蔬菜中钙和铁的吸收率比较低。为了提高其吸收率，在食用菠菜、苋菜等含草酸多的蔬菜时，可先在开水中焯一下，以去除部分草酸。

（四）其他

蔬菜和水果中的各种芳香物质、有机酸和色素，使它们具有特殊的芳香、颜色和口味。水果中的有机酸，以苹果酸、柠檬酸和酒石酸为主。有机酸能刺激人体消化腺的分泌，增进食欲，有利于食物的消化。有机酸还能使食物保持一定的酸度，对维生素C具有保护作用。

蔬菜水果中还含有一些酶类、杀菌物质和具有特殊功能的生物活性物质。如大蒜中含有大蒜素和含硫化合物，具有抗菌消炎、降低血脂的作用。苦瓜有明显的降血糖作用。

野菜、野果在我国资源丰富，种类繁多。马齿苋、汤菜、苜蓿等野菜含有丰富的胡萝卜素、维生素B_2、维生素C和叶酸，其含量一般都超过普通蔬菜。猕猴桃、沙棘、刺梨、酸枣等野果富含维生素C、胡萝卜素、有机酸和生物类黄酮，营养丰富，可适当选食鲜果及由它们制成的饮料、果酱、果脯和罐头。

二、加工烹调对蔬菜、水果营养价值的影响

加工烹调对蔬菜中水溶性维生素及矿物质的影响与烹饪过程中洗涤方式、切碎程度、用水量、pH、加热温度及时间有关。清洗蔬菜时，一部分水溶性营养成分即可流失，在水中浸泡时间越长，切得越碎，维生素C和B族维生素损失就越多。胡萝卜素不溶于水，性质较稳定，在通常烹调加工条件下，不会大量损失。

蔬菜有炒、煮和凉拌等烹饪方式。烹调时使用的调料、烹调用具的材料以及食物保存的环境及存放时间，都影响菜肴的感官状况和营养价值，如凉拌加醋及急火快炒均可减少维生素C的损失。

蔬菜合理的加工烹调方法是：用流水冲洗，不可在水中长期浸泡，先洗后切，急火快炒，现做现吃，切忌反复加热。适合生食的蔬菜如西红柿、黄瓜等应尽可能凉拌或生食。

水果大都以生食为主，不受烹调加热的影响，但加工成果脯、干果、罐头后，维生素C则大部分损失。

第四节 畜、禽肉及鱼类的营养价值

畜肉、禽肉和鱼类是供给人体优质蛋白质的主要食物来源，该类食品还可供给人体一定的脂肪、矿物质和维生素，是营养价值非常高的一类食品。

一、畜肉类的营养价值

畜肉类是指猪、牛、羊等牲畜的肌肉、内脏、头、蹄、骨、血及其制品，主要提供优质蛋白质、脂肪、矿物质和维生素。

（一）蛋白质

畜肉蛋白质大部存在于肌肉组织中，含量为10%~20%，如瘦猪肉含蛋白质20.3%、肥瘦猪肉13.2%、猪后臀尖14.6%、猪血12.2%、猪肝19.3%、瘦羊肉20.5%、肥瘦羊肉19%、瘦牛肉20.2%、肥瘦牛肉18.1%、兔肉19.7%。故在营养宣教时可以粗略地计算为：生重50g瘦肉中含蛋白质10g左右。

畜肉类蛋白质含人体必需氨基酸充足，而且在种类和比例上，接近人体需要，所以属优质蛋白质，其蛋白质营养价值极高，易消化吸收。存在于结缔组织中的间质蛋白，主要是胶原蛋白和弹性蛋白，其必需氨基酸组成不平衡，如色氨酸、酪氨酸、蛋氨酸含量极少，故常称为不完全蛋白质。

此外，畜肉中含有能溶于水的含氮浸出物，包括肌凝蛋白原、肌酐、肌肽、肌酸、嘌呤碱、尿素和氨基酸等，使肉汤具有鲜美味道。人们常误认为肉汤比肉的营养价值高，其实大部分的蛋白质仍留在肌肉中。

（二）脂肪

畜肉脂肪含量因动物品种、年龄、肥瘦程度、取样部位等不同而有较大差异。如肥猪肉含脂肪88.6%、肥瘦猪肉37%、五花猪肉35.3%、猪后臀尖30.8%、猪里脊7.9%、猪肝3.5%、肥瘦牛肉13.4%、瘦牛肉2.3%、肥瘦羊肉14.1%、瘦羊肉3.9%。

畜肉脂肪以饱和脂肪酸为主，熔点较高，其主要成分是甘油三酯、少量卵磷脂、胆固醇和游离脂肪酸。胆固醇广泛存在于动物性食品中，如瘦猪肉含胆固醇81mg/100g、猪肝为288mg/100g、猪肾354mg/100g、猪脑2571mg/100g；瘦牛肉58mg/100g、肥瘦牛肉84mg/100g、牛肝297mg/100g、牛肚104mg/100g、牛脑2447mg/100g；瘦羊肉60mg/100g、肥瘦羊肉92mg/100g、羊肝349mg/100g、羊肚124mg/100g。

（三）碳水化合物

畜肉中的碳水化合物以糖原形式存在于肌肉和肝脏中，含量极少，常可忽略不计。

（四）矿物质

畜肉矿物质含量为0.8%~1.2%，其中钙含量较低，而含铁、磷较多，如瘦猪肉含铁3.0mg/100g、猪肝22.6mg/100g、瘦牛肉2.8mg/100g、瘦羊肉3.9mg/100g。畜肉中的铁是血红素铁，生物利用率高，是膳食中铁的良好来源。

（五）维生素

畜肉B族维生素含量丰富，如瘦猪肉含维生素B_1 0.54mg/100g、维生素B_2 0.10mg/100g。肝脏中富含维生素A及维生素B_2，如猪肝含维生素A 4972μg/100g、维生素B_2 2.08mg/100g。

二、禽肉的营养价值

禽肉包括鸡、鸭、鹅、鸽、鹌鹑等的肌肉、内脏及其制品。禽肉的营养价值与畜肉相似，亦含有丰富的优质蛋白质，如鸡肉含蛋白质19.3%、鸭肉15.5%、鹅肉17.9%、鸡肝16.6%。但禽肉的脂肪含量少，而且熔点低（23~40℃），含有20%的亚油酸，易于消化吸收。

禽肉质地较畜肉细嫩，含氮浸出物多，故禽肉煨汤味道较畜肉更加鲜美，老禽肉汤鲜味更浓，我国民间常用老母鸡炖汤。禽肉的营养成分见表5-1。

表5-1 鸡、鸭、鹅主要营养素的含量（每100g食部）

食物名称	蛋白质(g)	脂肪(g)	维生素A(μg)	维生素B_1(mg)	维生素B_2(mg)	钙(mg)	铁(mg)	胆固醇(mg)
鸡	19.3	9.4	48	0.05	0.09	9	1.4	106
鸡肝	16.6	4.8	10414	0.33	1.10	7	12.0	356
鸭	15.5	19.7	52	0.08	0.22	6	2.2	94
鸭肝	14.5	7.5	1040	0.26	1.05	18	23.1	341
鹅	17.9	19.9	42	0.07	0.23	4	3.8	74
肯德鸡（炸）	20.3	17.3	23	0.03	0.17	109	2.2	198

三、鱼类的营养价值

鱼类包括淡水鱼（如鲤鱼、草鱼、鲢鱼、鲫鱼等）、海水鱼（如平鱼、黄花鱼、带鱼等）等的肌肉、内脏及其制品。

（一）蛋白质

鱼肉中，蛋白质含量一般为15%~25%，如草鱼含蛋白质16.6%、鲫鱼17.1%、鲤鱼17.6%、带鱼17.7%。

鱼肉蛋白质属优质蛋白质，利用率高达85%~90%。鱼肉含水分多，肌肉纤维细短，间质蛋白少，故组织软而细嫩，比畜、禽类更易消化吸收。其营养价值与畜、禽类近似，氨基酸组成较平衡，但色氨酸含量偏低。鱼类结缔组织与软骨中的含氮浸出物主要是胶原和粘蛋白，是鱼汤冷却后形成凝胶的主要物质。

（二）脂肪

鱼类含脂肪很少，一般为1%~5%，呈不均匀分布，主要存在于皮下和内脏周围，肌肉中含量很低，如草鱼含脂肪5.2%、带鱼4.9%、鲫鱼2.7%、罗非鱼1.0%、鳕鱼0.5%、鲢鱼3.6%。鱼子中脂肪含量较高，如大马哈鱼子酱脂肪含量可达16.8%。

鱼类脂肪熔点较低，多呈液态，其中不饱和脂肪酸占80%，消化率达95%。n-3系多不饱和脂肪酸，由寒冷地区的水生植物合成，以这些植物为生的鲱鱼和鲑鱼等深海鱼的脂肪中，富含二十碳五烯酸（EPA）和二十二碳六烯酸（DHA）。n-3系多不饱和脂肪酸具有降低血脂、防治动脉硬化和预防血栓形成的作用。

鱼类的胆固醇含量一般约为100mg/100g，如鲤鱼含胆固醇84mg/100g、鲢鱼99mg/100g、草鱼86mg/100g、带鱼76mg/100g、鲫鱼130mg/100g，但鱼子胆固醇含量较高，如鲳鱼子胆固醇含量为1070mg/100g。

（三）其他

鱼类含矿物质一般比其他肉类高，约为1%~2%，为钙的良好来源，海水鱼类还富含碘。鱼类还是维生素 B_2 和尼克酸的良好来源，如黄鳝含维生素 B_2 0.98mg/100g、河蟹为 0.28mg/100g、海蟹为 0.10mg/100g。海水鱼类的肝脏中含有丰富的维生素 A 和 D。一些生鱼中含有硫胺素酶，故生鱼存放或生吃时，维生素 B_1 易被破坏，但加热可破坏此酶。

四、加工烹调对营养素的影响

畜、禽、鱼类食品，在一般的加工烹调中，除水溶性维生素外，其他营养素含量变化不大。只有在高温制作时，B 族维生素损失较多，如在炒猪肉时，维生素 B_1 可保存 87%，蒸肉丸时可保存 53%，清炖猪肉时维生素 B_1 可保存 40%。

第五节 奶及奶制品的营养价值

奶类是一种营养成分齐全、组成比例适宜、易消化吸收、营养价值很高的天然食品。牛奶是人类最普遍食用的奶类，适合于母乳不足的婴儿、病人和老年人等人群。此外，羊奶和马奶也是人类较常食用的奶类。

奶类含有丰富的优质蛋白质，其必需氨基酸比例合适，适于人体利用。奶类还含有人体必需的维生素 A 和维生素 B_1、B_2。奶含钙量高，钙磷比例较合适，且吸收率高，是钙的最好食物来源。

一、奶的营养价值

奶类为乳白色的复杂乳胶体，主要由水、脂肪、蛋白质、乳糖、矿物质、维生素等组成，其中水分约占 89%。奶的各种成分随乳牛品种、饲养方式、季节、畜龄、挤奶时间等不同而有一定差异，波动较大的是脂肪含量，其次是蛋白质和维生素，其他成分较为稳定。

（一）蛋白质

牛奶中蛋白质的平均含量为 3.0%，主要为酪蛋白（79.6%），其次为乳清蛋白（11.5%）和乳球蛋白（3.3%）。

目前市售的强化维生素 AD 鲜奶蛋白质含量为 2.7%，一袋奶约 250g，大约可提供 7g 蛋白质。奶类蛋白质的吸收率为 87%~89%，生物价为 85，高于一般肉类，属优质蛋白质。其含有丰富的赖氨酸，是谷类食品的良好互补食品。

与牛奶相比，人乳中蛋白质含量略低（见表 5-2），但由于人乳中乳清蛋白含量高，而酪蛋白含量少，故人乳的蛋白质更易消化吸收。一般可以利用乳清蛋白改变牛奶的构成比，使之近似于母乳的构成。

（二）脂肪

牛奶中脂肪含量为 3.2%，以微粒状的脂肪球分散于乳浆中，吸收率达 97%。其中 95% 左右为甘油三酯，还含有少量的油酸、亚油酸、亚麻酸、卵磷脂及胆固醇。牛奶中丁酸、己酸、辛酸等水溶性挥发性脂肪酸含量较高，使牛乳具有良好的风味且易于消化吸收。

（三）碳水化合物

牛奶中所含碳水化合物主要为乳糖，比人乳少，其甜度约为蔗糖的 1/6。乳糖有促进胃液分泌和胃肠蠕动的作用，在肠道中可被乳糖酶分解成乳酸，可促进钙的吸收，有助于肠道中乳酸杆菌的繁殖和抑制肠道腐败菌的生长。

乳糖酶可使乳糖分解为葡萄糖和半乳糖。人与动物出生时，消化道内乳糖酶较多，随年龄增长,此酶含量渐趋减少。有的人长期不饮牛奶,消化道内乳糖酶很少甚至缺如,这些人偶然喝牛奶后,可出现腹痛、腹胀、腹泻等症状,称为乳糖不耐受症。

(四)矿物质

牛奶中矿物质含量约为0.7%~0.75%,富含钙、磷、钾。牛奶中钙的吸收率高,是钙的最好食物来源。每100ml牛乳中含钙140mg,市售一袋维生素AD强化鲜奶250g,约可提供钙340mg。牛奶中铁含量低,是一种贫铁食物,故若用牛奶喂养婴儿,应注意铁的补充。

(五)维生素

牛奶含有人体需要的各种维生素,其含量同乳牛的饲养条件、季节和加工方式有关。如在有较多青饲料的放牧期,奶中维生素A、D、胡萝卜素和维生素C的含量较冬春季有明显增加。

表5-2 不同奶营养素比较(每100g含量)

	人乳	牛乳	羊乳
水分(g)	87.6	89.8	88.9
蛋白质(g)	1.3	3.0	1.5
脂肪(g)	3.4	3.2	3.5
碳水化合物(g)	7.4	3.4	5.4
能量(MJ)	0.27	0.23	0.25
钙(mg)	30	104	82
磷(mg)	13	73	98
铁(mg)	0.1	0.3	0.5
维生素A(μg)	11	24	84
维生素B_1(mg)	0.01	0.03	0.04
维生素B_2(mg)	0.05	0.14	0.12
尼克酸(mg)	0.20	0.10	2.10
维生素C(mg)	5.0	1.0	—

二、奶制品的营养价值

新鲜生牛奶经过滤和巴氏消毒后,可直接供饮用,称为消毒奶。消毒奶中损失了一部分维生素C和B_1,其他营养成分与新鲜生奶差别不大。目前市售的消毒牛奶中一般强化了维生素A和D。根据不同的需要,鲜奶可加工成一系列产品,主要包括奶粉、酸奶、炼乳、奶油、奶酪等。

(一)奶粉

根据食用要求,奶粉又分为全脂奶粉、脱脂奶粉、调制奶粉和配方奶粉等。

1. 全脂奶粉 消毒后的鲜奶先经浓缩除去约70%~80%的水分,采用喷雾干燥法,将奶喷成雾状微粒。全脂奶粉溶解性好,且对其营养成分和奶的色香味影响很小。

2. 脱脂奶粉 生产工艺同全脂奶粉,但需将新鲜生牛奶脱脂。脱脂奶粉适用于腹泻婴儿和需进食低脂膳食的患者。此奶粉在脱脂过程中使脂溶性维生素损失。

3. 调制奶粉 参照人乳组成的模式和特点,在营养组成上对牛奶加以调整和改善,使之更适合于婴儿的生理特点和需要。如母乳化奶粉,即改变牛奶中酪蛋白的含量,并调整酪蛋白与乳清蛋白的比例,补充乳糖的不足,以适当比例强化多种维生素和矿物质。

(二)酸奶

酸奶是一种发酵奶制品,是在消毒的鲜奶中接种乳酸菌,经过一定的工艺发酵而成。奶经过乳酸菌发酵后,乳糖变成乳酸,使蛋白质凝固,并使脂肪不同程度地水解。乳酸菌属肠道益生菌,可抑制肠道腐败菌的生长繁殖,调整肠道菌群,防止腐败胺类对人体产生的不利影响。酸奶营养丰富,易于消化吸收,有利于人体健康,尤其适合乳糖不耐受者。

(三)炼乳

炼乳是一种浓缩乳,种类较多,目前市售的炼乳主要有淡炼乳和甜炼乳。

1. 淡炼乳　将牛奶浓缩到原体积的1/3后装罐密封,经加热灭菌制成可保存的乳制品。淡炼乳在加工过程中,维生素B_1受到一定的损失,其他营养成分同鲜奶,其乳块较柔软,更易消化吸收,适于婴儿食用。

2. 甜炼乳　在牛奶中加入约16%的蔗糖,并浓缩到原体积40%的一种乳制品,其蔗糖含量可达40%以上。因含糖量过高,食前需加大量水冲淡,使蛋白质等营养成分相对降低,故不适于喂养婴儿。

(四)奶油

奶油又称黄油,是从牛奶中分离的脂肪制成的产品,脂肪含量为97%,含水量约0.7%,主要用于佐餐及制作西式糕点。

第六节　蛋及蛋制品的营养价值

我国市场上常见的禽蛋类包括鸡蛋、鸭蛋、鹅蛋和鹌鹑蛋等,其中居民最常消费的是鸡蛋。蛋类主要提供高营养价值的蛋白质。常见蛋制品有松花蛋、咸蛋、全蛋粉及鸡蛋黄粉等。

各种蛋类都是由蛋壳、蛋清和蛋黄三部分组成。如每只鸡蛋平均重约50~60g,蛋壳占全蛋重的11%,主要由碳酸钙构成。鸡蛋壳的颜色取决于鸡的品种,而鸡蛋黄的颜色取决于饲料,如果饲料中类胡萝卜素和维生素A含量高,则蛋黄颜色深。

一、蛋类的营养价值

(一)蛋白质

蛋类含蛋白质约12.8%,如白皮鸡蛋含蛋白质12.7%、红皮鸡蛋12.8%、鸭蛋12.6%、鹅蛋11.1%、鹌鹑蛋12.8%,故一个50g的鸡蛋可提供蛋白质6~7g,其中鸡蛋白含蛋白质11.6%、鸡蛋黄含蛋白质15.2%、鸭蛋白9.9%、鸭蛋黄14.5%,可见蛋黄中蛋白质的含量较蛋清高。

鸡蛋蛋白质含有人体所需的各种氨基酸,其中赖氨酸和蛋氨酸含量较丰富,其氨基酸的组成模式与人体相近,生物价为95,是最理想的天然优质蛋白质。

(二)脂肪

蛋类含脂肪9.0%~15.6%,主要集中在蛋黄内,鸡蛋白含脂肪0.1%,鸡蛋黄含脂肪28.2%,其中大部分为中性脂肪,并含有一定量的卵磷脂和胆固醇。鸡蛋中胆固醇含量为585mg/100g、鸭蛋为565mg/100g,故一个50g的鸡蛋约含胆固醇300mg。

(三)其他

蛋类含碳水化合物较少,几乎可忽略不计。蛋黄比蛋清含有较多的营养成分,蛋黄中含有铁、磷、钙等矿物质和维生素A、D、B_1和B_2。如鸡蛋黄含维生素A 438μg/100g、维生素B_2 0.29mg/100g、铁6.5 mg/100g,但蛋黄中的铁因与磷蛋白结合而吸收率不高。此外,蛋清中含维生素B_2较丰富,每100g鸡蛋白含维生素B_2 0.31mg。

二、加工烹调对营养价值的影响

蛋类的烹调方法很多,如煮鸡蛋、炒鸡蛋、蒸鸡蛋羹、油煎蛋等,其中炸鸡蛋维生素损失较多,其他烹饪方法除维生素 B_1 少量损失外,对其他营养素影响不大。

鸡蛋不宜生食,因为通过烹调加热可杀灭污染的细菌,还可破坏存在于生蛋清中的抗胰蛋白酶和抗生物素,提高蛋类的消化利用率。

(李百花)

第六章 不同人群的营养

第一节 孕妇、乳母营养

妇女在怀孕期和哺乳期的营养状况,不仅关系到妇女自身的健康,而且直接影响着胎儿和婴儿的体格生长和智力发育。因此根据妇女在怀孕和哺乳时期的生理变化特点,加强营养保健,对实现优生优育,提高人口素质具有十分重要的意义。

一、孕期营养

孕妇在妊娠期间体内会发生一系列的生理变化,以适应胎儿的生长发育。

(一)孕期的生理变化特点

1. 由于怀孕期间大量雌激素、黄体酮等激素的影响,使体内合成代谢增加,基础代谢增高。

孕期消化液分泌减少,胃肠蠕动减慢,易出现胃肠胀气及便秘等消化系统功能改变。孕早期出现恶心、呕吐等妊娠反应。

孕期需要排出母体自身和胎儿的代谢废物,因此肾脏负担加重,肾小球滤过能力增强,蛋白质代谢产物尿酸、尿素和肌酐的排出量增多。

2. 孕期血浆总容量和血中营养成分的含量发生变化。血浆总容量一般比非孕妇女增加 40%~50%,红细胞数量约增加 20%,由于血浆总容量增加的幅度比红细胞数量增加的幅度大,致使血液相对稀释,血红蛋白浓度下降,出现生理性贫血。血浆中所含的各种营养成分除血脂和维生素 E 以外,大多数营养成分均较非孕期降低,包括葡萄糖、氨基酸、铁、维生素 C、叶酸等。一般认为这些血浆营养素水平的降低可能与更有利于将营养素通过胎盘从母体转运至胎儿有关。

3. 随着孕期的进展,孕妇体重逐渐增加,妊娠 40 周内一般约增加 10.0~12.5 kg。体重增长过多可使孕妇高血压的发病机会增加,而体重增长过少又易使早产儿的发病率增高。因此在妊娠 20 周后,以平均每周增长 0.4 kg 为宜。在孕期增长的体重中,包括胎儿、胎盘、羊水、母体子宫及乳房、脂肪组织、血液及细胞外液的增长,其中母体储存的脂肪约 3~4kg,蛋白质的储存将近 1kg。孕期所储存的脂肪是为了必要时可满足孕后期增加的能量需要,并为哺乳期的能量需要做准备。

(二)孕期的营养需要

为满足孕妇本身和胎儿生长发育的需要,妊娠期对能量及各种营养素的需要量均较非孕期增加。

1. 能量 由于孕期代谢活动增加以及胎儿、胎盘、母体组织增长的需要,通过膳食摄入足够的能量对孕妇十分重要,特别是孕中期后随着胎儿的迅速增长能量需要更多。

能量的适宜摄入量应与能量的消耗量保持平衡为好,可根据定期测量孕妇的体重加以判断,一般于妊娠 20 周前应每日称一次体重,以后则应每 1~2 周称重一次并进行孕期常规检查，发现体重不增或增重过多而又无其他病理情况，则应从膳食上增加或减少能量的摄入量，以保证体重的正常增长。

膳食中能量的来源是由碳水化合物、脂肪和蛋白质三大产热营养素供给。摄入 1g 碳水化合物或 1g 蛋白质可产生 4 kcal 能量，而摄入 1g 脂肪可产生 9 kcal 能量。在每日摄入的总能量中，三大产热营养素供给能量总的合适比例应为碳水化合物占 60%～70%，脂肪占 20%～30%，蛋白质占 10%～15%，我国营养学会推荐每日膳食营养素摄入量中，非孕妇女根据劳动强度轻重不同每日能量摄入范围为 2100～2700 kcal，孕妇则在上述基础上每日增加 200 kcal。200 kcal 能量相当于富强粉 57 g 或花生油 23 g 产生的能量。

2. 蛋白质　蛋白质的主要功能是构成组织细胞的基本成分，也是构成血红蛋白、酶、激素、抗体等许多重要物质的主要成分。因此不论是胎儿、婴幼儿和少年儿童的生长发育、或是成人体内组织细胞的更新和修复，都必须要有蛋白质。同时蛋白质也可提供一部分能量。值得注意的是，足够的蛋白质摄入量对胎儿的大脑发育十分重要，胎儿脑细胞数的快速增殖期一般在妊娠 30 周至出生后 1 年，随后脑细胞数量不再增加而脑细胞增大，脑重增加直至 2 岁左右。孕妇的蛋白质摄入量，特别是孕后期的蛋白质摄入量充足与否，直接关系到胎儿脑细胞的增殖数量和大脑发育，并影响到日后的智力发育。因此如果孕期严重蛋白质营养不良，可造成胎儿在出生时脑细胞数量少于正常新生儿。

为满足胎儿和母体的需要，孕妇在整个妊娠期体内需增加蛋白质的储存约 1000 g。为保证孕妇能获得足够的蛋白质，中国营养学会建议孕妇应在一般妇女轻、中、重不同体力活动分别每日膳食摄入蛋白质 65 g、70 g、80 g 的基础上，孕中期增加 15 g，孕后期则增加 20 g。

蛋白质的食物来源包括动物性食物和植物性食物，其中肉、禽、鱼、蛋等动物性食物不仅蛋白质含量丰富，一般每 100 g 约含 10～20 g，且蛋白质所含人体必须氨基酸的数量和比值很接近于人体组织蛋白质，消化吸收和利用率也高，因此营养价值高。植物性食物的蛋白质主要来自粮谷和豆类，粮谷类含蛋白质量虽然每 100 g 只含 10 g 左右，但由于人体每日进食量较大，实际膳食中由粮谷类供给的蛋白质一般均可达 30～50 g。大豆和豆类制品是蛋白质的良好来源，每 100 g 大豆不仅含蛋白质高达 35 g，且富含其他谷类蛋白质较缺乏的赖氨酸。因此孕妇膳食除应强调蛋白质的"量"足够外，还应注意其"质"的要求，一般动物性食物和豆类等优质蛋白质的摄入量应至少占全日蛋白质总量的三分之一以上。

3. 矿物质　妊娠期母体营养素通过胎盘运转至胎儿体内，加上血浆容量和肾小球滤过率增加，致使孕妇血中各种矿物质的浓度降低，尤其易于缺乏的为钙、铁和锌。

(1) 钙：钙的主要功能是构成骨骼和牙齿的重要成分，并可调节神经肌肉的兴奋性，参与血凝过程，又是体内许多酶的激活剂。孕妇对钙的需要量增加，尤其是孕后期胎儿的骨骼、牙齿钙化加速，如果钙供给不足，则母体骨钙将被动用以满足胎儿的需要。因此孕妇应增加膳食钙的摄入量，中国营养学会推荐孕妇膳食钙的摄入量为孕中期每日 1000 mg，孕后期每日 1200 mg。

含钙丰富的食物种类不少，其中以牛乳、乳制品为最佳，每袋鲜牛奶（250 ml）可获得约 300 mg 钙，而且吸收利用好。各种海产品如虾米、虾皮、海带、紫菜等以及黑木耳、黄豆及豆制品、芝麻酱含钙量均较高。绿叶蔬菜如小白菜、油菜、茴香菜、空心菜等也是日常膳食中钙的来源，但某些蔬菜如菠菜、苋菜等含有草酸，在肠腔内可与钙结合成不溶解的钙盐，减少钙的吸收。

(2) 铁：铁是人体需要的重要微量元素之一，是构成血红蛋白的主要原料，参与体内氧的运输和利用。铁缺乏可引起贫血,孕期缺铁性贫血是个普遍存在的营养缺乏病,主要原因是孕期对铁的需要量增加,通过膳食摄入的铁吸收、利用率差而不能满足需要。孕期估计需铁 1000 mg 左右,胎儿在出生时体内储存的铁约 280 mg,可以满足生后头 4 个月的需要。为此中国营养学会推荐成年妇女膳食铁摄入量每日为 20 mg,孕妇中期增加至每日 25 mg,孕晚期每日 35 mg。

膳食中铁的良好来源以猪肝、家禽肝、猪血等最佳,蛋黄、黑木耳、海带及芝麻酱等含铁亦较高。孕妇从普通膳食中尽管摄入铁的数量往往能达到推荐量,但由于吸收、利用率差,平均 10% 左右,很难满足机体的实际需要,因此一般主张自孕中期开始每日补充 30 mg 元素铁,相当于每日口服 150 mg 硫酸亚铁或 100 mg 富马酸亚铁。

(3) 锌:微量元素锌的充足摄入对孕妇亦十分重要。锌在体内含量很少,但人体的一切器官均含锌,锌还参与细胞内核酸的合成,又是体内许多酶的构成成分,并对维持皮肤的正常功能、维生素 A 的正常代谢以及性器官的正常发育均有十分重要的作用。据研究资料表明,孕早期妇女严重缺锌可引起胎儿发育异常,导致先天畸形。因此孕妇膳食的推荐摄入量应由一般妇女每日 11.5 mg 增加至每日 16.5 mg。

锌的主要食物来源是肉类、鱼类及海产品,尤以牡蛎含量最高。

4. 维生素 维生素是维持身体健康、促进生长发育和调节生理功能所不可缺少的一类营养素,种类很多,根据溶解性的不同分为脂溶性和水溶性两大类,脂溶性维生素包括维生素 A、D、E、K,这类维生素在肠道吸收后可在体内大量储存,因此维生素 A 和维生素 D 摄入过量可在体内蓄积而引起中毒,维生素 E 过多亦有不良作用。水溶性维生素包括 B 族维生素和维生素 C,属于 B 族维生素的有维生素 B_1(硫胺素)、维生素 B_2(核黄素)、维生素 PP(烟酸、烟酰胺)、维生素 B_6、维生素 B_{12}、叶酸等。这类维生素的特点是均溶于水,在体内不易大量储存,当组织中含量达到饱和时多余部分即随尿排出,除过量烟酸、维生素 C 和叶酸有一定副作用外,目前尚未发现水溶性维生素过多症。上述各种维生素中,较易缺乏的为维生素 A、D、B_1、B_2、C 等,孕妇对叶酸亦较易缺乏。

(1) 维生素 A:维生素 A 可维持正常视力和上皮组织健康,促进生长发育和提高机体免疫功能。虽然维生素 A 对胎儿的生长发育十分重要,但孕妇不可摄入过量,因为过量维生素 A 不仅可在体内积累而引起中毒,而且有导致胎儿发生先天畸形的危险。因此我国营养学会建议孕妇膳食每日维生素 A 摄入量为早期 800μg 视黄醇当量、中晚期 900μg 视黄醇当量(相当于 2600 IU 及 3000 IU),较一般妇女增加 200μg 视黄醇当量。FAO/WHO 认为孕妇每日维生素 A 摄入总量应限制在 3000 μg 视黄醇当量(10 000 IU)以下。

维生素 A 的最好食物来源为动物肝脏及蛋、奶等。其次为各种黄绿色蔬菜所含的类胡萝卜素,摄入体内后可转变为维生素 A。

(2) 维生素 D:维生素 D 可促进钙、磷在肠道的吸收,并促进钙、磷沉积于骨骼、牙齿中,有利于骨骼矿质化。孕期维生素 D 缺乏可影响胎儿的骨骼发育和引起牙齿发育缺陷。由于维生素 D 可通过人体皮下的 7-脱氢胆固醇在日光下转变而来,因此孕期维生素 D 缺乏主要发生在北方日照不足的地方,且常伴有钙摄入量不足。过量摄入维生素 D 亦可引起蓄积中毒,故我国营养学会推荐孕妇中、晚期每日膳食维生素 D 摄入量为 10μg(400 IU),孕早期与成年妇女相同,每日 5μg(200 IU)。

(3) 硫胺素、核黄素和烟酸:在体内的功能均是作为重要的辅酶,参与物质代谢和生物氧化过程。妊娠期对这些维生素的需要量增加,当孕妇缺乏硫胺素时可引起脚气病,有时母体无明显临床表现但胎儿出生后可能出现先天性脚气病。硫胺素主要来自谷类、豆类及肉类食品,因此,南方某些农村单纯食用碾磨过细的精白米而又缺少其他杂粮和副食品,常是造成硫胺素缺乏的原因。核黄素主要来自动物性食品,在我国膳食中摄入量不足十分常见,孕妇随着妊娠期的进程核黄素缺乏症的发病人数亦增多。因此膳食硫胺素和核黄素的推荐摄入量孕妇分别增加至1.5 mg和1.7 mg,烟酸为15 mg。

(4) 叶酸:叶酸在体内的主要功能是作为一碳单位(如甲基CH_3、亚甲基CH_2等)转移酶系的辅酶,是体内氨基酸代谢及核酸合成代谢中不可缺少的物质,对细胞增殖、组织生长和机体发育有着直接影响。叶酸缺乏可引起巨幼细胞贫血和高同型半胱氨酸血症。国内外研究均报道孕妇血中叶酸含量随着妊娠进程逐渐降低。血清叶酸反映近期膳食摄入叶酸的状况,而红细胞叶酸含量反映体内叶酸的储存水平。

值得注意的是已有研究报告孕早期叶酸严重缺乏或服用叶酸拮抗剂可引起胎儿神经管畸形(NTD),许多学者也已进行了营养干预试验研究,1991年英国医学研究会的研究报告和1992年匈牙利的研究结果进一步证实了怀孕前和孕早期口服叶酸增补剂,可以预防神经管畸形儿的发生。1999年北京医科大学与美国疾病控制中心联合进行的中美预防神经管畸形合作项目的研究报告证实,妇女孕前1个月至孕早期3个月内每日增补0.4 mg叶酸,可有效降低高危人群中85%神经管畸形的发生率。

叶酸的食物来源主要是新鲜蔬菜,动物肝、肾等内脏,豆类及干酵母等。

(5) 维生素B_6:维生素B_6在体内以其活性形式磷酸吡哆醛参与代谢过程,对核酸合成和氨基酸代谢具有重要作用,参与色氨酸转化为烟酸和同型半胱氨酸转化为半胱氨酸的过程。

孕期对维生素B_6的需要量增加,我国推荐孕妇每日膳食维生素B_6的摄入量为1.9 mg。维生素B_6广泛存在于各种食物中,良好来源为肉类、豆类及坚果类。

(6) 维生素B_{12}:维生素B_{12}在体内以辅酶B_{12}和甲基B_{12}两种辅酶形式参与生化反应,在蛋氨酸代谢过程中,维生B_{12}作为辅助因子与5-甲基四氢叶酸提供的甲基发生甲基化后,参与同型半胱氨酸向蛋氨酸的转化。维生素B_{12}缺乏时,可引起巨幼细胞贫血、高同型半胱氨酸血症和神经系统损害。

中国营养学会推荐每日膳食中维生素B_{12}的摄入量孕妇为2.6 μg。

(7) 维生素C:维生素C又称抗坏血酸,主要功能可促进组织胶原蛋白的合成,因而有利于骨骼和牙齿的发育,并可保持毛细血管的韧性;能促使三价铁还原为二价铁而有利于铁的吸收;并有增强机体抗感染、抗肿瘤和提高免疫力的功能。

维生素C的食物来源主要是新鲜水果和蔬菜,例如枣、柑橘、柿子椒、西红柿等。一些野果如猕猴桃、刺梨等亦含有大量维生素C。维生素C每日膳食推荐摄入量成人100 mg,孕妇130 mg。

(三) 孕期营养不良对母亲和胎儿的影响

1. 孕期营养不良对母亲的影响 最常见的是:①铁缺乏引起的缺铁性贫血;②维生素D和钙缺乏引起的骨质软化症;③蛋白质或硫胺素缺乏引起的浮肿;④某些维生素缺乏症。

2. 孕期营养不良对胎儿的影响 主要表现为:①新生儿低出生体重(不足2.5 kg);②早产(孕期不足37周)发生率增加;③围生期新生儿死亡率增高;④孕期营养不良特别是孕后期蛋白质摄入不足,还可直接影响胎儿脑细胞的增殖和大脑发育;⑤更值得注意的是,孕期某些营养素缺乏或过多,可能导致出生婴儿先天畸形。目前的研究资料已证明,孕早期叶酸缺乏是造成胎儿神经管畸形的主要原因,孕早期严重锌缺乏或维生素 A 过多,亦可导致胎儿畸形。

二、乳母的营养需要

泌乳是一种复杂的神经反射活动,婴儿吸吮乳头后,引起母体催产素与催乳素的分泌,催产素能促进宫缩,可促使产后母体增大的子宫收缩,恢复正常。

哺乳期乳母的营养非常重要,因为乳母的营养状况直接影响乳汁的质和量。如果母体营养不足,其体内的营养素甚至母体组织将被动用以维持乳汁成分恒定,这不仅影响母体健康,而且影响乳汁质量,对婴儿的生长发育会造成不利影响。

1. 能量　哺乳期乳母的基础代谢升高约 20%,相当于每日增加 250~300 kcal。乳母除自身活动需要消耗能量外,分泌乳汁也需要消耗能量,按平均每日泌乳 850 ml 计算,每日因泌乳即需消耗约 800 kcal 能量。正常妊娠时的脂肪储备可为泌乳提供约 1/3 所需的能量,另 2/3 则需由膳食补充,再加上基础代谢升高所需要的能量,因此,我国营养学会建议乳母每日膳食能量摄入量在非孕妇女基础上增加 500 kcal。

2. 蛋白质　母乳中蛋白质平均含量为 1.2%,以泌乳量 850~1200 ml 计算,则每日乳中的蛋白质为 10~15 g,母体摄入的蛋白质转变为乳汁中的蛋白质的效率为 70%~80%,故我国建议乳母蛋白质的推荐摄入量较一般成年妇女每日应增加 20 g。

3. 脂肪　乳母能量平衡时,乳汁中的脂肪酸组成与膳食中的脂肪酸组成类似。必需脂肪酸可促进乳汁分泌,婴儿中枢神经系统发育及脂溶性维生素的吸收均需要脂类,因此,乳母膳食中应有一定的脂肪。每日脂肪的摄入量在 80~100 g 时,脂肪产生的能量占膳食总能量的比例可达 27%~30%。乳脂含量正常,对泌乳有利。

4. 矿物质

(1) 钙:母乳每 100 ml 含钙 35 mg,乳母每天通过分泌 850 ml 乳汁损失的钙近 300 mg,当乳母膳食中钙的摄入不足时,即动用自身骨骼中的钙储备以维持乳汁中钙的恒定,母体将出现钙缺乏的一系列临床表现,如骨质软化症等。因此,我国建议乳母膳食钙的摄入量为每日 1200 mg,除尽量食用含钙丰富的食品如牛乳、乳制品、骨头汤、虾皮等外,还可补充钙制剂如钙片、骨粉等,并且应补充维生素 D,鼓励乳母多晒太阳,以利钙的吸收。

(2) 铁:母乳中含铁量少,因为母体中的铁较难进入乳汁,新生儿出生时肝脏中有一定量的铁储备,可供婴儿头 4 个月的消耗,4 个月后应添加含铁辅食。尽管母体中的铁只有少量进入乳汁,但为了补充母体本身在妊娠及分娩过程中的消耗,应增加乳母铁的摄入量,我国建议乳母膳食铁摄入量为每日 25 mg。

5. 维生素

(1) 脂溶性维生素:维生素 A 可以少量通过乳腺进入乳汁中,如果乳母膳食中维生素 A 的含量丰富,则乳汁中也含有足够量的维生素 A。乳母膳食维生素 A 的推荐摄入量为每日 1200 μg 视黄醇当量。

维生素 D 在初乳中的含量较高,8 天后降低,乳母补充维生素 D 由于难以通过乳腺而不能使母乳中维生素 D 的含量明显增加,但有利于母体对钙的吸收。每日膳食维生素 D 的推荐摄入量为 10 μg (400 IU)。

(2) 水溶性维生素:水溶性维生素大多数能通过乳腺进入乳汁中,因此,乳母膳食中各种水溶性维生素的摄入量均应增加。

三、乳母的合理膳食

乳母对各种营养素的需要量均有所增加，因此，在膳食中应选用营养价值高的食品，食品要多样化，应包括粮食、鱼、肉、蛋、奶、豆类、蔬菜和水果等，并应注意合理搭配，合理安排。在整个哺乳期均应做到合理营养、均衡膳食，也应避免营养过剩。

乳母膳食中蛋白质、脂肪和碳水化合物的合理能量比应分别为13%～15%、20%～30%和55%～65%。餐次可以适当增加，还应多喝汤汁，以利于泌乳。哺乳期母亲吸烟、饮酒、进食刺激性食物或长期服用某些药物，均有可能通过乳汁影响婴儿，应引起注意。

乳母（以轻体力劳动为例）的每日各种食物摄入量可建议为：粮食类（不宜过精细，最好为多种杂粮）450～600 g，牛奶250 g，蛋类100～150 g，鱼、肉类100～200 g，豆类食品50～100 g，蔬菜400～500 g，水果适量。此外，每周还应食用1～2次动物肝脏，并经常食用骨头汤、虾皮等含钙丰富的食物。

第二节 婴幼儿营养

一、婴幼儿生长发育的特点

人体生长发育有两个旺盛时期，第一生长旺盛期主要在婴儿期，也就是出生至1周岁，并延续至幼儿期，即满3周岁以前。婴儿期的旺盛生长，可看做是更旺盛的胎儿期生长的继续，因而不能离开胎儿期的正常发育这个前提，换句话说也就是不能离开母亲在怀孕期的合理营养。生长发育的第二高峰是在10～12岁进入青春期以后。

生长发育高峰，主要表现在骨骼和肌肉的发育，因此对身长和体重的变化影响很大，婴儿期是生长发育的第一高峰期，12月龄时体重将增加至出生时的3倍，约9 kg。身长将增加至出生时的1.5倍，约75 cm。婴儿期脑细胞数目继续增加，至1岁时，脑重量可达900～1000 g，接近成人脑重的2/3，为保证婴儿期的正常生长发育，合理喂养是个关键，母乳喂养和适时地添加辅食是保证婴儿生长发育的最重要物质基础。

二、母乳喂养

母乳是营养最全面、最符合婴儿需要的最佳食物。然而随着经济的发展，母乳喂养曾一度被忽视。世界卫生组织（WHO）于20世纪80年代提出号召，要求80%的婴儿母乳喂养至少4个月。我国国务院1995年颁布的《中国营养改善行动计划》明确提出要求婴儿出生后纯母乳喂养4～6个月者达40%，母乳喂养率达到80%的目标。近几年来母乳喂养率已有了较大提高，1995年9市喂养调查结果表明婴儿4个月内完全母乳喂养率城区已增加到59.9%，郊区为74.0%，距离达到80%的目标尚有一段距离，仍需加强宣传教育。

母乳的优点及其与牛奶的不同主要有：

1. 母乳所含蛋白质为每100 ml含1.0～1.2 g，较牛奶的蛋白质含量低，但母乳蛋白质中酪蛋白少，多数为乳清蛋白，可在胃内形成较稀软的凝乳，易于消化吸收。而牛奶蛋白质含量每100 ml约3.4 g，较母乳高3倍，但酪蛋白的含量高，在婴儿胃中形成较粘的凝乳，不易消化吸收。此外，母乳还含有较多的牛磺酸，有利于婴儿脑组织的发育。

2. 母乳的脂肪含量约为每100 ml含4.0 g，略高于牛奶，且母乳中含有脂酶，使脂肪易于消化吸收。但母乳的脂肪含量各个乳母之间相差很大，即使同一个乳母在哺乳的不同阶段亦有差别，当每次哺乳的开始阶段乳汁中的脂肪含量较少，外观较稀，有利于解除开始哺乳时婴儿的口渴，随着哺乳的进行乳汁中脂肪含量由1%~2%增加至4%，可提供大量的能量以满足婴儿的需要。

母乳所含脂肪不同于牛奶的最大优点是含有丰富的必需脂肪酸，包括亚油酸和α-亚麻酸，因此可以防止牛奶喂养婴儿时由于亚油酸不足而常引起的婴儿湿疹。此外母乳中还含有一定量的花生四烯酸和二十二碳六烯酸（DHA），可供给婴儿大脑和视网膜发育的需要。

3. 母乳含丰富的乳糖，每100 ml含7.4 g，比牛奶的含量高，且变动不大。乳糖是母乳和牛奶中唯一的碳水化合物，除了可提供能量以外，乳糖在小肠中转变成乳酸，可降低肠道的酸碱度，有利于抑制致病菌的生长繁殖，并有助于钙在肠道的吸收。

4. 母乳中矿物质的含量，钙的含量为每100 ml母乳约含35 mg，比牛奶少得多，牛奶中每100 ml含钙约120 mg，但母乳的钙与磷比例适宜，又含较多乳糖，有利于钙的吸收并满足婴儿的需要。母乳中钠、钾、磷、氯的含量均低于牛奶，但均能满足婴儿的需要。

母乳和牛奶中铁的含量都很低，每100 ml含铁不足0.1 mg，婴儿出生时体内所储存的铁一般可满足生后最初4个月的需要。因此无论是母乳或牛奶喂养的婴儿，4月龄后均应开始添加含铁的辅食。

5. 母乳中的维生素含量受膳食的影响较大，如果乳母膳食营养充足，则除了维生素D外其他各种维生素在婴儿头6个月内均可从母乳中获得以满足需要。维生素D由于难以通过乳腺进入乳汁，因此需给婴儿补充。母乳中的维生素A、C及B族维生素含量常随乳母膳食中含量的变化而变化。牛奶中的维生素C和维生素B_2在加热和暴露于日光下易被破坏。

6. 母乳中含有丰富的免疫物质，可以增加婴儿早期的抗感染能力，这是母乳喂养的一大优点。特别是产妇分娩后一周以内所分娩的乳汁，被称为初乳，含有较多的免疫物质。母乳中的免疫物质包括免疫球蛋白、乳铁蛋白、分泌型免疫球蛋白、吞噬细胞、溶菌酶及双歧杆菌因子等。这些免疫物质对防御新生儿感染以及婴儿呼吸道和肠道感染十分重要。例如母乳中的分泌型免疫球蛋白，可以保护婴儿呼吸道及消化道抵抗细菌和病毒的侵袭，减少婴儿反复呼吸道感染和腹泻的患病率。又如母乳中的双歧杆菌因子可诱导肠道双歧杆菌的生长繁殖，从而促进乳糖的分解，酸化婴儿粪便，抑制肠道致病菌的生长。

此外，母乳喂养还具有方便、卫生、经济的优点。哺乳过程不仅可增进母子的情感交流，还可帮助子宫收缩，有利于母亲尽快复原。

三、辅食添加与断奶

婴儿生长至4~5个月时，母乳喂养已不能完全满足婴儿生长发育的需要，必须逐渐添加辅助食物作为母乳的补充。而断奶是母乳或母乳代用品逐渐被其他食物代替的过程。添加辅食从4~5个月开始，逐渐进行，期间母乳照常喂养，直至断奶，一般至1岁不再喂母乳。

辅食的添加有助于婴儿从依赖母乳喂养过渡到利用母乳以外的其他食物，但添加的食物应与婴儿胃肠道的功能相适应，因此开始添加的时间不应早于4月龄，以免增加婴儿腹泻的危险。

一般辅食添加的顺序为先液体后固体。4~5月龄添加的食物如米糊、粥、菜泥、水果泥、蛋黄、肝泥等，由于婴儿体内储备的铁至4月龄已基本耗尽，因此强化铁婴儿米粉或含铁食物如蛋黄、肝泥等应及时添加，以预防缺铁性贫血；6~9月龄婴儿可添加煮烂的面片、肝泥、肉糜、全蛋及饼干等；10～12月龄可添加稠粥、烂饭、馒头、馄饨、碎菜及肉末等。

四、婴幼儿常见营养缺乏病

（一）佝偻病

由于维生素D缺乏引起钙、磷吸收不良，软骨钙化不全，骨骼生长障碍而导致佝偻病。主要表现为骨骼的软骨连续处和长骨末端的骨骺部增大。临床症状常见的有方颅、肋串珠、鸡胸、手镯（手腕骨骨骺增大）、下肢向内或向外弯曲形成"X"或"O"形腿以及囟门闭合时间延迟。

佝偻病主要发生在3岁以下较小的婴幼儿，1岁以内婴儿较多见。北方秋冬季出生的婴儿，由于接受阳光少，发病率较高。为预防佝偻病，新生婴儿一般自2周开始添加维生素D，每日以摄入10 μg（400 IU）为宜。目前市售鲜牛奶中，亦有强化维生素A及D者，例如每瓶250ml奶中强化维生素D 2.5 μg（100 IU）。饮用强化维生素D奶时可适当减少维生素D的补充量。同时适当晒太阳可以增加皮肤内产生的维生素D，每天日晒1小时左右一般可达到预防效果。

（二）缺铁性贫血

由于婴儿出生时体内储存的铁一般仅能满足生后4个月的需要，而母乳或牛乳中铁含量均很少，如不能在4月龄开始及时补充含铁辅食，则贫血极易发生，大部分发生在出生5个月以后，发病高峰在6个月至1岁半。近年来的研究已证实缺铁性贫血尚可导致儿童行为和精神出现损害，例如注意力不集中，学习成绩下降等，这方面的研究正在深入进行。

（三）锌缺乏症

有关幼儿和学龄前儿童锌缺乏的报道多数为边缘性锌缺乏，表现为生长发育迟缓、食欲不佳、味觉减退、异食癖、复发性口腔溃疡、血锌和发锌低于正常值等，主要原因为膳食锌摄入不足或吸收利用不良。据调查，有些托幼机构儿童膳食中锌的摄入量仅达中国营养学会推荐摄入量的50%左右。因此，为预防锌缺乏，幼儿膳食应增加富含锌的各种动物性食品，如海产品、鱼、猪肝、猪肉等。对于锌缺乏症的诊断，需根据临床症状、体格检查及生化指标等多方面综合判断，不可仅根据发锌测定值而轻易下结论。

第三节 老年营养

随着世界人口年龄老化的趋势日渐明显，我国居民中60岁以上老年人口的数量也日趋增多，衰老的进程受多种因素影响，合理的营养有助于延缓衰老和预防慢性病，而营养不良或营养过剩，则有可能加速衰老进程和诱发某些慢性疾病的发生。

一、老年期主要的生理变化特点

1.代谢机能降低　表现为基础代谢下降，较中年人约降低15%～20%。合成代谢降低，分解代谢增高。

2.体成分改变　体内脂肪组织随年龄增长而增加，瘦体组织减少，肌肉萎缩，体内水分减少，骨密度降低。

3.器官功能改变　心、脑、肾功能及肝脏代谢能力随年龄增高有不同程度下降；消化功能减退。

4. 内分泌变化 例如妇女绝经期后卵巢功能逐渐衰退致使雌激素分泌水平下降。

二、膳食因素与衰老

衰老机理有多种学说，其中以自由基学说研究、应用最多。

体内组织氧化反应可产生自由基，其特点为活性高、不稳定，可与体内生物大分子作用，生成过氧化物而对细胞膜产生损害，使细胞膜的通透性和脆性增加，影响细胞的功能。主要表现为：引起细胞膜上磷脂所含的多不饱和脂肪酸（PUFA）发生氧化，形成脂质过氧化物（LPO）；脂质过氧化物进一步分解产生丙二醛（MDA），能使核酸和蛋白质发生交联，交联后的蛋白质发生变性，丧失原有功能，形成脂褐素，沉积于内脏，并可沉积于皮肤细胞而成为老年斑。自由基还可引起体内酶蛋白变性，降低酶活性。

正常情况下，人体内存在着抗脂质过氧化作用的防御系统，一种是以维生素 E 和维生素 C 等抗氧化营养素为主的非酶防御系统，主要的作用是捕获清除自由基，防止过氧化物的产生；另一种则是酶防御系统，包括含有微量元素锌、铜、锰的超氧化物歧化酶（SOD），过氧化氢酶（catalase）及含有微量元素硒的谷胱甘肽过氧化物酶（GSH-PX），主要作用是使已形成的过氧化物分解还原为无害物质。

三、老年期的营养需要

根据老年期的生理特点，在能量和营养素的需要方面需注意以下几点：

（一）能量

摄入与消耗的能量保持平衡，维持正常体重。

正常体重计算法：

(1) 简易法：体重（公斤） = 身高（厘米） − 105

所得结果 ± 10% 为体重正常范围；所得结果 ± (10% ~ 20%) 为超重或消瘦；所得结果 ± 20% 以上为肥胖或严重消瘦。

(2) 体质指数（body mass index, BMI）：BMI = 体重（公斤） / [身高（米）]^2

正常体重范围 BMI 值为 18.5 ~ 25.0，低于 18.5 或高于 25.0 即为消瘦或超重，>30.0 为肥胖。

进入老年期后，基础代谢下降，体力活动减少，能量需要低于青年人。60 岁时应较青年时期减少 20%，70 岁以后减少 30%。如果摄入过多，超过其消耗量而出现能量过剩，则可引起肥胖，而肥胖正是某些慢性疾病的危险因素。

肥胖可能引起血脂水平升高、糖耐量下降、机体对胰岛素的反应能力降低，从而产生胰岛素抵抗，结果导致心血管疾病、高血压、糖尿病等慢性病的发病率较体重正常者升高。人体研究提示，腹部脂肪堆积比臀部或大腿部脂肪堆积发生慢性病的风险更大，许多慢性病均以腹部肥胖介导而发病。老年期妇女若能量摄入过剩再加上缺乏体力活动，则容易在腹部脂肪过多的情况下介导慢性病。

据 1992 年全国营养调查报告，我国城市居民体重超重及肥胖者（BMI > 25.0）平均已达 14.9%，其中北京市居民超重人数达到 32.8%。因此能量的摄入量与消耗量保持平衡极为重要。

（二）蛋白质

蛋白质的主要功能是作为构成组织细胞的基本成分，也是构成血红蛋白、酶、激素、抗体等许多重要物质的主要成分。老年期蛋白质的摄入量应质优量足，以达到每日每公斤体重 1.0～1.2 g 为宜，或每日摄入 65～75 g，其中动物和豆类蛋白质应占 1/3 以上。但蛋白质的摄入量亦不必过多，因为过多蛋白质不仅会加重肾脏负担，且可使尿钙排出量增加，促进钙的丢失。

（三）脂肪

少食动物油脂，应以富含多不饱和脂肪酸的植物油为主，每日摄入脂肪产生的能量以占一日总能量的 20%～25% 为宜，不可过高，其中由饱和脂肪酸提供的能量不宜超过 10%。膳食中饱和脂肪酸、单不饱和脂肪酸和多不饱和脂肪酸的比例，一般认为以 1:1:1，即各占 1/3 为宜。日常食物中动物油脂均含较多饱和脂肪酸，但鱼油例外，鱼油富含不饱和脂肪酸。植物油则以多不饱和脂肪酸为主，仅椰子油例外。

随着生活水平的提高，我国人均脂肪摄入量 1992 年已增至每日人均 58.3 g，但城乡差别显著。据调查京、津、沪三大城市居民脂肪摄入量占总能量的比例已超过 30%，成为肥胖和其他慢性病的危险因素。

（四）矿物质

1. 钙　老年人对钙的吸收能力下降，又由于户外活动减少，缺乏日照以致由皮肤形成维生素 D 的来源减少，亦影响钙的吸收。对于老年人，特别是更年期妇女而言，保证充足的钙摄入量，对预防骨质疏松症和骨折至关重要。人体骨密度值在 30 岁左右达高峰，随后即开始下降，更年期妇女绝经后 3～4 年内平均每年下降 2%～3%，绝经期 15 年后骨密度仅相当绝经前妇女的 62%～66%。这主要是由于绝经后体内雌激素水平下降所致。雌激素具有使钙、磷在骨质中沉积、促进骨基质合成的作用，雌激素水平下降则可使为钙沉积起支架作用的骨基质形成不足，结果钙盐无法沉积，导致骨质疏松。雌激素水平下降还可使其对甲状旁腺素的拮抗作用减弱，使甲状旁腺素功能亢进而加速骨质吸收、骨盐溶解，并抑制破骨细胞转变为成骨细胞。同时雌激素水平下降又可使降钙素分泌减少，引起破骨细胞活性增强，导致骨质消融加速，促进骨质疏松的发展。

老年期每日钙的摄入量应达到 1000 mg。膳食中含钙丰富的食物以牛乳和乳制品为最佳，且吸收利用好。各种海产品以及黄豆及豆制品、芝麻酱、黑木耳等含钙量均较高。绿叶蔬菜也是日常膳食中钙的主要来源。

2. 铁　铁是人体需要的重要微量元素之一，是构成血红蛋白的主要原料，参与体内氧的运输和利用。铁缺乏可引起贫血，这在婴幼儿及孕妇中十分常见，老年人由于对铁的吸收利用能力下降，造血功能减退，血红蛋白含量减少，也易出现缺铁性贫血。随着老年人年龄的增长，器官功能逐渐衰退，合成代谢降低，加上膳食中铁的吸收利用率低，故需注意防止老年人发生缺铁性贫血。

膳食中铁的良好来源以动物肝脏、猪血等最佳，蛋黄、黑木耳、海带及芝麻酱等含铁量亦较多。来源于动物性食品的铁吸收率均较高，可达 23%，而来源于植物性食物的铁均为非血红素铁，吸收率低。日常普通膳食中铁的吸收率平均约为 10%。老年人膳食铁的每日推荐摄入量为 15 mg。

（五）维生素

维生素是维持身体健康、促进生长发育和调节生理功能所不可缺乏的一类营养素。老年人由于体内代谢和免疫功能降低，充足的维生素对保证老年期的健康和预防疾病具有重要作用。

1. 脂溶性维生素　维生素 A 主要功能为维持正常视力和上皮组织健康，增强机体免疫功能，并具有抗氧化和防癌作用。因此老年人应保证膳食中有充足的维生素 A 来源。膳食中维生素 A 的最好来源为动物肝脏及蛋、奶等动物性食品，可直接提供维生素 A。老年人膳食中除一部分动物食品外，应注意多食用黄绿色蔬菜，以获得 β-胡萝卜素。

老年期每日膳食维生素 A 推荐摄入量为男 800 μg 视黄醇当量、女 700μg 视黄醇当量（分别相当于 2600 IU 和 2300 IU 维生素 A）。

维生素 D 可促进钙、磷在肠道的吸收，并可促进钙、磷沉积于骨骼、牙齿中，有利于骨骼矿质化。老年人户外活动减少，肝、肾功能衰退，易出现维生素 D 缺乏而影响钙、磷代谢和骨骼矿质化，导致钙缺乏，引起腰腿痛及骨质疏松，因此每日维生素 D 摄入量应达到 10μg（400 IU）。

维生素 E 在体内主要发挥抗氧化作用，阻止细胞膜上的不饱和脂肪酸氧化产生对细胞有害的脂质过氧化物。维生素 E 广泛存在于植物油中，一般很少缺乏，每日膳食摄入 14 mg 维生素 E 即可满足需要。尽管维生素 E 毒性较小，但口服维生素 E 进行补充时，以每日不超过 300 mg 为宜。有报道每日 800 mg 以上会产生一定副作用。

2. 水溶性维生素　单纯食用碾磨过细的精白米而又缺少其他杂粮和副食品的一些南方农村地区，常可发生因硫胺素缺乏引起的脚气病。表现为以多发性末梢神经炎为主的干性脚气病或以下肢浮肿、右心扩大为主的湿性脚气病。核黄素主要来自动物性食品，在我国膳食中摄入量不足十分常见，在生活紧张及劳动强度大的人群中常可发生因核黄素缺乏引起的口角炎、舌炎及脂溢性皮炎。老年人膳食硫胺素每日推荐摄入量为 1.3 mg，核黄素每日推荐摄入量为 1.4 mg。

维生素 C 主要功能可促进组织胶原蛋白的合成，并可保持毛细血管的韧性，防止老年血管硬化，并可扩张冠状动脉，降低血浆胆固醇及增强机体免疫功能，还具有抗氧化作用，可防止自由基损害，因此老年人膳食中应保证充足的维生素 C，维生素 C 每日膳食推荐摄入量为 100 mg。各种新鲜水果和蔬菜是维生素 C 的丰富来源。

四、合理调配膳食

预防与营养有关的慢性病，如冠心病、高血压、糖尿病等。预防这些疾病的主要膳食原则为：

冠心病：低脂肪，低胆固醇（每日不超过 300 mg），多吃蔬菜、杂粮等高膳食纤维食物。

高血压：控制食盐（氯化钠）量，每日不超过 6 g。

糖尿病：控制能量摄入量，避免肥胖，保证充足的维生素、矿物质及适量的膳食纤维，因此应适当多吃粗粮及新鲜蔬菜。

（唐　仪）

第七章 中国居民膳食指南及平衡膳食宝塔

第一节 中国居民膳食指南

一、平衡膳食、合理营养、促进健康

(一) 食物多样、谷类为主

多种食物应包括以下五大类：

第一类为谷类及薯类，主要提供碳水化合物、蛋白质、膳食纤维及 B 族维生素。
第二类为动物性食物，主要提供蛋白质、脂肪、矿物质、维生素 A 和 B 族维生素。
第三类为豆类及其制品，主要提供蛋白质、脂肪、膳食纤维、矿物质和 B 族维生素。
第四类为蔬菜水果类，主要提供膳食纤维、矿物质、维生素 C 和胡萝卜素。
第五类为纯热能食物，主要提供能量。植物油还可提供维生素 E 和必需脂肪酸。

谷类食物是中国传统膳食的主体。提出谷类为主是为了提醒人们保持我国膳食的良好传统，防止发达国家膳食的弊端。

另外要注意粗细搭配，经常吃一些粗粮、杂粮等。

(二) 多吃蔬菜、水果和薯类

含丰富蔬菜、水果和薯类的膳食对保持心血管健康、增强抗病能力、减少儿童发生干眼病的危险及预防某些癌症等方面，起着十分重要的作用。

(三) 常吃奶类、豆类或其制品

奶类含钙量较高，且利用率也很高，是天然钙质的极好来源。豆类是我国的传统食品，为提高农村人口的蛋白质摄入量及防止城市中过多消费肉类带来的不利影响，应大力提倡豆类。

(四) 经常吃适量鱼、禽、蛋、瘦肉，少吃肥肉和荤油

(五) 食量与体力活动要平衡，保持适宜体重

进食量与体力活动是控制体重的两个主要因素。体重过高或过低都是不健康的表现，可造成抵抗力下降，易患某些疾病。经常运动会增强心血管和呼吸系统的功能，保持良好的生理状态、提高工作效率、调节食欲、强壮骨骼、预防骨质疏松。一般早、中、晚餐的能量分别占总能量的 30%、40%、30% 为宜。

(六) 吃清淡少盐的膳食

流行病学调查表明，钠的摄入量与高血压发病呈正相关。世界卫生组织建议每人每日食盐用量不超过 6g 为宜。应从幼年就养成吃少盐膳食的习惯。

(七) 如饮酒应限量

高度酒含能量高，不含其他营养素。过量饮酒会增加患高血压、中风等危险。应严禁酗酒，若饮酒可少量饮用低度酒，青少年不应饮酒。

(八) 吃清洁卫生、不变质的食物

二、特定人群膳食指南

（一）婴儿

婴儿是指从出生至一周岁的孩子。母乳是婴儿唯一理想的均衡食物，而且独具免疫物质，有利于婴儿的正常生长发育，也有利于母子双方的亲近和身体健康。希望80%以上的婴儿获得母乳喂养至少在4个月以上，最好维持一年。

为确保婴儿发育的需要与预防佝偻病的发生，应在出生一个月后，在哺乳的同时，补充安全量的维生素 A 及 D（或鱼肝油），但应避免过多。

在母乳喂哺4~6个月时，应在坚持母乳喂哺的条件下，有步骤地补充为婴儿所接受的辅助食品，以满足其发育需求。过早或过迟补充辅助食品都会影响婴儿发育，但任何辅助食物均应在优先充分喂哺母乳的前提下供给。

辅助食物往往从谷类，尤以大米、面粉的糊或汤开始，以后逐步添加菜泥、果泥、奶及奶制品、蛋黄、肝末及碎的肉泥。

（二）幼儿与学龄前儿童

每日供给奶或相应的奶制品不少于 350 ml，也注意供给蛋和蛋制品、半肥瘦的禽畜肉、肝类、加工好的豆类以及切细的蔬菜类。要引导和教育孩子自己进食，每日4~5餐，进餐应该有规律。

成人食物和儿童食物是有区别的，成人认为可用的"补品"，不宜列入孩子的食谱。平衡膳食就是对孩子有益的滋补食物。

（三）学龄儿童

一般情况下，孩子应合理食用各类食物，取得平衡膳食，男孩子的食量不低于父亲，女孩子不低于母亲。尤应把早餐吃好，食量宜相当于全日量的三分之一。少数孩子饮食量大而运动量少，故应调节饮食和重视户外活动以避免发胖。

应该引导孩子饮用清洁而充足的饮料，养成少吃零食的习惯。

（四）青少年

随着第二性征逐步出现，加之活动量大，学习负担重，其对能量和营养素的需求都超过成年人。

谷类每日约需 400~500g，每日摄入的蛋白质应有一半以上为优质蛋白质。应每日摄入一定量奶类和豆类食品，以补充钙的不足。同时应增加体力活动，以保持适宜的体重，避免肥胖及盲目节食。

（五）孕妇

自孕中期即怀孕第4个月起，每日必须增加能量和各种营养素的摄入量，以满足合成代谢的需要。膳食中应增加鱼、肉、蛋等富含优质蛋白质的动物性食物，含钙丰富的奶类食物，含矿物质和维生素丰富的蔬菜、水果等。孕妇应以正常妊娠体重增长的规律合理调整膳食。孕期营养不良或体重增长过度、营养过剩对母亲和胎儿都不利。

（六）乳母

为促进母体健康的恢复并为泌乳提供物质基础，必须供给乳母充足的营养。乳母应多吃些动物性食物和大豆制品以供给优质蛋白质，同时多吃些海产品对婴儿的生长发育有益。

（七）老年人

老年人胃肠功能减退，应选择易消化的食物，强调粗细搭配。从膳食中摄入足够量的具有抗氧化活性的营养素和适宜的膳食纤维十分必要。

老年人要积极参加适宜的体力活动或运动,但活动不宜过量,应把体重维持在适宜范围内。

第二节　中国居民平衡膳食宝塔

中国营养学会根据"中国居民膳食指南"并结合中国居民的膳食结构特点,设计了"中国居民平衡膳食宝塔"(图7-1)。宝塔向居民推荐了平均每天各类食物的摄入量,便于理解并在日常生活中执行,是中国人比较理想的膳食模式。

图7-1　中国居民平衡膳食宝塔

一、平衡膳食宝塔说明

1. 平衡膳食宝塔共分五层,包含我们每天应吃的主要食物种类。谷类食物位居底层,每人每天应吃300~500g;蔬菜和水果居第二层,每天应吃400~500g和100~200g;鱼、禽、肉、蛋等动物性食物位于第三层,每天应吃125~200g;奶类和豆类食物合占第四层,每天应吃奶类及奶制品100g和豆类及豆制品50g。第五层塔尖是油脂类,每天不超过25g。

2. 宝塔建议的各类食物的摄入量一般是指食物的生重。

二、平衡膳食宝塔的应用

1. 确定你自己的食物需要　应用时要根据个人年龄、性别、身高、体重、劳动强度、季节等情况适当调整。从事轻微体力劳动的成年男子,可参照中等能量(2400 kcal)膳食来安排自己的进食量;从事中等强度体力劳动者可参照高能量(2800 kcal)膳食安排。

2. 同类互换,调配丰富多彩的膳食　应用平衡膳食宝塔应当把营养与美味结合起来,按照同类互换、多种多样的原则调配一日三餐。多种多样就是选用品种、形态、颜色、口感多样的食物，变换烹调方法。

3. 要合理分配三餐食量　早餐应当是正正经经的一顿饭，早餐除主食外至少应包括奶、豆、蛋、肉中的一种，并搭配适量蔬菜或水果。

4. 要因地制宜充分利用当地资源。

5. 要养成健康的饮食习惯并长期坚持。

（马　方）

第八章 医院基本膳食

一、医院膳食介绍

营养治疗（饮食治疗）是使疾病康复的重要手段，也是治疗某些疾病的一项基本措施。此外，诊断试验用膳食还是协助诊断的一种方法。因此，营养治疗（饮食治疗）应作为临床治疗的一个组成部分。医院膳食种类很多，为了便于管理，常将其分为：

1. 医院常规膳食 是根据不同疾病的病理和生理需要将各类食物用改变烹调方法或改变食物质地而配制的膳食。包括普通饭、软饭、半流食和流食。这类膳食在配合治疗方面也有着不可忽视的作用，故也应认真加强管理。

2. 特殊治疗膳食 在常规膳食基础上采取调整膳食中营养成分或制备方法而设置的膳食。如高蛋白质、低蛋白质、低脂肪、低纤维（少渣）、低盐等膳食。此外，尚有为治疗某种疾病而制备的膳食，如贫血、糖尿病、痛风病等膳食。

3. 诊断用的试验膳食和代谢膳食。

二、医院常规膳食

（一）普通饭

1. 性质和特点 普通饭也称正常膳食，与正常人平时所用的膳食基本相同。在医院里，一般食用普通饭的人数最多，所占比例数也最大。

2. 适应证 凡体温正常、咀嚼能力无问题、消化机能无障碍、在治疗上无特殊的膳食要求又不需任何膳食限制的病人，都可用普通饭。

3. 膳食原则和要求 营养必须充分。其热量、蛋白质、无机盐、维生素、膳食纤维等必须满足正常营养需要，达到每日膳食供给量的标准。

热量：每日供给 2000~2500kcal。根据个体差异（如年龄、身高的不同），可予以适当增减调整。

蛋白质：膳食供给的蛋白质不仅数量要充足，质量也要好，每日供给蛋白质约 70~90g，约占总热量 12%~14%，优质蛋白质应占蛋白质总量的 1/3，其中有一部分为大豆蛋白质。

在食谱的计划及食物的选择和调配方面要符合营养平衡膳食的要求。三餐食物必须美观可口，注意色、香、味及多样化，以引起病人的食欲并促进消化。应少用一些较难消化的食物、具有刺激性的食物、易胀气的食物，例如油炸食品、过多油腻食品、过于辛辣及气味浓烈的调味品等。

（二）软饭

1. 性质和特点 是一种质软、容易咀嚼、比普通饭较易消化的膳食。

2. 适应证 牙齿咀嚼不便、不能食用大块食物者如牙病患者、老年人及幼儿等；体温正常或略高及消化吸收能力稍弱者。

3. 膳食原则及要求

（1）软饭应能达到病人的营养需要,是一种营养平衡的膳食。一日膳食供热量约 1800~

2200kcal，蛋白质约 70~80g。

(2) 食物选用应少含粗糙的植物纤维及较硬的肌肉纤维，或在经过制备后使它们软化。

(3) 软饭的制备方法要适当，应达到易咀嚼、易消化、比较清淡、少油腻的目的。

4．软饭可选用的食物

(1) 主食：软米饭、大米粥、面条、面片、馄饨以及各种发面的食品。

(2) 肉类：选用细嫩的瘦肉类，切碎煮软，或制成肉饼、氽丸子等。

(3) 蔬菜类：可采用瓜茄类、嫩菜叶、胡萝卜、马铃薯等，均需切碎煮软。

(4) 蛋类：可采用蒸蛋羹、烩蛋丁、烩蛋皮丝等。

(5) 豆类：可选用豆浆、豆腐、豆腐脑等。

(6) 乳类：酸牛奶、酸奶豆腐等。

(三) 半流质膳食

1．性质和特点　半流食是一种比较稀软、半流质状态、易于咀嚼和消化、介于软饭和流质饭之间的膳食。

2．适应证　适用于发热或患有口腔、消化道疾患及咀嚼困难者。某些外科手术后可作为过渡期饮食。身体虚弱、缺乏食欲或暂时需食用稀软食物的患者也适用。

3．膳食原则和要求

(1) 食物应比较稀软，植物纤维较少，易于咀嚼，易于消化。

(2) 少量多餐，一日供 5~6 次小餐，以减轻消化道负担。

(3) 营养充足、平衡、合理，味美可口。

(4) 每日热量在 1500~1800kcal，蛋白质 50~70g。

4．半流质饮食可采用的食物

(1) 主食：可选用细面条、面片、馄饨、大米粥、软面包、麦片粥、藕粉等。

(2) 肉类：可选用细嫩猪肉、鸡、鱼、虾等，制成氽丸子、肉糕、鱼片、鱼羹等。

(3) 蛋类：可选用蒸蛋羹、烩蛋丁、蛋汤、水卧荷包蛋等。

(4) 乳类及其制品：如奶酪、牛奶、酸牛奶、奶豆腐、黄油均可采用。

(5) 豆类制品：可选用豆浆、豆腐、豆腐脑等。

(6) 水果及蔬菜需制成果子冻、鲜果汁、蔬菜汁等。

(四) 流质饮食

1．性质和特点　流食所含食物应为液体状态或在口腔内能融化为液体，比半流质更容易吞咽和消化。

2．适应证　流食适用于高热、急性传染病等急性重症。患者极度衰弱，无力咀嚼食物或在口腔、面、颈部手术及外科大手术后。消化道急性炎症、食管狭窄及食管癌患者也宜进流食。

3．膳食原则和要求

(1) 流质膳食所提供热量、蛋白质及其他营养素均不足，只能在过渡期短期应用，如长期应用必须增加热量及蛋白质等营养素的摄入量。可采用无渣较稠、可用吸管吸食的口腔流食或匀浆膳（用搅碎机捣制而成）。可酌情供给配方奶粉或高蛋白粉，每日供给能量 800~1000kcal 左右。

(2) 少量多餐，一日进食 6~7 次。每次 200~250ml 为宜。

(3) 不含刺激性食物。

为适应病情需要，还有清流质膳食、冷流质膳食等流食品种。

4. 清流质膳食

(1) 性质和特点：清流食是一种限制较严的流质膳食，其不含食物残渣及易产气的食品，比一般全流质膳食更清淡。

(2) 适应证：消化道及腹部手术后试餐时或急性腹泻病情缓解后。

(3) 原则和要求：忌用牛奶、豆浆、浓糖及一切易致胀气的食品，每餐数量不宜过多。因所供能量及各类营养素均不足，只适于短期应用，如长期应用易导致营养不良。

(4) 清流质膳食可采用大米汤、去油鸡汤、藕粉、杏仁霜、鲜果汁、西红柿汁、西瓜汁等。

5. 冷流质膳食

(1) 性质和特点：冷的、无刺激性的流质食品。

(2) 适应证：扁桃体摘除术及喉部手术后 1～2 日。

(3) 原则和要求：忌用热、酸性及含刺激性香料的食品，以避免对伤口的刺激并减少出血。

(4) 可采用的食物：冰淇淋、冷牛奶、奶酪、雪糕、冰棍等。

（马　方）

第九章 医院治疗膳食

一、高能量、高蛋白质膳食

1. 性质和特点 此类膳食的能量及蛋白质含量均高于正常人膳食标准。成年人每日能量摄入应大于2000kcal，蛋白质每日不应少于1.5g/kg，约100~120g，其中优质蛋白要占50%以上。

2. 适应证 适用于严重营养缺乏或手术前后的病人，凡分解代谢亢进的患者均适用，如营养不良、大面积烧伤、创伤、高烧、甲状腺功能亢进等疾病。

3. 原则和要求

（1）能量及各类营养素的供给量应根据具体病情随时调整。

（2）能量与氮之比应为（100~200）:1，否则治疗效果不佳。蛋白质摄入量过低易导致负氮平衡，如能量摄入不足，蛋白质则作为能量被消耗。

（3）应控制胆固醇及糖类的摄入量，调整饱和脂肪酸与不饱和脂肪酸的比例，脂肪供给量应占总能量的30%左右，以防止高脂血症。

（4）长期采用高蛋白膳食，应增加膳食中维生素A、胡萝卜素和钙的摄入量。

（5）可采用增加餐次和少量多餐的方法提高摄入量。

（6）摄入量增加应循序渐进，不可一次性大量给予，以免造成胃肠功能紊乱。

二、低蛋白质膳食

1. 性质和特点 低蛋白膳较正常膳食中蛋白质含量低，其目的是尽量减少体内含氮代谢产物生成，减轻肝、肾负担。以较低水平蛋白质摄入量维持机体接近正常生理功能的运行。

2. 适应证 急性肾炎、急慢性肾功能不全、肝功能衰竭及肝昏迷。

3. 原则和要求

（1）视肝、肾功能情况，每日蛋白质摄入量不超过40g，约0.6~0.8g/kg·d，可用麦淀粉代替部分主食，以减少植物蛋白的摄入。在蛋白质限量范围内，应尽量保证优质蛋白的供应，可供给蛋、乳、瘦肉类食品，以增加必需氨基酸的摄入，避免负氮平衡。

（2）能量供应必须充足，主要由碳水化合物提供热能，以节约蛋白质并减少人体组织分解。若进食量难以满足需要时，可采用肠内或肠外营养支持。

（3）矿物质和维生素应供给充足，可根据肝、肾功能的情况进行调节。

（4）注意烹调方法，食品制备时除注意色、香、味、形外，还要多样化，以促进食欲。

三、限制碳水化合物膳食（倾倒综合征膳食）

1. 性质和特点 这是一种控制碳水化合物类型及含量的膳食。此膳食适用于胃部分切除术或幽门括约肌术后，因胃容积缩小而产生倾倒综合征。典型症状多在术后进半流食中或饭后5~30分钟发生，临床表现有上腹胀满、恶心、呕吐、肠绞痛、肠鸣音亢进、腹泻、心慌、出汗、眩晕、面色苍白、发烧等。可能因大量高渗食物快速进入肠道而引起，如调整膳食中碳水化合物的含量，掌握正确的进食方法并合理安排进食时间，可以缓解或防止倾倒综合征发生。

2. 原则和要求

（1）应供给低碳水化合物、高蛋白质、中等量脂肪的膳食。应以多糖类复合碳水化合物为主，忌用单糖浓缩甜食，如糖果、甜点心、甜饮料等。

（2）少量多餐，细嚼慢咽。每餐根据病人耐受情况，由少向多循序渐进。

（3）每餐后平卧20~30分钟可以减轻症状。

3. 治疗方法

（1）第一阶段：术后开始进食时，只能进流食，应控制食物进入肠道的速度，在进食时和餐后应平卧，餐后至少平躺20~30分钟。应尽量减少碳水化合物的食品，禁食浓缩甜食、果汁饮料及酒类。可用蒸鸡蛋、鸡汤过箩粥、豆腐脑、稠米汤等。

（2）第二阶段：适应第一阶段流食后，可进入第二阶段。此时应以干性食物为主，干稀分开，三餐主食避免液体类食物，加餐时再适当进食汤汁类食品。进食时及餐后应平卧数分钟。应适当增加能量及优质蛋白的摄入，并根据恢复情况逐渐增加膳食中碳水化合物的比例。

四、限脂肪膳食

1. 性质和特点　限制膳食中脂肪的摄入，用于治疗或改善由于脂肪水解、吸收、运转及代谢失调所引起的疾病。我国膳食结构中脂肪每日平均摄入量为50~70g，约占总能量的20%~30%，限脂肪膳食可分为以下4种：

（1）完全不含脂肪的纯碳水化物膳食。

（2）严格限脂肪膳食：限制膳食的脂肪总量，包括食物所含脂肪及烹调油，每日不超过20g。

（3）中度限脂肪膳食：限制膳食的脂肪总量，不论其来源如何，不超过40g。

（4）轻度限脂肪膳食：限制膳食的脂肪总量，不论其来源如何，不超过50g。

此类膳食适用于急性胰腺炎、慢性胰腺炎、胆囊疾患、肥胖症、高脂血症以及肠粘膜疾患、胃切除和短肠综合征等引起的脂肪泻。

2. 原则和要求

（1）限制脂肪摄入，除选用含脂肪少的食物外，还应减少烹调用油。烹调时可选用蒸、炖、煮、熬、烩、卤、拌等方法，禁食油炸、油煎食物。饮食应清淡、少刺激性、易于消化，必要时可少食多餐。

（2）脂肪泻可导致多种营养素的丢失，包括必需氨基酸、脂溶性维生素以及与游离脂肪酸结合随粪便排出体外的钙、铜、锌、镍等元素，应注意进行补充。

五、限脂肪限胆固醇膳食

1. 性质和特点　主要目的是降低血清胆固醇和血脂，以减少冠心病的危险因素。故应控制总能量的摄入，减少饱和脂肪酸及多不饱和脂肪酸和胆固醇的摄入，适量增加单不饱和脂肪酸的摄入。此类膳食主要适用于高胆固醇血症、高血压及冠心病。

2. 原则和要求

(1) 控制总能量。每日供给能量 25~30 kcal/kg，使体重略低于标准体重或维持标准体重，避免肥胖。

(2) 限制脂肪摄入量。脂肪占总能量的 20%~25%，全日供给量不超过 50g。

(3) 应减少饱和脂肪酸（S）的摄入。S 可使血胆固醇增高，故 S 提供的能量不应超过总能量的 10%；多不饱和脂肪酸（P）可降低血胆固醇，但 P 的不饱和双键易发生过氧化反应，是促进衰老和发生癌症的危险因素之一，因此也不主张摄入过多。脂肪酸较理想的供给方式为 S:M:P = 1:1:1（M 为单不饱和脂肪酸）。

(4) 胆固醇每日摄入量应限制在 300mg 以下。人体的胆固醇一部分来自食物，一部分在人体内合成，食物中的胆固醇全部来源于动物性食品。可用优质植物蛋白代替部分动物蛋白，以保证膳食中蛋白质的供应。

六、中链甘油三酯（MCT）膳食

1. **性质和特点** 通过限制天然存在的长链脂肪酸或由 12 个以上碳原子组成的脂肪酸如棕榈酸、硬脂酸、油酸和亚油酸构成的脂肪，而用中链甘油三酯来取代部分长链甘油三酯。中链甘油三酯是中链脂肪酸的甘油酯，是含 6、8、10 或 12 个碳原子的脂肪酸构成的脂肪，它们是由椰子油蒸汽水解而得，并以油的形式使用，每茶匙重 4.6 g，每克供能量 8.3 kcal。其特点是：①分子量较小，较易溶于水和体液，在生物体内溶解度更高。②因分子量小，胰脂酶能使它水解得更完全，易于吸收。甚至在胰脂酶和胆盐缺乏的情况下，大部分能以三酰甘油形式吸收。人摄取 MCT 后，不引起胰液分泌。③运输时勿需与其他脂类物质形成乳糜微粒，也不易与蛋白质结合。④可越过淋巴系统直接经门静脉进入肝脏，在肝内不合成脂类，故不易形成脂肪肝。此类膳食适用于脂肪在水解、吸收和运输方面有缺陷的疾患，如乳糜胸、乳糜性腹水、高乳糜微粒血症、小肠大部切除、回肠疾患伴有脂肪痢、局限性肠炎伴有脂肪痢、胆盐和胰脂酶缺乏、肠源性脂肪代谢障碍等。

2. **原则和要求**

(1) 用中链甘油三酯取代长链甘油三酯作为能量的来源。所供能量至少占总能量的 20%，或占脂肪产热量的 65%。

(2) 中链甘油三酯可用来烹调肉、鱼、禽等食品，但要注意所有烹调用的中链甘油三酯均应完全吸入到食物中去，才能保证患者摄入。它也可用来作为蔬菜、点心的配料成分，如调味汁、色拉油等。

(3) 如一次摄入大量的中链甘油三酯，会产生腹胀或绞痛、恶心、腹泻，这些症状与中链甘油三酯迅速水解而引起的高渗负荷有关。只要进食稍慢，少量多餐，且全日用量不超过 40g，约占总脂肪入量的 50% 以下，可较少发生以上症状。

(4) MCT 能迅速氧化形成酮体，故应同时补充多糖，避免发生酮血症。

(5) 在使用 MCT 膳食时，除使用部分 MCT 代替普通烹调油外，尚需根据病情安排不同的膳食内容。如脂肪痢患者应供给低脂肪、低纤维的 MCT 软饭或半流食。

七、调整膳食纤维的膳食

（一）低纤维膳食

1. **性质和特点** 低纤维膳食习惯上称为少渣膳食，是一种含纤维极少易于消化吸收的膳食。目的在于尽量减少膳食纤维对消化道的刺激，减少肠道蠕动，减少粪便数量及排便次数。适用于急性肠炎、食管静脉曲张、消化道出血、结肠憩室炎、伤寒、痢疾、肠道肿瘤及肠道手术前后。

2．膳食原则和要求

（1）尽量少用含膳食纤维多的食品，如粗粮、豆类、硬果、蔬菜、水果等。

（2）注意烹饪方法，使食物易于消化吸收，少量多餐。

（3）减少脂肪摄入量，因腹泻患者对脂肪的吸收能力差，易导致脂肪泻。

（4）此膳食不适于长期应用，如食用时间较长，需注意补充维生素 C。

（二）高纤维膳食

1．性质和特点　高纤维膳食又称多渣膳食，每日供给膳食纤维 20～35g。膳食纤维具有促进肠道蠕动和吸水膨胀的特性，可使粪便变软，体积增加，有利于排便。可溶性膳食纤维有减少胆固醇吸收，抑制胆固醇合成，加速胆固醇排泄的作用，故可降低血浆胆固醇水平。目前高血压、肥胖症、冠心病、高脂血症、糖尿病等均提倡高纤维膳食。

2．饮食原则和要求　谷类、薯类、豆类及蔬菜水果等植物性食品中富含膳食纤维。可多选用粗粮、豆类及豆制品、韭菜、芹菜等绿叶蔬菜和水果。

3．高纤维膳食的副作用　长期、过多食用膳食纤维，易导致胃肠胀气和腹泻，并影响食物中钙、镁、铁、锌及一些维生素的吸收利用。

八、限钠（盐）膳食

1．性质和特点　钠是细胞外液的主要阳离子，有维持机体水、电解质平衡及维持渗透压和肌肉兴奋性的作用。食盐是钠的主要来源，因此限钠实际是以限食盐为主。每克食盐含钠 393mg。限钠（盐）膳食是纠正水、钠潴留的一项治疗措施，适用于肝硬化腹水、高血压、心力衰竭、肾脏疾病及用肾上腺皮质激素治疗的患者。限钠（盐）膳食一般分为三种：

（1）低盐膳食：全日供钠 2000mg 左右。饮食中忌用一切咸食，如咸菜、酱豆腐、甜面酱、咸肉、腊肠以及各种荤素罐头等，每日食盐用量不超过 3g（或酱油 10～15ml）。

（2）无盐膳食：全日供钠 1000mg 左右，禁用食盐、酱油及一切含盐的食物，其他同低盐膳食。

（3）低钠膳食：全日钠供给量控制在 500mg 内。除禁用食盐、酱油及一切含盐的食物外，还应限制含钠高的蔬菜（每 100g 食部含钠 100mg 以上）如芹菜茎、茴香、茼蒿等。禁用含碱的馒头、面条及其他发面蒸食，可以用酵母代替食碱发酵。

2．原则和要求

（1）膳食中钠的供给量应随病情变化及时调整。

（2）对于 60 岁以上储钠能力低的病人及心肌梗死、回肠切除术后的病人，应根据 24 小时尿钠排出量、血钠、血压等临床指标来决定是否需要限钠。

（3）需注意菜肴的色、香、味，用原汁蒸、炖法可保持食物的鲜美味道，增强患者的食欲。为调剂口味，还可使用糖醋、番茄汁、芝麻酱等调料。

（4）目前市售的低钠盐可根据说明适当选用。市售无盐酱油是以氯化钾代替氯化钠，故高血钾患者禁用。

九、高钾和低钾膳食

1．性质和特点　钾是人体细胞内液的主要阳离子，有维持体内水、电解质平衡，维持渗透压及正常心律,加强肌肉兴奋性等生理功能。我国成人膳食钾的适宜摄入量为每日 2000 mg,孕妇、乳母为 2500 mg。调整钾的膳食分高钾和低钾两种。

(1) 高钾膳食:用于纠正低钾血症(血清钾 < 3.5 mmol/L),其临床表现为食欲不振、恶心呕吐、四肢乏力、嗜睡、神志不清、心跳过速等症状。高钾膳食的钾含量每日应超过 3120 mg(80 mmol),适用于各种原因引起的低钾血症。

(2) 低钾膳食:用于纠正高钾血症(血清钾 > 5.5 mmol/L),严重高钾血症的临床表现为肌肉无力,尤以下肢为重,以后沿躯干向上肢延伸。高 K^+ 抑制心肌自律性、传导性和兴奋性,使心律失常。低钾膳食的钾含量每日应低于 1560~2340 mg(40~60 mmol),适用于因肾脏排钾障碍等原因引起的高钾血症。

2. 食物选择　可查中国食物成分表,了解食物的钾含量并加以选择。食物中的钾多集中在谷皮、果皮和肌肉中,且钾易溶于水。因此,细粮、去皮水果及肥肉中的钾含量低于粗粮、带皮水果和瘦肉。水果罐头及煮过水果的钾含量低于新鲜水果。浓菜汤、果汁和肉汤中均含有较多的钾。

3. 膳食原则和要求

(1) 高钾膳食应多选择富含蛋白质的瘦肉、鱼、虾、豆类食品及粗粮、新鲜水果和蔬菜。可用含钾丰富的土豆、芋头代替部分主食。还可多选用浓肉汤、菜汤和鲜果汁饮料。

(2) 低钾膳食应少用富含蛋白质的瘦肉、鱼、虾、豆类食品和浓的汤汁、果汁、水果、咖啡及某些含钾较多的中草药。应选用含钾低的食物,如主食中粳米(标二)每 100g 食部含钾 78mg,富强粉 128mg,蔬菜中冬瓜、佛手瓜、葫芦、黄瓜、南瓜、丝瓜、圆茄子、绿豆芽、荷兰豆等含钾量较低。红皮鸡蛋、白皮鸡蛋每 100g 食部的含钾量分别为 121mg、98mg,均可选食。将食物置水中浸泡或水煮去汤可减少钾含量。

十、管喂膳食

1. 性质和特点　管喂膳食是一种由多种食物混合制成,呈流质状态易于通过管道饲喂的膳食。

2. 适应证

(1) 不能自口中进食,需用管喂方式来维持营养的患者。如头、颈部手术或放疗后咀嚼、吞咽困难者;食管、胃术后或食管粘膜被腐蚀剂损伤及颜面烧伤等。

(2) 昏迷患者,如脑外伤、脑血管意外、脑肿瘤等。

(3) 患者营养不良,但食欲不振,不能经口服满足对能量及营养素的需求,如严重烧伤及肿瘤切除术后采用化疗的患者。

3. 膳食原则和要求

(1) 管喂有鼻饲、胃造瘘或空肠造瘘置管等方式。管喂膳食需呈流质状态,其稠度要易于通过管道,便于饲喂。

(2) 管喂膳食的营养要充分、平衡。蛋白质、脂肪、碳水化合物应配比合理,矿物质及维生素应满足病人的需要,如有不足,可经静脉途径补充。管喂膳食应由多种食物混合组成。一般每毫升混合奶约供能量 1 kcal 左右,每 1000 ml 中约含蛋白质 25~45 g。蛋白质摄入量应不超过总能量的 20%,否则易导致腹泻并增加肾脏负担。液体入量要适当,必要时可在管喂膳食之外,适当补充水分。

(3) 管喂膳食在制备、输送、保存及饲喂的过程中,需严格遵守无菌要求,严防污染。

24小时内未用完部分应丢弃。

(4) 管喂有分次灌注和缓慢滴注两种方法。

4.管喂膳食的内容及应用原则

(1) 管喂膳食有营养室自制的混合奶、匀浆膳及要素膳。

(2) 应用时应注意：浓度由低向高逐渐过渡；速度均匀，不能过快；温度保持在与体温相近的水平。

5.要素膳 要素膳是单体物质如氨基酸、葡萄糖、脂肪、矿物质和维生素的混合物，可供口服或管喂。其无需消化即可直接或接近直接吸收和利用，为人体提供能量及必需的营养素。

(1) 要素膳的基本组成：①氮源：L-氨基酸、蛋白质完全水解物或蛋白质部分水解物。②脂肪：红花油、葵花子油、玉米油或花生油。③糖类：葡萄糖、双糖、葡萄糖低聚糖或糊精。④维生素和矿物质。

(2) 要素膳的特点：①营养全面，要素膳中的各种营养素可满足推荐的膳食供给量标准。②无需消化即可直接或接近直接吸收。③组成成分明确，便于根据病情需要调整营养素构成。④不含残渣或残渣极少。⑤不含乳糖，适用于乳糖不耐受者。⑥口味较差，适于管喂。

十一、无麦胶蛋白膳食

1.适应证 麦胶蛋白不耐受者。

2.饮食原则及要求 患者需终生食用无麦胶饮食。

十二、低铜膳食

见第十九章第一节。

十三、苯丙酮尿症膳食

见第二十三章第一节。

（马 方）

第十章　诊断与代谢膳食

诊断用试验膳食和代谢膳食是医院膳食的组成部分，对辅助临床诊断有重要参考价值。

第一节　诊断用试验膳食

诊断用试验膳食是通过对膳食内容的特殊调整，限制或添加某种或几种营养素，观察或测定机体对此的反应，并以此辅助临床诊断的一种医院用膳食。

一、纤维结肠镜检查用膳食

1. 目的　减少肠道存留的食物残渣，用于检查肠道疾患。
2. 适应证　不明原因的便血或疑有肠道恶性病变者，采用普通乙状结肠镜或 X 线钡灌肠检查后不能确诊时，需进行纤维结肠镜检查的病人。
3. 试验要求
（1）检查前进少渣低脂半流食 2 天，无渣半流食 1 天，检查当日禁食或进清流食。
（2）检查前一晚 18:00 左右使用渗透性泻药（如枸橼酸镁），20:00 使用接触性泻药。
（3）禁食牛奶、蔬菜、水果、豆类、肉类和煎炸食物。
（4）取活组织检查者，术后仍进流食或少渣半流食 1~2 天；未取活组织者可进半流食。

二、胆囊造影试验餐

1. 目的　用于检查胆囊、胆管疾患。
2. 适应证　用于慢性胆囊炎、胆石症等病人。
3. 原理　口服碘剂在小肠内吸收后经门静脉到达肝脏，并随胆汁排出。一般情况下，碘剂 8~12 小时后进入胆囊并浓缩。经放射线检查可了解胆囊形态、功能及有无炎症、结石等。
4. 试验要求
（1）检查前一天：午餐增加油煎鸡蛋 2 个，使胆囊排空。于下午六点半进少油素食晚餐，晚餐后半小时开始吃第一片药，以后每隔 5 分钟吃一片药，药全部吃完后不能再进食，只可少量喝水，直至第二天。
（2）检查当天：早餐禁食，然后作胆囊造影。若显像明显，吃油煎鸡蛋两个，再作胆囊造影，观察胆囊和胆管变化。

三、高脂肪试验膳食

1. 目的　检查是否存在脂肪吸收障碍。
2. 适应证　用于脂肪泻或怀疑脂肪吸收不良的患者。
3. 原理　给予定量的高脂肪膳食 3 天，定量测定 24 小时粪脂排泄量并分析是否存在脂肪吸收不良。

24小时粪脂排泄量（g） = 0.21×24小时膳食脂肪摄入量（g） + 2.93（g）

如每日粪脂量超过7g或脂肪吸收率低于90%，即可确定为脂肪泻或脂肪吸收不良；慢性胰腺炎每日粪脂量可大于10g；腹腔疾病每日粪脂量可达10～40g。

4．试验要求　连续进食含脂肪量75 g/d的膳食3天，再进食高脂肪膳食3天，脂肪量为100 g/d。必须对食谱中的各类食品称重，包括鸡蛋、肉和烹调油等，以保证脂肪摄入量的准确。试验开始和结束时需用胭脂红等标记物，以便粪便的收集。测定粪便时要充分拌和。

四、肌酐试验膳食

1．目的　测定内生肌酐清除率，估计病人的肾小球滤过情况。

2．适应证　肾盂肾炎、尿毒症等患者。

3．原理　肌酐（creatinine）系肌肉中的磷酸肌酸经不可逆的非酶促反应，脱去磷酸转变而来。肌酐在肌肉中形成后进入血循环，最终由尿液排出。成人体内肌酸和磷酸肌酸的总含量较为恒定，每日经尿排出的肌酐量基本一致，正常男性约为1000～1800 mg/d，女性为700～1000 mg/d。肌酐主要通过肾小球滤过方式排出体外，不受肾小管重吸收的影响。因此，肌酐清除率可在一定程度上反应肾小球的滤过功能。

4．试验要求　试验期3天。前2天为准备期，最后1天为试验期。每天膳食中蛋白质总量限制在40g以内。禁用各种肉类、鱼类、鸡鸭类、豆类、咖啡和茶等食物。可用牛奶、鸡蛋、谷类及其制品。蔬菜、水果可不限。鸡蛋每日不超过1个。由于谷类含蛋白质7%～10%，故主食每日不超过300 g。烹调用水及饮水均用蒸馏水。如患者有饥饿感，可增加糖藕粉、蔬菜、水果、果汁及植物油的用量。

五、潜血试验膳食

1．目的　检验粪便中是否有潜血，以诊断胃肠道有无出血。

2．适应证　各种消化道出血、消化道溃疡、肿瘤等患者。

3．试验要求　试验期3天，膳食中主食不受限制，副食3天中禁用肉类、肝、动物血、蛋黄、绿叶蔬菜及其他含铁丰富的食物。可吃鸡蛋清、牛奶、豆制品、去皮的土豆、粉丝和白或黄颜色的蔬菜。

六、口服糖耐量试验（OGTT）

1．目的　用高碳水化合物膳食来测验人体对葡萄糖的耐量，协助诊断糖尿病。

2．适应证　用于有糖尿病嫌疑的患者，如有阳性家族史，或反复流产、早产、死胎、巨婴、难产者，或屡发疮、疖、痈、肿及40岁以上的肥胖患者。

3．方法

（1）试验前日晚餐后禁食8h以上至试验结束。

（2）将75g葡萄糖（儿童按每公斤标准体重1.75g葡萄糖计算，总量≤75 g），溶于250ml温开水中，于5～15 min内饮入。

（3）分别于0、30、60、120 min取静脉血，测血糖并同时留尿做尿糖定性。

4．判断标准

（1）空腹血糖：3.61～6.11 mmol/L（65～110 mg/dl）。

(2) 峰时：30~60 min，峰值 <11.1 mmol/L（200 mg/dl）。

(3) 120 min 血糖 <7.8 mmol/L（140 mg/dl）。

(4) 尿糖：（-）~（+）。

5．意义及注意

(1) 糖尿病：空腹血糖 ≥7.0 mmol/L（126 mg/dl）及（或）餐后 2 h 血糖 ≥11.1 mmol/L（200 mg/dl）。

(2) 糖耐量减低（IGT）：空腹血糖 6.2~6.9 mmol/L（111~125 mg/dl）及（或）餐后 2h 血糖 7.8~11.0 mmol/L（140~199 mg/dl）。

(3) 肾性糖尿：糖耐量曲线正常，尿糖不成比例增加。

(4) 肝脏疾患：空腹血糖低，服糖后异常高峰出现，缓慢下降，尿糖可呈阳性。

(5) 试验前 3 日停用一切影响糖代谢之药物，进碳水化合物 ≥150 g/d。

(6) 空腹血糖 ≥13.9 mmol/L（250 mg/dl）者不宜行 OGTT 试验，可以馒头餐试验代替。

(7) 空腹及（或）餐后 2 h 血糖 2 次达诊断标准者，可不必行 OGTT 试验。

七、馒头餐耐量试验

1．方法

(1) 试验前日晚餐后禁食 8 h 以上至试验结束。

(2) 试验日晨 15 min 内进食 100 g 馒头（食部 100 g），可进水及咸菜。

(3) 分别于 0、60、120 min 时取血并留尿送检（于进食第一口开始计算时间）。

2．判断标准

(1) 餐后 1h 血糖 <10.6 mmol/L（190 mg/dl）。

(2) 餐后 2 h 血糖 <8.3 mmol/L（150 mg/dl）。

(3) 餐后 3 h 血糖 <7.8 mmol/L（140 mg/dl）。

3．意义　本试验适用于空腹血糖增高者，意义同口服糖耐量试验。

4．糖尿病诊断参考标准

(1) 餐后 1h 血糖 >10.6 mmol/L。

(2) 餐后 2h 血糖 >8.3 mmol/L。

(3) 餐后 3 h 血糖 >7.8 mmol/L。

只符合（1）、（2）即可诊断糖尿病；只符合（2）、（3）者可诊断轻度糖尿病，仅有（2）为可疑糖尿病。

八、嗜铬细胞瘤试验

1．目的　香草扁桃酸（VMA）分泌试验用来对有不明原因高血压的嗜铬细胞瘤的诊断。

2．适应证　嗜铬细胞瘤患者。

3．试验要求　试验前以及在收集尿样的过程中禁止进食咖啡、茶、巧克力、坚果、香蕉、柑橘、葡萄干以及香草等，以免受到香草素或其代谢产物的影响。高特异性的荧光方法已经取代了老的特异性较差的儿茶酚胺测定法。3,4-二羟基苯基葡萄糖（DHPG）的测定是当前最好的测定尿中儿茶酚胺浓度的方法。新方法不受膳食影响，也无需膳食控制。

九、限组胺膳食

1. 目的 测定尿中组胺的含量，用于诊断系统性肥大细胞瘤或类癌。
2. 适应证 系统性肥大细胞瘤或类癌患者。
3. 试验要求 收集尿样前1天的下午起开始限制含组胺高的食品，直至收集完成。禁食：肉类、奶酪、鸡肝、茄子、西红柿、红酒、菠菜等。可以使用组胺含量在0.9 μg/g以下的食品。

第二节 代谢膳食

代谢膳食是为配合临床检查代谢性疾病而设计的膳食，一般有以下试验要求：

1. 做代谢试验前一般安排3~5天适应期，然后再进入试验期，以保证所得数据的准确性。在试验阶段，患者除进食规定的膳食外，不可吃其他食物。若做钙、磷等常量元素的代谢试验，需饮用蒸馏水并使用蒸馏水烹调，切好的菜最后需用蒸馏水再冲洗一遍，且不能用牙膏刷牙。
2. 代谢膳食是称重膳食，食物的称量应准确可靠，必须按食谱规定称重及烹调，不得任意添加其他调料。
3. 代谢膳食烹调完毕后直接倒入专用食具中，不留残余。

一、钙、磷代谢膳食

1. 目的 诊断甲状旁腺功能亢进。
2. 试验要求

(1) 低钙、正常磷膳食：每日膳食中钙含量不超过150 mg，磷600~800 mg。试验期共5天，前3天为适应期，后2天为试验期，代谢期的最后1天收集24小时尿液。测尿钙含量。正常人进此膳食后，尿钙量每天不超过150 mg，如果大于此值，则为不正常。可选用食物包括大米、面粉、鸡蛋、番茄、粉皮、粉丝、绿豆等。

(2) 低蛋白正常钙、磷膳食：试验期共5天，前3天为适应期，后2天为试验期。每日膳食中蛋白质总量不超过40 g，供给钙500~800 mg，磷600~800 mg。全日主食量不超过500 g，全部用细粮，忌用各种肉类。试验期的最后1天测血肌酐和血磷，并留24小时尿，测尿肌酐和尿磷，从而计算出肾小管磷重吸收率，正常值应大于80%，若低于此值，则为不正常。

二、原发性醛固酮增多症试验膳食

(一) 安体舒通试验膳食（固定钾、钠膳食）

1. 目的 诊断原发性醛固酮增多症。
2. 方法

(1) 对照期（3~7日）及试验期（7~14日），每日供给含钠160mmol（1mmol = 23mg）及钾60mmol（1mmol = 39mg）的饮食，必须饮用蒸馏水，并用蒸馏水洗涤和烹饪，忌用牙膏刷牙。

(2) 对照期测2次以上血钾、尿钾、血钠、血氯及CO_2结合力，至少2次血钾<3.5 mmol/L

及尿钾＞30 mmol/24 h 时行此试验方有意义。

(3) 口服安体舒通，每日 300 mg，分 3～4 次口服，每隔 3 日重复测定上述各项。

(4) 对照期及试验期每日测血压 2 次。

3．意义

(1) 原发性醛固酮增多症：血钾明显上升接近或达到正常；尿钾减少，部分原有碱血症及高血钠者可恢复正常，血压不同程度下降。

(2) 失钾性肾病：服药前后无变化。

(二) 高钠试验膳食

1．目的　诊断原发性醛固酮增多症，病情轻、血钾降低不明显的疑似病人可做本试验。

2．方法　每日供给含钠 240 mmol 及钾 60 mmol 的饮食一周，必须饮用蒸馏水，并用蒸馏水洗涤和烹饪，忌用牙膏刷牙。

3．意义　原发性醛固酮增多症患者由于大量钠进入远曲小管进行钠钾交换，使尿钾增多，血钾降低更明显。对血钾较低的病人不宜做此试验。

(于　康　孙孟里)

第三节　诊断与代谢膳食食谱

表 10-1～8 是诊断与代谢膳食食谱举例。

表 10-1　高脂肪餐适应期食谱举例　（脂肪摄入量每日 75 g）

餐别	内容	食物	重量 (g)	蛋白质 (g)	脂肪 (g)	碳水化合物 (g)
7:00	牛奶	牛奶(强化 V_A, V_D)	250	6.8	5	14
	鸡蛋	鸡蛋(红皮)	50	6.4	5.6	0.7
	馒头	富强粉	50	5.2	0.6	37.3
12:00	米饭	粳米(标二)	150	12	0.9	117
	肉丝豆芽粉	猪肉(里脊)	75	15.2	5.9	0.5
		绿豆芽	200	4.2	0.2	4.2
		粉丝	20	0.2	—	16.5
	黄瓜鸡蛋汤	黄瓜	100	0.8	0.2	2.4
		鸡蛋	35	4.5	3.9	0.5
	食用油	色拉油	20		20	
18:00	蒸饼	富强粉	150	15.5	1.7	112
	肉片炒茄子	猪肉(里脊)	75	15.2	5.9	0.5
		茄子	200	2.2	0.4	7.2
	大白菜汤	大白菜	100	1.4	0.1	2.1
	食用油	色拉油	25		25	
	合计			90	75	315

蛋白质 90 g (16%)　　脂肪 75 g (29%)　　碳水化合物 315 g (55%)　　总能量 9.6 MJ (2295 kcal)

表 10-2 高脂肪试验膳食食谱举例 （脂肪摄入量每日 100 g）

餐别	内容	食物	重量（g）	蛋白质（g）	脂肪（g）	碳水化合物（g）
7:00	牛奶	牛奶(强化 V_A, V_D)	250	6.8	5	14
	鸡蛋	鸡蛋(红皮)	50	6.4	5.6	0.7
	烙咸饼	富强粉	50	5.2	0.6	37.3
	食用油	色拉油	6		6	
12:00	米饭	粳米(标二)	150	12	0.9	117
	肉片炒圆白菜	猪肉(里脊)	75	15.2	5.9	0.5
		圆白菜	200	3	0.4	7.2
	西红柿蛋汤	西红柿	100	0.9	0.2	3.5
		鸡蛋(红皮)	35	4.5	3.9	0.5
	食用油	色拉油	33		33	
18:00	馒头	富强粉	150	15.5	1.7	112
	肉片烧冬瓜	猪肉(里脊)	75	15.2	5.9	0.5
		冬瓜	200	0.8	0.4	3.8
	小白菜汤	小白菜	100	1.5	0.3	1.6
	食用油	色拉油	30		30	
	合计			87	100	299

蛋白质 87 g (14%) 脂肪 100 g (37%) 碳水化合物 299 g (49%) 总能量 10.2 MJ (2444 kcal)

表 10-3 肌酐试验膳食食谱举例 （蛋白质 < 40 g）

餐别	内容	食物	重量(g)	蛋白质(g)
7:00	藕粉	藕粉	30	—
	糖包	富强粉	50	5.15
		绵白糖	20	
	煮鸡蛋	鸡蛋(红皮)	50	6.4
12:00	米饭	粳米(标二)	100	8
	韭菜豆芽粉	韭菜	50	1.2
		绿豆芽	100	2.1
		粉丝	10	—
	小白菜汤	小白菜	50	0.75
		蒸馏水(200ml)		
18:00	花卷	富强粉	50	5.15
	小米粥	小米	50	4.5
	炒圆白菜	圆白菜	100	1.5
	炒菠菜	菠菜	150	3.9
	全日用油		40	
	全日用盐		10	
	合计			39

蛋白质 39 g (10%) 脂肪 50 g (27%) 碳水化合物 258 g (63%) 总能量 6.85 MJ (1638 kcal)

注：①烹调用水及饮水均采用蒸馏水。②采用此食谱期间忌饮茶和咖啡，同时停用利尿剂。③试验前避免剧烈运动。

表 10-4　潜血试验膳食食谱举例

餐别	内容	食物	重量(g)	蛋白质(g)	脂肪(g)	碳水化合物(g)
7:00	牛奶	牛奶	250	6.75	5	14
	花卷	富强粉	50	5.15	0.55	37.3
	白糖	绵白糖	10	-	-	9.89
12:00	米饭	粳米(标二)	150	12	0.9	117
	烩菜花	菜花	150	3.15	0.3	5.1
	冬瓜汤	冬瓜	100	0.4	0.2	1.9
18:00	馒头	富强粉	150	15.45	1.65	112
	熬大白菜豆腐	大白菜	150	2.1	0.2	3.15
		北豆腐	100	12.2	4.8	1.5
	全日用油		40		40	
	全日用盐		10			
	合计			57	54	302

蛋白质 57 g(12%)　脂肪 54 g(25%)　碳水化合物 302 g(63%)　总能量 8.0 MJ(1922 kcal)

表 10-5　低钙、正常磷食谱举例(钙 < 150mg、磷 600~800mg)

餐别	内容	食物	重量(g)	钙(mg)	磷(mg)
7:00	烙糖饼	富强粉	50	13.5	57
		绵白糖	10	0.6	0.3
	卧鸡蛋	鸡蛋(红皮)	50	22	91
12:00	米饭	粳米(标二)	125	3.75	123.75
	肉丝豆芽粉	猪肉(里脊)	50	3	92
		绿豆芽	200	18	74
		粉丝	20	6.2	3.2
18:00	米饭	粳米(标二)	125	3.75	123.75
	肉末冬瓜	猪肉(里脊)	50	3	92
		冬瓜	200	38	24
	西红柿蛋汤	西红柿	100	10	2
		鸡蛋(红皮)	35	15.4	63.7
		蒸馏水	200 ml		
	全日用油		30	5.4	0.3
	全日用盐		8		
	合计			143	747

蛋白质 62 g(14%)　脂肪 50 g(25%)　碳水化合物 271 g(61%)　总能量 7.46 MJ(1782 kcal)

注:①称重饮食。②采用蒸馏水烹制。③忌用碱或小苏打制作食品,如馒头、饼干等,否则影响钙、磷的准确性。

表10-6 低蛋白正常钙、磷食谱举例(钙500~800 mg,磷600~800 mg)

餐别	内容	食物	重量(g)	蛋白质(g)	钙(mg)	磷(mg)
7:00	芝麻酱糖饼	富强粉	50	5.15	13.5	57
		芝麻酱	10	1.92	117	4.8
		绵白糖	20	−	1.2	0.6
12:00	米饭	粳米(标二)	125	10	3.75	123.75
	小白菜粉	小白菜	200	3	180	72
		粉丝(干)	20	−	6.2	3.2
15:00	香蕉		200	2.8	14	56
18:00	米饭	粳米(标二)	125	10	3.75	123.75
	鸡蛋炒油菜	鸡蛋	30	3.84	13.2	54.6
		油菜	200	3.6	216	78
	全日用油		40		7.2	0.4
	全日用盐		8			
	合计			40	576	574

蛋白质40 g(9%) 脂肪55 g(28%) 碳水化合物279 g(63%) 总能量7.41 MJ(1771 kcal)

表10-7 固定钾、钠膳食食谱举例 (钾60 mmol,钠160 mmol)

餐别	内容	食物	重量(g)	钾(mg)	钠(mg)
7:00	牛奶	牛奶(强化VA,VD)	250	325	106.5
	烙糖饼	富强粉	50	64	1.35
		绵白糖	20	0.4	0.4
9:00	橙子		100	159	1.2
12:00	米饭	粳米(标二)	150	117	1.35
	肉片炒圆白菜	猪肉(里脊)	50	158.5	21.6
		圆白菜	200	248	54.4
15:00	香蕉		200	512	1.6
18:00	米饭	粳米(标二)	150	117	1.35
	肉末炒芹菜	猪肉(里脊)	50	158.5	21.6
		芹菜(茎)	200	412	318
	全日用油		30	0.9	1.53
	全日用盐		8	1.12	3144
	合计			2273	3675

蛋白质65 g(12%) 脂肪47 g(19%) 碳水化合物381 g(69%) 总能量9.23 MJ(2207 kcal)

注:①采用此膳食,有助于诊断原发性醛固酮增多症。②称重饮食。③采用蒸馏水烹制。④最好不用碱或小苏打制品,因其含量不好掌握。⑤钾60 mmol = 60 × 39 mg = 2340(mg) 钠160 mmol = 160 × 23 mg = 3680(mg)。⑥每克食盐含钠393 mg。

表10-8 高钠试验膳食食谱举例 （钾60 mmol，钠240 mmol）

餐别	内容	食物	重量(g)	钾(mg)	钠(mg)
7:00	大米粥	粳米（标二）	25	19.5	—
	烙咸饼	富强粉	50	64	1.35
	煮鸡蛋	鸡蛋（红皮）	50	61	63
	酱豆腐	酱豆腐（红）	5	4	154.5
9:00	橙子		100	159	1.2
12:00	米饭	粳米（标二）	150	117	1.35
	肉末炒芹菜	猪肉（里脊）	75	238	32
		芹菜（茎）	200	412	318
	西红柿金针菇汤	西红柿	80	130	4
		金针菇	40	78	1.72
		蒸馏水	200(ml)		
15:00	香蕉		100	256	0.8
18:00	米饭	粳米（标二）	150	117	1.35
	肉丝炒小白菜	猪肉（里脊）	50	158.5	21.6
		小白菜	200	356	147
	肉丝萝卜汤	猪肉（里脊）	25	79	10.8
		白萝卜	50	86.5	30.9
	全日用油		40	1.2	2.04
	全日用盐		12	1.68	4716
	合计			2338	5508

蛋白质83 g(15%) 脂肪63 g(26%) 碳水化合物329 g(59%) 总能量9.3 MJ(2215 kcal)

注：①采用此膳食，有助于诊断原发性醛固酮增多症。②称重饮食。③采用蒸馏水烹制。④最好不用碱或小苏打制品。⑤钾60 mmol = 2340 mg，钠240 mmol = 5520 mg。⑥每克食盐含钠393 mg。

（王 红 孙孟里）

第十一章　住院病人营养状况评价

营养状况评价是通过人体组成分析、人体测量、生化检验、临床症状等多项营养评定方法，判定人体的营养状况，确定营养不良的类型及程度，估计营养不良的预后，并监测营养支持疗效的方法。

目前临床常用的人体组成及营养状况评定方法包括：
1. 人体组成分析　五水平模式(five-level model)。
2. 人体测量　身高、体重、臂围、臂肌围、皮褶厚度、握力等。
3. 生化检查　血常规、尿常规、肝肾功能、血浆蛋白指标、氮平衡等。
4. 临床检查。
5. 综合营养评定。

第一节　人体组成分析

人体组成分析可采用"五水平模式"，即将人体分为原子水平、分子水平、细胞水平、组织－系统水平和整体水平。

一、原子水平

1. 意义　将人还原为若干元素，包括氧、氢、碳、氮、钙等。对这些元素的分析，可在一定程度上反映人体的总体状况(表11-1)。如总体钙(total body calcium, TBCa)水平可反映总体骨质状况，氮平衡(nitrogen balance, NB)可反映机体蛋白质的平衡状况等。
2. 测量方法　包括中子激活分析法(neutron activation analysis, NAA)等。

表11-1列出了参考人原子水平的基本元素构成。

表11-1　参考人(男性,70kg)的基本元素构成

元素	含量(g)	元素	含量(g)
水	45000	硫	140
氢(非液态)	2000	镁	19
氧(非液态)	2900	硅	18
碳	16000	铁	4.2
氮	1800	氟	2.6
钙	1100	锌	2.3
磷	500	铜	0.07
钾	140	锰	0.01
钠	100	碘	0.01
氯	95	其他17种元素	<0.33

二、分子水平

1. 意义 分子水平成分的测定在人体组成及营养评定的研究中有很重要的作用,因为该水平中的脂肪和去脂组织(fat free mass,FFM)是人体主要的能量储备。FFM 是体内代谢的活性物质,它包含了机体所有的重要功能,对生命有决定性的影响;脂肪的能量密度达到 9.4 kcal/g,是体内储能最高的物质。蛋白质及糖原的能量密度分别为 5.65 kcal/g 和 4.1 kcal/g,在水化作用(hydration)相对正常的情况下,从 FFM 中可取得的有效能量为 1.02 kcal/g,故可用下面的公式推算总体能量:

总体能量(kcal) = 9.4 kcal × TBF + 1.02 kcal × FFM

注:TBF 为总体脂肪(total body fat,TBF);TBF 及 FFM 的单位为 g。

表 11-2 反映了体重为 65kg 的健康男性的蛋白质、糖原、脂肪的构成及其能量贮备,该男性体内所含的 9kg 脂肪中,约有 1~2.5kg 为构成生命活性物质所必需,其余的脂肪在机体需要时可氧化分解,为机体提供能量。

表 11-2 人体分子水平的物质构成(65kg 体重,健康男性)

	总量(g)	可获得的能量储备			每日利用量(g)	耗尽时间(day)
		(g)	(kcal)	(MJ)		
糖原	500	150	600	2.5	全部在1日用完	<1
蛋白质	11000	2400	9600	40	60	约40
脂肪	9000	6500	58500	235	150	约40

2. 测定指标、方法及计算公式 包括构成体重的主要分子成分,如水、蛋白质、糖原、脂肪和矿物质等。

(1)直接测定指标:总体水(total body water,TBW)和骨性矿物质。

(2)间接测定指标:脂肪、蛋白质、糖原和非骨性的矿物质。

(3)总体蛋白质(total body protein,TBP)测定方法:由总体氮换算得出(蛋白质平均含氮16%)。

脂肪量计算公式:

公式1:总体脂肪(TBF) = 体重 - 去脂组织(FFM)

公式2:去脂组织 = 总体水(TBW) ÷ 0.732

三、细胞水平

1. 测定指标 该水平包括三部分:细胞、细胞外液(extracellular fluid,ECF)和细胞外固体(extracellular solid,ECS)。

2. 测定方法及计算公式 目前,尚缺乏整体细胞群的特异性测定方法,现有的测定方法是 Moore 的测定方法:细胞群由脂肪和非脂细胞群构成,非脂细胞群即体细胞群(body cell mass,BCM)。可用总体钾或可交换钾进行测定。因细胞内钾浓度相对恒定为 150mmol/L,而细胞内液体(intracellular fluid,ICF)与固体的比例大约为 4:1,故细胞内液(ICF) = BCM × 0.80。

BCM = [总体钾/150] × [1/0.80] 或 BCM = 总体钾 × 0.0083

测定体内总体钾含量有两种方法:①因天然钾内的 ^{40}K 含量相对恒定,故可直接测定放射性 ^{40}K 所发出的 γ 射线量以求得总体钾量;②以 ^{42}K 作示踪物,通过稀释法来测定钾的总交换量,以求得总钾量。两种方法所得结果相近。

北京协和医院外科曾用重水法测定中国健康成人的总体水;用 T-1824 法标记白蛋白,以比色法测定血浆容量;并采用 ^{51}Cr 和 ^{32}P 等同位素做红细胞容量研究。其结果列于表 11-3。

表 11-3 中国健康成人的总体水组成资料

项目	方法	男性		女性	
		平均值	标准误	平均值	标准误
TBW(%kg)	D_2O	58.9	1.3	54.6	1.1
ECF(%kg)	Br^-法	23.3	0.5	25.6	0.7
ICF(%kg)	计算	35.6	1.2	29.0	1.4
红细胞容量(ml%kg)	^{51}Cr 法	3.0	0.1	2.5	0.1
血浆容量(ml%kg)	T-1824 法	4.6	0.2	4.7	0.3
脂肪含量(%kg)	计算	19.6	1.8	25.5	1.4

注:TBW 为总体水;ECF 为细胞外液;ICF 为细胞内液

四、组织-系统水平

1. 构成 该水平由主要的组织和器官组成。表 11-4 列出了参考人的组织和器官组成。

表 11-4 参考人的组织和器官组成(单位:g)

	成人	新生儿
体重	70000	3400
骨骼肌	28000	850
脂肪组织	15000	500
骨骼	10000	440
皮肤	4900	510
肝脏	1800	170
脑组织	1400	440
心脏	330	17
肾脏	310	34

脂肪组织是人体的主要储能场所,主要分布于皮下和内脏周围。男性、老年人和肥胖病人的脂肪主要分布在内脏周围。人的脂肪组织主要由三部分构成:80% 的脂肪、18% 的水和 2% 的蛋白质。

骨骼肌包括肌肉组织、神经、肌腱和间质的脂质组织,是去脂组织中比例最大的部分,约占健康成人体重的 50%。骨骼肌的 20% 为蛋白质,故成为体内最大的氨基酸储存库。

2. 测定指标及计算公式

体重 = 脂肪组织 + 骨骼肌 + 骨骼 + 内脏器官

脂肪组织和肌肉组织的测定方法有核磁共振(MRI)及 CT 等。还可用超声波评估内脏器官和肌肉的重量。

五、整体水平

测定指标包括身高、体重、体态、皮褶厚度、臂围、臂肌围等。还包括总体密度、容量和生物电阻抗的测定等。

综上所述,人体组成"五水平模式"的测定指标及其对应关系列于表11-5。

表11-5 人体组成"五水平模式"的测定指标及其对应关系

原子水平	分子水平	细胞水平	组织系统	整体水平
总体碳(TBC)	总体脂(TBF) 去脂组织(FFM)	脂肪细胞 体细胞群(BCM) 细胞外液体(ECF) 细胞外固体(ECS)	脂肪组织 非脂肪组织	体重 臂围,臂肌围, 皮褶厚度
总体钙(TBCa) 总体磷(TBP)	骨性矿物质	细胞外固体(ECS)	骨骼,骨骼肌	体重,体态
总体氮(TBN) 总体钾(TBK)	蛋白质 水 软组织矿物质	体细胞群(BCM)	肌肉 内脏	体重,体态, 臂围,臂肌围, 皮褶厚度
总体钠(TBNa) 总体氯(TBCl)	软组织矿物质 水	细胞外液体(ECF)	血液 间质液	体重 体态

六、人体组成的测定方法

最早采用尸体解剖分离脂肪组织称重的方法测量人体组成,直到1942年才根据阿基米德原理,利用水下称重法推算体密度来计算人体脂肪含量。随后几十年,以此为经典方法相继发明了许多其他测定方法,如同位素稀释法、总体钾法、中子活化法、光子吸收法、电子计算机断层摄影法(CT)、超声波法、双能X线吸收法、核磁共振法(MRI)及生物电阻抗分析法等。

1. 重水法 重水是测定总体水最理想的物质。其优点有:①重水注入人体后其分布接近生理上水的分布;②临床剂量的重水无毒性;③扩散迅速,注射后两小时即可在人体内达到平衡;④排泄很慢,平衡后血浆浓度能保持18个小时之久,身体排出一半重水的时间平均约为9天;⑤重水是稳定的同位素,不具有放射性;⑥耗血少,每次测定只需1.5 ml血液。

注射重水后,重水中约有5%的重氢原子与体内其他物质的氢原子进行交换,故应用此法测定的总体水比人体真实总体容量约高2%。

近年来学者们再次提倡应用稳定性同位素,故应用重水(D_2O)测定人总体水含量可成为最常用、最方便、最安全的手段之一。目前应用核磁、质谱分析法和落滴法。

应用重水稀释法测定人总体水的方法自应用于临床后,已公认为是人总体水代谢研究的可靠方法。

2. 生物电阻抗分析法(BIA) 原理:生物体中,电阻几何级数与导体长度、形态、横断面以及信号频率有关,当信号频率和导体形状不变时,生物电阻与导体体积有关。

现广泛采用二元件模型,即将人体简化为由脂肪组织(fat mass, FM)和去脂组织(fat free mass, FFM)构成。脂肪组织含水量很少,电阻率高。去脂组织的导电性远远大于脂肪组织,因此人体的总阻抗近似等于去脂组织的阻抗。

优点:简捷、成本低、无创、安全,适用于成人和儿童,有广阔的应用前景。

近年来,国外多频率电阻抗法的研究有了较大进展,与单一频率阻抗法相比,多频率阻抗法的研究尚不完善,但却代表了生物电阻抗法领域的发展方向。

七、各种人体组成测量技术的优缺点

1. 密度法

优点:同时测定去脂组织(FFM)和总体脂肪(TBF),无损伤性。

缺点：不适合儿童和老年人，来自肠内的气体可造成一定误差。

2. 稀释法

优点：方法多样，可测定体钾、钠、氯、水和细胞外液等。

缺点：需采血、接触放射线，^{18}O 分析需要使用复杂的设备。

3. ^{40}K 计数法

优点：无创伤，受试者易配合。

缺点：仪器昂贵，需进行适当的标定，对 K 缺乏者的解释有一定问题。

4. 代谢平衡

优点：无创伤，可检测人体内多种元素含量的细微变化（<1%）。

缺点：费用昂贵，需受试者密切配合，仅测定机体成分的变化，有一定的误差。

5. 尿肌酐排泄测定法

优点：无创伤，可估计肌肉组织含量。

缺点：需受试者密切配合，受膳食因素影响较大，不同日尿样的变异率约为 5%～10%。

6. CT 扫描

优点：可测量脏器大小及脂肪分布情况，是骨科、神经科常用的检查方法。

缺点：仪器昂贵，接触放射线。

7. 生物电阻抗法

优点：仪器相对便宜，无创伤性，可测定去脂组织、总体脂肪和总体水。

缺点：计算方程式有多种。

8. 中子活化法

优点：受试者易配合，可测定体内钙、磷、氮、钠、氯等元素的含量。

缺点：仪器昂贵，校正较为困难。

9. 核磁共振

优点：可测量脏器的大小及肌肉、脂肪的分布等。

缺点：仪器昂贵。

10. 双能 X 线吸收法（DEXA）

优点：可测定骨骼中矿物质含量，测定体脂和瘦体组织。

缺点：费用较高。

第二节 人体测量

一、体重

1. 意义 体重是营养评定中最简单、直接而又可靠的指标。在历史上沿用已久，目前仍是最主要的营养评定指标。体重是脂肪组织、瘦组织和矿物质之和，体重的改变是与机体能量与蛋白质的平衡改变相平行的，故体重可从总体上反映人体营养状况。

2. 测定方法 测体重时须保持时间、衣着、姿势等方面的一致，应在晨起空腹，排空大小便后，着内衣裤测定。体重计的灵敏度不得大于 0.5kg，测定前须校对准确。

3. 体重的评定指标

现实体重比理想体重（ideal body weight, IBW）= 现实体重/IBW × 100%

结果评价见表11-6。

表11-6 现实体重比理想体重(%)结果评价

结果	体重状况
<80%	消瘦
80%~90%	偏轻
90%~110%	正常
110%~120%	超重
>120%	肥胖

体重改变:由于我国目前尚无统一的标准体重值,加之身高与体重的个体变异情况较大,故采用体重改变为指标似乎更合理。用公式表示为:

体重改变(%) = [通常体重(kg) - 实测体重(kg)] ÷ 通常体重(kg) × 100%

应将体重变化的幅度与速度结合起来考虑,评价标准见表11-7。

表11-7 体重变化的评定标准

时间	中度体重丧失	重度体重丧失
1周	1%~2%	>2%
1个月	5%	>5%
3个月	7.5%	>7.5%
6个月	10%	>10%

体质指数(body mass index, BMI):

$$BMI = 体重(kg) / [身高(m)]^2$$

BMI是反映蛋白质-能量营养不良以及肥胖症的可靠指标。James等提出的BMI评定标准见表11-8(注:我国目前正研讨和制定符合中国人特点的BMI标准)。

表11-8 BMI的评定标准(西方标准)

等级	BMI值
肥胖Ⅲ级	>40
肥胖Ⅱ级	30~40
肥胖Ⅰ级	25~29.9
正常值	$18.5 \leq BMI < 25$
蛋白质-能量营养不良Ⅰ级	17.0~18.4
蛋白质-能量营养不良Ⅱ级	16.0~16.9
蛋白质-能量营养不良Ⅲ级	<16

测体重时的注意事项:

(1)患者有水肿或胸水、腹水时,测量的体重一般高于患者的实际体重。

(2)患者有巨大肿瘤或脏器肿大时,体重减轻不明显,可掩盖营养不良的症状。

(3)使用利尿剂可造成体重丢失的假象。

(4)如钠盐或能量的摄入在短时间内有显著改变,可影响体重。

(5)如果每日体重改变大于0.5kg,往往是体内水分改变的结果,而非真正的体重变化。

(6)不同类型的营养不良病人,减少相同的体重,可有不同的预后。不同类型的营养不良,丢失相同的体重,体内脂肪和蛋白质消耗的程度可不同。营养不良性消瘦内脏蛋白质消耗较少,恶性营养不良蛋白质消耗较多。蛋白质消耗比体重减轻预后更差。

体重减少是诊断营养不良最重要的指标之一,但还应结合其他人体测量指标及握力、血浆蛋白等。当短期内体重减少超过10%,同时血浆白蛋白<30g/L时,可诊断病人存在严重的蛋白质-热能营养不良。

二、皮褶厚度

人体皮下脂肪的含量约占全身脂肪总量的50%,通过皮下脂肪含量的测定可推算体脂总量,并间接反映热能的变化。

1. 三头肌皮褶厚度(triceps skinfold thickness,TSF) 被测者上臂自然下垂,取左上臂背侧中点,即肩峰至尺骨鹰嘴连线中点上约2cm处。测定者用左手拇指、食指将皮肤连同皮下脂肪捏起呈皱褶,皱褶两边的皮肤须对称。然后,用压力为$10g/mm^2$的皮褶厚度计测定。应在夹住后3秒钟内读数,时间延长会压缩被测点皮下脂肪,造成人为误差。连续测定3次后取平均值。为减少误差,应固定测定者和皮褶计。

TSF正常参考值:男性为8.3mm,女性为15.3mm。实测值相当于正常值的90%以上为正常;介于80%~90%之间为轻度亏损;介于60%~80%之间为中度亏损;小于60%为重度亏损。

2. 肩胛下皮褶厚度 被测者上臂自然下垂,取左(或右)肩胛骨下角约2cm处,测定方法同TSF测定。

结果判定:以肩胛下皮褶厚度与TSF之和来判定。正常参考值男性为10~40mm,女性为20~50mm;男性>40mm、女性>50mm者为肥胖;男性<10mm、女性<20mm者为消瘦。

3. 髋部与腹部皮褶厚度 髋部取左侧腋中线与髂脊交叉点;腹部取脐右侧1cm处。测定方法同TSF测定。

上述结果还可代入下列公式,推算总体脂(total body fat,TBF):

TBF(%) = 0.91137A + 0.17871B + 0.15381C - 3.60146

A、B和C分别代表三头肌、肩胛下和髋部皮褶厚度(mm)。结果>20%者为肥胖。

三、上臂围与上臂肌围

1. 上臂围(arm circumference,AC) 被测者上臂自然下垂,取上臂中点,用软尺测量。软尺误差不得大于0.1cm。

结果判定:AC的正常参考值见表11-9。

表11-9 我国北方地区成人上臂围正常参考值

性别	年龄(岁)	例数	上臂围(cm)	变异系数
男	18~25	1902	25.9±2.09	0.08
	26~45	1676	27.1±2.51	0.09
	46~	674	26.4±3.05	0.12
女	18~25	1330	24.5±2.08	0.08
	26~45	1079	25.6±2.63	0.10
	46~	649	25.6±3.32	0.13

2. 上臂肌围(arm muscle circumference,AMC) 上臂肌围可间接反映体内蛋白质储存水平,它与血清白蛋白水平相关。有研究发现,当血清白蛋白值小于 28g/L 时,87%的患者出现 AMC 值减少。

AMC 可由以下公式求得:

AMC(cm) = AC(cm) − 3.14 × TSF(cm)

AMC 的正常参考值:男性为 24.8cm,女性为 21.0cm。实测值在正常值 90% 以上时为正常;占正常值 80%~90% 时,为轻度营养不良;60%~80% 时,为中度营养不良;小于 60% 时,为重度营养不良。

第三节 生化及实验室检查

利用多种生化及实验室检查可测定蛋白质、脂肪、维生素及微量元素的营养状况和人体的免疫功能。因营养素在组织及体液中浓度的下降及各种酶活性的减低,均早于临床或亚临床症状的出现,故生化及实验室检查对及早发现营养素缺乏的类型和程度有重要意义。其可提供客观的营养评价结果,不受主观因素的影响,并且可确定存在哪一种营养素的缺乏,这两点均优于人体测量及膳食调查等方法。

生化及实验室检查的内容包括:

(1)营养成分的血液浓度测定;

(2)营养素代谢产物的血液及尿液浓度测定;

(3)与营养素吸收和代谢有关的各种酶的活性测定;

(4)头发、指甲中营养素含量的测定等。

一、血浆蛋白

血浆蛋白水平可反映机体蛋白质营养状况。最常用的指标包括血清白蛋白、转铁蛋白、前白蛋白和视黄醇结合蛋白。

1. 血清白蛋白(albumin,Alb) 白蛋白是临床上评价蛋白质营养状况的常用指标之一,其在肝脏合成,是血清中主要的蛋白质组分。正常情况下,体内总白蛋白池约为 3~5g/kg 体重。其中 1/3 分布在血管内,其余分布于皮肤、肌肉和内脏组织。每日合成和分解 15g 左右,半衰期约为 20 天。

血清白蛋白的浓度受合成和分解代谢的速度、体液总量和分布、是否有大量丢失等因素的影响。短期蛋白质摄入不足时,机体通过肌肉分解释放氨基酸,供合成白蛋白,同时伴有血管外白蛋白向血管内转移,使血浆白蛋白维持在一定的水平,只有在蛋白质长期摄入不足时,血清白蛋白才有较显著的下降。

血清白蛋白浓度增高偶见于严重脱水所致的血液浓缩;血清白蛋白浓度降低临床上较常见,急性降低见于大量出血、严重烧伤等高度应激状态。慢性降低见于蛋白质长期摄入不足、肝肾疾患、恶性肿瘤、甲状腺功能亢进、长期慢性发热等。不同疾病对白蛋白代谢的影响参见表 11-10。

表 11-10　不同疾病对白蛋白代谢的影响

疾病	对白蛋白代谢的影响
半饥饿营养不良	白蛋白由血管外向血管内转移,合成分解均降低,血浓度下降
甲状腺功能减退	白蛋白由血管外向血管内转移,血浓度下降
甲状腺功能亢进	白蛋白的合成与分解都增加,血浓度及总蛋白池大小不变
肝硬化、肝衰竭	白蛋白合成下降,伴有血管外损失(腹水),血浓度下降
酒精性肝病	抑制白蛋白合成
肠梗阻及肠病	白蛋白丢失增加
肾小球病变	白蛋白从尿中丢失
肾病综合征	大量蛋白尿,低白蛋白血症
尿毒症	白蛋白合成减少
肿瘤	白蛋白分解增加
烧伤	白蛋白大量丢失
创伤、大手术	白蛋白分解增加,合成减少,血浓度下降

血清白蛋白水平与外科病人术后并发症及死亡率相关,低白蛋白血症者择期手术并发症的发生率高于正常者。

正常参考值:35～55g/L。持续性低白蛋白血症是诊断营养不良的可靠指标之一,一般30～35g/L为轻度营养不良,25～30g/L为中度营养不良,低于25g/L为重度营养不良。

2. 血清前白蛋白(prealbumin,PA)　前白蛋白由肝脏合成,分子量61000,因电泳速度较白蛋白快而得名。其半衰期短,约为1.9天,每日全身代谢池分解率为33.1%～39.5%。其与转铁蛋白、视黄醇结合蛋白共称为快速转换蛋白(rapid-turnover transport protein,RTP)。因前白蛋白可与甲状腺素结合球蛋白及视黄醇结合蛋白结合,转运甲状腺素及维生素A,故又名甲状腺素结合前白蛋白(thyroxine-binding prealbumin,TBPA)。

与白蛋白相比,前白蛋白的生物半衰期短,血清含量少且体库量较小,故在判断蛋白质急性改变方面较白蛋白更为敏感。测定前白蛋白在血清中的浓度可反映肝脏合成、分泌蛋白质的功能,可作为肝病诊断及疗效观察的指标之一。

许多疾病可影响血清前白蛋白的浓度。脱水和慢性肾功能衰竭时浓度可升高,因其主要通过肾脏排泄,故肾衰时可出现升高的假象;负氮平衡时,浓度可下降,在恶性营养不良时可完全缺如。由于前白蛋白在肝脏合成,故各种肝脏疾病均可导致血清前白蛋白水平降低,如肝癌、肝硬化、慢性活动性肝炎、阻塞性黄疸时均有显著降低。另外,由于前白蛋白的主要功能是转运甲状腺素和维生素A,因此,这些物质在体内的水平会影响前白蛋白的活性。

正常参考值:150～300mg/L。

3. 血清转铁蛋白(transferrin,TF)　转铁蛋白在肝脏合成,是血浆中主要的含铁蛋白质,分子量77000,半衰期8天,其在体内的主要功能是转运铁质。

转铁蛋白是评价蛋白质营养状况比较敏感的指标。慢性肝炎、再生障碍性贫血及营养不良时浓度下降;急性肝炎、缺铁性贫血时水平增高。

转铁蛋白的代谢较复杂,影响因素较多,故一般不用于评定个体营养状况,只用于群体营养调查。

正常参考值:2～4g/L。

4. **血清视黄醇结合蛋白**(retinol binding protein, RBP)　RBP 在肝脏合成,主要功能是运载维生素 A 和前白蛋白。RBP 主要在肾脏代谢,其半衰期仅为 10～12 小时,故能及时反映内脏蛋白的变化。在蛋白质短期摄入不足时,RBP 就有明显改变,故可作为早期诊断营养不良的指标。现常用视黄醇结合蛋白来监测营养治疗的早期效应。

正常参考值:2～76mg/L。

5. **纤连蛋白**(fibronectin, FN)　FN 为糖蛋白,主要在肝脏合成,存在于多种组织中,半衰期很短,约 20 小时。FN 在饥饿、严重创伤、肿瘤及营养不良时均有下降,故可作为评定患者营养状况的指标。

血清蛋白的基本特征见表 11-11。

表 11-11　血清蛋白的基本特征

血清蛋白	分子量	合成部位	血清正常值	半衰期
白蛋白	66460	肝细胞	35～55g/L	20 天
转铁蛋白	77000	肝细胞	2～4g/L	8 天
前白蛋白	61000	肝细胞	150～300mg/L	1.9 天
视黄醇结合蛋白	20960	肝细胞	2～76mg/L	10～12 小时

二、氮平衡与净氮利用率

氮平衡(nitrogen balance, NB)是评价机体蛋白质营养状况的最可靠与最常用指标。一般食物蛋白质的氮的平均含量为 16%。若氮的摄入量大于排出量,为正氮平衡;若氮的摄入量小于排出量,为负氮平衡;若摄入量与排出量相等,则维持氮的平衡状态,表示摄入的蛋白质量可满足机体的基本需求。

计算氮平衡时,应准确计算氮的摄入量与排出量。氮的摄入(N-intake)包括经口、经静脉等方式。可采用经典的微量凯氏定氮法,亦可采用一些较新的方法,如化学荧光法等。

在正常情况下,约 80% 的氮经尿排出,称为尿氮(urinary N, UN)。氮的其他排出途径还有粪氮(fecal N, FN)、体表丢失氮(integumental N, IN)、非蛋白氮(nonprotein N, NPN)及体液丢失氮(body fluid N losses, BFN)等。

氮平衡计算公式为:NB = (N-intake) - (UN + FN + IN + NPN + BFN)

三、肌酐身高指数(creatinine height index, CHI)

肌酐系肌肉中的磷酸肌酸脱去磷酸形成。肌酐在肌肉中形成后进入血循环,最终经尿排出。肌酐身高指数是衡量机体蛋白质水平的灵敏指标,其优点在于:①成人体内肌酸和磷酸肌酸的总含量较为恒定,每日经尿排出的肌酐量基本一致,正常男性约为 1000～1800mg/d,女性为 700～1000mg/d。②运动和膳食对尿中肌酐含量的影响甚微。③经 ^{40}K 计数测定,成人 24 小时尿肌酐排出量与瘦体组织量一致。④因水肿等情况而影响体重测定准确度时,CHI 值不受影响。

CHI 测定方法:连续保留 3 天 24 小时尿液,取肌酐平均值并与相同性别及身高的标准肌酐值(表 11-12)比较,所得百分比即为 CHI。

CHI 评定标准:CHI > 90% 为正常;80%～90% 表示瘦体组织轻度缺乏;60%～80% 表示中度缺乏;< 60% 表示重度缺乏。

表 11-12 正常成人肌酐排出量标准值

男性		女性	
身高(cm)	肌酐排出量(mg/24h)	身高(cm)	肌酐排出量(mg/24h)
157.5	1288	147.3	830
160.0	1325	149.9	851
162.6	1359	152.4	875
165.1	1386	154.9	900
167.6	1424	157.5	925
170.2	1467	160.0	949
172.7	1513	162.6	977
175.3	1555	165.1	1006
177.8	1596	167.6	1044
180.3	1642	170.2	1076
182.9	1691	172.7	1109
185.4	1739	175.3	1141
188.0	1785	177.8	1174
190.5	1831	180.3	1206
193.0	1891	182.9	1240

CHI 应用于临床有一定的局限性：①准确收集 24 小时尿样有一定的难度；②一些因素可导致尿肌酐排出量减少，如肝、肾功能衰竭，肿瘤和严重感染等；③尿肌酐排出量随年龄增加而减少，而表 11-12 中未包含年龄因素；④目前尚缺乏中国健康成人 CHI 的标准值。

四、肌酐体重系数(creatinine body weight index, CBWI)

CBWI = 实测 24h 尿肌酐量(mg)/理想体重 24h 尿肌酐量(mg) × 100%

理想体重尿肌酐量(mg/24h) = 肌酐体重系数(mg/kg) × 理想体重

肌酐体重系数：男性：20mg/kg·24h，女性：15mg/kg·24h

例如：170cm 身高男性，理想体重为 65kg。则理想体重尿肌酐量为 65kg × 20mg/kg·24h = 1300mg/24h

五、肌酐身高比(creatinine height rate, CHR)

CHR = 24h 尿肌酐量(mg)/身高(cm)

正常值：男性 CHR > 6.2mg/cm，女性 CHR > 4.0mg/cm。若 CHR 小于上述标准，则说明存在营养不良。

六、血浆氨基酸谱

在重度蛋白质－热能营养不良时，血浆总氨基酸值明显下降。不同种类的氨基酸浓度下降并不一致。一般来说，必需氨基酸(essential amino acid, EAA)下降得较非必需氨基酸(nonessential amino acid, NEAA)更为明显。在 EAA 中，缬氨酸、亮氨酸、异亮氨酸和甲硫氨酸下降最多，而赖氨酸与苯丙氨酸下降相对较少。在 NEAA 中，大多数浓度不变，而酪氨酸和精氨酸出现明显下降。个别氨基酸(如胱氨酸等)浓度还可升高。

北京协和医院外科采用水解方法测定了 42 例正常人和 18 例营养不良患者的血浆氨基酸谱,其结果表明,在正常情况下,EAA/NEAA > 2.2。如果 EAA/NEAA < 1.8,则说明存在中度以上的营养不良(见表 11 - 13)。

表 11 - 13　正常成人与营养不良患者的血浆氨基酸谱(mg/dl)

氨基酸	营养不良患者($n=18$)	正常成人($n=42$)	p 值
Asp(天冬)	6.1 ± 1.7	20 ± 6	< 0.001
Glu(谷)	68.4 ± 44.2	56 ± 19	> 0.05
Pro(脯)	131.2 ± 59.6	185 ± 53	< 0.01
Gly(甘)	198.6 ± 63.3	265 ± 69	< 0.001
Ala(丙)	247.3 ± 126.4	384 ± 87	< 0.001
Cys(胱)	43.7 ± 24.3	33 ± 11	< 0.001
Val(缬)	154.9 ± 59.2	243 ± 39	< 0.001
Met(甲硫)	18.5 ± 6.7	327 ± 7	< 0.001
Ile(异亮)	40.9 ± 15.9	66 ± 13	< 0.001
Leu(亮)	103.1 ± 40.2	142 ± 25	< 0.001
Tyr(酪)	52.8 ± 18.3	58 ± 8	> 0.05
Phe(苯丙)	62.0 ± 20.7	64 ± 16	> 0.05
Try(色)	32.9 ± 13.0	50 ± 9	< 0.001
Lys(赖)	302.0 ± 115.2	320 ± 66	> 0.05
His(组)	53.1 ± 19.6	102 ± 19	< 0.001
Arg(精)	65.1 ± 28.8	71 ± 19	> 0.05

七、免疫功能评定

细胞免疫功能在人体抗感染中起重要作用。蛋白质 – 热能营养不良常伴有细胞免疫功能损害,这将增加病人术后感染率和死亡率。通常采用总淋巴细胞计数和皮肤迟发性超敏反应来评定细胞免疫功能。

1. 总淋巴细胞计数(total lymphocyte count,TLC)　TLC 是评定细胞免疫功能的简易方法。

TLC = 淋巴细胞百分比 × 白细胞计数

结果评定:TLC > 20×10^8/L 者为正常;$(12 \sim 20) \times 10^8$/L 者为轻度营养不良;$(8 \sim 12) \times 10^8$/L 者为中度营养不良;< 8×10^8/L 者为重度营养不良。

TLC 并非判定营养不良的可靠指标,且与预后的相关性较差,故目前临床上已较少使用。

2. 皮肤迟发性超敏反应(skin delayed hypersensitivity,SDH)　上世纪 70 年代以来,发现营养不良患者的 SDH 反应异常,并于接受营养支持后立即恢复。因此建议以 SDH 作为评定营养状况,特别是细胞免疫功能状态的重要指标。

SDH 是于前臂表面不同部位皮内注射 0.1ml 的抗原(一般一次用两种抗原),待 24 ~ 48 小时后测量接种处硬结直径,若大于 5mm 为正常。

常用抗原包括链激酶、流行性腮腺炎病毒素、白色念珠菌提取液、植物血凝素和结核菌素试验(OT,1:2000)。应用植物血凝素的适宜浓度为 $50\mu g/0.1ml$,正常人群阳性率可达 95.7%。

八、维生素及微量元素的生化检查

基本方法及辅助方法见表11-14。

表11-14 维生素及微量元素的生化检查

营养素	基本方法	辅助方法
视黄醇	相对剂量反应	血浆视黄醇及胡萝卜素
硫胺素	红细胞转酮酶活性	尿及血浆硫胺素
核黄素	红细胞(或全血)谷胱甘肽还原酶活性	
尼克酸	尿中N-甲基烟酸酰胺 尿中N-甲基-2-吡啶酮-5-羧酸	全血NADP浓度
吡哆醇	血浆吡醛-5-磷酸及红细胞转氨酶活性	尿FIGLU排出量(组氨酸负荷)
叶酸	血浆及红细胞叶酸水平,血片观察红细胞	尿FIGLU排出量(组氨酸负荷)
维生素B_{12}	血浆转钴胺素及红细胞B_{12}含量	Schilling试验
维生素C	白细胞维生素C含量	尿维生素C及其代谢物
维生素D	血中$25\text{-}(OH)\text{-}D_3$水平	血浆碱性磷酸酶活性
维生素E	血浆生育酚	
维生素K	血浆凝血酶原	
铁	血红蛋白、血浆铁蛋白	红细胞原卟啉
硒	血清/血浆硒浓度	谷胱甘肽氧化酶活性
锌	血清/血浆锌浓度	发锌及血细胞锌浓度
碘	血浆T_3及T_4浓度	甲状腺症状

第四节 临床检查

临床检查是通过病史采集及体格检查来发现营养素缺乏的体征。病史采集的重点:

1. **膳食史** 包括热量与营养素的摄入量,有无厌食、吸收不良等消化道障碍,食物禁忌如对某些食物过敏或不耐受等。
2. **既往史** 包括结核、肝炎等传染病,内分泌病及肝、肾、心血管等器官或系统的慢性疾病。
3. **用药史** 包括代谢药物、类固醇、免疫抑制剂、利尿剂、泻药等。
4. **治疗手段** 放疗与化疗等。

体格检查的重点:注意患者是否有以下情况并判定其程度。
①恶病质;②肌肉萎缩;③毛发脱落;④肝肿大;⑤水肿或腹水;⑥皮肤改变;⑦维生素缺乏体征;⑧必需脂肪酸缺乏体征;⑨常量和微量元素缺乏体征等。

WHO专家委员会建议特别注意下列13个方面,即头发、面色、眼、唇、舌、齿、龈、面(浮肿)、皮肤、指甲、心血管系统、消化系统、神经系统等。常见营养素缺乏表现及其可能原因见表11-15。

发现某一种营养素缺乏时,往往还伴有其他营养素的缺乏,应细心观察。导致各种营养素缺乏的病因也不是单一的,应结合既往史、膳食史、临床症状等进行综合分析。

表 11-15 营养素缺乏表现及其可能因素

部位	临床表现	可能的营养素缺乏
头发	干燥、变细、易断、脱发	蛋白质-热能、必需脂肪酸、锌
鼻部	皮脂溢	尼克酸、核黄素、维生素 B_6
眼	干眼病、夜盲症、毕脱斑	维生素 A
	睑角炎	维生素 B_2、B_6
舌	舌炎、舌裂、舌水肿	核黄素、维生素 B_{12}、B_6、叶酸、尼克酸
牙	龋齿	氟
	齿龈出血、肿大	维生素 C
口腔	味觉减退、改变	锌
	口角炎、干裂	核黄素、尼克酸
甲状腺	肿大	碘
指甲	杵状指、指甲变薄	铁
皮肤	干燥、粗糙、过度角化	维生素 A、必需脂肪酸
	淤斑	维生素 C、K
	伤口不愈合	锌、蛋白质、维生素 C
	阴囊及外阴湿疹	维生素 B_2、锌
	癞皮病皮疹	尼克酸
骨骼	佝偻病体征、骨质疏松	维生素 D、钙
神经	肢体感觉异常或丧失、运动无力	维生素 B_1、B_{12}
	腓肠肌触痛	维生素 B_{12}
肌肉	萎缩	蛋白质-热能
心血管	脚气病心脏体征	维生素 B_1
	克山病体征	硒
生长发育	营养性矮小	蛋白质-热能
	性腺机能减退或发育不良	锌

第五节 综合营养评定

目前,多数学者主张采用综合营养评定的方法,以保证诊断的准确性。

一、预后营养指数(prognostic nutritional index, PNI)

该指数是 Mullen 等于 1980 年提出的。

PNI(%) = 158 - 16.6ALB - 0.78TSF - 0.20TFN - 5.80DHST

其中,ALB 表示血清白蛋白(单位:g%);TSF 表示三头肌皮褶厚度(单位:mm);TFN 表示血清转铁蛋白(单位:mg%),DHST 表示迟发性超敏皮肤反应试验(硬结直径 > 5mm 者,DHST = 2;< 5mm 者,DHST = 1;无反应者,DHST = 0)。

评定标准:若 PNI < 30%,表示发生术后并发症及死亡的可能性均很小;若 30% ≤ PNI < 40%,表示存在轻度手术危险性;若 40% ≤ PNI < 50%,表示存在中度手术危险性;若 PNI ≥

50%，表示发生术后并发症及死亡的可能性均较大。

Mullen 等将 PNI 在 161 例非急诊手术病人中应用,结果显示病人术后出现并发症及死亡危险与预计结果相平行。PNI 的灵敏度为 86%,特异性为 69%,预计准确值为 72%。

二、营养危险指数(nutritional risk index, NRI)

Sato 于 1982 年提出,由外科病人术前 3 种营养评定参数的结果计算术后营养危险指数。

$$NRI = 10.7ALB + 0.0039TLC + 0.11Zn - 0.044Age$$

其中,ALB 表示血清白蛋白;TLC 表示淋巴细胞计数;Zn 表示血清锌水平;Age 表示年龄。

评定标准:若 NRI > 60,表示危险性低;若 NRI ≤ 55,表示存在高危险性。

三、营养评定指数(nutritional assessment index, NAI)

该指数是 Masato Iwasa 于 1983 年对食管癌病人进行营养状况评定时提出的综合评定指数。

$$NAI = 2.64AMC + 0.60PA + 3.76RBP + 0.017PPD - 53.80$$

其中,AMC 表示上臂肌围(单位:cm);PA 表示血清前白蛋白(单位:mg%);RBP 表示视黄醇结合蛋白(单位:mg/dl);PPD 表示用纯化蛋白质衍生物进行延迟超敏皮肤实验结果(硬结直径 > 5mm 者,PPD = 2; < 5mm 者,PPD = 1;无反应者,PPD = 0)。

评定标准:若 NAI ≥ 60,表示营养状况良好;若 40 ≤ NAI < 60,表示营养状况中等;若 NAI < 40,表示营养不良。

四、腹部创伤指数(abdomen trauma index, ATI)

Jones 等于 1983 年提出,采用 ATI 较 PNI 对预计腹部手术后的并发症发生率有更高的特异性。ATI 的计算是将接受手术的器官分为 5 种危险因素,又将损伤的严重性分为 5 级,两者相乘为某器官的得分,所有得分之和为 ATI(表 11-16)。若 ATI > 25,则表示术后并发症的发生率较高。

表 11-16　ATI 的计分与计算公式

危险因素	器官	损伤分级	损伤严重性
1	膀胱、小血管、骨骼	1	最轻
2	小肠、胃、子宫	2	轻度
3	脾、肾、肝外胆管	3	中度
4	肝、大肠、大血管	4	重度
5	十二指肠、胰	5	最重
器官 1		危险因素 × 损伤分级 = 计分 1	
器官 2		危险因素 × 损伤分级 = 计分 2	
↓			
器官 n		危险因素 × 损伤分级 = 计分 n	
	ATI 总分 = 计分 1 + 计分 2 + … + 计分 n		

五、住院病人预后指数(hospital prognostic index, HPI)

该指数的预测准确性约为 70%。其计算公式为:

$$HPI = 0.92ALB - 1.00DH - 1.44SEP + 0.98DX - 1.09$$

其中,ALB 表示血清白蛋白(单位:g/L);DH 表示延迟超敏皮肤试验结果(有 1 种或多种阳性反应,DH = 1;所有均呈阳性,DH = 2);SEP 表示败血症(有败血症,SEP = 1;无败血症,SEP = 2);DX 表示癌症(有癌,DX = 1;无癌,DX = 2)。

评价标准:若 HPI 为 +1,表示有 75% 的生存几率;若 HPI 为 0,表示有 50% 的生存几率;若 HPI 为 -2,表示仅有 10% 的生存几率。

六、主观全面评定(subjective global assessment,SGA)

SGA 亦称全面临床评定(global clinical assessment,GCA),是 Detsky 等于 1987 年提出的临床营养评价方法。其特点是以详细的病史及临床检查为依据,省略了生化检验。其内容包括体重、饮食、活动能力的改变,肌肉的消耗及应激反应等。此评价方法简便易行,适于基层医院使用。

SGA 的主要内容及评定标准见表 11-17。

表 11-17 SGA 的主要内容及评定标准

指标	A 级	B 级	C 级
1. 近期(2 周)体重改变	无/升高	减少 <5%	减少 >5%
2. 饮食改变	无	减少	不进食/低热量流食
3. 胃肠道症状(持续 2 周)	无/食欲不减	轻微恶心、呕吐	严重恶心、呕吐
4. 活动能力改变	无/减退	能下床走动	卧床
5. 应激反应	无/低度	中度	高度
6. 肌肉消耗	无	轻度	重度
7. 三头肌皮褶厚度	正常	轻度减少	重度减少
8. 踝部水肿	无	轻度	重度

上述 8 项中,至少 5 项属于 C 或 B 级者,可分别被定为重或中度营养不良

七、微型营养评定(mini nutritional assessment,MNA)

20 世纪 90 年代初,Vellas,Garry,Guigoz 等创立了一种新的主要用于老年人的人体营养状况评定方法即微型营养评定(MNA),其内容包括:

1. **人体测量** 包括身高、体重及体重丢失等。
2. **整体评定** 包括生活类型、医疗及疾病状况(如消化功能状况等)。
3. **膳食问卷** 包括食欲、进食数量、餐次、营养素摄入量、有否摄食障碍等。
4. **主观评定** 对健康及营养状况的自我监测等。

根据上述各项评分标准计分并相加,即得出 MNA 评分。

该方法简便易行,可在 10 分钟内完成。于康等曾在国内首次采用 MNA 法调查外科老年住院病人的营养状况,并发现与传统的人体营养评定方法及人体组成评定方法有良好的线性相关性。

(于 康)

第二篇 营养与疾病

第十二章 营养缺乏性疾病

第一节 蛋白质-热能营养不良

营养不良是一种慢性营养缺乏病,因人体长期热能和蛋白质供给不足所致,故也常称为蛋白质-热能营养不良(protein-energy malnutrition, PEM)。PEM患者体重减轻、消瘦、皮下脂肪减少或消失,或有水肿、精神萎靡、体力下降、工作效率低下、易疲乏,全身免疫力低下,常并发感染,伴有各组织器官功能紊乱,小儿生长发育迟滞等。体重过低的女性,性成熟延迟,易生产低体重婴儿。

据世界卫生组织估计,目前世界上大约有500万儿童患蛋白质-热能营养不良,其中有因疾病和营养不当引起,但大多数则是因贫穷和饥饿引起,大都发生在发展中国家,因经济落后、食物不足、战乱饥荒引起。

原发性蛋白质-热能营养不良,主要因长期热能和蛋白质供给不足,不能满足人体的正常生理需要所致。各年龄人群均可发生,以婴幼儿多见;继发性蛋白质-热能营养不良,多为疾病所诱发,如结核病、癌症、慢性肾功能衰竭及某些外科手术后。欧美等经济发达国家中,以继发性为多,尤以年长儿童和成年人多见,据统计发病率可达住院病人的28%~80%。

一、营养不良性消瘦

营养不良性消瘦(marasmus)是一种多见于婴儿期的极度消瘦症,又称婴儿萎缩症,因长期摄食过少引起,以热能缺乏为主,并伴有蛋白质摄入不足。患儿消瘦无力,生长发育迟滞,皮下脂肪减少,面颊下陷,呈干瘪老人面容。皮肤光薄起皱,毛发干细发黄。病情加重时患儿反应迟钝,精神萎靡,体温、血压偏低,心率缓慢。胃肠功能紊乱,偶有便秘,迁延性腹泻多见。患儿免疫力低下,易并发呼吸道感染。空腹血糖较低,可发生自发性低血糖休克。本病住院病死率约在1%~2%,年长儿稍高,恢复较慢。

二、恶性营养不良

恶性营养不良(kwashiorkor)多见于断乳期后5岁以下的婴幼儿,因饮食中蛋白质严重缺乏,特别是必需氨基酸供应不足所致。患儿生长发育迟缓,表情淡漠。有凹陷性水肿,严重时可有胸水、腹水,此为恶性营养不良的特征性表现。患儿皮肤干燥,无光泽,弹性差,可有色素沉着;毛发干枯、脆细,指(趾)甲生长缓慢,脆薄易断。食欲差,易发生腹泻、呕吐且迁延不愈。对食物耐受性差,尤其不能耐受富含脂肪的食物。心音低钝,心率慢,血压偏低;肾浓缩功能差,尿量增多。恶性营养不良影响脑组织的早期发育,患儿头围小于正常,智力发育迟滞。患儿免疫力低下,常伴有贫血及维生素A、B族缺乏症,病情严重时可合并水、电解质平衡紊乱。

临床上除以上两类严重营养不良外还有一些轻型、中间型或混合型营养不良,不宜断然划分。

三、继发性蛋白质－热能营养不良

继发性蛋白质－热能营养不良是由各种疾病所引起的营养不良,可发生于不同年龄的病人。发病原因大致有以下三个方面:①食物摄入不足。②营养素吸收障碍和长期丧失。③机体对营养的需要增加。

疾病和营养不良常互为因果,形成恶性循环加重病情,患病时以上病因常同时存在。继发性蛋白质－热能营养不良常与多种维生素及微量元素缺乏同时存在,也易合并水、电解质平衡紊乱,临床表现变化较大,儿童首先出现生长发育落后,成人则以消瘦、体重减轻为主要临床表现。

四、营养治疗

1. 消除 PEM 的致病原因,积极治疗 PEM 的原发疾病。
2. 纠正水和电解质紊乱,调整酸碱平衡如低血钾、低血钙、低血磷、低血镁、酸中毒等。
3. 纠正蛋白质和能量缺乏,补充充足的能量和蛋白质,优质蛋白应占蛋白质总量的50%以上。

(1)成人:对病情严重、年老体弱、消化吸收功能差者,增加能量和蛋白质供给时要做到循序渐进,每日每公斤实际体重供给 0.8g 蛋白质和 25kcal 左右的能量。待病情稳定后,可逐渐增至 1.0~1.5g 蛋白质和 40kcal 左右的能量。饮食可先供给流质、半流质饮食,逐渐供给软饭。重症病人胃纳极差或拒绝进食,可采用肠内或肠外营养支持。必要时可反复输血、血浆或白蛋白。

(2)婴幼儿:婴儿应继续母乳喂养,如已断乳,可给予挤出人乳、牛奶或配方奶粉(强化了各种矿物质及维生素)。因患儿消化吸收能力较差,故应从少量开始,逐渐加量。对于营养不良性消瘦,开始时每日给予 100~120kcal/kg 的热能,随病情好转,可逐渐增加热能供给。如临床恢复满意,身长和体重已达正常标准,热能供给可恢复生理需要量;对于患恶性营养不良的婴幼儿,每日先供给能量 50 kcal/kg 左右,逐渐增至每日 90~120 kcal/kg 左右,蛋白质每日供给 2~4 g/kg,先供给流质、半流质饮食,逐渐供给软饭。膳食中应包括米、面等主食及乳类、蛋类、鱼、瘦肉、肝、血和大豆制品。重症患儿胃纳极差或拒绝进食,可采用肠内或肠外营养支持。必要时可经静脉给予白蛋白、新鲜全血、氨基酸制剂及脂肪乳剂,并注意补充各种维生素和矿物质。

(孙孟里　杨丽华)

第二节　缺铁性贫血

缺铁性贫血是常见的营养缺乏病,特点为小细胞低色素性贫血。婴幼儿、青少年、育龄妇女、孕妇、乳母和老年人是缺铁性贫血的好发人群。

缺铁性贫血是世界范畴的营养疾病,发展中国家发病率较高,也是我国普遍存在的营养疾病。1992 年全国营养状况调查显示,中国各年龄组缺铁性贫血患病率为:学龄前儿童 14.8%,学生(6~14岁)17.2%,成年男性 14.6%,成年女性 22.7%,孕妇 35%。上海市 2002 年的调查结果显示:在6~13岁的学生中,贫血者占21.6%。

铁是人体合成血红蛋白的必需元素,缺铁时,血红蛋白不能将氧气充分运送至大脑和全身,影响儿童的生长发育及智力开发,导致人群健康水平低下,显著降低人群的综合竞争能力。

一、病因

1. 营养因素　因饮食中缺乏足够量的铁或食物结构不合理导致铁吸收和利用率低。我国饮食习惯一般以谷物和蔬菜为主,肉类较少,故铁来源的食物构成不合理,仅20%左右的铁来源于动物食品,因此血红蛋白铁含量较低,饮食中供铁以非血红蛋白铁为主,并且含有大量抑制非血红蛋白铁吸收的物质。当生理性铁需要量增加时,如婴幼儿、青少年、月经期妇女、孕妇和哺乳期妇女,就容易发生缺铁性贫血。

2. 慢性失血　慢性失血是缺铁性贫血最常见的病因之一,如月经量过多、痔出血、消化性溃疡出血、胃肠道肿瘤、钩虫病等,慢性肾功能衰竭进行血液透析治疗时,也可发生缺铁性贫血。

3. 吸收不良　胃肠道病变造成的吸收障碍,如长期严重腹泻、小肠吸收不良综合征,胃酸缺乏及胃大部切除术后等。长期嗜好浓茶,也可引起缺铁性贫血。

二、临床表现

本病早期表现为头晕、眼花、耳鸣、乏力、心悸等,婴幼儿缺铁可有注意力不集中、易激惹、对外界反应差等,严重病例可合并口炎、舌炎、萎缩性胃炎和胃酸缺乏,皮肤干燥、毛发干枯脱落、指甲薄脆易裂和反甲,个别儿童有异食癖。

三、实验室检查

实验室检查包括血象、骨髓象、血清铁和总铁结合力测定等。

1. 血象　红细胞计数(RBC)、血红蛋白含量(Hb)和红细胞比容(HCT)减少。在血涂片上可见红细胞大小不等,以小细胞为主,中央淡染区扩大,网织细胞可轻度减少。

2. 骨髓象　骨髓铁染色示骨髓小粒可染铁消失,铁粒幼红细胞<15%。

3. 血清铁和总铁结合力测定　血清铁<50μg/dl,总铁结合力>360μg/dl,转铁蛋白饱和度<15%。

4. 红细胞游离原卟啉>100 μg/dl。

四、营养治疗

1. 首先治疗原发病,去除引起缺铁的病因。

2. 改变不合理的饮食结构,增加动物性食品的摄入,适当多进食瘦肉、肝脏及鸡血、鸭血、猪血等含血红蛋白铁丰富的食品,还应多进食富含维生素C的新鲜蔬菜及水果,因维生素C可以促进铁的吸收和利用(见表12-1)。提倡母乳喂养,小儿应及时添加含铁丰富、吸收率高的辅食,应纠正偏食和素食等不良的饮食习惯,忌饮浓茶。

3. EDTA钠铁强化酱油,作为铁强化食品,正在我国进行较大规模的人群食用效果观察。

4. 口服铁剂,如硫酸亚铁、葡萄糖酸亚铁等。

5. 建议使用铁锅、铁铲等铁制炊具烹调。

6. 缺铁性贫血食谱举例见表12-2。

表12-1 常见食物的铁、维生素C含量(mg/100g食部)

食物名称	铁	维生素C	食物名称	铁	维生素C
大米	0.4		菜花	1.1	61
小米	5.1		韭菜	1.6	24
富强粉	2.7		荠菜	5.4	43
燕麦片	7		油菜	1.2	36
玉米面	3.2		黄瓜	0.5	9
北豆腐	2.5		苦瓜	0.7	56
南豆腐	1.5		茄子	0.5	5
红小豆	7.4		柿椒	0.8	72
干木耳	97.4		生菜	0.9	13
干海带	4.7		蒜苗	1.4	35
瘦牛肉	2.8		西兰花	1	51
瘦羊肉	3.9		圆白菜	0.6	40
瘦猪肉	3		西红柿	0.4	19
羊肝	7.5		藕	1.4	44
猪肝	22.6	20	草莓	1.8	47
鸡肝	12		西瓜	0.5	7
猪血	8.7		鸭梨	0.9	4
牛奶	0.2	3	富士苹果	0.7	2
鸡蛋	2.3		乌枣	3.7	6
松花蛋	3.3		小枣	2.7	
带鱼	1.2		菠萝	0.6	18
鲫鱼	1.3		芦柑	1.4	19
牡蛎	7.1		葡萄	0.4	25
干贝	5.6		香蕉	0.4	8
河虾	4		鲜枣	1.2	243
海虾	3		红肖梨	0.4	4
菠菜	2.9	32	久保桃	0.4	8
芹菜	1.2	8	猕猴桃	1.2	62
苋菜	5.4	47	松子仁	4.3	
大白菜	0.6	28	炒榛子	5.1	
小白菜	1.9	28	炒西瓜子	8.2	

表12-2 缺铁性贫血食谱

餐别	内容	食物	重量(g或ml)
7:00	馒头	富强粉	25
	麦片粥	燕麦片	25
	煮鸡蛋	鸡蛋	50
	水果	鸭梨	200
9:00	红枣小豆汤	小枣	30
		红小豆	20
11:00	包子	富强粉	100

(续表)

餐别	内容	食物	重量(g 或 ml)
		瘦猪肉	75
		芹菜	100
	酱牛肉		50
	拌黄瓜	黄瓜	150
	红白豆腐汤	猪血	50
		北豆腐	50
	烹调油		15
15:00	水果	草莓	300
18:00	米饭	大米	100
	清蒸鲤鱼	鲤鱼	100
	熏干油菜	油菜	150
		熏干	25
	烹调油		15
20:00	苹果		200
	全日用油		30
	全日用盐		8

蛋白质 110g(20%) 脂肪 61g(25%) 碳水化合物 304g(55%)
总能量 9.2MJ(2205 kcal) 铁 33mg 维生素 C 171mg

(孙孟里 陈淑芳)

第三节 钙缺乏与过量

钙是人体内含量最多的无机元素,占人体重的 1.5%～2.0%。正常成人体内含有 850～1200g 的钙。钙是构成骨骼和牙齿的主要成分,并在机体各种生理和生化过程中,对维持生命起着至为重要的作用。

一、钙缺乏

钙是人体最容易缺乏的常量元素之一。缺乏时主要影响骨骼、牙齿的正常发育和结构。主要表现为:

1. 骨骼、牙齿发育障碍 多见于儿童。儿童期生长发育旺盛,对钙的需要量较多,长期摄入不足,容易出现钙缺乏,婴幼儿钙缺乏常伴随蛋白质和维生素 D 缺乏。钙缺乏时导致骨骼、牙齿的病变,出现新骨结构异常,骨钙化不良,引起生长迟缓、骨骼变形,严重者出现佝偻病,其发病率北方高于南方;牙齿病变表现在牙齿钙化不全、发软,易患龋齿。

2. 手足搐搦症 婴儿钙缺乏时,血钙降低,导致神经肌肉兴奋性增高,使手足屈肌群痉挛、抽搐,严重时会引起突发性痉挛,多见于喂养不当的婴儿。

3. 骨质软化与骨质疏松 生育多胎且哺乳时间长的妇女,因缺乏日晒及长期钙摄入量不足,使骨骼逐渐脱钙,发生骨质软化。骨钙丢失的速度女性大于男性,女性绝经期后因雌激素分泌不足、维生素 D 缺乏、日晒及活动量减少等原因，使骨吸收大于骨形成，骨钙丢失加快，易患骨质疏松，常发生骨折。而男性一般在 60 岁以后发生骨质疏松。

二、钙过量

每日钙摄入量不应超过 2000mg，当钙补充过量时，将对人体产生不良影响。

1. 增加患肾结石的危险性　高钙尿是肾结石的危险因素，草酸、植物纤维和蛋白质摄入过量，易与钙结合形成结石。

2. 影响必需微量元素的生物利用率　高钙抑制铁吸收，也可降低对锌的利用率，并对镁、磷有潜在副作用。

三、营养治疗

1. 应增加每日钙摄入量，多进食含钙丰富的食物，如牛奶、奶酪等奶制品，小白菜、油菜等含钙较丰富的蔬菜及小虾皮、海带、发菜、芝麻酱及豆制品等，提倡适当多饮强化 VA、VD 的牛奶。

2. 对儿童、育龄妇女、孕妇、哺乳期妇女及老年人要求达到中国居民膳食钙参考摄入量（DRIs）标准，必要时可服钙片补充。

3. 适当增加户外活动，进行力所能及的体育锻炼。

4. 服钙片要遵医嘱，避免补钙过量。

第四节　锌缺乏

三千多年前，古埃及人就开始用锌制剂治疗皮肤病。20 世纪 60 年代初，在伊朗和埃及首次发现人类缺锌侏儒症，锌被列为人体必需微量元素。

一、缺锌的临床表现

锌缺乏在以谷类为主食的国家，尤其在经济落后地区的儿童中相当普遍。膳食锌长期严重摄入不足，可引起锌缺乏症，典型锌缺乏表现为：

1. 味觉障碍　食欲不振，偏食、厌食或有异食癖。

2. 生长发育不良　发病后如未能及时治疗，则身高、发育停滞，患者矮小、瘦弱、秃发，进一步发展则成为侏儒。

3. 胃肠道疾患　患者易合并腹泻（肠病性肢端皮炎）。

4. 皮肤粘膜疾患　头发干燥、枯黄，皮肤干燥、粗糙，有色素沉着，易生疱疹、皮疹及皮炎，青年人锌缺乏，易生痤疮。患者常见反复性口腔溃疡，伤口愈合不良。

5. 眼疾患　易合并白内障和夜盲。

6. 免疫力减退　反复感染，易感冒。

7. 性发育或功能障碍　性成熟延迟，第二性征不明显，性机能减退，女性月经延迟、周期紊乱，男性不育。

8. 认知行为改变　认知能力不强，精神萎靡，共济失调，行为障碍。

9. 妊娠、分娩合并症增多　妊娠反应加重，孕妇嗜酸，呕吐加重。易流产、早产。胎儿宫内发育迟缓，易生产低体重儿。分娩合并症增多，产程延长，伤口易感染。胎儿畸形率增高，易出现脑部及中枢神经系统畸形。

二、边缘性轻度锌缺乏

典型锌缺乏在儿童中不多见,而边缘性轻度锌缺乏比较普遍。主要为膳食中锌摄入不足引起,多见于2~6岁儿童。主要表现为:

1. 生长发育迟缓,身高、体重低于正常儿童。
2. 味觉降低,食欲下降,食量减少。
3. 多发性口腔溃疡,头发枯黄。

三、治疗

1. 适当多食富锌食物,如肝、瘦肉、海鱼、牡蛎、鲱鱼及禽蛋类,豆制品、花生、核桃等坚果类,鼓励多吃粗粮。
2. 对锌缺乏严重者,可口服锌制剂,儿童可采用葡萄糖酸锌每日3.5~7 mg/kg,或硫酸锌每日2.3~4.5 mg/kg,持续服用1~3个月。必要时可静脉滴注硫酸锌。

第五节　硒缺乏与硒中毒

经研究证实,硒缺乏是导致克山病的重要原因。硒缺乏于1935年在黑龙江省克山县首先发现,吉林、辽宁、甘肃、河北、河南、山西、山东、四川等地的部分农村均有该病的流行。其易感人群为2~6岁的儿童和育龄妇女。以多灶性心肌坏死为主要病理变化。

一、硒缺乏的主要临床表现

硒缺乏的主要临床表现为心律失常、心动过缓或过速,心脏扩大、心功能衰竭、心源性休克,急性病人可迅速死亡。X线可见心脏呈球形扩大,心搏减弱,心电图也有异常改变。

二、硒缺乏的诊断

硒缺乏的诊断主要依据血硒和发硒降低、全血谷胱甘肽过氧化物酶活力下降以及补硒后症状好转。血硒能反映膳食中硒的摄入量,血硒平均参考值为2.03~3.29 μmol/L,我国最低值为0.10 μmol/L(贫硒地区),最高值95.0 μmol/L(硒中毒地区)。

三、硒缺乏与大骨节病

硒缺乏与大骨节病有关,地方性大骨节病主要病变为骨端软骨细胞变性坏死,肌肉萎缩,发育障碍,以青少年发病为多。用亚硒酸钠与维生素E治疗儿童早期大骨节病可有显著疗效。硒具有保护软骨细胞的作用,硒还能改善软骨蛋白多糖和胶原代谢,提高其代谢转化率,对坏死病变发挥补偿作用。

四、硒缺乏的营养治疗

1. 鼓励硒缺乏患者多选食海产品、动物内脏和肉类。
2. 可采用药物治疗,如亚硒酸钠、硒甲硫氨酸或富硒酵母口服100 μg/d,但不宜过量,避免发生中毒,因硒的需要量与中毒量之间范围很窄。

五、硒过量与中毒

硒摄入过量可引起中毒,硒中毒在世界一些地区时有发生,主要与地质环境硒含量过高,致使食物与水中含硒过高有关。国外曾报道因食高硒含量保健品中毒的病例。硒中毒的主要表现为:

1. 头发变干、变脆,从头皮处断裂,眉毛、胡须、腋毛、阴毛脱落。皮肤起皮疹或水疱并可发生溃疡。
2. 脱甲、指甲变脆、甲面出现白点及纵纹。
3. 胃肠道症状,如恶心、呕吐等。
4. 患者乏力、易怒,肢端麻木继而抽搐、麻痹,甚至偏瘫。
5. 可合并肌炎及心肌病。

第六节 维生素 A 缺乏症

维生素 A 亦称视黄醇,其发现始于人们对食物与夜盲症关系的探讨。在世界范围内,维生素 A 缺乏仍是严重危害人类健康的营养缺乏病,是发展中国家主要的公共营养问题,高危人群为婴幼儿与儿童。我国典型的维生素 A 缺乏已不多见,但在边远农村地区仍有群体流行,亚临床状态缺乏现象还相当普遍。

一、临床表现

1. 暗适应能力下降与夜盲症 是维生素 A 缺乏的最早症状,表现为暗适应时间延长及暗光中视物不清,严重者可致夜盲症。
2. 干眼症 外观眼结膜、角膜干燥,失去光泽,发痒,眼泪减少,眼部检查可见角膜缘外侧呈泡沫状白斑,称毕脱斑(Bitots spot)。继而角膜发生干燥、浑浊、软化,感觉畏光、眼痛,易导致感染。多见于 1~6 岁的儿童,在患麻疹、疟疾等传染病时容易发生。此时如用大量的维生素 A 治疗,可使损伤逆转,如任其发展,溃疡将扩大,使角膜深层受侵,严重时可发生角膜溃疡坏死引起穿孔,导致失明。
3. 皮肤表现 开始时仅感皮肤干燥、粗糙、易脱屑,继而形成毛囊丘疹,触摸皮肤有粗砂样感觉,丘疹常分布在四肢的伸侧,并逐渐向颈背部及面部蔓延,患者毛发干燥,失去光泽,易脱落,指(趾)甲变脆易折。
4. 生长发育障碍 维生素 A 缺乏使儿童发育迟缓,影响骨骼和牙齿的正常发育,患儿身高低于正常儿童,且易患龋齿。
5. 易感性增高 婴幼儿与儿童免疫力低下,易发生消化道、呼吸道及泌尿道感染。
6. 易合并贫血,易患尿道结石。

二、营养治疗

1. 预防为主,儿童、孕妇及乳母要多进食富含维生素 A 的动物性食品如奶制品、蛋类、动物肝脏及深色蔬菜等。
2. 提倡母乳喂养,人工喂养的婴儿应选择强化维生素 A、D 的牛奶及奶粉。
3. 强化维生素 A 植物油,为大豆色拉油,每公斤含维生素 A(醋酸视黄酯)4000~8000μg,

为国家公众营养改善项目的首批试点产品。目前已有试销产品上市。建议每人每日食用25g,或在专家的指导下食用。

4. 我国推荐维生素 A 每日供应量:婴幼儿 400μgRE(视黄醇当量),5 岁以上儿童 750μg RE,少年和成人为 800μg RE,孕妇为 1000μg RE,乳母为 1200μg RE。

第七节　维生素 D 缺乏症

维生素 D 是人体必需的营养素,它是钙、磷代谢的调节因子之一,维持钙和磷的正常水平,对正常骨骼的矿化、肌肉收缩、神经传导以及体内所有细胞的功能都是必需的。维生素 D 在体内的重要代谢产物 1,25-$(OH)_2 D_3$ 具有类固醇激素的作用,体内维生素 D 的生物学效应是通过 1,25-$(OH)_2 D_3$ 而发挥作用的。

维生素 D 缺乏导致肠道不能适量地吸收钙和磷,造成骨骼和牙齿的骨化异常。维生素 D 缺乏的主要原因为膳食中缺乏维生素 D 和日光照射不足,特别是后者更重要。日光照射与地理条件、季节和大气环境有密切关系,因此,维生素 D 缺乏常发生在光照不足、小儿喂养不当和出生后生长较快的早产儿,易导致佝偻病。孕妇、乳母和老年人维生素 D 缺乏的发生率也很高,使骨骼脱钙,发生骨质软化症和骨质疏松症。

一、临床表现

1. 佝偻病　典型的佝偻病表现为低钙血症、骨骼病变和牙齿萌出延迟。维生素 D 缺乏时,影响骨骼正常钙化,骨骼变软和弯曲变形,如婴幼儿下肢骨弯曲,形成"X"或"O"形腿;胸骨外凸如鸡胸;肋骨与肋软骨连接处形成"肋骨串珠";囟门闭合延迟、脊柱弯曲和骨盆变窄;腹部肌肉发育不良,而使腹部膨出;婴儿出牙推迟,恒牙稀疏、凹陷,容易发生龋齿。还可影响神经、肌肉、免疫、造血等器官的功能。佝偻病发病率北方较南方高,与婴幼儿日照不足有关。

2. 骨软化病　多见于孕妇、乳母和老年人,初期表现为腰背部和腿部不定位的、时好时坏的疼痛,活动时加剧,严重时骨质软化、变形,容易发生自发性或多发性骨折,孕妇因骨盆变形而导致难产。

3. 骨质疏松　主要表现为骨钙丢失、骨小梁变细减少,多见于年长者。骨质疏松时骨质变松变薄,导致脊椎骨压缩变形、股骨颈和前臂腕部易骨折。骨质疏松的病变随着年龄的增加而加重,女性较男性多发,女性多见于绝经期后,男性则多见于 60 岁以后。骨质疏松及其引起的骨折是威胁老年人健康的主要疾病之一。

4. 手足搐搦症　维生素 D 缺乏可引起手足搐搦症。钙吸收不良、甲状旁腺失调或其他原因导致的血钙水平降低亦可发生手足搐搦症,表现为肌肉抽搐、痉挛及惊厥等。

二、营养治疗

1. 儿童及孕妇、乳母应多进行户外活动,多晒太阳。
2. 供给婴幼儿、孕妇及乳母含维生素 D 丰富的食品,如维生素 A、D 强化牛奶、沙丁鱼等海鱼以及动物肝脏、蛋黄,还可口服鱼肝油制剂。

第八节 维生素 B_2 缺乏症

维生素 B_2 又称核黄素。在体内主要以黄素腺嘌呤二核苷酸（FAD）、黄素单核苷酸（FMN）的形式参与氧化还原反应。另外，核黄素还参与维生素 B_6 与烟酸的代谢。最近的研究表明核黄素与体内的抗氧化防御体系也有密切的关系。

核黄素缺乏在我国比较常见，膳食中摄入量不足是最常见的原因。另外，酗酒的人也容易出现缺乏。核黄素缺乏，使物质与能量代谢紊乱，可出现多种临床症状，主要表现为疲乏、伤口愈合不良及眼、口、唇、舌和皮肤的病变以及贫血。

一、临床表现

1. 眼部症状　初期为羞明、流泪及视物模糊，严重者出现角膜血管增生、睑缘炎。
2. 口部症状　有口角炎表现为口角湿白斑、裂纹和张口疼痛，重者有溃疡、出血和化脓；唇炎表现为早期有红肿、纵裂纹加深，继而出现脱屑、溃疡及色素沉着；舌炎可见舌色紫红、菌状乳头肥大、舌肿胀、裂纹与地图舌，口腔粘膜溃疡。
3. 皮肤症状　主要为脂溢性皮炎与阴囊皮炎（女性阴唇炎），脂溢性皮炎初期呈轻度红斑，覆盖黄色脂状鳞片，多见于鼻翼窝、耳后及眉间，中晚期在脂状鳞片后有丝状霜末；阴囊皮炎早期为阴囊瘙痒，随后出现红斑型、丘疹型或湿疹型皮肤损害。
4. 长期缺乏核黄素还能导致儿童生长发育迟缓，影响铁的吸收而出现轻中度缺铁性贫血、免疫力下降和胎儿畸形。核黄素严重缺乏时常伴有其他 B 族维生素的缺乏，因其缺乏会影响维生素 B_6 和烟酸的代谢。

二、营养治疗

1. 多进食含核黄素丰富的食物，如动物内脏、蛋黄、牛奶及奶制品、豆制品，绿叶蔬菜如菠菜、油菜、韭菜等。
2. 多吃粗粮，少吃精米白面。
3. 可口服核黄素片，同时服用复合维生素 B 片治疗效果更好。

（林晓明　孙孟里）

第十三章 胃肠道疾病的营养治疗

第一节 急性胃炎

急性胃炎是由不同病因引起的胃粘膜急性炎症。临床可分为急性单纯性胃炎、急性糜烂性胃炎、急性腐蚀性胃炎和化脓性胃炎,以急性单纯性胃炎最为常见。

一、分型及临床表现

1. 急性单纯性胃炎 急性单纯性胃炎又称急性非特异性胃炎、急性浅表性胃炎,是由不同原因引起的急性胃粘膜的非特异性炎症。

(1) 病因及发病机制:

①理化因素:过冷、过烫的食物和饮料,烈酒、浓茶、咖啡、辛辣调味品、过分粗糙的食物、阿司匹林等药物。

②生物因素:因进食被细菌及其毒素污染了的食品引起,常见致病菌为沙门菌、嗜盐菌、致病性大肠杆菌等。常见毒素为金黄色葡萄球菌毒素。近年来发现病毒感染也可引起本病。

③其他:胃石、胃区放射治疗、应激状态及变态反应等。

(2) 临床表现:多数急性起病,有上腹隐痛、恶心呕吐、嗳气、食欲减退等症状。由沙门菌或金黄色葡萄球菌及其毒素致病者,常于进食数小时或24小时内发病,多伴有发热、恶心呕吐、腹泻,严重者有脱水、酸中毒或休克。

2. 急性糜烂性胃炎 本病又称出血糜烂性胃炎、出血性胃炎、应激性溃疡等,近年来统称为急性胃粘膜病变。本病起病较急,有中上腹隐痛或触痛及呕血、黑便等上消化道出血的症状,大量出血可引起休克。本病的病因和发病机制尚未阐明。

3. 急性腐蚀性胃炎 由于患者吞服了强酸、强碱或其他腐蚀剂所引起。有口腔、咽喉、胸骨后及中上腹剧烈疼痛,伴有吞咽困难、频繁恶心呕吐,严重者可有呕血、休克。

4. 化脓性胃炎 化脓性胃炎又称急性蜂窝组织胃炎,其病情严重,临床上十分少见。

二、饮食治疗的目的

1. 消除病因,限制对胃粘膜有化学性及物理性刺激的食物。
2. 根据不同的病程及症状,供给合理的能量和各类营养素,促进病体康复。

三、饮食治疗的原则

1. 急性期 患者因呕吐、腹泻失水较多,需大量补充水分,可采用新鲜果汁(鲜橘汁、鲜广柑汁、柠檬汁)、米汤、藕粉等清流质食物。应避免易引起胃肠道发酵、胀气的食物,如牛奶、豆浆、甜饮料等,并尽量减少蔗糖摄入。若有严重呕吐、腹痛者应禁食。

2. 病情缓解后 逐步采用易于消化、无刺激性的半流质饮食,如大米粥、瘦肉末粥、蒸蛋羹、面片汤、煮龙须面甩蛋花等,并可适量选用烤馒头干、面包干、苏打饼干、新鲜咸面包等。如腹泻严重应禁用牛奶。

3. 恢复期　少食多餐,一日进餐5~6次,以减轻胃的负担。从低脂少渣半流食逐渐过渡到软饭,可将煮熟的瘦肉或鱼切成细丝或碎末,烹制成烩肉末羹、烩肉丝。鱼类含有丰富的蛋白质和多不饱和脂肪酸,且肉质较柔软,易于消化,可烹制成烩鱼片、烩鱼羹等。患者痊愈后,可逐渐转入普通饭。

4. 禁食粗粮、杂豆类、硬果类、含膳食纤维高的蔬菜,如芹菜、韭菜、竹笋、苤蓝、洋葱头和菠萝、红肖梨、生萝卜等生硬蔬菜水果类。

5. 禁饮酒、咖啡及浓茶,禁饮各类产气饮料,如汽水、汽酒、可口可乐、雪碧等。禁用芥末、胡椒、咖喱粉、辣椒等辛辣调味品,并应戒烟。

6. 烹饪方式　可采用蒸、煮、烩、汆、炖等烹调方式,禁用油煎、油炸等烹饪方法,禁食腌、熏、腊的大块鱼或肉。

四、食谱举例

1. 急性胃炎急性期食谱举例　见表13-1。

表13-1　急性胃炎急性期食谱举例

餐别	内容	食物	重量(g或ml)
7:00	米汤(200ml)	粳米	15
	盐		少许
9:00	藕粉(1杯)	藕粉	30
11:00	鸡蛋汤(1杯)	鸡蛋	30
	油、盐		少许
15:00	鲜橙汁(200ml)	橙子	300
18:00	鸡蛋羹	鸡蛋	50
	油、盐		少许
20:00	藕粉(1杯)	藕粉	30
	全日用油		8
	全日用盐		3

蛋白质14g(9%)　脂肪18g(26%)　碳水化合物100g(65%)
总能量2.6MJ(618kcal)

2. 急性胃炎病情稳定阶段食谱举例　见表13-2。

表13-2　急性胃炎病情稳定阶段食谱举例

餐别	内容	食物	重量(g或ml)
7:00	稀粥	大米	30
	鸡蛋羹	鸡蛋	50
	面包1~2片	富强粉	25~50
9:00	藕粉(1杯)	藕粉	30
12:00	烩鱼片	草鱼	100
	稀粥	大米	30

(续表)

餐别	内容	食物	重量（g或ml）
15:00	馒头片（1～2片）	富强粉	25
	牛奶冲藕粉	牛奶	200～250
		藕粉	30
	苏打饼干（4块）	富强粉	25
18:00	龙须面加瘦肉末甩鸡蛋	富强粉	50
		熟瘦猪肉末	25
		鸡蛋	25
	面包（2块）	富强粉	50
	全日用油		20
	全日用盐		6

蛋白质64g（15%） 脂肪43g（22%） 碳水化物267g（63%）
总能量7.15MJ（1710 kcal）

第二节 慢性胃炎

慢性胃炎是一种常见的胃部疾患，是指不同病因引起的胃粘膜的慢性炎症或萎缩性病变，临床上十分常见，约占接受胃镜检查病人的80%～90%，男性多于女性，随年龄增长发病率逐渐增高。此病病程迁延，可有上腹饱胀不适、无规律性上腹隐痛、嗳气、反酸、呕吐等。

一、病因

1. 物理因素　长期饮浓茶、烈酒、咖啡及过热、过冷、过于粗糙的食物，可导致胃粘膜的损伤。
2. 化学因素　长期大量服用阿司匹林等药物以及烟草中的尼古丁、胆汁反流等均可破坏粘膜屏障。
3. 生物因素　幽门螺杆菌感染等。
4. 免疫因素。
5. 其他　慢性胃炎的发病率随年龄而增加，胃泌素、表皮生长因子等胃粘膜营养因子缺乏可引起胃粘膜萎缩。心力衰竭、肝硬化合并门脉高压、营养不良都可引起慢性胃炎。糖尿病、甲状腺病合并萎缩性胃炎者较多见，胃部其他疾病如胃息肉、胃溃疡等也常合并慢性萎缩性胃炎。遗传因素也应受到重视。

二、临床表现

慢性胃炎缺乏特异性症状，症状的轻重与胃粘膜的病变程度并非一致。大多数病人常无症状或有程度不同的消化不良症状如上腹隐痛、食欲减退、餐后饱胀、反酸等。萎缩性胃炎可有贫血、消瘦、舌炎、腹泻等，个别病人伴粘膜糜烂者上腹痛较明显，并可有出血。

三、饮食治疗的目的

1. 消除病因，限制对胃粘膜有化学性及物理性刺激的食物。
2. 根据不同的病程及症状，供给合理的能量和各类营养素，促进病体康复。

四、饮食治疗的原则

1. 应给予少渣软饭，如胃酸过多应禁食浓肉汤、浓鸡汤。
2. 慢性浅表性胃炎伴胃酸过多者应给予低盐饮食。
3. 慢性萎缩性胃炎胃酸分泌不足时，应给予适量糖醋食物、去油肉汤、去油鸡汤、酸牛奶等以刺激胃酸的分泌，帮助消化。
4. 若患者合并贫血时，应注意补充维生素 C、某些氨基酸和单糖以促进铁的吸收。

第三节 消化性溃疡

消化性溃疡主要指发生于胃和十二指肠的慢性溃疡，溃疡的形成有多种因素，其中酸性胃液对粘膜的消化作用是溃疡形成的基本因素，因此得名。因绝大多数的溃疡发生于十二指肠和胃，故又称胃、十二指肠溃疡。此病是人类的多发病、常见病。本病的病因与发病机制尚未完全阐明。研究表明，胃酸分泌过多、幽门螺杆菌感染和胃粘膜保护作用减弱等因素是引起消化性溃疡的主要环节。药物因素、胃排空延缓和胆汁反流、遗传因素、环境因素及精神因素等都和消化性溃疡的发生有关。此病一般病史长，呈慢性过程，有上腹疼痛长期反复发作的特点。发作呈周期性，与缓解期交替，全年均可发病，但以春、秋季节发作者多见。溃疡疼痛与饮食有明显的相关性和节律性。十二指肠溃疡的疼痛好发于二餐之间，持续不减直至下餐进食或服制酸药后缓解。一部分十二指肠溃疡病人，可发生半夜疼痛。胃溃疡疼痛的发生较不规则，常在餐后1小时内发生，经1~2小时后逐渐缓解，直至下餐进食后再重复上述节律。

一、饮食治疗的目的

1. 减少饮食对胃酸分泌的刺激，保护溃疡面，使胃得到休息。
2. 减轻机械性和化学性刺激，缓解和减轻疼痛。
3. 防止并发症。
4. 减少复发率。

二、饮食治疗的原则

1. 定时定量，少量多餐 每日 5~7 餐，每餐量约为患者正常食量的 1/3~2/3。这样可减少胃酸对溃疡面的刺激，并供给足够的营养和能量。对十二指肠溃疡的患者，可睡前加餐。睡前宜进食温热的食物，温热饮食对胃粘膜有保护作用，并可预防饥饿性疼痛。可吃粥、鸡蛋面条、苏打饼干、鸡蛋羹、牛奶、豆浆，进食量不宜过多，主食 50g 左右为宜。
2. 供给少渣、柔软、易消化的食物 牛奶、奶酪、鸡蛋黄等易于消化吸收，并有保护胃粘膜的作用，可适当选食。
3. 蛋白质 每日摄入量≥1g/kg，合并贫血时，供给 1.5g/kg，以促进溃疡面的愈合。

4. 脂肪 每日供给70~80g左右。脂肪可抑制胃酸的分泌，溃疡病发作期不必严格限制，烹饪时宜采用鲜奶油、黄油或植物油，以保护胃粘膜。

5. 碳水化合物 每日供给300~350g。因为米、面中的淀粉不太影响胃酸分泌，故可给粥、面条、馄饨等主食。蔗糖可刺激胃酸分泌，并引起腹胀，不宜食入过多，饮牛奶和豆浆时，只能加5%的蔗糖。

6. 供给丰富的维生素 应选富含B族维生素、维生素A和维生素C的食品。

7. 食盐 少盐饮食可减少胃酸的分泌，故每日供给食盐5~6g为宜。

8. 烹调方法 食物必须切碎煮烂，选用蒸、煮、氽、软烧、烩、焖等烹调方法，不宜用油煎、干炸、爆炒、醋熘、凉拌等方法。

9. 要细嚼慢咽，避免粗糙及刺激性食物，要戒烟酒。

三、食谱举例

1. 溃疡病急性发作期食谱举例 见表13-3。

表13-3 溃疡病急性发作期食谱举例
（适用于溃疡病急性发作或出血刚停止时）

餐别	内容	食物	重量（g或ml）
第1次	鸡蛋汤	淀粉	15
		鸡蛋	50
		香油	3
第2次	牛奶大米浆		200
		牛奶	100
		大米	15
		香油	2
第3次	藕粉		30
	鸡蛋羹	鸡蛋	50
第4次	牛奶		250
	白糖		15
第5次	藕粉		30
第6次	嫩鸡蛋	鸡蛋	40
		香油	5
第7次	牛奶		250
	白糖		15

蛋白质36g（13%） 脂肪38g（32%） 碳水化合物146g（55%）
总能量4.5 MJ（1070 kcal）

2. 溃疡病恢复期食谱举例 见表13-4。

此期患者病情稳定，每日应供给能量2500kcal左右，蛋白质80g左右，脂肪80g左右，碳水化合物300g左右。每日进餐5次。

（1）主食：可采用蒸软饭、馒头、熟肉馅包子、蒸蜂糕、蒸蛋糕、面包、细面条、面片、馒头干、面包干、苏打饼干等。

（2）乳类食物：可给予牛奶、牛奶大米粘液汤、牛奶茶、黄油等。

(3) 肉类食物：鸡肉及鱼虾纤维较柔软，易于消化，可做成肉丸子、鱼丸子。猪肉、牛肉因纤维较粗糙，需煮熟后弃汤，将肉切碎成肉末或肉丝，再烹制成肉末羹或烩肉丝。

(4) 鸡蛋：鸡蛋营养丰富，对胃粘膜无明显刺激，每日可给予煮半熟鸡蛋或蒸蛋羹1~2个。

(5) 蔬菜：可吃冬瓜、西红柿、去皮茄子、胡萝卜、土豆、嫩小白菜或大白菜、油菜叶等，均应切成细丝、小丁或碎末，并需煮软。可适量食用南豆腐。

(6) 水果：可将成熟的苹果、梨、香蕉、桃等去皮切成丁，煮成水果羹。

表13-4 溃疡病恢复期食谱举例

餐别	内容	食物	重量（g或ml）
7:00	牛奶（1杯）	牛奶	250
	煮嫩鸡蛋1个	鸡蛋	50
	馒头1个	富强粉	50
	酱豆腐		少量
12:00	小白菜丝烩鱼丸	草鱼	75
		小白菜	100
	西红柿鸡蛋汤	鸡蛋	50
		西红柿	50
	软饭2小碗	大米	75
15:00	煮苹果羹1小杯	苹果	100
	苏打饼干4块	富强粉	25
18:00	鸡丝嫩菜叶龙须面	熟鸡丝	50
		大白菜	100
	馒头1个	富强粉	100
20:00	牛奶1杯	牛奶	250
	面包干2块	富强粉	25
	全日用油		20
	全日用盐		6

蛋白质66 g（16%） 脂肪47g（26%） 碳水化合物240g（58%）
总能量6.9 MJ（1650kcal）

四、溃疡病合并上消化道出血的饮食治疗

1. 大量出血时应暂禁食。

2. 病情缓解后，可给温凉米汤、牛奶，逐渐增加豆腐脑、蒸蛋羹、菜水、淡藕粉等无刺激性、易消化的少渣半流质饮食。一日进食6~8餐。

3. 恢复期可给予软饭。

第四节 克隆病

克隆病（Crohn disease）又称克罗恩病、局限性肠炎、节段性肠炎。发病人群以青壮年占半数以上，多在20~50岁，男略多于女。此病与溃疡性结肠炎均属于炎症性肠病，是肠道非感染性炎症。临床症状为慢性腹泻伴不规则发热、反复发作的脐周及右下腹痛、稀烂便。X线检查肠段病变呈节段性分布，粘膜呈卵石样改变，肠腔狭窄出现绳征。此病因为影响营养素的吸收，临床表现为贫血、低蛋白血症、营养不良、维生素缺乏、水电解质平衡紊乱。

一、饮食治疗的原则

1. 急性期应给予胃肠外营养支持。
2. 少量多餐 急性期后1~2周，可给予少量流质饮食，每日进餐4~5次。肠道炎症减轻后，可给予少渣半流质饮食。恢复期消化道症状消失后，可采用少渣软饭。
3. 供给少渣、柔软、易消化的食物。忌粗糙、坚硬、产气、油腻等不易消化及刺激性的食物。
4. 供给高热能、高蛋白质、高维生素的饮食。
5. 能量 每日供给能量30~35 kcal/kg左右。
6. 蛋白质 每日按1.5 g/kg左右供给，其中动物蛋白质占50%。
7. 脂肪 因本病病变侵犯回肠末端，影响脂肪的吸收，故每日膳食中的脂肪应限制在40g以下，烹饪时要采用植物油。
8. 碳水化合物 占总热量的60%左右为宜。
9. 应注意补充维生素A、D、E、K、B族维生素及维生素C等。
10. 注意补充钾、铁、锌、钙等矿物质。

二、克隆病食谱举例（见表13-5）

表13-5 克隆病食谱举例

餐别	内容	食物	重量（g或ml）
7:00	牛奶		250
	鸡蛋		50
	面包（咸）		50
9:00	力摄（1勺）		32.4
	牛奶		250
11:00	馄饨	富强粉	100
		瘦肉末	50
	花卷	富强粉	50
	小白菜		100
	西葫芦		150
15:00	鲜橙汁		150
	苏打饼干		25
18:00	软米饭	粳米	75
	余丸子冬瓜	猪肉	75
		冬瓜	150
	全日用油		10
	全日用盐		6

蛋白质88g（19%） 脂肪40 g（19%） 碳水化合物296 g（62%）
总能量7.9 MJ（1896 kcal）
注：力摄为诺华公司生产的配方奶粉

第五节 溃疡性结肠炎

溃疡性结肠炎是一种原因不明、主要发生在结肠粘膜层的慢性炎症性病变,以溃疡、糜烂为主,多累及直肠和结肠,并可向近端发展,以至累及整个结肠。临床症状为慢性腹泻伴发热,粘液脓血便伴腹胀,有腹痛-便意-便后缓解的特征。重症病人可有发热、水电解质平衡紊乱、低蛋白血症和营养不良。常发生小细胞低色素性贫血,可能与失血、缺铁与溶血有关。

一、饮食治疗的原则

1. 少食多餐,一日进餐4~5次。急性发作期清流质饮食以保护肠粘膜。病情好转后采用流质饮食,逐步过渡到少渣半流质饮食,恢复期可进食少渣软饭。重症行胃肠外营养支持。
2. 饮食应制成柔软易消化的食品。忌粗糙、坚硬、产气、油腻、不易消化及刺激性食物。
3. 能量 供给高能量,每日30~35 kcal/kg。
4. 蛋白质 高蛋白质饮食,每日1.5 g/kg左右,以补充肠道蛋白质丢失,满足机体需要。
5. 脂肪 占总热量的20%左右。
6. 碳水化合物 占总热量的60%左右为宜。
7. 应给予丰富的维生素与无机盐,尤其是B族维生素及铁、钙等。
8. 每日饮水1000~1500 ml左右,若腹泻失水多者,可饮糖盐水或静脉输液治疗。

二、溃疡性结肠炎食谱举例(见表13-6)

表13-6 溃疡性结肠炎食谱举例

餐别	内容	食物	重量(g或ml)
7:00	牛奶		250
	面包(咸)		50
9:00	脱脂酸奶		250
12:00	鸡丝龙须面	富强粉	50
		鸡胸肉	50
		西红柿	100
	花卷	富强粉	50
	小白菜豆腐	北豆腐	50
		小白菜	100
15:00	鲜果汁	橙子	200
	苏打饼干(4块)		25
18:00	软米饭	粳米	100
	清蒸鲤鱼	鲤鱼	150
	肉末胡萝卜	瘦肉末	30
		胡萝卜	150
	全日用油		15
	全日用盐		6

蛋白质94g(20%)　脂肪41g(20%)　碳水化合物276g(60%)　总能量7.7 MJ(1849 kcal)

(孙孟里　文树根　刘秋喜)

第十四章　肝、胆、胰疾病的营养治疗

肝、胆、胰是人体消化系统的重要器官。肝脏是机体进行生物转化的主要器官，是人体代谢的枢纽，有合成、储存、分解、排泄、解毒和分泌等多种功能。肝脏分泌的胆汁，在胆囊内储存，可帮助脂肪消化。胰腺有内、外分泌的功能，其分泌的各种消化酶在消化过程中也起着重要作用。肝、胆、胰如发生病变，将直接影响到营养素的消化与吸收，而各种营养素供给数量适当与否，又会影响肝、胆、胰的正常生理功能，所以肝、胆、胰疾病的营养治疗具有重要意义。

第一节　病毒性肝炎

病毒性肝炎是由多种肝炎病毒引起的、以肝脏炎症和坏死病变为主的一组疾病。目前已发现的病毒性肝炎共有甲、乙、丙、丁、戊 5 型，其中甲、戊二型以急性肝炎表现为主，乙、丙、丁型以慢性肝炎多见，可演变成肝硬化和肝癌。

一、传播途径

甲肝、戊肝以粪－口为主要传播途径，病毒污染水源或食物可致暴发流行；乙、丙、丁型肝炎以体液传播、输血、注射、母婴垂直传播、性接触传播为主。

二、分型及临床表现

（一）急性肝炎
1. **急性黄疸型肝炎**　甲肝与戊肝发病较急，有发热、乏力、食欲不振、厌油腻、恶心呕吐、黄疸等。乙肝、丙肝起病较慢，无发热，可有皮疹、关节痛。
2. **急性无黄疸型肝炎**　有乏力、食欲不振、肝肿大、肝功能异常等。

（二）慢性肝炎
1. **慢性迁延型肝炎**　急性肝炎迁延半年以上，反复乏力、纳差、肝大压痛、低热、血谷丙转氨酶（ALT）反复波动，其他肝功能基本正常。
2. **慢性活动型肝炎（慢活肝）**　病程超过半年，消化道症状明显，肝大、质中等以上，可伴有肝掌、蜘蛛痣、进行性脾大，肝功能多项不正常，A/G 倒置等。

（三）重型肝炎
1. **急性重症肝炎**　也称暴发型肝炎，发病 10 日内出现黄疸进行性加深、肝体积缩小、出血倾向、腹水、肝昏迷、肾功能不全、脑水肿等，病情危重，病程不超过 3 周。
2. **亚急性重症肝炎**　亦称亚急性肝坏死，在肝炎发病后 10 日以上，出现上述黄疸加深等肝衰竭症状，病程较长可达数月。
3. **慢性重症肝炎**　有慢活肝反复发作史，临床表现同亚急性重症肝炎。

（四）淤胆型肝炎
亦称毛细胆管型肝炎，主要为肝内梗阻性黄疸，皮肤瘙痒，粪便变浅，肝大等。

三、治疗

目前治疗病毒性肝炎尚无特效药物，合理的营养治疗可阻止病情向慢性肝炎、肝硬化或脂肪肝转化，故营养治疗是病毒性肝炎治疗的重要措施。

(一) 营养治疗的目的

供给合理营养，减少肝细胞损害，增强其再生能力，保护肝脏功能。促进肝糖原形成，提高免疫力，使肝功能尽快恢复。

(二) 营养治疗的原则

1. 急性肝炎营养治疗原则　急性肝炎初期，病人常有厌食、纳差、脂肪吸收障碍，此时不能强迫进食。食物供给宜量少、质精、易消化，尽可能照顾病人口味，并注意其吸收利用情况，如进食过少，可通过静脉提供热量及必需营养素，以满足病人生理需要，具体要求如下。

(1) 适当能量：成年患者每日供给能量 8.4 MJ (2000 kcal) 左右为宜。应根据患者的体重、病情如有无发热等做适当的调整。肥胖者需适当控制进食量，否则会影响肝功能的恢复或发生脂肪肝。

(2) 蛋白质：食物中应含多量生物价值高的蛋白质，可多选用牛奶制品、鸡蛋清等以保护肝脏功能。也可进食少量鸡肉、鱼、牛肉及瘦猪肉等。建议每日供给蛋白质 1~1.2 g/kg。

(3) 适量脂肪：每日脂肪供给量占总能量的 20%~25% (脂肪 40~50g) 为宜。最好采用植物油，植物油富含必需脂肪酸，它参与磷脂的合成，能使脂肪从肝脏顺利运出，对预防脂肪肝有利，修复受损的组织也需亚油酸。适量的脂肪还可促进脂溶性维生素的吸收，增加菜肴口味。

(4) 碳水化合物的供给量应保持一定比例：碳水化合物有节省蛋白质的作用，并能增加肝糖原储备，维持肝微粒体酶的活性，增强肝细胞对毒素的抵抗力。每日碳水化合物应占总能量的 60% 左右，应以米面为主。若患者的食欲过分减退，进食量过少，可适当进食葡萄糖、白糖、蜂蜜等。必要时可由静脉输注必需营养素，以满足病人生理需要。

(5) 多进食新鲜蔬菜和水果：这些食物中富含维生素 C 及膳食纤维，能促进肝糖原合成，刺激胆汁分泌，并促进代谢废物的排出。

(6) 供给足量液体：可采用鲜果汁、西瓜汁、米汤加蜂蜜、开水加蜂蜜等以稀释胆汁，促进有毒物质的排出。

(7) 禁用煎炸食品及辛辣调味品，还应限制肉汤、鱼汤、鸡汤等，以减轻肝脏负担，保护肝脏功能。

(8) 食盐：每日 6g 以下为宜。

(9) 饮食餐次：每日进膳 4~5 次。

(10) 急性肝炎食谱举例：见表 14-1。

2. 慢性肝炎营养治疗原则

(1) 能量供给应充足：供给充足的能量，可减少蛋白质的消耗，有利于组织蛋白质的合成。每日每公斤体重供给能量 126~146 kJ (30~35 kcal) 为宜。

(2) 蛋白质：每日每公斤体重供给蛋白质 1.5g 左右，高蛋白质饮食有利于保护肝细胞功能，促进已经损坏的肝细胞复原、再生和恢复，若有血浆白蛋白过低时，更需供给高蛋白饮食。但肝功能衰竭时，应限制蛋白质供给量。

表14-1 急性肝炎食谱举例

餐别	内容	食物	重量（g或ml）
7:00	大米粥	粳米	50
	馒头	富强粉	50
	鸡蛋羹	鸡蛋	50
	酱豆腐		10
11:00	烩鱼片加油菜	鱼肉	75
		油菜	50
	西红柿豆腐汤	西红柿	100
		豆腐	50
	米饭	粳米	100
15:00	苹果		200
18:00	鸡丝面条加小白菜	鸡肉	60
		富强粉	100
		小白菜	150
	煮山药红枣	山药	100
		红枣	20
20:00	牛奶加糖	牛奶	250
		白糖	10
	面包干	富强粉	20
	全日用油		20
	全日用盐		5

蛋白质 82 g（16%） 脂肪 45 g（20%） 碳水化合物 319 g（64%）
总能量 8.4 MJ（2010 kcal）

（3）脂肪：每日供给脂肪 40~50g 为宜。脂肪不宜过多，因肝病时胆汁合成和分泌减少，脂肪的消化和吸收功能减退，脂肪供给过多，易沉着于肝内，影响糖原合成，使肝功能进一步受损。但脂肪供给也不宜过少，否则会影响脂溶性维生素的吸收，还会影响病人的口味。

（4）碳水化合物：每日供给主食 300~500g 左右，选用米、面等细粮，不选玉米、高粱等粗粮。

（5）多采用维生素丰富的食物：各种维生素对肝细胞及其功能有着不同的作用。B族维生素在人体中参与核酸及胆碱的合成，并参与脂肪和糖代谢，有保护肝功能、防止脂肪肝的作用；维生素 C 有促进代谢和解毒作用；维生素 E 有抗肝坏死的作用。含维生素丰富的食物有乳制品、蛋类、绿色蔬菜、水果、小米、燕麦、酵母等。

（6）忌用辛辣调味品及肉汤、鸡汤、鱼汤、酒精饮料等，以减轻肝脏的负担。

（7）食盐：每日 6g。

（8）烹调方式：采用蒸、煮、炖、烩、熬等烹饪方法，食物需柔软、易消化。忌用油炸、煎、炒的烹饪方法。

（9）饮食制度：少量多餐，每日进膳 4~5 次。

（10）慢性肝炎食谱举例：见表 14-2。

表14-2 慢性肝炎食谱举例

餐别	内容	食物	重量（g或ml）
7:00	牛奶加糖	牛奶	250
		白糖	10
	酱牛肉	牛肉	30
	花卷	富强粉	50
11:00	烩三丝	鸡蛋	50
		鸡肉	50
		胡萝卜	50
	海米冬瓜汤	冬瓜	200
		海米	5
	米饭	粳米	150
15:00	橙子		200
18:00	砂锅豆腐	瘦猪肉（熟）	40
		豆腐	100
		海米、木耳	适量
	西红柿圆白菜	西红柿	50
		圆白菜	150
	米饭	大米	150
20:00	牛奶加糖	牛奶	250
		白糖	10
	全日用油		15
	全日用盐		6

蛋白质95g（18%） 脂肪39g（16%） 碳水化合物355g（66%）
总能量9.0 MJ（2151kcal）

第二节 肝硬化

肝硬化是一种以肝组织弥漫性纤维化、假小叶和再生结节形成为特征的慢性肝病。临床上早期可无症状，后期可出现肝功能损害和门静脉高压以及多系统受累的多种表现，如消化道出血、肝性脑病、继发感染等。

一、病因

引起肝硬化的病因很多，在我国以病毒性肝炎所致的肝硬化为主，国外以酒精中毒多见。

1. 病毒性肝炎 主要为乙型、丙型和丁型病毒重叠感染，通常经过慢性肝炎阶段演变而来，甲型和戊型病毒性肝炎不发展为肝硬化。

2. 酒精中毒 长期大量饮酒（每日摄入乙醇80g达10年以上）时，易引起酒精性肝炎，继而发展为肝硬化。

3. 营养障碍 慢性炎症性肠病，食物中长期缺乏蛋白质、B族维生素、维生素E和抗脂肪肝物质等，可引起肝细胞脂肪变性和坏死，最后导致肝硬化。

4. 其他　有胆汁淤积、循环障碍、工业毒物、药物等。

二、临床症状

肝硬化起病隐匿，病程发展缓慢，肝功能代偿期症状较轻，有乏力、食欲减退、腹胀不适、上腹隐痛、恶心等。肝功能失代偿期可有肝病面容、黄疸、肝掌、蜘蛛痣、不规则低热、食欲不振、厌油腻、恶心呕吐、浮肿、出血倾向、贫血等，还可有脾大、食管和胃底静脉曲张、腹水等门静脉高压症。

三、营养治疗

肝硬化的基本治疗是支持疗法，使肝脏获得丰富的营养，以促进肝细胞的修复与新生。营养治疗在肝硬化的治疗中具有重要意义。

（一）营养治疗的目的

供给充足的蛋白质和维生素，保护肝功能，促进肝细胞的修复与再生，增强免疫功能，使病情缓解，延长肝功能代偿期。

（二）营养治疗的原则

1. 能量　每日供给能量 126 kJ/kg（30kcal/kg）左右为宜。

2. 蛋白质　每日供给蛋白质 100～150 g 左右。高蛋白质有利于保护肝功能，促进已经损坏的肝细胞恢复和再生，患者如因血浆白蛋白过低而有腹水和水肿时，更应给予高蛋白饮食。但当肝功能严重衰竭，出现肝昏迷先兆时，应严格限制蛋白质摄入量（参见"肝昏迷的营养治疗"）。

3. 脂肪　脂肪摄入量不宜太高，过多的脂肪沉积于肝内，会影响肝糖原的合成，使肝功能进一步受损。肝脏有病变时，胆汁合成及分泌减少，影响脂肪的消化和吸收。但脂肪过少会影响脂溶性维生素的吸收和菜肴的品味，降低患者的食欲，故不应过分限制，而应选择易消化的植物油及奶油。脂肪应占总热量的 25%，每日不超过 50 g 为宜。

4. 碳水化合物　糖类能使肝糖原含量增加，促使肝细胞再生。肝脏中有足量的糖原存在可防止毒素对肝细胞的损害。所以肝硬化患者应给予高糖饮食，每日可供给主食 300～500 g。如果患者不能多进食，可口服甜鲜果汁、糖藕粉、果酱、蜂蜜等甜品（蜂蜜和左旋糖易在肝中形成糖原，对保护肝细胞有利）。必要时可由静脉补充碳水化合物。

5. 维生素　多进食含维生素丰富的食物，因各种维生素对肝细胞及其功能有不同的作用。B 族维生素有保护肝细胞和防止脂肪肝的作用，并参与核酸及胆碱的合成，参与脂肪和糖的代谢，故应多选食蛋、奶、瘦肉、燕麦、绿色蔬菜、酵母等富含 B 族维生素的食物。维生素 C 有促进代谢和解毒作用。肝硬化合并贫血时，应适当补充维生素 B_{12} 和叶酸。有凝血障碍者，可多选用含维生素 K 丰富的食物，如卷心菜、菜花、花生油等。维生素 E 有抗氧化和保护肝细胞的作用，也应适量补充。

6. 水、矿物质　肝硬化患者常有缺锌及贫血，应注意铁、锌的补充。有腹水、水肿的病人，应严格限制钠和水的摄入。水应限制在 1000 ml/d 左右，如有稀释性低钠血症，则应限制在 300～500 ml/d。每日摄入钠盐 500～800 mg（食盐 1.2～2.0 g），因每克钠潴留 200 ml 水，故限制钠盐的摄入比限制水的摄入更为重要。通过限制钠和水的摄入，部分病人可产生自发性利尿，使腹水减退。

7. 忌用辛辣调味品及肉汤、鸡汤、鱼汤、酒精饮料等，以减轻肝脏负担。

8. 食物烹调方法　采用蒸、煮、炖、烩、熬等烹饪方式，使制成的食品柔软、易消化。忌用油炸、煎、炒的坚硬、有刺激性的食物，防止食管静脉曲张者破裂出血。

9. 饮食制度　少量多餐，每日进膳4～5次。

10. 轻度肝硬化食谱举例　见表14-3。

表14-3　轻度肝硬化食谱举例

餐别	内容	食物	重量（g或ml）
7:00	牛奶加糖	牛奶	250
		白糖	10
	煮茶鸡蛋	鸡蛋	50
	（维生素）面包		50
9:00	苹果		200
11:00	烩鱼片配菜	草鱼	100
		莴笋	30
	余丸子冬瓜汤	瘦猪肉	50
		冬瓜	150
	软米饭	粳米	150
15:00	煮红枣汤	小枣	50
18:00	清炖牛肉胡萝卜土豆	土豆	50
		胡萝卜	50
		牛肉（瘦）	150
	素炒西葫芦	西葫芦	200
	馒头	富强粉	100
20:00	牛奶或豆浆	牛奶	250
		白糖	10
	全日用油		15
	全日用盐		6

蛋白质110g（20%）　脂肪49g（20%）　碳水化合物329g（60%）
总能量9.2 MJ（2197 kcal）

第三节　肝性脑病

肝性脑病又称肝性昏迷，是严重肝病引起的、以代谢紊乱为基础的中枢神经系统功能紊乱的综合征，主要临床表现是意识障碍、行为失常和昏迷。

一、病因

1. 大部分肝性脑病是由各型肝硬化引起，病毒性肝硬化引起的最多见。

2. 由改善门静脉高压的门体分流手术引起。

3. 小部分肝性脑病见于重症病毒性肝炎、中毒性肝炎和药物性肝病的急性或暴发性肝功能衰竭阶段。

4. 原发性肝癌、妊娠期急性脂肪肝、严重胆道感染等是较少见的病因。

肝性脑病常见的发病诱因有感染、上消化道出血、大量排钾利尿、放腹水、高蛋白饮食、外科手术等。

二、发病机制

肝性脑病的发病机制迄今未完全明了。一般认为产生肝性脑病的病理生理基础是肝细胞功能衰竭和门腔静脉之间由手术造成的或自然形成的侧支分流。主要是来自肠道的许多毒性代谢产物，未被肝解毒和清除，经侧支进入体循环，透过血脑屏障而至脑部，引起大脑功能紊乱。肝性脑病的发病机制主要有以下三种学说。

（一）氨中毒学说

认为肝功能衰竭时，肝合成尿素及清除氨的能力减退甚至丧失。肝内或肝外门腔静脉存在分流时，肠源性氨未经肝解毒直接进入体循环，使血氨增高引起肝昏迷。

（二）假神经递质学说

认为肝功能衰竭时，芳香族氨基酸的代谢产物酪胺和苯乙胺（假神经递质），取代了正常神经递质（去甲肾上腺素），干扰了神经的正常传导，使兴奋冲动不能正常地传至大脑皮质而产生异常抑制，出现意识障碍与昏迷。

（三）氨基酸代谢不平衡学说

肝硬化失代偿期时，血浆支链氨基酸和芳香族氨基酸比例失调，可引起肝昏迷。

三、临床表现

根据意识障碍程度、神经系统表现和脑电图检查，肝性脑病可分为前驱期、昏迷前期、昏睡期和昏迷期四期。前驱期可有轻度的性格改变和行为失常，如激动或淡漠少言，可有扑翼样震颤，脑电图多数正常。昏迷前期以意识错乱、睡眠障碍、行为失常为主，可有扑翼样震颤及脑电图异常。昏睡期以昏睡和精神错乱为主。昏迷期患者神志完全丧失，不能唤醒。以上各期的临床表现可以重叠，分界不很清楚。

四、营养治疗

（一）营养治疗的目的

严格控制饮食中蛋白质的摄入量，食谱中尽量选用含氨少的食物，防止血氨升高。促进氨和假神经递质等有毒物质的代谢清除，纠正氨基酸代谢紊乱。减少能量消耗，保护脑细胞功能，预防或减轻肝昏迷的发生或发展。

（二）营养治疗的原则

1. 能量 供给充足的能量，以满足人体及脑组织代谢需要，减少体内组织蛋白分解，促进肝功能恢复。

（1）昏迷病人每日供给能量 5.0~5.9 MJ（1200~1400 kcal），完全由葡萄糖提供能量，可由静脉或鼻饲输入，停用蛋白质，同时应补充多种维生素。葡萄糖除供给能量外，还可减少组织蛋白分解，促进氨与谷氨酸合成谷氨酰胺，从而降低血氨。

（2）病人复苏后，随着病情好转，每日供给能量 6.7 MJ（1600 kcal）左右。

2. 蛋白质 控制饮食中蛋白质的摄入量，是防止血氨升高的基本措施之一。蛋白质摄入过多会诱发或加重肝昏迷，蛋白质摄入过少，则不利于受损肝细胞的修复，故蛋白质供给量应视病情而定。

（1）血氨轻度或中度增高，无精神症状者，可采用低蛋白饮食，每日供给蛋白质 0.5g/kg（一日总量约 30 g）。病情好转后，每隔天调整蛋白质供给量，每日增加 5~10 g，直到每日蛋白质达 1 g/kg。

（2）昏迷病人，必须停用蛋白质，完全由葡萄糖提供能量，可由静脉或鼻饲输入。发病 48~72 小时后，每日供给蛋白质 0.3 g/kg，应采用无动物蛋白的食物。

（3）病人复苏后，每日可经口或鼻饲给 20~30 g 的蛋白质，若病人症状无进行性加重，血氨未升高，肝功能稍有好转，神志逐步清醒，可每隔 2~3 日增加蛋白质 10 g/d，直到每日供给蛋白质 50 g。

（4）应选用含氨少的植物类食物，病情好转后可增加少量动物性食品。牛奶、蛋类比肉类产氨量少，配制食谱时可参考。常用食物产氨量见表 14-4。

表 14-4　常用食物产氨量

食物	含氮量（g/100g）	氨氮/总氮（%）	食物	含氮量（g/100g）	氨氮/总氮（%）
大米	0.320	0.04	长豇豆	0.160	0.46
面包	0.320	0.94	甜薯	0.288	0.61
玉米屑	0.192	0	洋白菜	0.208	0.82
咸肉	4.864	0.33	胡萝卜	0.176	0.81
鸡肉	3.808	0.45	菜花	0.302	1.41
火腿	2.704	0.58	芹菜	0.144	0
汉堡包	3.872	0.26	黄瓜	0.144	3.27
意大利香肠	2.800	3.97	菠菜	0.480	0.20
乳酪	0.576	2.75	青豆	1.008	0.60
牛奶	0.560	0.35	西红柿	0.167	2.09
牛奶+奶油	0.512	2.27	南瓜	0.192	4.28
蛋清	0.744	0.05	马铃薯	0.416	2.33
蛋黄	2.560	0.16	莴苣	0.144	0.55
各式干酪	3.44~4.0	1.75~4.00	扁豆	1.344	0.21
苹果	0.032	0.36	鲜蘑	0.304	2.18
香蕉	0.176	0	葱头	0.240	11.20
葡萄柚	0.80	2.07	小萝卜	0.160	2.77
葡萄	0.208	4.20	法式色拉酱	0.096	14.00
桃	0.064	3.78	人造黄油	0.096	21.96
梨	0.112	2.67	蛋黄酱	0.176	23.33
柠檬汁	0.080	2.90	葡萄酒	0.016	11.20
橘子	0.112	3.16	明胶	13.096	0.25
葡萄干	0.400	2.37	啤酒	0.048	1.62
花生酱	4.448	1.10	酵母	6.208	0.35

（摘自顾景范、邵继智主编．临床营养学．上海：上海科学技术出版社．1990，p498）

（5）选择富含支链氨基酸的食物，因肝昏迷病人血中支链氨基酸水平下降，使支链氨基酸与芳香族氨基酸比值由正常的3.0~3.5下降至1.0以下。黄豆、牛奶内富含支链氨基酸，而芳香族氨基酸含量较少，对恢复患者氨基酸代谢平衡有一定的作用（见表14-5）。

表14-5　每100g黄豆、牛奶中支链氨基酸及芳香族氨基酸含量（mg）

食物名称	异亮氨酸	亮氨酸	缬氨酸	苯丙氨酸	酪氨酸	色氨酸	支芳比值
黄豆	1922	2924	1790	1912	1212	472	1.8
牛奶	115	245	134	113	118	38	1.8

3. 低脂肪　每日供给脂肪30~40g，宜选用植物油。

4. 碳水化合物　采用高糖饮食，应占总能量的70%~75%。

5. 维生素　必须大量补充各类维生素，尤其是B族维生素及维生素C、A、E、K、叶酸、泛酸、尼克酸等。

6. 水和电解质　饮食调配时要预防及纠正水、电解质紊乱，若伴有腹水或水肿，应给予低盐或无盐饮食。

7. 严禁进食粗糙质硬的食品。

8. 防止便秘　为减少氨的吸收，需防止便秘，可进食缓泻的食物如蜂蜜、香油。

9. 饮食制度　少食多餐，每日5~6餐。

10. 饮食性质的选择　昏迷前期，宜给予极易消化的少渣半流质或流质饮食。昏迷者，可采用鼻饲或静脉补充营养。有食管静脉曲张者，采用鼻饲时应慎重。

11. 肝性脑病食谱举例　见表14-6、14-7。

表14-6　肝性脑病初期流质食谱举例

餐别	内容	食物	重量（g或ml）
7:00	浓米汤加糖	粳米	50
		白糖	20
		香油	5
9:00	甜豆浆	豆浆	200
		白糖	20
11:00	鲜橙汁冲藕粉	藕粉	20
		橙子	200
		白糖	20
15:00	冲炒面粉加白糖	面粉	30
		白糖	20
17:00	煮苹果泥	苹果	200
		白糖	20
20:00	米汤加蜂蜜	粳米	30
		蜂蜜	20

蛋白质17g（5%）　脂肪9g（7%）　碳水化合物274g（88%）
总能量5.2MJ（1246kcal）

表 14-7 肝昏迷期流质食谱举例（鼻饲）

餐别	内容	食物	重量（g 或 ml）
7:00	米汤加白糖（150ml）	粳米	50
		白糖	20
9:00	蜂蜜水（100ml）	蜂蜜	20
11:00	浓米汤（150ml）	粳米	50
		白糖	20
	蔬菜汁（100ml）	胡萝卜	30
15:00	鲜果汁	橘子	200
18:00	牛奶冲藕粉	牛奶	200
		藕粉	20
		白糖	20
20:00	苹果泥	苹果	150

蛋白质 16g（6%）　　脂肪 6g（6%）　　碳水化合物 219g（88%）
总能量 4.2 MJ（993 kcal）

第四节　脂肪肝

脂肪肝是甘油三酯在肝内大量积累所致。肝脏在脂质储存和代谢中起关键作用，正常人肝脏内脂质含量占肝湿重的 2%~4%，若肝细胞内脂质积聚超过肝湿重的 5%，或 5% 以上的肝细胞在光镜下可见脂肪小滴，则称为脂肪肝。

一、病因

引起脂肪肝的原因较多。我国以肥胖、糖尿病、高脂血症、肝炎后引起较多，其他类型的如酒精性脂肪肝、药物中毒性脂肪肝、营养不良性脂肪肝及妊娠急性脂肪肝则相对少见。

二、促进因素

1. 食物中供给脂肪过多，使进入肝脏的脂肪酸过多。
2. 肝脏内合成的甘油三酯增多或氧化减少。
3. 肝内脂蛋白合成减少或释放障碍，导致甘油三酯在肝脏蓄积。

三、临床表现

除原发病表现外，绝大多数脂肪肝患者无任何症状，在体检中偶然发现有肝肿大或谷丙转氨酶（ALT）、谷草转氨酶（AST）等的轻度或中度增高，或进行 B 超、CT 检查时，提示可能有脂肪肝。部分病例有食欲不振、乏力、腹胀、右上腹轻度不适、隐痛等。重症病例可出现黄疸、恶心、呕吐等症状。

四、营养治疗

（一）营养治疗的目的

营养治疗是脂肪肝最基本的治疗措施。通过控制总能量，限制脂肪和胆固醇摄入，给予充足的蛋白质、维生素、矿物质及膳食纤维,可促进脂肪酸氧化分解,改善肝功能,防止脂肪肝的发生和发展。

(二)营养治疗的原则

1. 控制能量摄入　能量摄入过多对脂肪肝不利,可使脂肪合成增多,加速脂肪肝病变,应适当控制能量。对于肥胖或超重者,每日能量控制在 84~105 kJ/kg(20~25 kcal/kg)。

2. 高蛋白饮食　高蛋白饮食有保护肝功能、促进已损坏的肝细胞复原和再生的作用,还可提供蛋氨酸、胱氨酸、苏氨酸、赖氨酸和色氨酸等抗脂肪肝因子,使肝内合成的脂蛋白顺利运出肝脏,防止肝内脂肪浸润。故每日供给蛋白质 1.5 g/kg 左右为宜。可选用脱脂牛奶、鸡蛋清、鱼类、兔肉及煮过的瘦猪肉、牛肉、鸡肉等食物。

3. 低脂肪　每日供给脂肪 35~50 g,因脂肪过多对肝病不利,可影响胆固醇水平,还能在肝内沉积,妨碍肝糖原合成,并使肝功能减退,故应限制脂肪摄入量。可采用植物油,因植物油不含胆固醇,所含的谷固醇、豆固醇和必需脂肪酸有较好的去脂作用,对治疗有利。应避免动物油(鱼油除外)。

4. 限制胆固醇高的食物　限制动物内脏、蛋黄、鱿鱼、沙丁鱼、脑髓、鱼卵等含胆固醇高的食物,每日胆固醇摄入量小于 300 mg。

5. 适当控制碳水化合物　碳水化合物摄入过多易转化为脂肪而导致肥胖,不利于脂肪肝的恢复。另外摄入过多的碳水化合物能刺激胰岛素分泌,使肝脏合成甘油三酯增多,增加肝内脂肪堆积,对脂肪肝不利。所以碳水化合物应小于总能量的 55%。最好选用粗粮、米面及小米等粮谷类,不用精制糖类、蜂蜜、果汁、果酱、蜜饯等甜食和甜点心。

6. 多进食新鲜蔬菜、水果　它们富含维生素和矿物质,有助于维持病人的正常代谢,加速肝细胞修复,帮助病人康复。蔬菜、水果还富含膳食纤维,膳食纤维可以减少胆固醇的形成,减少脂肪和糖的吸收,从而起到降低血脂、血糖的作用。

7. 忌酒,忌用肉汤、鸡汤、鱼汤以及辛辣调味品。

8. 少盐饮食　每日食盐 5 g 以下,因盐能增加胃液分泌,促进食欲。

9. 烹饪方式　采用蒸、煮、烩、炖、熬、焖等方式,忌油炸、煎、炒的方法。

10. 饮食制度　每日进膳 3 次。

11. 食谱举例　见表 14-8。

表 14-8　脂肪肝食谱举例

餐别	内容	食物	重量(g 或 ml)
7:00	牛奶		250
	枣窝头	玉米面	30
	拌黄瓜	黄瓜	150
11:00	二米饭	大米	50
		小米	50
	烩三丝	鸡肉	100
		莴笋	50
		胡萝卜	20
	虾皮熬大白菜	大白菜	250
		虾皮	2

(续表)

餐别	内容	食物	重量（g 或 ml）
15:00	猕猴桃		200
18:00	酱牛肉	牛肉	75
	素小白菜豆腐	北豆腐	100
		小白菜	200
	馒头	富强粉	75
	全日用油		10
	全日用盐		4

蛋白质 93g（24%） 脂肪 41g（23%） 碳水化合物 208g（53%） 总能量 6.6 MJ（1570 kcal）

第五节 胆囊炎和胆石症

胆囊炎和胆石症是消化系统常见的疾病，二者常同时存在，互为因果，故合并叙述。胆石症是指胆道系统的任何部位发生结石的疾病。由于中国、日本等东方国家的饮食习惯与西方国家有显著的区别，故胆石的性质与西方国家也有显著的差别，西方人胆固醇结石占70%～80%，而东方人由于动物脂肪食用少，血中胆固醇浓度一般低于西方人，故胆固醇结石较少见，胆色素结石较西方人多见。我国各地区胆石症的种类和发病率也有区别，上海人以胆固醇为主的混合结石较多见。急性胆囊炎是由于胆囊管梗阻、化学性刺激和细菌感染所引起的急性胆囊炎症性病变，属常见病，多见于中年肥胖女性，女性发病比男性多 1.5～2 倍。慢性胆囊炎是胆囊的慢性炎症性病变，约有 70% 的慢性胆囊炎患者胆囊内存在结石。

一、急性胆囊炎

（一）病因

1. 胆囊出口梗阻　急性胆囊炎的患者中，70% 以上是由于结石梗阻胆囊管所致，此外蛔虫、胆管系统病变、胆囊管外肿瘤的压迫等，致使胆道梗阻，引起胆囊发生急性炎症。

2. 胰液反流　当胆总管和胰管的共同通道发生梗阻时，胰液可反流进入胆囊，被胆汁中胆盐激活的胰消化酶对胆囊壁产生化学性刺激和腐蚀作用引起本病。

3. 细菌感染　有血源性及肠、肝源性等感染途径。

4. 其他因素　较少见的病因有严重创伤、烧伤或腹部手术后。恐惧、焦虑等精神因素也可影响胆囊排空等功能，诱发急性胆囊炎。

（二）临床症状

可有发热、右上腹疼痛和压痛、恶心、呕吐、轻度黄疸和外周血白细胞计数增高等表现。腹痛是本病的主要症状，常于饱餐或高脂饮食后突然发作，或发生于夜间，患者中有典型胆绞痛既往史者占 2/3。

（三）营养治疗

1. 营养治疗的目的　严格限制脂肪和胆固醇的摄入，供给充足的碳水化合物及维生素，保护肝脏及胆囊功能。

2. 营养治疗的原则

（1）急性发作期：应禁食，使胆囊休息，以利于疼痛缓解。为保证机体的营养需要，可由静脉补给营养。

(2) 疼痛缓解后：根据病情循序渐进调配饮食，可选用高糖清流质饮食，如藕粉、浓米汤、蔬菜汁、鲜果汁、米汤加蜂蜜或蜂蜜水。

(3) 恢复期：可给予低脂低胆固醇半流质饮食，逐渐改为低脂低胆固醇软饭。

(4) 饮食禁忌：忌辛辣调味品及兴奋神经系统的食物，如辣椒、胡椒、芥末、浓茶、咖啡、酒精饮料及肉汤、鸡汤、鱼汤等。忌油腻食物。

(5) 烹调方法：宜采用煮、蒸、炖、熬等烹饪方式。忌用油煎、炸、炒等方式。

(6) 饮食温度：宜进食温热的食物。温热的食物能使胆道口和胆道壁的肌肉松弛，利于胆汁排出。

(7) 饮食制度：少量多餐，每日进膳 5~6 次。

3. 食疗方剂

配方 1：冬瓜皮 60~90g（鲜品加倍），加水浓煎，一日 2~3 次饮服。因冬瓜皮有利二便、消水肿、散热毒的作用，可作为急性胆囊炎的辅助疗法。

配方 2：玉米须适量，加水煮饮服。此方可利二便，是急性胆囊炎的辅助疗法。

二、慢性胆囊炎

(一) 病因

1. 胆囊结石　结石刺激并损伤胆囊壁，并引起胆汁排泌障碍。
2. 感染　细菌、病毒、寄生虫等可引起胆囊慢性感染。
3. 化学刺激　胰液反流等化学刺激引致。
4. 急性胆囊炎反复迁延发作所致。

(二) 临床症状

反复发作的右上腹疼痛，可伴有恶心、嗳气、反酸、腹胀等消化道症状。腹痛常发生在晚上和饱餐后，可放射至右肩胛下区。呕吐、发热、黄疸少见。

(三) 营养治疗

1. 营养治疗的目的　限制饮食中脂肪和胆固醇的摄入，供给适量的能量及蛋白质，保护肝脏及胆囊的功能，减轻临床症状，预防结石形成。

2. 营养治疗的原则

(1) 能量：每日供给能量 7.5~8.4 MJ（1800~2000 kcal）。肥胖者应适当减少，消瘦者可酌情增加。

(2) 蛋白质：每日供给 1~1.2 g/kg 为宜。可选用大豆制品及高蛋白低脂肪的动物性食物，如鸡蛋清、鱼类、虾类、兔肉、瘦肉、鸡肉等。

(3) 脂类：

①限制脂肪摄入，每日供给脂肪 30~45 g，应平均分配到三餐中，切忌集中于一餐，以免引起胆绞痛。最好采用植物油，多不饱和脂肪酸、单不饱和脂肪酸及饱和脂肪酸的比例以 1:1:1 为宜。过多摄入多不饱和脂肪酸，可降低血胆固醇，但可增高胆结石的发病率，这可能与多不饱和脂肪酸促进胆固醇排入胆道和肠道有关。

②每日胆固醇供给量 < 300 mg。限制含胆固醇高的食物，如脑、动物内脏、蛋黄、鱿鱼、鱼子等，以减轻肝脏对胆固醇的代谢负担，保护肝脏功能，防止胆结石形成。

③补充卵磷脂。磷脂占胆汁的 25%~35%，胆固醇、胆汁酸和卵磷脂三者保持一定比

例，才能使胆固醇保持溶解状态，而不致析出形成结石。

(4) 碳水化合物：碳水化合物易于消化、吸收，对胆囊的刺激亦较脂肪和蛋白质弱，故每日供给 300～350 g 为宜。应选用含复合糖为主的食物，如米、面、马铃薯等，适量限制蔗糖和葡萄糖的摄入。肥胖病人应适当限制主食和甜食。

(5) 膳食纤维：每日摄入 25 g 左右为宜。膳食纤维可促进肠蠕动，增加粪便量及排便次数，可抑制肠道内胆汁酸及胆固醇的吸收，可溶性膳食纤维可降低人的血浆胆固醇，故可减少胆石的形成。富含可溶性膳食纤维的食物有水果、蔬菜、大麦、燕麦麸和荚豆，富含不溶性膳食纤维的食物有麦麸、水果、蔬菜及豆类。常见食物膳食纤维的含量见表 14-9。

表 14-9 常见食物膳食纤维含量

食物	不溶性纤维（g/100g）	食物	不溶性纤维（g/100g）
地瓜	0.5	土豆	0.3
芋头	0.6	西瓜	0.3
甜瓜	0.4	哈密瓜	0.2
葡萄	2.6	广柑	0.6
橘子	0.4	苹果	1.2
鸭梨	1.3	桃	0.4
香蕉	0.9	菠萝	0.4
蒜苗	1.4	花生	2.1
柿子	3.1	芸豆	1.4
柿子椒	0.8	茭瓜	0.6
青萝卜	0.6	胡萝卜	0.8
大白菜	0.6	小白菜	0.7
油菜	0.5	甘蓝	0.5
菠菜	0.7	芹菜	0.6
韭菜	1.1	洋葱	1.1
菜花	0.8	黄瓜	0.3
茄子	0.8	番茄	0.4

（摘自于康主编．临床营养医师速查手册．北京：科学技术文献出版社，2001）

(6) 维生素和矿物质：多选用含钙、钾、镁、铁、锌及维生素 B 族、C 和脂溶性维生素丰富的食物。维生素 K 可缓解胆管痉挛和胆石症引起的疼痛，故应多选食富含维生素 K 的绿叶蔬菜及牛奶、奶制品、肉类、蛋类、谷类及水果。

(7) 多饮水：每日至少 2000 ml 以上，可稀释胆汁，减少胆石形成。

(8) 禁酒、辛辣食物及辛辣调味品：它们可增强胆囊收缩，使胆道口括约肌不能及时松弛，影响胆汁的排出，引起胆绞痛，加重病情。

(9) 烹调方法：饮食宜清淡、少渣、易消化。可采用蒸、煮、炖、烩、氽等方式。忌用油炸、煎、炒等烹饪方式，因脂肪摄入量太高可引起胆绞痛。应避免胀气的食物。饮食的温度以温热为宜，温热的食物可使胆道口和胆道壁肌肉松弛，利于胆汁排出。

(10) 饮食制度：少食多餐，定时定量，每日进膳 4～5 次。多餐可刺激胆汁分泌和排出，保持胆道通畅。

3．食疗方剂　配方：鲫鱼 1 条、赤小豆 120 g、陈皮 6 g，煮烂食用。有行水、消肿、解毒的作用。适用于慢性胆囊炎的辅助治疗。

4. 食谱举例　见表14-10。

表14-10　胆囊炎和胆石症食谱举例

餐别	内容	食物	重量（g或ml）
7:00	米粥	粳米	50
	糖包	富强粉	50
		白糖	15
9:00	甜豆浆	豆浆	250
		白糖	15
		饼干	30
11:00	米饭	粳米	125
	肉丸子冬瓜	瘦猪肉	75
		冬瓜	250
15:00	橘子		200
18:00	馒头	富强粉	100
	清炖鲫鱼白萝卜丝汤	鲫鱼	150
		白萝卜	100
	西芹百合	芹菜	150
		百合	20
	全日用油		10
	全日用盐		6

蛋白质83 g（17%）　脂肪28 g（13%）　碳水化合物343 g（70%）　总能量8.2 MJ（1956 kcal）

第六节　胰腺炎

一、急性胰腺炎

急性胰腺炎是胰腺的急性炎症过程，是胰酶在胰腺内被激活后引起胰腺组织自身消化所致。轻者以胰腺水肿为主，预后良好，少数重者胰腺出血坏死，伴腹膜炎、休克等并发症，病情凶险，死亡率高。

（一）病因

此病的病因及发病机制至今未完全明确，在我国一半以上的发病诱因为胆石症，另外酒精中毒和暴饮暴食也是常见的病因。

1. 胆道疾病或胰管梗阻　胆道结石、胆道蛔虫、胆道感染或胰管结石、胰腺肿瘤等使胆汁或十二指肠液反流入胰管，激活胰酶，引起胰腺自身消化的化学性炎症。

2. 酒精中毒和暴饮暴食　酒精中毒是急性胰腺炎发病的主要原因之一，英国文献报道，酗酒在急性胰腺炎的病因中占9%~40%。

3. 其他　病毒感染、高脂蛋白血症、糖皮质激素和口服避孕药等某些药物以及胰腺癌等。

4. 炎症介质学说　最近，学术界对急性胰腺炎发病机制的研究，已由"胰酶消化学说"

转至组织介质对急性胰腺炎发病的作用上。这些组织介质包括氧衍生自由基、血小板活化因子、前列腺素、白三烯、胰血管舒缓素、激肽系统、肿瘤坏死因子、一氧化氮及补体等。

（二）临床症状

患者多有持续性刀割样腹痛，常伴有恶心、呕吐、发热及黄疸。腹痛以上腹为多，其次为左上腹或右上腹，50%的病人腹痛可向左背部放射，蜷曲体位和前倾体位可使疼痛缓解。

（三）营养治疗

1. 营养治疗的目的　严格限制刺激胰腺分泌的食物，给予易消化的碳水化合物类食品，以减少胰腺的负担。

2. 营养治疗的原则

（1）急性期：应禁食，必要时行胃肠减压，给予肠外营养支持，以减少胰腺分泌。应持续到腹痛消失，发热消退，白细胞及血淀粉酶基本正常，拔去胃管，再观察1~2天后，逐渐恢复进食，可给予高糖清流质饮食。

（2）缓解期：

①供给易消化的糖类食物，如稀糖藕粉、甜鲜果汁、米汤加糖、杏仁霜等。

②采用微泻的食物，如蜂蜜、蔗糖等。

③供给含维生素 B_1 及维生素 C 丰富的食物，如小米汤加糖、麦麸水加糖、煮红枣加糖（饮汤）、胡萝卜汁加糖、西红柿汁加糖等。

④忌用能刺激胃液、胰液分泌及胀气的食物，如肉汤、鸡汤、蘑菇汤、牛奶、豆浆等。

⑤忌油腻食物，因油腻食物不易消化，并促进胆汁分泌，使病情加重。

⑥饮食餐次：每日6~7次，每次约200 ml左右。每次进食量应相等。

⑦食谱举例：见表14-11。

表14-11　急性胰腺炎缓解期高糖清流质食谱举例

餐别	内容	食物	重量（g或ml）
7:00	大米粉加糖	大米	30
		白糖	20
9:00	鲜橙汁	橙子	200
		白糖	20
11:00	蒸鸡蛋白	蛋白	50
	西红柿汁	西红柿	200
		白糖	20
15:00	红枣汤	红枣	25
		白糖	20
18:00	米汤	粳米	30
20:00	冲藕粉	藕粉	40
		白糖	20
	全日用盐		2

蛋白质15 g（6%）　脂肪1 g（1%）　碳水化合物225 g（93%）　总热能4.1MJ（969kcal）

（3）恢复期：可给予低脂半流质饮食，逐步改为低脂软饭。

①能量：应尽可能满足生理需要量，每日供给5.0~6.3 MJ（1200~1500 kcal）为宜。

②蛋白质：每日供给蛋白质40~50g，以修复受损的胰腺，满足机体需要。应选用鸡蛋清、酸牛奶、少量鱼肉等。

③脂肪：每日供给30 g脂肪，禁食坚果类、肥肉类等含脂肪多的食品。

④高碳水化合物：供给量应占70%以上为宜。

⑤维生素和矿物质：多食用含维生素丰富的食物，如鲜水果、胡萝卜等，有助于疾病的恢复。禁食后易出现钾、钠、镁、钙的缺乏，应注意补充。

⑥忌辛辣调味品及某些饮料：如辣椒、胡椒、芥末及浓茶、咖啡、酒精饮料等。

⑦烹调方法：采用蒸、煮、烩、炖等烹饪方式，忌油炸、煎、炒等方法。

⑧饮食餐次：少量多餐，每日进膳5次。

⑨食谱举例：见表14-12。

表14-12 急性胰腺炎恢复期食谱举例

餐别	内容	食物	重量（g或ml）
7:00	大米粥	粳米	50
	切片面包		25
	猪肉松		15
9:00	脱脂酸奶		125
11:00	软米饭	粳米	75
	余鱼丸子小白菜	草鱼	75
		小白菜	150
15:00	梨		150
18:00	软米饭	粳米	75
	烩鸡丝胡萝卜	鸡丝	50
		胡萝卜	30
		柿子椒	20
20:00	冲藕粉	藕粉	30
		白糖	15
	全日用油		10
	全日用盐		4

蛋白质51 g（14%）　　脂肪22 g（14%）　　碳水化合物257 g（72%）　　总热能6.0 MJ（1430 kcal）

二、慢性胰腺炎

慢性胰腺炎是指胰腺实质内腺泡和小管的反复或持续性损害，胰腺广泛纤维化、局灶性坏死。胰腺导管内结石形成或弥漫性钙化，腺泡和胰岛细胞萎缩或消失，常有假囊肿形成。无特异性临床症状，早期诊断困难。

（一）病因

慢性胰腺炎多由于导致急性胰腺炎的病因长期存在所致，我国以胆管疾病为病因者占47%~65%，发达国家最常见的病因是慢性酒精中毒。

（二）临床表现

临床表现轻重不一，可有食欲不振、腹痛、腹胀、恶心、呕吐、黄疸等，饮酒和高脂饮食可诱发和加重。可有胰腺内、外分泌功能不足的表现。

（三）营养治疗

1. 营养治疗的目的　限制强烈刺激胰液、胆汁分泌的食物，供给含碳水化合物和维生素丰富的食物，以保护胰腺功能。

2．营养治疗的原则

（1）能量：供给充足的能量，以满足人体生理需要，能量来源主要由碳水化合物供给。

（2）适量的蛋白质：每日蛋白质供给 50~70 g 为宜。

（3）限制脂肪摄入：每日供给 30~40 g，可采用含中链脂肪酸多的油类如奶油、椰子油等，此类脂肪无需脂肪酶即可吸收。

（4）碳水化合物：占总能量的 70% 以上为宜，可采用藕粉、米、面、蔗糖、蜂蜜等。

（5）维生素：补充含脂溶性维生素 A、D、K 及水溶性维生素 B_{12}、叶酸等丰富的食物，如大枣、广柑、绿叶菜、胡萝卜等。

（6）采用去脂性食物：如鸡蛋清、去脂奶豆腐等。

（7）戒酒，忌食萝卜、黄豆、豆芽和肉汤、鸡汤、鱼汤及油腻的易引起胀气并增加胰腺负担的食品。

（8）烹调方法：采用蒸、煮、烩、炖等烹调方式，禁用油炸、煎、炒等方式。

（9）食盐：每日 2~3 g。

（10）饮食餐次：少食多餐，每日 4~5 次，避免过饱。

（11）食谱举例：见表 14-13。

表 14-13　慢性胰腺炎食谱举例

餐别	内容	食物	重量（g 或 ml）
7:00	甜面包		50
	大米粥	粳米	50
	咸菜少许		
9:00	西瓜汁加糖	西瓜	750
		白糖	25
11:00	软米饭	粳米	100
	烩鸡丝油菜丝	鸡丝	80
		油菜	100
	西红柿鸡蛋汤	鸡蛋	50
		西红柿	100
15:00	藕粉加白糖	藕粉	30
		白糖	20
18:00	软米饭	粳米	100
	清蒸鲤鱼	鲤鱼	100
	熬冬瓜	冬瓜	200
	全日用油		20
	全日用盐		6

蛋白质 71 g（13%）　　脂肪 39 g（17%）　　碳水化合物 364 g（70%）　　总能量 8.7 MJ（2091 kcal）

（文树根　孙孟里　刘秋喜）

第十五章 慢性阻塞性肺疾病的营养治疗

慢性阻塞性肺疾病（chronic obstructive pulmonary disease，COPD）是一种重要的慢性呼吸系统疾病，患病人数多，病死率高，由于其缓慢进行发展，严重影响患者的劳动能力和生活质量。目前，COPD 已居世界疾病死亡原因的第四位，我国 COPD 患病率也很高。

为提高对 COPD 的关注，降低 COPD 的患病率和病死率，2001 年 4 月美国国立心、肺、血液研究所和世界卫生组织（WHO）共同发表了《慢性阻塞性肺疾病全球创议》（GOLD）。2002 年 4 月中华医学会呼吸病学分会在我国 1997 年《COPD 诊治规范》基础上，参照 GOLD 有关内容制定了我国《慢性阻塞性肺疾病诊治指南》并给予 COPD 以明确的定义：COPD 是一种具有气流受限特征的疾病，气流受限不完全可逆、呈进行性发展，与肺部对有害气体或有害颗粒的异常炎症反应有关。

一、COPD 的临床表现、诊断、分级及分期

（一）临床表现

1. 症状

（1）慢性咳嗽：通常为首发症状。初起咳嗽呈间歇性，早晨较重，以后早晚或整日均有咳嗽，但夜间咳嗽并不显著。少数病例咳嗽不伴咳痰。也有少数病例虽有明显气流受限但无咳嗽症状。

（2）咳痰：咳嗽后通常咳少量粘液性痰，部分病人在清晨较多；合并感染时痰量增多，常有脓性痰。

（3）气短或呼吸困难：是 COPD 的标志性症状，是使病人焦虑不安的主要原因，早期仅于劳力时出现，后逐渐加重，发展到日常活动甚至休息时也感气短。

（4）喘息和胸闷：不是 COPD 的特异症状。部分病人特别是重度患者有喘息；胸部紧闷感通常于劳动后发生，与呼吸费力、肋间肌等容性收缩有关。

（5）其他症状：晚期病人常有体重下降、食欲减退、精神抑郁和（或）焦虑等，合并感染时可咯血痰或咯血。

2. 病史 多有长期较大量吸烟史；较长期粉尘、烟雾、有害颗粒或有害气体接触史；有家族聚集倾向。多于中年以后发病，好发于秋冬寒冷季节，常有反复呼吸道感染史及急性加重史，随着疾病进展，急性加重愈渐频繁。COPD 后期发生低氧血症及高碳酸血症；并可发生肺源性心脏病。

（二）诊断

COPD 的诊断应根据病史、危险因素接触史、体征及实验室检查等资料，综合分析确定。存在不完全可逆性气流受限是诊断 COPD 的必备条件。

1. 肺功能检查 是诊断 COPD 的金标准。用支气管扩张剂后，$FEV_1 < 80\%$ 预计值及 $FEV_1/FVC < 70\%$（FEV_1: forced expiratory volume in one second，第一秒用力呼气量；FVC: forced vital capacity，用力肺活量）可确定为不完全可逆性气流受限。COPD 早期轻度气流受

限时，可有或无临床症状。

2. 胸部 X 线检查　有助于确定肺过度充气的程度及与其他肺部疾病鉴别。COPD 应与支气管哮喘、支气管扩张症、充血性心力衰竭、肺结核等鉴别。

（三）分级及分期

COPD 严重度分级是基于气流受限的程度。气流受限是诊断 COPD 的主要指标，也反映了病理改变的严重度。由于 FEV_1 下降与气流受限有很好的相关性，故 FEV_1 的变化是严重度分级的主要依据。此外，还应考虑临床症状及合并症的程度。临床严重度可分为四级（表 15-1）

表 15-1　慢性阻塞性肺疾病临床严重度分级

级别	分级标准
0 级	具有罹患 COPD 的危险因素
	肺功能在正常范围
	有慢性咳嗽、咳痰症状
I 级（轻度）	$FEV_1/FVC < 70\%$
	$FEV_1 \geqslant 80\%$ 预计值
	有或无慢性咳嗽、咳痰症状
II 级（中度）	$FEV_1/FVC < 70\%$
	$30\% \leqslant FEV_1 < 80\%$ 预计值
	（II_A 级：$50\% \leqslant FEV_1 < 80\%$ 预计值
	II_B 级：$30\% \leqslant FEV_1 < 50\%$ 预计值）
	有或无慢性咳嗽、咳痰、呼吸困难症状
III 级（重度）	$FEV_1/FVC < 70\%$
	$FEV_1 < 30\%$ 预计值或 $FEV_1 < 50\%$ 预计值
	伴呼吸衰竭或右心衰竭的临床征象

COPD 病程可分为急性加重期与稳定期。急性加重期指在疾病过程中，患者短期内咳嗽、咳痰、气短和（或）喘息加重，痰量增多，呈脓性或粘脓性，可有发热等炎症明显加重的表现。稳定期则指患者咳嗽、咳痰、气短等症状稳定或症状轻微。

二、COPD 患者的营养状况和营养治疗的必要性

COPD 患者常常发生营养不良或营养耗竭。气道阻塞程度越严重，营养不良发生率越高。营养不良又可降低呼吸肌肌力和耐力，使之容易发生呼吸肌疲劳而加重通气功能障碍，进而发生呼吸衰竭。而且还可以使细胞免疫功能低下及分泌性 IgA 减少，从而诱发肺部感染。因此，营养不良、免疫功能低下和感染是 COPD 患者的重要致病因素，三者互为因果，密不可分，并形成恶性循环。大多数 COPD 患者进入稳定期后，营养状态并未得到彻底改善，新近研究资料表明，营养不良是影响 COPD 患者预后的一个重要因素，有效的营养支持可明显降低感染和呼吸衰竭的发生率，降低病死率。因而对 COPD 患者予以综合治疗时，营养治疗是不可忽略的方面。

三、COPD 患者营养不良的常见原因

COPD 患者合并营养不良的常见原因有：

1. 机体能量消耗增加　COPD 患者主要表现为阻塞性通气功能障碍，长期的气道阻塞以及肺泡弹性回缩力的减低和肺脏过度充气，使膈肌收缩效率降低，导致呼吸功和氧耗量增加。COPD 患者每日用于呼吸的耗能为 1.8～3.0 MJ（430～720 kcal），较正常人高 10 倍。呼吸做功增加，患者静息能量消耗也增加。COPD 伴营养不良患者静息能量消耗较营养正常患者高 20%～30%，稳定期 COPD 患者的静息能量消耗增加 10%～20%，提示在确定 COPD 患者所需热量时，应充分考虑到静息能量消耗的增加。

2. 胃肠道消化吸收功能障碍　由于长期缺氧、高碳酸血症和（或）心功能不全、胃肠道淤血以及长期使用广谱抗菌药物而使胃肠道正常菌群失调，导致消化和吸收功能障碍。

3. 营养物质摄入减少　部分患者可由于心肺功能严重不全，进食活动受限，限制了营养物质和必需营养素的摄入。抗生素和茶碱等药物对胃粘膜的刺激也影响患者的食欲。

4. 机体分解代谢增加　由于感染、细菌毒素、炎性介质、缺氧、焦虑、恐惧等因素引起内分泌紊乱，使机体处于严重的应激和高分解状态，能量消耗和尿氮排出量显著增加。

5. 食物特殊动力作用　有学者认为存在营养不良的 COPD 患者的食物特殊动力作用较正常人高。

四、COPD 患者的营养治疗

（一）营养状况分析和评价

对 COPD 患者进行营养治疗，应首先对患者进行营养状况的综合分析和评价，以便开展更具针对性的饮食治疗，及早减轻、纠正营养不良对患者的不利影响。该过程的实施须结合病史、临床表现、饮食史、人体测量学以及有关血液生化学和免疫学指标综合判断，然后确定热量和营养素的供给。（患者的营养状况评价参见第十一章）

（二）热量和营养素的供给

1. 热量　COPD 伴营养不良患者每日总热量的供给可按下述公式计算：

每日所需热量 = H-B 预计值 × C × 1.1 × 活动系数

① H-B 预计值采用 Harris-Benedict 公式计算：

男 BEE = 66 + 13.7 × 体重（kg）+ 5.0 × 身长（cm）- 6.8 × 年龄（y）

女 BEE = 65.5 + 9.5 × 体重（kg）+ 1.8 × 身长（cm）- 4.7 × 年龄（y）

注：BEE（basal energy expenditure）为基础代谢的能量消耗。

② C 为校正系数，因为对于 COPD 患者来说能量消耗较正常人增加，故需乘以校正系数，男 1.16，女 1.19。

③ 公式中的 1.1 为考虑体重减低患者恢复体重需增加 10% 的 BEE。

④ 活动系数：卧床为 1.2，轻度活动为 1.3，中度活动为 1.5，剧烈活动为 1.75。

因此，对合并营养不良的 COPD 患者，每日的热量供给至少应为：H-B 预计值 × C × 1.1 × 1.3。

2. 三大供热营养素蛋白质、脂肪和碳水化合物的占热比和需要量

（1）三大供热营养素的占热比应根据 COPD 患者的病理生理特征进行调整，通常脂肪和碳水化合物有庇护蛋白质的作用，供热应主要由它们完成。但由于碳水化合物的呼吸商为

1.0，脂肪是0.7，蛋白质是0.8，可见碳水化合物的呼吸商最高，在代谢过程中消耗等量的氧产生最多的二氧化碳，如果仅以碳水化合物作为单一的能量来源，必定要产生大量的二氧化碳和消耗大量的氧气，对肺通气储备功能较差的COPD患者来说，势必会增加通气负担。近年来的一些研究也表明降低患者膳食中碳水化合物的比例，可减少机体二氧化碳的产生。而脂肪具有较低的呼吸商，能减少二氧化碳产生，对患者更为有利。故目前的观点主张供给COPD患者高脂肪低碳水化合物型的饮食。

三大供热营养素适宜的占热比应为：碳水化合物占50%左右，脂肪占30%~35%，蛋白质为15%左右。

(2) 蛋白质：肺部疾病患者蛋白质的需求量与其他疾病比较无明显差别。在中等应激状态时，每日给予蛋白质1.0~1.5 g/kg，即可维持良好的内环境稳态和正氮平衡，重度应激时蛋白质每日供给量应加至1.6~2.0 g/kg。

COPD患者处于高代谢状态，但并非高分解状态，体重的损失更多源于体脂分解，而对瘦体群的影响不明显，因而适当的蛋白质摄入即可缓解负氮平衡状态及骨骼肌的耗损。但过量的蛋白质摄入，因其较低的氧热价，将加重低氧血症及高碳酸血症，从而增加每分通气量及氧的消耗。

另外，蛋白质代谢产生100 kcal热时需水350 g，糖和脂肪仅需水50 g，且蛋白质过多摄入将导致尿钙增多，造成钙需要量增加和液体失衡。

(3) 脂肪：多量膳食脂肪摄入时应注意调整脂肪酸的构成，以防止高脂血症的发生或网状内皮系统的损害。饱和脂肪酸对网状内皮系统的完整性有益，且有助于细菌的隔离，但过量的饱和脂肪酸将有损肝脏的功能，易导致动脉粥样硬化。不饱和脂肪酸，尤其是必需脂肪酸是合成前列腺素及花生四烯酸的前体，与支气管及呼吸性细支气管平滑肌的收缩功能有关，且与免疫反应有关。前列腺素还能刺激中性粒细胞的移动和吞噬功能。

动物实验和临床研究表明给予含中链脂肪酸（MCT）的脂肪乳剂后，可减低蛋白质的氧化率和更新率，增加蛋白质的合成，出现节氮效应。因而可在患者的高脂饮食中以MCT替代部分长链脂肪酸，不但有利于患者的消化吸收，而且有利于正氮平衡的恢复。

(4) 碳水化合物：对于有严重通气功能障碍的患者特别是伴高碳酸血症或准备脱机的患者，过高碳水化合物的摄入将引起二氧化碳累积，不利于患者脱机和血碳酸水平的降低。但对无明显通气受限或高碳酸血症的患者或有呼吸机支持的患者，无需对碳水化合物进行严格限制。由于碳水化合物能促进血氨基酸进入肌肉组织，并在肌肉内合成蛋白质，而脂肪无此功效，故过分限制碳水化合物的饮食可能引起酮症，导致组织蛋白的过度分解，体液和电解质的丢失。如果热能摄入充分，每日摄入50~100 g易消化的碳水化合物就可防止上述现象的出现。

3. 维生素及矿物质　膳食调查和营养状况分析提示COPD患者常常存在各种维生素及矿物质的摄入不足或缺乏。如维生素C、维生素E、锌、铜、钾、钙和磷等。这些物质参与机体的抗氧化防御系统，或是一些酶的辅酶，缺乏时造成氧自由基对机体的损伤或影响各种物质的能量代谢，进一步加重呼吸肌无力。因为肺气肿的发生是由于肺组织损伤和修复之间的失衡所致，$α_1$-抗胰蛋白酶和$α_2$-巨球蛋白对弹性蛋白酶和其他蛋白酶有对抗作用，机体在高度应激和营养不良的共同作用下，可能会影响抗胰蛋白酶的产生，血浆铜蓝蛋白（CP）可以防止$α_1$-抗胰蛋白酶的氧化失活。氧化剂可直接损伤肺结缔组织，加剧弹性蛋白酶引起的组织损伤。体内主要的抗氧化剂是超氧化物歧化酶和过氧化氢酶系统，铜是超氧化物歧化酶的辅助因子，铜严重缺乏可能会影响该酶的功能。另外一个重要的抗氧化剂是谷胱甘肽过氧化物酶，当硒缺乏时，组织中谷胱甘肽过氧化物酶活性降低，使对氧化剂损伤的敏感性增加。此外，非酶反应中的维生素A、β-胡萝卜素、维生素C、维生素K、维生素E、半胱氨酸、组氨酸、谷胱甘肽和葡萄糖等也有不同程度的清除活性氧抗氧化功能，这些物质还能增强动物的免疫功能，而感染本身也可能在肺气肿发病中起作用。因此，它们的缺乏可能通过多种方式加剧肺损伤。所以在对COPD患者进行营养治疗时，应注意矿物质及维生素的补充，至少应达到中国营养学会推荐营养素摄入量标准（recommended nutrient intake, RNI）。

4. 水　水的摄入量应根据患者病情而定，COPD患者在急性期或伴有感染时常存在体液潴留，应注意液体摄入量的控制，防止加重肺水肿。对有肺动脉高压、肺心病和心衰的患者更应严格限制入液量，以防进一步加重心肺负荷，出现心肌泵衰竭和胃肠淤血等各种不良反应。但若患者因严重感染出现脱水或呼吸机支持引起液体丢失过多，以及过度限制水的摄入而出现脱水时，则应增加液体的供给，纠正脱水现象。

（三）膳食制作

COPD患者常有进食活动受限、食欲减低、消化吸收功能减弱等临床表现，因而膳食应注意色、香、味、形俱佳和烹调方法的多样化，以刺激食欲，还应供给易于消化吸收的饮食。

（杨勤兵）

第十六章 心血管系统疾病的营养治疗

第一节 高脂蛋白血症

血脂高于正常上限称为高脂血症。血浆中的脂类主要包括：胆固醇（TC）、胆固醇酯、甘油三酯（TG）、磷脂和游离脂肪酸等。血浆中的脂类不能游离存在，它们与蛋白质结合成脂蛋白。脂蛋白是脂类在血液中运输的功能单位，故用高脂蛋白血症这个名称能更好地反映患者脂类代谢的失常情况。用超速离心法，可以将脂蛋白分为：乳糜微粒（CM）、极低密度脂蛋白（VLDL-C）、低密度脂蛋白（LDL-C）和高密度脂蛋白（HDL-C）。高脂蛋白血症，特别是血清总胆固醇和低密度脂蛋白增高、高密度脂蛋白降低，是冠心病发病的主要危险因素，因此防治高脂蛋白血症，可以有效控制动脉粥样硬化和冠心病。

一、高脂蛋白血症的诊断

血脂水平与人群的生活方式和饮食习惯有关，受性别、年龄等诸多因素的影响，1997年，全国血脂异常防治对策专题组制定并公布了第一个血脂异常防治建议，对血清中四种主要脂质和脂蛋白浓度的意义予以判断（表16-1）。

表 16-1 血脂和脂蛋白水平意义判断

血清胆固醇（TC）	
5.20 mmol/L（200 mg/dl）以下	合适范围
5.23～5.69 mmol/L（201～219 mg/dl）	边缘升高
5.72 mmol/L（220 mg/dl）以上	升高
血清甘油三酯（TG）	
1.70 mmol/L（150 mg/dl）以下	合适范围
1.70 mmol/L（150 mg/dl）以上	升高
血清低密度脂蛋白（LDL-C）	
3.12 mmol/L（120 mg/dl）以下	合适范围
3.15～3.61 mmol/L（121～139 mg/dl）	边缘升高
3.64 mmol/L（140 mg/dl）以上	升高
血清高密度脂蛋白（HDL-C）	
1.04 mmol/L（40 mg/dl）以上	合适范围
0.91 mmol/L（35 mg/dl）以下	减低

二、高脂蛋白血症的分型

1. 简易分型法．将高脂血症分为高胆固醇血症、高甘油三酯血症和混合型高脂血症（TC和TG均升高）。

2. 高脂蛋白血症的表型分类法　按照 WHO 1970 年的分型方法，可将高脂蛋白血症分为六种表型。各型高脂蛋白血症的发病率不同，我国以Ⅱ型和Ⅳ型多见。表型分类法有助于高脂血症的诊断和治疗，但较繁琐。

(1) Ⅰ型高脂蛋白血症：此型血清甘油三酯（TG）含量显著升高，总胆固醇（TC）可正常或轻度增加，此型在临床上较为罕见。

(2) Ⅱa 型高脂蛋白血症：血浆中仅低密度脂蛋白（LDL）增加，血脂测定总胆固醇升高，甘油三酯正常，此型临床上常见。

(3) Ⅱb 型高脂蛋白血症：血浆中极低密度脂蛋白（VLDL）和低密度脂蛋白均增加，血脂测定总胆固醇和甘油三酯均升高。此型临床上相当常见。

(4) Ⅲ型高脂蛋白血症：此型血浆中乳糜微粒残粒和极低密度脂蛋白残粒水平增加，血脂测定总胆固醇和甘油三酯均明显升高。此型在临床上很少见。

(5) Ⅳ型高脂蛋白血症：血浆中极低密度脂蛋白（VLDL）增加，血脂测定甘油三酯水平明显升高，总胆固醇正常或偏高。

(6) Ⅴ型高脂蛋白血症：血浆中乳糜微粒和极低密度脂蛋白水平均升高，血脂测定甘油三酯和总胆固醇均升高，但以甘油三酯升高为主。

三、营养与高脂蛋白血症的关系

1. 能量　当每日能量摄入过多时，多余的能量就以甘油三酯的形式储存于脂肪细胞中，引起肥胖。肥胖者血浆中甘油三酯、总胆固醇含量常升高，高密度脂蛋白含量常降低。

2. 脂肪　过多摄入饱和脂肪酸（S），可使血浆胆固醇含量增高，而适量摄入多不饱和脂肪酸（P），可使血浆中胆固醇含量降低。故每日脂肪摄入量应不超过总能量的 20%～30%，饱和脂肪酸（S）应小于总能量的 10%，多不饱和脂肪酸占 10%，单不饱和脂肪酸占 10%，并可适当提高其摄入量。

3. 胆固醇　只存在于动物性食品中，如肉、禽、蛋、乳类，如进食过多，则导致血清胆固醇水平升高，故每日摄入量为 200～300 mg。

4. 碳水化合物　简单的碳水化合物，主要是蔗糖和果糖，可使血浆中甘油三酯含量增高，而淀粉等复杂的碳水化合物则影响不大。

5. 蛋白质　动物性蛋白质与血浆胆固醇含量及冠心病发病呈正相关，而植物性蛋白质则呈负相关。大豆蛋白有显著降低胆固醇的作用。

6. 膳食纤维　降低胆固醇的作用比较显著。

四、高脂蛋白血症的饮食防治措施

1. 限制总能量　饭量大，活动少，爱吃主食、肥肉及油炸类食品的人常常体态肥胖，最易患高脂血症。因此，每餐不要吃得过饱，少吃肥肉、油炸食品及各类甜食，少饮酒及各类含糖饮料，多吃些含热量低、含膳食纤维高的食物如蔬菜、水果、魔芋等食品。并要注意体育锻炼，尤其是餐后运动，体重减轻后，血脂可逐渐恢复正常。

2. 碳水化合物　宜占总能量的 50%～60%，每日主食 6～8 两左右，不宜吃各种水果糖及奶糖、蜂蜜、各类甜点心、水果罐头，不宜饮可乐、雪碧等高糖饮料。炒菜及喝牛奶、豆浆时均不要加糖。

3. 蛋白质　宜占总能量的 15%~20%，可适当选食瘦猪牛羊肉、鱼虾类、去皮的鸡鸭肉、豆类及豆制品。

4. 脂肪　应占总能量的 20%~30%。应限制动物脂肪的摄入，炒菜要用植物油，每日 25g 左右。胆固醇每日摄入应不超过 300mg，忌食动物内脏、蛋黄、鱼子、鱿鱼等含胆固醇高的食物。

5. 降脂食物　多选食酸奶、大蒜、洋葱、苜蓿、香菇、木耳、山楂、绿豆、黄豆及其制品。多饮绿茶，或喝些含糖少的猕猴桃或山楂饮料。

6. 戒酒　酒的热量高，每克酒精可产生 7 千卡的能量，过多饮酒每日总能量摄入过高。酒精可促进内源性胆固醇及甘油三酯的合成，使血脂升高，并对肝脏损害严重。

五、常见食物的胆固醇含量（表 16-2）

六、高脂蛋白血症的分型饮食治疗原则

饮食治疗是各型高脂蛋白血症的基本治疗措施，应长期坚持。饮食治疗的目的是维持理想体重，满足合理的营养需求，使脂蛋白恢复到正常水平。饮食治疗的主要内容为：减少过多的总能量，增加有氧运动，减轻体重。每日脂肪摄入量应不超过总能量的 20%~30%，饱和脂肪酸应小于总能量的 10%，多不饱和脂肪酸占 10%，单不饱和脂肪酸占 10%，并可适当提高其摄入量，胆固醇摄入量每日限制在 200~300 mg，膳食纤维每日摄入 20~35 g，蛋白质、碳水化合物、维生素及矿物质的供给应满足人体的合理需求。

1. Ⅰ型高脂蛋白血症的饮食治疗　此型目前没有有效的治疗手段，坚持饮食治疗可以减少急腹症如急性胰腺炎的发生。

（1）严格限制脂肪摄入，每日供给脂肪 25~35 g 左右。此型由于脂蛋白脂肪酶的缺陷，食物中长链脂肪酸摄入后不能被代谢，而聚集于血浆中，故需严格限制食物中的脂肪。

（2）由于中链脂肪酸可直接经门静脉吸收入肝，不需经过乳糜微粒的中间转运阶段，可适量进食，如牛奶、鲜奶油等。

2. Ⅱ型高脂蛋白血症的饮食治疗

（1）控制总热能的摄入，每日 20~25 kcal/kg。

（2）限制胆固醇的摄入，每日 200~300 mg。

（3）限制饱和脂肪酸的摄入，如摄入过多可升高血胆固醇，其所占热比应为 6%~10%。应少食动物脂肪、全脂奶、奶油、奶酪、动物内脏、蛋黄等，烹饪用油应选用含单不饱和脂肪酸丰富的茶油、橄榄油，或花生油、豆油、芝麻油等。

（4）Ⅱb 型患者胆固醇及甘油三酯均升高，应给予低热量、低碳水化合物、低脂饮食。如碳水化合物摄入过量，易转化为脂肪，尤其是葡萄糖、果糖、蔗糖，其中蔗糖比等量的碳水化合物更易使甘油三酯升高，另外要限制短、中链脂肪酸的摄入，因它们的代谢中间产物是肝脏合成胆固醇和甘油三酯的原料。需限制酒精摄入，因酒精能刺激脂肪组织的脂解作用，降低脂蛋白脂酶的活力。故每日碳水化合物摄入量应不超过 200 g，可进食谷类、豆类、蔬菜和适量的水果，少食乳制品，可适当多吃些鱼类和贝类，以保证蛋白质及能量的供应。

3. Ⅲ、Ⅳ型高脂蛋白血症的饮食治疗　此两型的饮食治疗原则基本相似。

（1）限制总能量的摄入，每日 25~30 kcal/kg。

表16-2 常见食物的胆固醇含量（mg/100g食部）

食物	胆固醇	食物	胆固醇
瘦猪肉	81	普通鸭	94
肥猪肉	109	烤鸭	91
猪脑	2571	鸭肝	341
猪舌	158	鸭掌	36
猪肝	288	鸡蛋	585
猪肾	354	鸡蛋黄	1510
猪肚	165	松花蛋（鸭）	608
猪肺	290	松花蛋黄	1132
广东香肠	94	咸鸭蛋	647
蛋清肠	61	咸鸭蛋黄	2110
瘦牛肉	58	鹌鹑蛋	515
肥牛肉	133	大黄鱼	86
酱牛肉	76	带鱼	76
肥瘦牛肉	84	小黄鱼	74
牛肚	104	草鱼	86
牛肉干	120	鲫鱼	130
瘦羊肉	60	鲢鱼	99
肥羊肉	148	罗非鱼	78
肥瘦羊肉	92	黄鳝	126
兔肉	59	泥鳅	136
牛乳	15	鳕鱼	114
酸牛乳	12	墨鱼	226
全脂牛乳粉	110	海参	62
脱脂牛乳粉	28	海蜇	8
羊乳	31	鲜贝	116
豆奶粉	90	鱿鱼（干）	871
豆奶	5	对虾	193
鸡	106	基围虾	181
鸡肝（肉鸡）	476	河蟹	267
鸡腿	162	海蟹	125
鸡胸脯肉	82	鲜蟹黄	466
烤鸡	99	鲫鱼子	460
鹅	74	甲鱼	101
鹅肝	285	黄油	296
鸽	99	奶油	168
冰淇淋	51	猪油（炼）	93
奶油蛋糕	161	饼干	81

摘自中国预防医学科学院营养与食品卫生研究所编著，《食物成分表》，1991

(2) 肥胖者必须减轻体重。
(3) 限制碳水化合物的摄入，所占热比在50%左右，限制甜食。
(4) 禁饮酒。
(5) 限制胆固醇的摄入，每日200~300 mg。

4. V型高脂蛋白血症的饮食治疗
(1) 限制总能量的摄入，每日25~30 kcal/kg。
(2) 肥胖者必须减肥，达到和维持理想体重。
(3) 限制碳水化合物的摄入量，所占热比为50%左右，限制甜食及蔗糖。
(4) 供给丰富的蛋白质。
(5) 脂肪摄入应≤总能量的30%。

七、高脂蛋白血症食谱举例　见表16-3、16-4。

表16-3　Ⅱ型高脂蛋白血症食谱举例（仅供参考）

餐别	内容	食物	重量（g或ml）
7:00	牛奶		250
	面包（咸）		25
9:00	豆浆		250
12:00	米饭	粳米	75
	木耳黄瓜	黄瓜	200
		木耳	10
	清蒸草鱼	草鱼	100
15:00	猕猴桃		200
18:00	金银卷	富强粉	50
		玉米面	25
	肉片油菜豆制品	瘦猪肉	50
		豆制品	25
		油菜	200
	全日用油	茶油	20
	全日用盐		6

蛋白质66 g（19%）　脂肪42 g（28%）　碳水化合物181 g（53%）
总能量5.7 MJ（1366 kcal）

表16-4　V型高脂蛋白血症食谱举例（仅供参考）

餐别	内容	食物	重量（g或ml）
7:00	牛奶冲麦片	牛奶	250
		麦片	30
9:00	脱脂酸奶		250
12:00	米饭	粳米	75
	清蒸鲤鱼	鲤鱼	150

(续表)

餐别	内容	食物	重量（g 或 ml）
	小白菜豆腐	小白菜	200
		豆腐	100
15:00	草莓		300
18:00	馒头	富强粉	50
	玉米面粥	玉米面	30
	肉丝芹菜豆制品	瘦猪肉	50
		芹菜	150
		豆制品	30
	全日用油	橄榄油	20
	全日用盐		7

蛋白质 94 g（23%）　脂肪 48 g（27%）　碳水化合物 202 g（50%）　总能量 6.8 MJ（1616 kcal）

（孙孟里　刘秋喜　刘晋玉）

第二节　高血压

高血压是以体循环动脉压增高为主要表现的临床综合征，是最常见的心血管疾病。可分为原发性和继发性两大类。绝大多数患者高血压的病因不明，称为原发性高血压，占总高血压患者的 95% 以上，原发性高血压又称高血压病，是心血管疾病死亡的主要原因之一。

一、高血压的诊断标准

我国采用国际上统一的标准，即收缩压 ≥140 mmHg 和（或）舒张压 ≥90 mmHg，即诊断为高血压。根据血压增高的水平，可分为高血压第 1、2、3 级（表 16-5）。

表 16-5　血压水平的定义和分类（WHO/ISH，1999）

类　别	收缩压（mmHg）	舒张压（mmHg）
理想血压	<120	<80
正常血压	<130	<85
正常高值	130~139	85~89
1 级高血压（轻度）	140~159	90~99
亚组：临界高血压	140~149	90~94
2 级高血压（中度）	160~179	100~109
3 级高血压（重度）	≥180	≥110
单纯收缩期高血压	≥140	<90
亚组：临界收缩期高血压	140~149	<90

注：① 当收缩压和舒张压分属于不同分级时，以较高的级别作为标准。
② 以上诊断标准适用于男女两性任何年龄的成人，对于儿童，目前尚无公认的高血压诊断标准，但通常低于成人高血压诊断的水平。
③ 上述高血压的诊断，必须以非药物状态下，两次或两次以上非同日多次重复测定血压所得的平均值为依据，偶然测得一次血压增高不能确诊，必须重复并进一步观察。

二、高血压的临床症状

1. 一般表现　原发性高血压一般起病缓慢，早期常无症状，偶于体格检查时发现血压升高，少数患者则在发生心、脑、肾等并发症后才被发现。患者一般有头痛、眩晕、气急、疲劳、心悸、耳鸣等症状。

2. 并发症　血压持久升高可有心、脑、肾、血管等器官的损害。高血压可促使冠状动脉粥样硬化的形成及发展并使心肌氧耗量增加，可出现心绞痛、心肌梗死、心力衰竭及猝死。高血压可促进脑动脉粥样硬化发生，可引起短暂性脑缺血发作及脑动脉血栓形成。血压极度升高可发生高血压脑病，表现为严重头痛、恶心、呕吐及不同程度的意识障碍、昏迷或惊厥，血压降低即可逆转。长期持久血压升高可致进行性肾硬化，并加速肾动脉粥样硬化的发生，可出现蛋白尿、肾功能损害。

三、营养与高血压的关系

1. 钠与高血压　流行病学和临床观察均显示食盐摄入量与高血压的发生密切相关，高钠摄入可使血压升高，而低钠饮食可降低血压。中国人饮食中盐的含量高于西方人，我国北方地区，每人每天摄入 12~18g 食盐。南方地区每人每天摄入 8g 左右的食盐。高钠饮食是中国人高血压发病的一个重要因素。

2. 能量　能量摄入过多，可使人肥胖，肥胖者易患高血压。实践证明，适当限制能量的摄入，可使人减肥，血压也可有所下降。

3. 饮酒　虽然少量饮酒不会对血压造成立即的作用。但是，无论是收缩压还是舒张压，都与每天的饮酒量相关。与不饮酒的人群相比，持续饮酒的男性在 4 年内发生高血压的危险性增加 40%。

4. 胰岛素抵抗　据观察，大多数高血压患者空腹胰岛素水平增高，而糖耐量有不同程度的降低，提示有胰岛素抵抗现象。

5. 其他　除了肥胖、高盐饮食、饮酒三大因素之外，高血压的发生还与吸烟、遗传、种族、心理因素、社会文化因素以及口服避孕药物等有关。

四、高血压的非药物治疗

1. 饮食治疗。
2. 参加适当的体育运动，减轻体重。
3. 保持健康的心理状态，减少精神压力和抑郁。

五、高血压的饮食治疗原则

1. 戒烟戒酒。
2. 达到并维持理想体重或适宜体重，对中心型肥胖应特别注意热能的控制。
3. 限制钠盐摄入　对轻度高血压或有高血压家族史者，每日食盐量 3~5 g。中度高血压，每日 1~2 g 食盐（折合酱油 5~10 ml），重度高血压。应给予无盐膳食。限制钠盐的摄入，可使许多病人血压降低，并且可减少对降压药的需求。
4. 矿物质　应摄入足量的钾、镁、钙。蔬菜、水果中含有丰富的钾；粗粮、豆制品、坚果类、绿叶蔬菜、肉类、海产品是镁的良好来源；奶和奶制品是钙的主要来源，其含量和吸收率均高，虾皮、鱼、海带、芝麻酱中也含有丰富的钙。

5. 蛋白质　补充适量的蛋白质，每日 1 g/kg 左右，可多选食豆腐及豆制品、脱脂牛奶、酸牛奶、鱼虾类等。如高血压并发肾功能不全，则应限制植物蛋白的摄入，给予富含优质蛋白的动物类食品。

6. 脂肪　脂肪占总热量的25%以下，饱和脂肪酸应小于总能量的10%，多不饱和脂肪酸占10%，单不饱和脂肪酸占10%，并可适当提高其摄入量。烹调多选用植物油，如茶油、橄榄油、花生油、菜子油、芝麻油等。少吃油炸的食物，主张氽、煮、炖、清蒸、凉拌等烹饪方法，少吃各类肥肉及动物油脂。胆固醇每日摄入量应限制在 300 mg 以下，少吃动物内脏及蛋黄、鱼子、鱿鱼等含胆固醇高的食品。

7. 碳水化合物　宜占总能量的50%~60%。主食除米面外，鼓励多吃各种杂粮及豆类，如小米、玉米面、燕麦片、高粱米、芸豆、红豆、绿豆等，它们含有丰富的膳食纤维，能促进肠道蠕动，有利于胆固醇的排除。少进食葡萄糖、果糖、蔗糖及各类甜点心，少饮各类含糖饮料，防止肥胖及血脂增高。

8. 维生素及膳食纤维　多吃绿叶蔬菜和新鲜水果，它们富含多种维生素及膳食纤维。芹菜、荠菜、荸荠等蔬菜有降压作用，建议多选食。

六、高血压食谱举例　见表 16-6。

表 16-6　高血压病食谱举例

餐别	内容	食物	重量（g 或 ml）
7:00	烙饼	标准粉	50
	豆腐脑	豆腐脑	150
		鸡蛋	25
		木耳（干）	2
9:00	水果	鸭广梨	200
11:00	面条	标准粉	100
	芹菜氽面	瘦肉	50
		芹菜	150
	拌土豆丝	土豆	50
		胡萝卜	50
15:00	水果	西瓜	400
18:00	米饭	大米	50
		小米	50
	清蒸鲤鱼	鲤鱼	100
	凉拌苦瓜	苦瓜	200
20:00	脱脂酸奶		200
	全日用油	（橄榄油）	30
	全日用盐		5

蛋白质 75 g（16%）　脂肪 47 g（23%）　碳水化合物 281 g（61%）
总能量 7.7 MJ（1847 kcal）

第三节 冠心病

冠心病（CHD）是冠状动脉粥样硬化性心脏病的简称，是由于冠状动脉粥样硬化，使管腔狭窄或阻塞，导致心肌缺血、缺氧而引起的心脏病。本病发病年龄多在 40 岁以上，男性多于女性，以脑力劳动者居多。冠心病在欧美经济发达国家中极为常见，占美国人口死亡数的 1/3～1/2。近年来我国经济发展较快，冠心病的发病率和病死率也有逐年增高的趋势。北京、天津等北方城市比上海、广州等南方城市发病率高。高龄、肥胖、男性、吸烟、脑力活动紧张而体力活动少，喜欢吃高热量、高胆固醇、高脂肪的动物性食品，为本病的危险因素。有高血压、高脂蛋白血症、糖尿病及 A 型性格者，易患冠心病。

一、冠心病的临床类型

由于冠状动脉病变的部位、范围和程度不同，冠心病有不同的临床特点，一般可分为五型：

1. 隐匿型　此型患者无临床症状，但有心肌缺血的心电图改变或有放射性核素心肌显像改变。此型亦称无症状性冠心病。

2. 心绞痛　是冠状动脉供血不足，心肌急剧的、暂时的缺血与缺氧所引起的临床综合征。患者有阵发性的胸骨后压榨样疼痛，可放射至心前区与左上肢，常发生于劳动或情绪激动时，持续数分钟，休息或用硝酸酯制剂后缓解。本病多见于男性，多数病人在 40 岁以上，劳累、情绪激动、饱食、受寒、阴雨天气等为常见的诱因。

3. 心肌梗死　此型病情危重，为冠状动脉阻塞，心肌急性缺血性坏死所引起。患者有剧烈而持久的胸骨后疼痛、发热和进行性心电图变化，可发生心律失常、休克或心力衰竭。

4. 缺血性心肌病　长期心肌缺血所导致的心肌逐渐纤维化，表现为心脏增大、心力衰竭和（或）心律失常。

5. 猝死　突发心脏骤停而死亡，多为心脏局部发生电生理紊乱或起搏、传导功能发生障碍，引起严重心律失常所致。

二、冠心病的预防

1. 一级预防　防止动脉粥样硬化，预防冠心病。
(1) 平衡膳食。
(2) 控制和治疗高血压、高脂蛋白血症及糖尿病。
(3) 生活规律化，避免精神紧张，进行适当的体育锻炼。

2. 二级预防　确诊冠心病后，应尽量保持心态平和，避免情绪激动。需戒烟酒，防止过饱餐并进行适当的体力活动，可选择适合于自己、易于坚持的有氧耐力运动，如购物、散步、打太极拳等，不宜进行无氧剧烈运动，如短跑、长距离骑车、长距离游泳等，也不宜于参加体育竞技比赛，要注意保暖，避免寒冷刺激。

三、营养与动脉粥样硬化的关系

动脉粥样硬化是指在中等及大动脉血管内膜和中层形成的脂肪斑块，这些脂肪斑块主要由胆固醇和胆固醇酯组成。

1. 膳食中脂肪摄入量，尤其是饱和脂肪酸的摄入量与动脉粥样硬化的发病率呈正相关。

2. 某些油脂富含单不饱和脂肪酸（MUFA），能降低血清总胆固醇和 LDL，且不降低 HDL，如橄榄油和茶油。

3. 海产动物的脂肪中，富含 EPA 和 DHA，它们都属于多不饱和脂肪酸中的 n-3 系列，经研究发现，EPA 和 DHA 具有降低血浆总胆固醇及甘油三酯、增加高密度脂蛋白的作用。深海鱼油、海豹油、海狗油中，都富含 EPA 和 DHA。

4. 人造黄油中含有反式脂肪酸，反式脂肪酸能使血清中的 LDL 升高，并引起 HDL 降低，有研究显示，经常摄入人造黄油的妇女，日后患心肌梗死的危险性最高。

5. 如过多进食动物性食品，尤其是含胆固醇高的动物内脏、鱼子等，可升高血浆中胆固醇的浓度，增加心脑血管疾病发生的危险性。

6. 卵磷脂、脑磷脂等磷脂，可避免胆固醇在血管壁沉积，有利于防治动脉粥样硬化。

7. 膳食热量过高，易形成肥胖，肥胖者冠心病发病率较高。

8. 我国人民的饮食习惯，碳水化合物摄入量较高，人群中高甘油三酯血症较为常见。

9. 动物性蛋白质升高胆固醇的作用比植物性蛋白质明显。

10. 膳食纤维的摄入量与冠心病的发病率和死亡率呈显著负相关。

四、冠心病的饮食治疗原则

1. 禁烟禁酒。

2. 能量　热能摄入要达到并维持理想体重或适宜体重，防止肥胖。每日每公斤体重 30kcal 左右。

3. 脂肪　减少脂肪的摄入，脂肪占总能量的 25% 以下，饱和脂肪酸应小于总能量的 10%，多不饱和脂肪酸占 10%，单不饱和脂肪酸占 10%，并可适当提高其摄入量，每日胆固醇摄入量限制在 300 mg 以下。

4. 碳水化合物　占总能量的 55%~60%。主食除米面外，鼓励多吃各类杂粮，它们营养丰富并含有较多的膳食纤维。也可用土豆、山药、藕、芋头、荸荠等根茎类食物，代替部分主食，这样可避免主食过于单调。需限制蔗糖和果糖的摄入。

5. 蛋白质　摄入适量的蛋白质，每日 1.2 g/kg 左右，约占总能量的 15% 左右。每日可饮脱脂牛奶 250 ml 左右，每周可吃 2~3 个整鸡蛋。鱼类肉质细嫩，易于消化吸收，含有丰富的多不饱和脂肪酸，可每周吃 2~3 次，每次 150g 左右，烹饪方法以侉炖和清蒸为主，因为干炸或红烧用油太多，增加脂肪的摄入。黄豆及其制品含植物固醇较多，有利于胆酸的排出，可减少胆固醇的合成，应鼓励多进食。

6. 供给充足的维生素和矿物质，膳食纤维每日摄入 20~25 g 为宜。

五、冠心病食谱举例

见表 16-7。

表16-7 冠心病食谱举例

餐别	内容	食物	重量（g或ml）
7:00	馒头	标准粉	75
	豆腐脑	豆腐脑	150
		鸡蛋	25
		木耳（干）	2
9:00	水果	鸭广梨	200
11:00	米饭	机米	100
	清蒸草鱼	草鱼	100
	西芹百合	芹菜	200
		百合	50
15:00	水果	猕猴桃	150
18:00	发糕	玉米面	75
	肉末炒苦瓜	瘦肉	50
		苦瓜	200
	拌豆腐	南豆腐	100
20:00	脱脂酸奶		200
	全日用油	（橄榄油）	25
	全日用盐		8

蛋白质 77 g（17%） 脂肪 47 g（23%） 碳水化合物 276 g（60%）
总能量 7.7 MJ（1835 kcal）

（孙孟里 陈淑芳）

第十七章 肾脏疾病的营养治疗

第一节 肾脏生理功能

人体有左右两个肾脏，位于腹膜后，其大小、重量随年龄、性别而异。肾由肾单位、近血管球复合体以及肾间质、血管、神经等组成。肾单位是制造尿液的主要场所，每肾各有肾单位约100万个。肾脏的生理功能是排泄代谢产物及调节水、电解质、酸碱平衡，通过上述功能以维持机体内环境稳定。

一、肾小球滤过功能

肾小球滤过功能是排泄代谢物的主要形式。其中含氮类废物如尿素、肌酸、肌酐等多数由肾小球滤过排出，部分有机酸如马尿酸、苯甲酸、各种胺类及尿酸等也有一部分经肾小球滤过，但主要由肾小管分泌排出。

二、肾小管重吸收和分泌功能

肾小球每日滤过量可达180L，其中电解质成分与血浆基本相似。但人体实际上每日排出尿量仅为500~3000ml左右，尿比重为1.002~1.030。

水、电解质、酸碱平衡的调节，主要依靠肾小管来完成。近端肾小管主要负责滤过液的重吸收，其中滤过的葡萄糖、氨基酸100%被重吸收，碳酸氢根90%、水、NaCl约70%被重吸收。近端肾小管除重吸收功能外，还与有机酸排泄有关。远曲小管特别是集合管是尿液最终成分调节的主要场所。这些小管上皮细胞可重吸收Na^+，排出K^+，以及分泌H^+和NH_4^+，醛固酮可加强上述作用。

三、肾脏内分泌功能

肾脏可产生许多内分泌激素，有肾素-血管紧张素、前列腺素族、肾脏血管舒缓素-激肽系统、促红细胞生成素及活性维生素D。这些内分泌激素有着重要的生理作用，前列腺素族及肾脏血管舒缓素-激肽系统作用于肾脏本身，参与肾脏血管舒缩以及水、盐代谢的调节，故又称为血管活性激素；肾素-血管紧张素对肾脏本身和全身各系统均有作用。

第二节 肾脏病人营养状况评价及营养治疗

肾脏疾病常引起糖、蛋白质、脂肪、电解质和维生素的代谢紊乱，合并营养不良者较常见，营养不良可导致机体免疫功能低下，直接影响着疾病的预后。对肾脏病人进行营养状况评价，是制定营养治疗方案的重要依据。

一、肾脏病人营养状况评价常用方法和指标

肾脏病人的营养状况评价包括膳食调查、人体测量和实验室检查。应结合疾病的特点，对各项指标进行综合分析，这样才能较准确地反映患者的营养状况。

（一）膳食调查

1. 饮食习惯、饮食嗜好　有助于患者配合和坚持营养治疗，正确选择食物，纠正错误的饮食习惯和嗜好。

2. 食物摄入量和种类　这是膳食调查中较难准确的一项，患者"量"的概念不一致，陈述的量往往高于实际摄入量，特别是副食的量更难准确，直接影响氮平衡计算的准确性。如有食物模型，可提高准确性。膳食调查用24小时回顾法和日记法较准确。

3. 入水量　需准确记录患者的出入量。肾功能不全患者，肾脏保留和排泄水的功能障碍，摄入水量过多或不足均可加重肾功能的损伤。计算入水量应包括饮水量、食品加工用水量及静脉输液量。应熟练掌握谷类制品含水量（如米饭、馒头、烙饼、切面、挂面、粥等）、各类蔬菜平均含水量等。

4. 食欲　患者能否正常进食，是否伴有恶心呕吐等。

（二）人体测量

1. 体重　测量实际体重，并与标准体重比较，是判断营养状况较敏感的指标。但动态观察体重变化更能客观反映营养不良的发生和程度，在某一段时间内自身体重的变化，可准确反映患者当前的营养状况。应注意患者是否有浮肿及是否使用利尿剂等。

2. 体重指数（BMI）　体重指数是反映蛋白质－热能营养不良及肥胖程度的可靠指标。近来有资料报道，BMI＞27时，对正常人属超重，对肾功能衰竭病人则可推迟透析的时间和减少病死率，BMI＜27者正相反。所以建议肾脏病人的体重指数应控制在略大于27的范围。良好的营养状况可延缓肾功能衰竭的进展，并可提高透析的疗效。

3. 上臂围、上臂肌围、三头肌皮褶厚度　短期营养治疗变化较慢。

4. 其他　注意皮肤、视力、口腔异味等。

（三）实验室检查

1. 尿常规检查　非常重要，常为诊断有无肾脏疾病的主要依据，尿常规的不同发现，常有助于鉴别诊断。

（1）蛋白尿：尿液中每日蛋白质排泄量不超过100 mg，如高于150 mg，即称作蛋白尿。每日尿蛋白超过3 g，称作大量蛋白尿。

（2）血尿：正常人尿常规检查沉渣中每高倍视野不超过4个红细胞，若屡次超过5/HP，则为显微镜下血尿。尿沉渣计数，12小时排出的红细胞应少于50万。

（3）管型尿：若有细胞管型或较多的颗粒管型与蛋白尿同时出现，临床意义较大。

（4）白细胞尿：在尿沉渣检查时，白细胞超过5/HP为异常。

2. 肾功能测定

（1）内生肌酐清除率测定：可反映肾小球滤过率。正常值平均在（90±10）ml/min左右，女性较男性略低。

（2）肾血流量测定：正常值为600~800 ml/min。

（3）稀释浓缩试验：测定尿比重，正常尿比重是1.002~1.030。正常24小时排尿在500~3000 ml，每日尿量持续少于400 ml者称为少尿，少于50 ml者称为无尿，应注意观察

昼夜尿量，夜尿增多是肾功能衰竭较早出现的症状，也是观察疗效和肾功能衰竭进程的敏感指标。

(4) 尿酸化功能检查：测定尿 pH 值。

(5) 其他辅助检查：尿培养、肾盂造影、肾图、肾扫描、超声波、核磁及肾活体组织检查等。

二、肾脏疾病的营养治疗

肾脏疾病的营养治疗，应以患者的营养状况、肾功能为依据，结合患者的饮食习惯及嗜好，制定相应的饮食治疗方案。在治疗过程中，需监测肾功能的变化，及时调整营养治疗方案。

1. 能量　肾脏病患者营养不良发生率较高，供给充足的能量才能保证蛋白质和其他营养素的充分利用。故能量供应标准为 126～146 kJ/kg·d（30～35 kcal/kg·d），在纠正营养不良的同时，要注意保护肾功能。

2. 蛋白质　肾功能不全时，蛋白质代谢产物（如尿素等）排泄障碍，为减轻肾脏负担，主张用低蛋白饮食治疗肾功能不全。高蛋白饮食可引起肾小球高灌注、高滤过、高压力，加重肾功能恶化。

肾功能不全时，血中必需氨基酸浓度下降，非必需氨基酸水平升高。所以，饮食中应尽量减少植物蛋白质，供给优质蛋白如牛奶、鸡蛋、瘦肉、鱼、虾、鸡肉等。

近年来不少学者在动物实验和临床观察时发现，大豆蛋白对肾功能不全患者的营养治疗作用可能优于动物蛋白质，大豆蛋白不仅可降低血肌酐，减少含氮代谢产物的积聚，还可缓解肾小球高灌注，稳定肾小球滤过率，改善肾血管硬化，延缓肾功能恶化。同时，还有降低血胆固醇和甘油三酯的作用。大豆蛋白对肾脏的保护作用，机理可能是：①大豆蛋白的氨基酸组成基本接近鸡蛋蛋白质；②大豆蛋白含丰富的异黄酮物质。所以在控制蛋白质总摄入量的前提下，肾脏病患者可以选择大豆蛋白。

3. 水　肾脏通过对尿的浓缩功能来调节尿渗透压，排泄代谢产物。正常人每日入水量约为 2000～2500 ml，每日尿量为 500～3000 ml 左右。慢性肾功能衰竭病人每日入水量为：前一日尿量加 500 ml 左右。患者如有多尿和夜尿增多，要警惕低钠血症和肾功能进一步恶化。

4. 钠　钠供给量，应根据血钠水平、血压、浮肿程度及肾功能而定，一般每日可摄入食盐 3～5 g（包括酱油、咸菜、酱豆腐等），如伴呕吐、腹泻或使用利尿剂，食盐的摄入量可放宽。

5. 钾　体内钾主要由肾脏来调节，少尿合并高钾血症时，应严格限制钾盐摄入量，多尿合并低钾血症时，要注意补钾，应多选用含钾丰富的食物。

6. 钙、磷　肾功能衰竭时，常合并低钙高磷血症，应给予高钙低磷饮食。

7. 维生素　应注意补充维生素 C、B 族、叶酸等水溶性维生素。

第三节　急性肾小球肾炎

急性肾小球肾炎（acute glomerulonephritis）由多种病因引起，本节重点讨论由链球菌感染后引起的急性肾小球肾炎。

一、临床表现

本病发病前 1～3 周常有扁桃体炎、咽炎等链球菌感染史，或发病前 2～4 周曾患丹毒、脓皮病等病。然后突然起病，以水肿、血尿和蛋白尿最为多见，成人还常合并高血压、腰酸、腰痛，少数病人有尿频、尿急。患者还可有恶心、呕吐、头痛、疲乏、厌食等症状。本病病情轻重不一，轻者可毫无症状，仅尿常规略有异常。约有3%～5%的病例病情甚重，可表现为尿闭，甚至发展为急性肾功能衰竭。

1. 水肿　见于70%～90%左右的病例，轻重不等，常在清晨起床时眼睑水肿，下肢及阴囊部也较显著，严重时可有胸腔积液。

2. 高血压　见于70%～90%患者，程度不一，一般为轻度或中度。

3. 尿异常

(1) 尿量：尿量在水肿时减少，一日尿量常在400～700 ml左右，持续1～2周后逐渐增加。恢复期每日尿量可达2000 ml以上。少数病例每日尿量少于300 ml，以至无尿，病情危重。

(2) 血尿：几乎每例都有血尿，轻重不等。肉眼血尿一般持续时间不长，大多数天后转为镜下血尿，此后可持续很久，一般在6个月内消失。

(3) 蛋白尿：阳性率达95%以上，常为轻、中度蛋白尿，大量者较少见。

(4) 尿沉渣：早期除有多量红细胞外，白细胞也常增加，上皮细胞及各种管型也常见。管型中以透明管型及颗粒管型最多见，红细胞管型的出现表示病情的活动性。

(5) 尿中纤维蛋白降解产物（FDP）和 C_3 含量常增高，尤其在利尿期。

4. 肾功能测定　表现不一，大多数患者有程度不等的肾功能不全，以肾小球滤过率的改变最为明显，内生肌酐清除率降低，而肾血流量大多正常，肾小管功能也有改变。

二、营养治疗的目的

通过限制饮食中蛋白质、盐、水的摄入，纠正水、电解质紊乱和酸碱平衡失调，减轻临床症状，预防合并症发生，保护肾功能。

三、营养治疗的原则

1. 食盐及出入量　因大多数患者合并水肿和高血压，故应给予低盐饮食并限制入水量；若血压很高，水肿显著，则应给予无盐饮食，每日入水量应限制在1000 ml以内。

2. 蛋白质　限制蛋白质摄入量，成人蛋白质每日供给30～40 g为宜，或按0.6～0.8 g/kg.d计算，其中优质蛋白应占60%左右。

3. 钾　少尿、无尿时应限制钾的摄入，如用利尿剂，应根据血钾水平调整钾供给量。

4. 能量　每日供给25～30 kcal/kg为宜，适当增加碳水化合物的摄入量，以满足能量需要。必要时采用麦淀粉代替部分主食，以减少植物蛋白摄入。

第四节　慢性肾小球肾炎

慢性肾小球肾炎（chronic glomerulonephritis）系指各种病因引起的不同病理类型的双侧肾小球弥漫性或局灶性炎症改变，临床起病隐匿、病程长、病情发展缓慢的一组原发性肾小球疾病的总称，故严格说来它不是一独立性疾病。

一、病因和发病机制

慢性肾小球肾炎是一组多病因、由各种细菌、病毒或原虫等感染通过免疫机制、炎症介质因子及非免疫机制等引起的肾小球疾病，但多数患者与链球菌感染并无明确关系。目前较多学者认为慢性肾小球肾炎与急性肾炎之间无肯定的关联。

二、分型及临床表现

1. 普通型　较为常见。病程迁延，病情相对稳定，多表现为轻度水肿，高血压和肾功能损害不明显。尿蛋白（+）～（+++），尿沉渣镜检红细胞可增多，可见管型。

2. 肾病型　主要表现为肾病综合征。

3. 高血压型　除上述普通型表现外，以持续性中等度血压增高为主要表现，特别是舒张压持续增高。

4. 混合型　临床上既有肾病型表现又有高血压型表现，同时多伴有不同程度肾功能减退征象。

5. 急性发作型　在病情相对稳定或持续进展过程中，由于细菌或病毒等感染或过劳等因素，经较短的潜伏期（多为1～5日），而出现类似急性肾炎的临床表现，经治疗和休息后可恢复至原先稳定水平或病情恶化，逐渐发生尿毒症；或是反复发作多次后，肾功能急剧减退，出现尿毒症等一系列临床表现。

本病临床分型不是绝对的，各型之间可以相互转化。

三、营养治疗的目的

根据不同病程及肾功能状况进行合理的营养治疗，可保护肾功能，防止或延缓肾功能恶化，改善临床症状，预防合并症发生。

四、营养治疗的原则

1. 肾功能基本正常时的营养治疗

(1) 蛋白质：每日蛋白质摄入量以不超过 1.0 g/kg 为宜，其中优质蛋白应占60%。

(2) 食盐：食盐摄入量每日 < 4g。合并有明显的高血压、水肿时，应限制在每日 2～3g。

(3) 能量：以碳水化合物和脂肪为能量的主要来源，成人每日供给 126～146 kJ/kg（30～35 kcal/kg），脂肪供给应小于全日总能量的30%。

(4) 应选用富含多种维生素的食品。

(5) 餐次：每日 4～5 餐。

2. 已存在肾功能减退时的营养治疗

已有肾功能减退者，蛋白质摄入量应限制在每日 30～40 g，必要时可口服适量的必需氨基酸。食盐摄入量应限制在每日 2～3 g。

第五节　肾病综合征

肾病综合征（nephrotic syndrome, NS）是由多种病因和多种病理类型引起肾小球疾病中的一组临床综合征。典型临床表现为大量蛋白尿（每日≥3.0～3.5 g）、低白蛋白血症（血浆白蛋白 < 30 g/L）、水肿伴或不伴有高脂血症。

一、饮食治疗的目的

通过饮食治疗供给患者充足的能量和各类营养素，纠正负氮平衡，保护肾功能，减缓肾功能恶化的程度，预防合并症的发生。

二、饮食治疗的原则

因患者常伴有胃肠道粘膜水肿及腹水，影响消化吸收，故应给予清淡易消化的半流质饮食或软饭。

1. **蛋白质** 因尿中丢失大量蛋白，引起低蛋白血症，血浆胶体渗透压降低，机体处于蛋白质营养不良状态，呈负氮平衡。故在肾病综合征的早期、极期，可给予较多的高质量蛋白质，$1\sim1.5$ g/kg·d，有助于缓解低蛋白血症及随之引起的一些合并症；对于慢性、非极期的肾病综合征，应给予较少量、高质量蛋白，$0.7\sim1$ g/kg·d；如出现慢性肾功能损害时，则应给予低蛋白饮食，0.65 g/kg·d。

2. **脂肪** 脂肪供能比≤30%总能量，S:M:P = 1:1:1，每日胆固醇摄入量<300 mg。

3. **碳水化合物** 供能比占总能量的60%左右，应以多糖为主，适当减少单糖和寡糖的摄入。

4. **矿物质、水和维生素**

（1）水和钠：合并有明显的水肿或高血压者，应限制钠和水的摄入，每日入水量为：前一日尿量加500 ml左右。食盐摄入量每日不超过2 g，禁用腌制食品，尽量少用味精及食碱。

（2）钾：如合并低钾血症，应注意补充含钾丰富的食物；如合并高钾血症，应注意避免含钾丰富的食物，无盐酱油含钾较高，应禁用。

（3）钙和维生素D：NS病人多伴发低钙血症，因此，每日钙摄入量应大于800 mg，必要时可补充钙剂及维生素D制剂。

（4）微量元素：由尿中丢失的铜、锌、铁等元素，可从正常饮食中补充。

（5）多选用富含维生素C及B族的食物。

5. **膳食纤维** 燕麦、米糠等富含膳食纤维，可适量选食，以利于降脂及降低血氨，纠正酸中毒。

第六节 慢性肾功能衰竭

慢性肾功能衰竭（chronic renal failure，CRF）是指原发性或继发性慢性肾脏疾患所致进行性肾功能损害，所出现的一系列症状或代谢紊乱组成的临床综合征。

一、慢性肾功能衰竭的分期

CRF 一般分为以下四期：

1. **肾功能不全代偿期** 肌酐清除率（CCr）>50 ml/min，血肌酐（SCr）<133 μmol/L，一般无临床症状。

2. **肾功能不全失代偿期** CCr $25\sim50$ ml/min，SCr $133\sim221$ μmol/L，临床上可出现轻度贫血、乏力、夜尿增多、疲劳、感染等。进食蛋白质过多及服用损害肾功能的药物等可加剧临床症状。

3. 肾功能衰竭期——尿毒症早期　CCr 10~25 ml/min，SCr 221~442μmol/L，临床上大多有明显贫血、消化道症状，可出现轻度代谢性酸中毒及钙磷代谢紊乱，水、电解质紊乱尚不明显。

4. 肾功能衰竭终末期——尿毒症晚期　CCr < 10 ml/min，SCr > 442μmol/L，临床上出现各种尿毒症症状，如明显贫血、严重恶心、呕吐以及各种神经系统并发症等。水、电解质和酸碱平衡明显紊乱。

二、慢性肾功能衰竭患者营养状况评价

对慢性肾功能衰竭患者进行营养状况评价的方法很多，包括生化检验、人体测量、人体组成分析及饮食评价等。表 17-1 为慢性肾功能衰竭患者营养不良的指标。

表 17-1　慢性肾功能衰竭患者营养不良的指标

生化参数	血清白蛋白浓度 < 40 g/L
	血清转铁蛋白浓度 < 2 g/L
	血清 IGF-1 浓度 < 200 ng/ml
	血清前白蛋白浓度 < 0.3 g/L 或呈下降趋势
	血清肌酐浓度明显下降而尿毒症症状加重或
	肌酐动力学异常下降
人体测量	体重进行性下降或低于理想体重 85%
	三头肌皮褶厚度、上臂肌围和/或肌力异常
人体组成分析	瘦体重下降（由生物电阻抗或 EDDEXA 测得）
	总体氮和/或氮指数（观察值/预期值）下降
饮食评价	自发性低蛋白饮食（< 0.7 g/kg·d）
	蛋白分解率增加（> 1.0 g/kg·d）

（摘自：陈灏珠主编．实用内科学．第 11 版．北京：人民卫生出版社，2001，p1945）

三、营养治疗的目的

饮食疗法是慢性肾功能衰竭最基本的治疗措施。以往只单纯强调低蛋白饮食，但长期进食低蛋白饮食可导致贫血和营养不良。据统计，慢性肾功能衰竭营养不良发生率高达 20%~50%，严重营养不良是慢性肾功能衰竭独立的危险因素，同患病率与死亡率呈正相关。因此，应为患者制定合理的营养治疗方案，采取低蛋白饮食加必需氨基酸疗法及 α-酮酸疗法。

营养治疗的目的：为患者提供合理的能量及各类营养素，纠正营养不良及水、电解质代谢紊乱，减轻尿毒症的毒性反应，保护肾功能，减缓肾功能恶化的程度，预防合并症发生，延长患者的寿命。

四、非透析治疗时的营养治疗原则

（一）维持水、电解质平衡，纠正酸中毒

CRF 病人，每日入水量应补足前一日尿量，并外加 500 ml 左右，如有出汗多、发热、室温高等情况，水的入量应酌增。钠摄入量，须根据血压、水肿和 24 小时尿量而定。多数 CRF 病人每日食盐可在 3g 左右，并根据病情予以调整。CRF 病人，常出现低血钙、高血磷，

应给予低磷饮食,磷摄入量每日应<600 mg。当高血磷时,可口服碳酸钙,每日3~10 g,分3次服。碳酸钙在肠道中与磷结合,从粪便中排出,可降血磷水平,并起到补钙的作用,降低血磷对残余肾有保护作用。在使用钙剂过程中,每1~2周应查血钙,当血钙>2.63 mmol/L时,补钙应停止。

(二)保证足够能量摄入

饮食的能量,直接影响肌肉蛋白合成,正常人和尿毒症患者都如此。当蛋白摄入不足时,导致肌肉减少,肌原纤维分解,如蛋白和能量都不足,则促使肌蛋白继续分解,以保证其他组织代谢。能量摄入不足,间接可引起蛋白合成减少和肌蛋白分解,因此,营养治疗的基本措施是保证病人有足够的能量供应,每日应供给能量126~167 kJ/kg(30~40 kcal/kg)。

(三)低蛋白膳食

1. 非透析治疗时,应采用高生物价低蛋白膳食疗法,确保优质蛋白占2/3以上。应根据肾功能损害的程度计算蛋白质摄入量。

(1) 在 CCr 20~40ml/min,SCr 176.8~353.6μmol/L 时,蛋白质摄入量为 0.7~0.8g/kg·d;

(2) 在 CCr 10~20ml/min,SCr 353.6~707.2μmol/L 时,蛋白质摄入量为 0.6~0.7g/kg·d;

(3) 在 CCr<10 ml/min,SCr≥707.2 μmol/L 时,蛋白质摄入量为 0.6 g/kg·d。

2. 低蛋白饮食的意义

(1) 缓解残余肾小球三高现象。

(2) 减轻残余肾小管高代谢。

(3) 减少蛋白质代谢产物的产生和蓄积,改善由此而产生的损害。

(4) 减少蛋白尿,改善由蛋白尿引起的损害。

(5) 减轻尿毒症症状。

(6) 减慢肾功能的进行性恶化。

3. 为减少植物蛋白摄入,可用淀粉类食物代替部分主食　经研究发现,慢性肾功能衰竭患者体内必需氨基酸(EAA)水平较正常人低,而非必需氨基酸(NEAA)水平较正常人高。EAA与NEAA比值失调是蛋白质合成下降的原因之一。如能减少食物中NEAA的摄入量,增加EAA的摄入量,可提高体内氮利用率,降低BUN水平。食物中主要由米、面和淀粉提供碳水化合物,慢性肾功能衰竭患者因限制蛋白质摄入,主要由碳水化合物提供能量,供能比应占总能量的70%左右。米、面中含蛋白质约8%~10%,淀粉类食物如麦淀粉、玉米淀粉、土豆淀粉、藕粉、粉丝、粉条等含蛋白质约0.2%~1.2%,故在采用高生物价低蛋白膳食疗法时,为确保能量和优质蛋白的供应,必须减少植物蛋白的摄入,用麦淀粉等淀粉类食物代替部分主食。以下是几种淀粉类食品的制作方法:

(1) 蒸饺:淀粉50g、青菜馅。用开水将淀粉烫熟透,稍凉后做成蒸饺。

(2) 粉肠:淀粉50g、鸡汤或肉汤、瘦肉末、盐及味精少许、肠衣。将以上原料调成糊状,灌入肠衣,分段扎紧,每段上扎几个针眼,上笼蒸熟,放凉后食用。

(3) 煎饼:淀粉50g、葱末少许、鸡蛋1个、盐及油适量,用凉水调成糊状,用平锅摊成煎饼。

(4) 烙饼:淀粉50g,用开水烫熟,擀成饼,撒上葱末、盐、芝麻,用适量油烙成饼。

(5) 排叉:淀粉100g、鸡蛋1个、糖15g、芝麻少许。将淀粉烫熟透,稍凉后将鸡蛋、糖和芝麻揉入面中,擀成薄片做成排叉,用油炸熟。

(6) 面条:淀粉50g,烫熟透,稍凉后擀成面条,用油稍炸或上笼蒸熟,放入高汤稍煮即可食用。汤中可放入青菜、木耳、香菇、番茄、适量肉丝等。

（四）脂肪供能比≤30%总能量，S:M:P = 1:1:1。

（五）适量进食绿叶蔬菜和新鲜水果，以补充矿物质和维生素。

慢性肾功能衰竭食谱及举例见表17-2、17-3。

表17-2 慢性肾功能衰竭食谱（2000~2280 kcal）

谷类(g)	淀粉(g)	乳类(ml)	瘦肉(g)	蔬菜(g)	水果(g)	油(g)	能量(kcal)	蛋白 动/植(g)	蛋白总量(g)
—	400	100	50	500	250	40	2000	13.5/7.0	20
100	300	200	50	500	250	40	2280	17.0/13.4	30
150	250	200	75	500	250	40	2270	22.0/17.0	40

注：为刺激病人食欲，食物要多样化，表中各类食品互换，可参考第十八章（表18-3~11）

表17-3 慢性肾功能衰竭食谱举例

餐别	内容	食物	重量（g 或 ml）
7:00	牛奶	牛奶	250
	糖包	玉米淀粉	40
		富强粉	10
		白糖	25
	煮鸡蛋	鸡蛋	40
9:00	冲藕粉	藕粉	40
		白糖	15
11:00	水饺	瘦猪肉	30
		圆白菜	100
		玉米淀粉	50
		富强粉	20
	煮红薯	红薯	100
	拌黄瓜	黄瓜	200
	烹调油		15
15:00	水果	西瓜	300
18:00	包子	玉米淀粉	60
		富强粉	20
		瘦猪肉	30
		大白菜	150
	冬瓜汤	冬瓜	150
		粉丝	20
	烹调油		15
20:00	水果	鸭梨	200
	全日用油		30
	全日用盐		3

蛋白质 40 g（8%）　　脂肪 46 g（21%）　　碳水化合物 355 g（71%）

总能量 8.3 MJ（1994 kcal）

（六）低蛋白饮食加必需氨基酸（EAA）疗法

低蛋白饮食（LPD）的缺点是限制过严，不能保证营养需要和正氮平衡，而且可加重CRF病人体内氨基酸代谢紊乱。患者对麦淀粉饮食的耐受力差，难以长期坚持，因此近年来，低蛋白饮食加必需氨基酸的疗法有所发展。LPD加EAA，使LPD可以保持在低水平而不发生负氮平衡，延缓肾功能恶化。

1. 应用方法　在低蛋白饮食的基础上，供给足够的热量，然后加用 EAA，加用 EAA 后，食物蛋白质的来源可以任意选用，不必单调地以高生物价蛋白为主，这样可以增加患者选择食物的范围，增强食欲，有利于长期坚持低蛋白饮食。

据北京协和医院报道，慢性肾功能衰竭时每日供给氨基酸的总量为 13.83 g，其中亮氨酸 2.2 g，异亮氨酸 1.4 g，缬氨酸 1.63 g，甲硫氨酸 2.2 g，苯丙氨酸 2.2 g，赖氨酸 1.6 g，苏氨酸 1.0 g，色氨酸 0.5 g，组氨酸 1.1 g。

EAA 的服用方法主要为口服，对消化道症状重如恶心、呕吐的病人，短期内可以静脉滴注，每日 250 ml 左右，以每分钟 1 ml 左右的速度缓慢滴注。滴注速度过快，可引起头晕、面部发红等不适，而且不利于人体对 EAA 的吸收。EAA 用量，须依据病情而定，EAA 注射剂的各种组方，含量都不一致，需根据病情选用。如肾安干糖浆，每日 0.1～0.2 g/kg，分 3～5 次化水服，并根据病情和营养状态及时调整。

2. 适应证
（1）无明显并发症的慢性肾功能衰竭病人。
（2）低频度血液透析，加用 EAA。
（3）维持性血液透析病人，纠正营养不良。

（七）低蛋白饮食加 α-酮酸疗法

α-酮酸是氨基酸的前体，通过转氨基或氨基化的作用，α-酮酸在体内可转变为相应的氨基酸。α-羟酸也可通过类似作用转变为氨基酸。α-酮酸不含氮，它重复利用含氮代谢产物转变为相应的氨基酸，这样既节省了氮源，又降低了血尿素氮，改善了氮平衡和血氨基酸的不平衡状态，补充了必需氨基酸，促进蛋白质的合成，纠正了营养不良。根据这一原理，应用某些 EAA 相应前体 α-酮酸治疗 CRF，可获得较好疗效。市售 α-酮酸制剂商品名为肾灵，肾灵成分：含有 5 种 EAA，5 种 α-酮酸或 α-羟酸。

1. α-酮酸制剂应用方法及剂量
（1）与高热量、低蛋白饮食配合使用，每日热量摄入必须达到 35～40 kcal/kg。
（2）以肾灵为例，一般每日 3 次口服，每次 4～8 片。
（3）因该类制剂中含有钙盐，故高钙血症时忌用。
（4）肾灵具有降低血磷的作用，服药期间须监测血磷。
（5）可与透析疗法配合使用。

2. 低蛋白饮食加 α-酮酸疗法的作用
（1）降低血尿素氮，促进蛋白质合成，纠正营养不良。
（2）降低血磷和甲状旁腺激素水平，降低碱性磷酸酶。
（3）因含硫氨基酸和磷的摄入减少，蛋白代谢产物减少，代谢性酸中毒得到改善。
（4）减轻尿毒症症状，延缓 CRF 恶化。
（5）使病人选择食物的种类增加，改善患者食欲，有利于长期坚持低蛋白饮食。

五、透析疗法

透析疗法包括血液透析（血透）和腹膜透析（腹透）两种，血液透析与腹膜透析是治疗急、慢性肾功能衰竭和某些急性药物或毒物中毒的最常用和有效的血液净化疗法。血液透析疗法又称人工肾，是利用半透膜原理，将患者血液与透析液同时引进透析器（人工肾），通过扩散、对流、吸附清除毒素；通过超滤和渗透清除体内潴留过多的水分；同时可补充需要的物质，纠正电解质和酸碱平衡紊乱，血液透析疗法替代了正常肾脏的部分排泄功能，延长了患者的生命，是抢救急、慢性肾功能衰竭的最有效的措施之一。腹膜透析是以腹膜为透析膜，以不断更换新鲜透析液来达到清除体内过多的水分及毒素的目的。

(一) 透析病人的营养支持

透析疗法可清除体内酸性代谢产物及毒素，但透析时许多营养素也随之丢失，如血液透析每次约丢失氨基酸及肽类 10~30 g，同时伴有各种水溶性维生素及微量元素（如锌）的丢失；腹膜透析每日丢失蛋白质 6~10 g，如并发腹膜炎则丢失量可增加 2~3 倍以上，长期的透析丢失又未能及时补充则可引起营养不良。

(二) 透析病人的饮食治疗

1. 蛋白质　供能比为 15%~20%，或按 ≥1.2 g/kg·d 计算，优质蛋白应占 60% 左右。
2. 能量　能量主要由碳水化合物和脂肪提供，每日应 ≥146 kJ/kg（35kcal/kg）。
3. 碳水化合物　血透供能比为 55%~60%，腹透供能比为 35% 左右（不包括腹透液中的葡萄糖）。
4. 脂肪　供能比为 35% 左右，饱和脂肪酸（S）应 ≤10%，胆固醇每日摄入量 <300 mg。
5. 矿物质和维生素

(1) 钠：血液透析者每日钠摄入量按公式 1g+2g/尿（L）计算。腹膜透析者每日食盐摄入量为 3 g 左右。

(2) 钾：血液透析者每日钾摄入量按公式 2g+1g/尿（L）计算。腹膜透析者不必严格限制钾摄入量。

(3) 钙：血液透析者每日供给 1.0~1.5 g，腹膜透析者每日供给 1.5~2.0 g。

(4) 磷：磷与蛋白质并存，优质蛋白中磷含量很高，因为患者蛋白质摄入量按 ≥1.2 g/kg·d 计算，故不应单独考虑磷摄入量，而应根据病情，首先计算食谱中蛋白质的总量及优质蛋白所占的比例。

(5) 锌：透析病人往往味觉降低，可能与锌缺乏有关，味觉降低可引起进食减少及厌食，需注意监测，如缺乏应及时补充。

(6) 维生素：透析时，水溶性维生素严重丢失，故应注意补充维生素 C、B 族和叶酸等水溶性维生素。

(李淑媛)

第十八章 内分泌与代谢疾病的营养治疗

第一节 糖尿病

糖尿病是遗传因素与环境因素长期共同作用而导致的一种慢性、全身性代谢内分泌病，其基本病理生理为胰岛素绝对或相对分泌不足和胰升血糖素活性增高，所引起的糖类、脂类、蛋白质以及水和电解质的代谢紊乱。其主要特点是高血糖及糖尿，临床上可出现多饮、多尿、多食和消瘦、疲乏无力等症状，糖尿病控制不佳者，容易并发酮症酸中毒、低血糖昏迷等急性并发症，以及心、脑、下肢血管、肾脏、眼底、神经等慢性并发症。

目前，全世界糖尿病患病率都在增加，尤其是从穷到富的发展中国家，我国正处在这样一个阶段。本病多见于中老年，患病率随年龄而增长，自45岁后明显上升，至60岁达高峰。脑力劳动者患病率高于体力劳动者，城市居民高于农民，超重者（BMI≥25）患病率3倍于体重正常者。民族中以回族患病率最高，汉族次之，其他少数民族与汉族相仿。据流行病学统计，全国20岁以上人群糖尿病患病率1979年为1.0%左右，1989年为2.0%，1996年达3.2%，年增长率在0.1%左右。目前我国已有4000万糖尿病病人，其中绝大多数属2型。我国糖尿病患病率急剧增加的主要原因是生活水平提高，生活方式现代化，体力活动减少，营养过剩及人口老龄化等。

一、诊断标准

目前采用1997年ADA/WHO糖尿病诊断标准（表18-1）（ADA为美国糖尿病协会，WHO为世界卫生组织）。

表18-1 糖尿病诊断标准

1. 糖尿病症状 + 随意静脉血浆葡萄糖 ≥11.1 mmol/L（200 mg/dl）或
2. 空腹静脉血浆葡萄糖（FPG）≥7.0 mmol/L（126 mg/dl）或
3. OGTT试验时，2h静脉血浆葡萄糖（2h PG）≥11.1 mmol/L（200mg/dl）

注：① 空腹：指至少8小时内无任何热量摄入。
② 随意血糖浓度：指餐后任一时相的血糖浓度。
③ OGTT：口服葡萄糖耐量试验（口服相当于75g无水葡萄糖的水溶液）。
④ 糖尿病症状：多尿、多饮和无原因的体重减轻。
⑤ 初诊糖尿病时可采用上述三种指标，但不论用哪一种都须在另一天，采用静脉血，以三种指标中的任何一种进行重复确诊。

二、病因和分类

1997年ADA/WHO糖尿病分类为：
1. 1型糖尿病　β细胞毁坏，常导致胰岛素绝对不足。
2. 2型糖尿病　胰岛素抵抗和（或）胰岛素分泌障碍。
3. 特殊型糖尿病。

4. 妊娠糖尿病。

三、饮食治疗的目的

目前糖尿病尚不能根治，但可采用多种方式综合治疗，其中包括：糖尿病教育、饮食治疗、心理疗法、运动疗法、药物治疗和血糖监测。一些患者采用单纯饮食疗法配合餐后运动即可取得较好的疗效。口服降糖药或注射胰岛素的患者，也应坚持饮食疗法，因为合理的膳食是防治糖尿病的基础。

糖尿病饮食治疗的目的：

1. 提供符合生理需要的营养，改善健康状况（包括孕妇、乳母、儿童、青少年、成人和老人）。
2. 纠正代谢紊乱，使血糖、血脂尽可能接近正常生理水平。
3. 预防和治疗低血糖、酮症酸中毒等急性并发症。
4. 防止或延缓心脑血管、肾脏、视网膜、神经系统等慢性并发症的发生和发展。

四、营养治疗的原则

（一）2型糖尿病病人的营养要求

1. 能量 要求达到或维持理想体重。目前国际上用体重指数（BMI）来衡量患者的肥胖程度。

$$体重指数（BMI）= \frac{体重（kg）}{[身高（m）]^2}$$

WHO建议BMI以18.5~25为正常，<18.5属于消瘦，≥25属于超重。

通常还可用公式：理想体重（kg）= 身高（cm）- 105

在此值±10%以内均属正常范围，低于此值20%为消瘦，超过20%为肥胖。

糖尿病人每日应进的能量，可参考表18-2。

表18-2 糖尿病人每日每公斤理想体重所需能量〔kJ（kcal）〕

劳动强度	消瘦	正常	肥胖
轻体力劳动	146（35）	126（30）	84~105（20~25）
中等体力劳动	167（40）	146（35）	126（30）
重体力劳动	188（45）	167（40）	146（35）

在临床实践中，要根据患者的年龄、性别、病程、有无并发症等进行调整，强调个体适应。不论消瘦或肥胖，均不利于健康。肥胖对糖尿病危害很大，因肥胖者脂肪细胞变大，细胞膜上受体密度减少，对胰岛素的敏感性降低，势必加重胰岛负担。肥胖者往往伴有高血压或高脂血症，所以不论从预防或治疗的角度，都需要合理控制能量，使患者达到适宜或理想体重，这是首要的治疗措施。

2. 蛋白质 蛋白质所供能量应占全日总能量的15%~20%。也可按每日每公斤理想体重给予1g蛋白质计算。对于消瘦且病情控制不理想者，每日每公斤理想体重可给予蛋白质1.2~1.5g。蛋白质的来源，动物性食物约占1/3，植物性食物除谷类之外，还可选用黄豆及其制品，提倡荤素搭配，多种植物性食物混合使用，充分利用蛋白质的互补作用，以提高生理价值。

3. 脂类 为控制体重，延缓心脑血管病的发生与发展，脂肪提供的能量应小于全日总能量的30%，其中：

(1) 饱和脂肪酸（S）：饱和脂肪酸摄入过多，可升高血浆胆固醇与低密度脂蛋白，导致动脉粥样硬化。目前主张由S提供的能量应小于总能量的10%，应少吃富含S的食物，如肥肉、猪牛羊脂、禽类的皮下脂肪、黄油、奶油、可可油、椰子油、棕榈油等。

(2) 多不饱和脂肪酸（P）：多不饱和脂肪酸能降低血浆胆固醇与低密度脂蛋白，过去曾用P/S值来评估膳食中脂肪酸的比例，但S中既包括升高LDL的饱和脂肪酸，又包括对LDL无影响的中性脂肪，在实践中难以区分，且容易给人以P摄入越多越好的误解，故目前不推荐用此值。近期研究表明，P容易产生自由基，且大量摄入P在降低LDL的同时，HDL也降低，故目前主张P应占总能量的10%。含P丰富的食物，n-6系列的植物油有玉米油、芝麻油、豆油、花生油、葵花子油等，n-3系列的有豆油、菜子油、亚麻子油及深海鱼油等。

(3) 单不饱和脂肪酸（M）：据目前多数研究报道，单不饱和脂肪酸降低血浆胆固醇、甘油三酯和低密度脂蛋白的作用与多不饱和脂肪酸相似，而适当提高M所占热比，无HDL降低的副作用。流行病学调查发现，食橄榄油较多的居民，冠心病发病率较低，因橄榄油中油酸含量达83%，而油酸属于M。故目前主张S:M:P = 1:1:1。可适当减少S所占热比，以M代替S。含M丰富的食物有橄榄油、茶油、花生油及低芥酸菜子油等。

(4) 膳食胆固醇：如长期、较大量地摄入富含饱和脂肪酸和胆固醇的食物，易导致高脂血症和动脉粥样硬化。富含胆固醇的食物有动物内脏、脑、肝、肾、鱼子、蛋黄、墨鱼、鱿鱼等。膳食胆固醇每日摄入量以小于300mg为宜。

4. 碳水化合物

(1) 碳水化合物产热应占全日总能量的50%~60%。

(2) 全日碳水化合物总量及其分配应尽可能保持恒定。即每日早、中、晚餐及加餐中，所含碳水化合物的量应近似。

(3) 血糖生成指数在糖尿病治疗中的应用：血糖生成指数（glycemic index，GI）是食物的一种生理学参数，是衡量食物引起餐后血糖反应的一项有效指标，它表示含50g有价值的碳水化合物的食物和相当量的葡萄糖或白面包在一定时间内（一般为2小时）体内血糖应答水平百分比值，公式表示如下：

$$GI = \frac{含有50g碳水化合物的食物的餐后血糖应答}{50g葡萄糖（或白面包）的餐后血糖应答} \times 100$$

餐后血糖应答值一般用血糖应答曲线下的面积来表示。一般认为：当血糖生成指数在55以下时，该食物为低GI食物；当血糖生成指数在55~75之间时，该食物为中等GI食物；当血糖生成指数在75以上时，该食物为高GI食物。了解食物的血糖生成指数，合理安排膳食，对于调节和控制人体血糖水平发挥着重要作用。GI可用于对糖尿病患者、高血压病人和肥胖者的膳食管理。

高GI食物进入消化道后，消化快，吸收完全，葡萄糖迅速进入血液；低GI食物在消化道停留时间长，释放缓慢，葡萄糖进入血液后峰值低，下降速度慢。由于血糖指数受食物种类、物理特性、加工方法、单独或混合使用等多种因素的影响，所得数据不尽相同。如将葡萄糖GI定为100.0，则果糖为23.0、熟香蕉52.0、蜂蜜73.0、蔗糖65.0、麦芽糖105.0、馒头（富强粉）88.1、大米饭83.2、小麦面条81.6、煮红薯76.7、苏打饼干72.0、小米饭71.0、大米粥69.4、全麦面包69.0、二合面窝头64.9、小米粥61.5、荞麦面条59.3、玉米面粥50.9、黑米粥42.3、大麦粒（煮）25.0、胡萝卜71.0、煮土豆66.4、山药51.0、蒸芋头 47.7、藕粉 32.6、土豆粉条 13.6、绿豆 27.2、豆腐干 23.7、大豆 18.0、酸奶（加糖）48.0、全脂牛奶 27.0、西瓜 72.0、菠萝 66.0、芒果 55.0、香蕉 52.0、猕猴桃 52.0、葡萄 43.0、柑 43.0、李子 24.0、苹果 36.0、梨 36.0、桃 28.0、柚子 25.0、樱桃 22.0。

因果糖的血糖指数仅为 23.0，乳糖为 46.0，故简单糖类如牛奶中的乳糖，水果中的葡萄糖、果糖以及少量甜食并非绝对禁忌，但应计算在全日碳水化合物总量及各餐分配数量之内，不得超量。

（4）膳食纤维：存在于食物中的各类纤维统称为膳食纤维，根据其水溶性不同，可分为不溶性与可溶性两类。不溶性纤维可缩短食物在肠道通过的时间，增加粪便量及排便次数，稀释大肠内容物，防治便秘，预防结肠癌；可溶性纤维在降低血浆胆固醇、控制餐后血糖方面的效果优于不溶性纤维。过去曾主张糖尿病患者需摄入高纤维膳食，但部分患者对高纤维不耐受，有腹泻等消化道症状，且膳食纤维摄入过多，也影响对钙、磷等矿物质的吸收。我国 2000 年推荐的适宜摄入量为每日 30.2g，故目前主张糖尿病病人与健康人一样，每日摄入 20～35g 膳食纤维。富含膳食纤维的食物有麸皮、粗粮、豆类、魔芋精粉、海带、木耳、绿叶蔬菜等。

5. 矿物质和维生素　矿物质及维生素要求达到"中国居民膳食营养素参考摄入量"的标准。特别是某些与糖尿病关系密切的营养素，更应供给充足。如为防止继发性骨质疏松和神经病变，钙及维生素 B 族的摄入应充足；锌与胰岛素活性有关，动物和人缺锌时可观察到葡萄糖耐量下降，故膳食中不应缺乏；三价铬是葡萄糖耐量因子的中心活性成分，不少动物实验和临床研究表明，饮食中适当补充三价铬或含铬化合物可改善糖耐量、降低血糖、血脂及改善组织对胰岛素的敏感性，对缺铬患者的疗效更为显著。

故应供给糖尿病患者平衡膳食，尽量从天然食品中补充硒、铜、铁、锌、锰、镁等矿物质及维生素 E、维生素 C、β-胡萝卜素等维生素。

（二）糖尿病病人的合理膳食计划

1. 确定全日能量的供给量及三大营养素比例。这是糖尿病营养治疗的首要原则，根据患者的年龄、性别、身高、现实体重、劳动强度、有无并发症等确定能量供给量，用简易公式找出患者的理想体重，参考表 18-2，计划患者每日所需能量。在总能量确定后，下一步对三种供能营养素进行分配。

举例：患者女性，60 岁，身高 169cm，体重 78kg，理想体重为 64kg，BMI 为 27.3，此患者超重，故每日所需能量：25 kcal×64（kg）= 1600 kcal

三大营养素：蛋白质占 15%，脂肪占 30%，碳水化合物占 55%。

蛋白质　　　1600×15%÷4 = 60g（近似值）
脂肪　　　　1600×30%÷9 = 53g（近似值）
碳水化合物　1600×55%÷4 = 220g（近似值）

2. 按"食品交换份表"中各类食品能量及营养素的含量设计食谱（表 18-3、18-4）。

表 18-3 食品交换份表
四大类（八小类）食品的能量及三大营养素含量

组别	类别	每份重量（g）	能量（kcal）	蛋白质（g）	脂肪（g）	碳水化合物（g）	主要营养素
一 谷薯组	1. 谷薯类	25（1/2两）	90	2.0	-	20.0	碳水化合物 膳食纤维
二 菜果组	2. 蔬菜类	500（1斤）	90	5.0	-	17.0	矿物质、维生素、膳食纤维
	3. 水果类	200（4两）	90	1.0	-	21.0	
三 肉蛋组	4. 大豆类	25（1/2两）	90	9.0	4.0	4.0	
	5. 奶类	160（3两）	90	5.0	5.0	6.0	蛋白质
	6. 肉蛋类	50（1两）	90	9.0	6.0		
四 油脂组	7. 硬果类	15（1/3两）	90	4.0	7.0	2.0	
	8. 油脂类	10（1汤匙）	90	-	10.0		脂肪

表 18-4 该患者全日可用食品类别及份数

食品类别	交换份数	重量（g）	蛋白质（g）	脂肪（g）	碳水化合物（g）
奶类	1	160	5.0	5.0	6.0
蔬菜类	1	500	5.0	-	17.0
水果类	1	200	1.0	-	21.0
谷薯类	9	225	18.0		180.0
肉蛋类	3.5	175	31.5	21.0	
烹调油	2.5	25	-	25.0	
总计			60.5	51.0	224.0

3. 将全日总能量按 1/5、2/5、2/5 的比例，分配于三餐及加餐：

早餐：牛奶 160 g
　　　咸面包 25 g
　　　拌莴笋 50 g

午餐：瘦肉 25 g　豆腐丝 50 g　圆白菜丝 100 g
　　　拍拌黄瓜 150 g
　　　米饭（米 100 g）
　　　烹调油 10 g

加餐：橘子（带皮 200 g）

晚餐：卤牛肉 75 g　鸡蛋 50 g　拼盘
　　　炒油菜 200 g
　　　金银卷（面 50g、小米面 50g）
　　　烹调油 15 g

4. 为了保证食谱中的食物多样化，糖尿病患者可参照"各类食品的交换表"（表 18-5~18-11），按照其宗教信仰、饮食习惯、经济条件、食品供应等，选择个人喜爱的食品。

"交换表"中各类食品的每1份"交换份",大致可提供能量90 kcal,便于掌握与估算。

表18-5 等值谷薯类交换表

每份谷薯类供蛋白质2 g,碳水化合物20 g,能量90 kcal

食品	重量(g)	食品	重量(g)
大米 小米 糯米 薏米	25	绿豆 红豆 芸豆 干豌豆	25
高粱米 玉米糁	25	干粉条 干莲子	25
面粉 米粉 玉米面	25	油条 油饼 苏打饼干	25
混合面	25	烧饼 烙饼 馒头	35
燕麦片 莜麦面	25	咸面包 窝头	35
荞麦面 苦荞面	25	生面条 魔芋生面条	35
各种挂面 龙须面	25	土豆	100
通心粉	25	湿粉皮	150
		鲜玉米(1中个带棒心)	200

表18-6 等值蔬菜交换表

每份蔬菜供蛋白质5 g,碳水化合物17 g,能量90 kcal

食品	重量(g)	食品	重量(g)
大白菜 圆白菜 菠菜 油菜	500	白萝卜 青椒 茭白 冬笋	400
韭菜 茴香 茼蒿	500	倭瓜 南瓜 菜花	350
芹菜 莴蓝 莴笋 油菜薹	500	鲜豇豆 扁豆 洋葱 蒜苗	250
西葫芦 西红柿 冬瓜 苦瓜	500	胡萝卜	200
黄瓜 茄子 丝瓜	500	山药 荸荠 藕 凉薯	150
芥蓝菜 瓢儿菜 塌棵菜	500	茨菇 百合 芋头	100
蕹菜 苋菜 龙须菜	500	毛豆 鲜豌豆	70
绿豆芽 鲜蘑 水浸海带	500		

表18-7 等值肉蛋类食品交换表

每份肉蛋类供蛋白质9 g,脂肪6 g,能量90 kcal

食品	重量(g)	食品	重量(g)
瘦猪肉 瘦牛肉 瘦羊肉	50	鸡蛋粉	15
肥瘦猪肉	25	鸡蛋(1大个带壳)	60
带骨排骨	70	鸭蛋、松花蛋(1大个带壳)	60
鸡肉 鸭肉 鹅肉	50	鹌鹑蛋(6个带壳)	60
兔肉	100	鸡蛋清	150
熟火腿 香肠	20	带鱼	80
熟叉烧肉(无糖)	35	草鱼 鲤鱼 甲鱼 比目鱼	80
午餐肉	35	大黄鱼 鳝鱼 黑鲢 鲫鱼	80
大肉肠	35	对虾 青虾 鲜贝	80
熟酱牛肉	35	蟹肉 水浸鱿鱼	100
熟酱鸭	35	水浸海参	350

表 18-8　等值大豆类食品交换表

每份大豆类供蛋白质 9 g，脂肪 4 g，碳水化合物 4 g，能量 90 kcal

食品	重量（g）	食品	重量（g）
腐竹	20	北豆腐	100
大豆	25	南豆腐（嫩豆腐）	150
大豆粉	25	豆浆（黄豆 1 份加水 8 份磨浆）	400
豆腐丝　豆腐干	50		
油豆腐	30		

表 18-9　等值奶类食品交换表

每份奶类供蛋白质 5 g，脂肪 5 g，碳水化合物 6 g，能量 90 kcal

食品	重量（g）	食品	重量（g）
奶粉	20	牛奶	160
脱脂奶粉	25	羊奶	160
乳酪（企司）	25	无糖酸奶	130

表 18-10　等值水果类交换表

每份水果供蛋白质 1 g，碳水化合物 21 g，能量 90 kcal

食品	市品重量（g）	食品	市品重量（g）
柿　香蕉　鲜荔枝	150	李子　杏	200
梨　桃　苹果	200	葡萄	200
橘子　橙子　柚子	200	草莓	300
猕猴桃	200	西瓜	500

表 18-11　等值油脂、硬果类食品交换表

每份油脂类供脂肪 10 g，能量 90 kcal

食品	重量（g）	食品	重量（g）
花生油　香油（1 汤匙）	10	猪油	10
玉米油　菜子油（1 汤匙）	10	牛油	10
豆油（1 汤匙）	10	羊油	10
红花油（1 汤匙）	10	黄油	10
核桃	15	葵花子（带壳）	25
杏仁	15	西瓜子（带壳）	40
花生米	15		

5.《中国居民膳食指南》以及《中国居民平衡膳食宝塔》的原则，均适用于糖尿病人，如食物多样、多吃蔬菜、常吃奶类豆类、少吃肥肉或荤油、保持适宜体重、吃清淡少盐的膳食等，都带有普遍指导意义。惟在食物的数量上，须强调个体适应。

6. 餐次安排要合理，为了减轻胰岛负担，使之正常分泌胰岛素，糖尿病人至少一日三餐，并要求定时定量。注射胰岛素或易出现低血糖的患者，还可有 2~3 次加餐，在全日食物总量不变的前提下,从正餐中匀出部分食物留作加餐用,这是防治高血糖或低血糖的行之有效的措施。加餐的食物要搭配均匀,最好含有碳水化合物、蛋白质、脂肪三大营养素,特别是睡前加餐,蛋白质食物经过糖异生作用,对防治夜间可能出现的低血糖有利。

7. 甜味剂分为两类,一类不含能量,如蛋白糖、糖精、甜叶菊等,另一类含有能量,如木糖醇、果糖等,应计算在总能量之内。

8. 关于饮酒。酒对血糖的影响不但取决于饮酒的量,还取决于是否与食物共进,空腹饮酒易出现低血糖。患者病情稳定后,在医生的指导下可饮少量酒。一个酒精单位为360 ml啤酒、150 ml果酒或40°的白酒45 ml。患者是否可以饮酒,每次饮多大量,应根据患者的病情,由医生及营养师具体指导,糖尿病妊娠或并发胰腺炎、高甘油三酯血症及肾病者不应饮酒。

五、合并急重症时的营养治疗

糖尿病患者有发烧、感染、手术前后等急性应激及发生急性代谢并发症如糖尿病酮症酸中毒、糖尿病高渗昏迷、高血糖高渗非酮症昏迷时,营养师应配合临床积极抢救病人,密切监测血糖等各项生化指标,根据病情变化,随时调整营养支持方案。

1. 需给予患者清流食或全流质饮食时,每日经口可供给100g左右的碳水化合物,需平均分配于正餐及加餐之中,不必过分限制简单糖的摄入。因流食热量低,营养素供给不充足,应配合胃肠外营养支持。

2. 手术后,在病情允许的情况下,应鼓励患者尽早进食。从流食逐渐过渡到半流食、软饭和普通饭,以保证能量及营养素的供应。

3. 有发烧、感染等分解代谢增高的情况时,每日能量供给为25~35 kcal/kg,如肝、肾功能正常,蛋白质每日可供给1.0~1.5 g/kg。能量及三大营养素的供给应适度,密切监测血糖的变化,及时调整饮食治疗方案。

4. 采用肠内或肠外营养支持时,一般选择含碳水化合物38%~40%的配方。

六、糖尿病肾病

目前,低蛋白饮食在糖尿病肾病中的作用还没有统一的认识。有研究报道,将蛋白质限制在0.8g/kg·d,有减少蛋白尿、保护肾功能的作用。并观察到低蛋白饮食对2型糖尿病合并糖尿病肾病有延缓肾功能恶化和改善糖代谢的作用。故多数学者认为蛋白质摄入量应控制在0.8g/kg·d以下,如肾功能继续恶化,可限制至0.6g/kg·d。

有人观察到大豆食品可降低餐后血糖,降低血脂,增加胰岛素的敏感性。有研究显示,用大豆蛋白代替动物蛋白,有减少蛋白尿和减轻肾脏高滤过状态的作用,能延缓糖尿病肾病肾功能恶化的进程。以上作用估计与大豆富含膳食纤维、血糖指数较低,还含有异黄酮及大豆低聚糖等有益于人体健康的成分有关。大豆及其豆制品在治疗糖尿病肾病中的作用正受到人们的广泛关注。

七、糖尿病教育

世界卫生组织的口号是"健康是金",健康知识人人需要。治疗糖尿病要驾驭好五驾马车,包括糖尿病教育、饮食控制、运动疗法、药物治疗及自我监测。糖尿病的饮食治疗,是糖尿病综合治疗的一部分,是各型糖尿病和各种治疗的基础。饮食治疗除开展营养咨询、讲大课外,还应使用交换份的食物模型对患者及其家属进行单独指导,纠正家庭中不正确的饮食习惯。饮食治疗一般没有固定的模式,没有一成不变的设计,必须根据患者的年龄、性别、生理状况、病程、有无并发症等因人而异,定期调整。设计只有符合实际,才能被患者接受而不致流于形式。

第二节 妊娠糖尿病

妊娠糖尿病(gestational diabetes mellitus,GDM)是指在妊娠期发现的糖尿病,但不排除于妊娠前原有糖耐量异常而未被确认者。多数病人于分娩后可恢复正常,仅一部分病人于5~10年随访中转变为糖尿病。已确诊糖尿病者妊娠时不属于妊娠糖尿病。

原估计GDM的发病率在1%~3%,最近美国流行病学资料表明约有7%的孕妇并发GDM。此病如不及时发现并得到良好控制,母亲可出现羊水过多、先兆子痫、妊娠高血压、低血糖、酮症酸中毒等严重并发症,胎儿可出现巨大儿、先天畸形等。为了保证母子健康,产科开展GDM筛查极为重要。

一、妊娠期糖尿病诊断标准

1997年ADA/WHO妊娠期糖尿病诊断标准为:

1. 妊娠期糖尿病指在妊娠期发现糖尿病者,在妊娠前原有糖尿病的患者不属于妊娠糖尿病而系糖尿病伴妊娠。
2. 筛查时口服50 g葡萄糖,如1h血浆葡萄糖≥7.8 mmol/L(140 mg/dl),可确诊。
3. 确诊时采用O'Sullivan和Mahan提出的100 g,3h OGTT法:

如FPG≥105 mg/dl,口服100 g葡萄糖后,1h PG≥190mg/dl,2h PG≥165mg/dl,3h PG≥145 mg/dl,四个时相中有两个达到标准者可确诊。

二、妊娠糖尿病的营养治疗

1. 能量 妊早期的能量摄入与孕前相同,每日给予126 kJ(30 kcal)/kg,妊中期和妊晚期,根据中国居民膳食营养素参考摄入量,每日可增加840 kJ(200 kcal),也可以按每日130~160 kJ(31~38 kcal)/kg计算,以满足母体及胎儿生长发育的需要。肥胖孕妇(BMI>30),在妊娠期不要求减体重,只要求控制体重增加的速度。有研究资料报道,限制30%~33%的总能量,每日每公斤实际体重给予105 kJ(25 kcal),可降低高血糖、高甘油三酯血症,但不增加酮尿。

能量的供给不是一成不变的,需监测母亲的体重,较理想的增长速度为:妊早期增长1~2 kg,妊中期及妊晚期,每周增长0.3~0.5 kg(肥胖者每周增长0.3 kg),使妊娠期总增长10~12 kg,(肥胖孕妇增长7~9 kg)。此外孕妇还应进行适量的运动。

2. 三大产热营养素的分配 蛋白质提供能量占总能量的15%~20%,脂肪占25%~30%,碳水化合物占55%~60%。我国蛋白质的RNI,妊早期每日加5 g,妊中期每日加15 g,妊晚期每日加20 g。碳水化合物妊早期与妊前相同,妊中期及妊晚期每日200~250 g,合粮食6~7两。

3. 矿物质和维生素 要求达到"中国居民膳食营养素参考摄入量"中孕妇所要求的水平。

4. 餐次 要求少量多餐，除三次正餐外，另有三次加餐，对防治酮症有利。

5. 饮食控制 如餐后血糖仍 > 8 mmol/L（140 mg/dl），则为胰岛素治疗适应证。在妊娠期间应根据患者的食欲、体重、血糖、酮尿、血脂等监测指标来调整其营养摄入及膳食计划。

6. 妊娠期间应禁酒。

（杜寿玢）

第三节 痛风及高尿酸血症

痛风（gout）是嘌呤代谢紊乱引起血尿酸增高的一组疾病。通常血尿酸高于 420 μmol/L（7 mg/dl）可定为高尿酸血症。其临床表现可有无症状高尿酸血症、反复发作的急性痛风性关节炎或慢性痛风性关节炎及痛风性肾病等，可导致关节畸形、肾结石、肾损害等严重后果。

原发性痛风多见于男性，男女之比为 20:1，女性很少发病，如有发生大多在绝经期后；某些恶性肿瘤如白血病、淋巴瘤等，因细胞中大量核酸分解，尿酸形成过多，可引起继发性痛风。肾功能衰竭时，尿酸排除障碍也可导致高尿酸血症。国内资料表明，约 5%～10% 的痛风患者有阳性家族史，国外约为 25%，多属常染色体遗传，少数属伴性遗传。

过去认为，痛风是西方人的常见疾病，在东方人中发病率较低。但日本在第二次世界大战后，由于经济迅速发展，高热量及高蛋白质食物的消费量迅速增加，导致痛风的发病率随之增高，至今，痛风已成为日本人的高发病。

在我国，50 年以前，痛风的发病率很低，但近年来，随着人们生活水平的提高及饮食结构的改变，痛风的发病率明显增加。故痛风是遗传因素和环境因素（特别是营养因素）共同作用的结果，饮食治疗是痛风的基本治疗措施之一。

一、尿酸代谢

嘌呤是核蛋白代谢的中间产物，而尿酸是人体嘌呤及核酸代谢的最终产物。人体尿酸有两个来源，外源性尿酸从富含嘌呤或核蛋白的食物中转化而来，约占体内尿酸的 20%；内源性尿酸由体内氨基酸、核苷酸及其他小分子化合物合成和核酸分解代谢而来，约占体内总尿酸的 80%。发生高尿酸血症，内源性代谢紊乱较外源性因素更为重要。

正常人体内尿酸池平均为 1200mg，每天产生约 750mg，排出约 500～1000mg，其中，约 2/3 经尿排泄，另 1/3 经肠道排出，或在肠道内被细菌分解。正常人每天产生的尿酸与排泄的尿酸量维持在平衡状态时，血尿酸值保持稳定，如尿酸盐生成过多或排出减少，或二者兼有之，则可产生高尿酸血症。

1. 尿酸盐生成过多 约 10% 的高尿酸血症是因尿酸盐生成过多。大多数尿酸盐生成过多是内源性的。尿尿酸测定（尿酸酶法）正常值为 240～700 mg/24h（1.5～4.4 mmol/24h）。限嘌呤饮食 5 天后，如每日尿尿酸排泄量 > 800mg，为尿酸生成过多。造成尿酸生成过多的环节有：

(1) PRPP（磷酸核糖焦磷酸盐）合成酶活性增强；

(2) APRT（氨基磷酸核糖转换酶）活性增强，此酶是嘌呤合成和尿酸形成的限速酶；

(3) HGPRT（次黄嘌呤-鸟嘌呤磷酸核糖转换酶）活性减弱；

(4) XO（黄嘌呤氧化酶）活性增强等。

其中 HGPRT、PRPP、XO 是最重要的三个酶。

2. 尿酸盐排出减少　约 90% 的高尿酸血症是因尿酸盐排出过少引起的，有 98% 左右的原发性高尿酸血症和痛风者存在肾处理尿酸的缺陷，这类患者尿酸盐的清除率明显低于正常人，每日尿尿酸排泄量 < 600mg。

3. 混合因素

(1) 葡萄糖-6-磷酸酶缺陷；

(2) 遗传性果糖不耐受者，果糖-1-磷酸醛缩酶缺陷；

(3) 酒精使肝内 ATP 降解增加，乳酸血症阻断尿酸盐的排出，某些酒精饮料如啤酒中含有大量的嘌呤，为酒精诱发痛风急性发作的原因。

二、病因分类

1. 尿酸盐生成过多

(1) 原发性；

(2) HGPRT 缺陷；

(3) PRPP 合成酶活性增加（X 伴性遗传性疾病）；

(4) 溶血；

(5) 骨髓增生性疾病；

(6) 红细胞增多症；

(7) 银屑病；

(8) Paget's 病；

(9) 糖原累积症Ⅲ、Ⅴ和Ⅶ型；

(10) 横纹肌溶解；

(11) 剧烈运动；

(12) 饮酒；

(13) 肥胖；

(14) 食用富含嘌呤的食物。

2. 尿酸盐排出减少

(1) 原发性；

(2) 肾功能不全；

(3) 多囊肾；

(4) 尿崩症；

(5) 高血压；

(6) 酸中毒：乳酸性、糖尿病酮症、饥饿性酮症；

(7) 铍中毒；

(8) 结节病；

(9) 铅中毒；

(10) 甲状旁腺功能亢进症；

(11) 甲状腺功能减退症；

(12) 妊娠中毒症；

(13) Batter 综合征；

(14) Down 综合征；

(15) 药物：阿司匹林（>2g/d）、利尿剂、酒精、左旋多巴、乙胺丁醇、吡嗪酰胺、烟酰胺、环胞霉素等。

3. 混合因素　葡萄糖-6-磷酸酶缺陷、果糖-1-磷酸醛缩酶缺陷、酒精、休克等。

三、临床表现

（一）无症状高尿酸血症

不少高尿酸血症可以终生不出现症状，称为无症状高尿酸血症，在发生关节炎时，称为痛风。只有约5%~12%的高尿酸血症患者有痛风发作。痛风的发病年龄以40岁左右达最高峰，女性在更年期后。血清尿酸盐测定正常值（尿酸酶法）：男性为420 μmol/L（7 mg/dl），女性比男性约低60 μmol/L（1 mg/dl）左右。

（二）急性痛风性关节炎

是原发性痛风最常见的首发症状，好发于下肢关节，典型发作起病急骤，患者入睡前一般无症状，夜间因脚痛而惊醒，第一跖趾关节有明显的红肿热痛，疼痛甚剧烈，并可伴有头痛、发热等全身症状。初次发病多为单关节受累，多数患者首发于第一跖趾关节，指、踝、膝、腕、肘等关节也为好发部位。

患者口服别嘌呤醇等药物后，病情可很快缓解，但症状完全消失需1~2周。随着病程进展，受累关节增多，发作逐渐频繁，最终导致关节骨质侵蚀缺损及关节周围组织纤维化，使关节发生僵硬畸形、活动受限。

痛风四季均可发病，但以春秋季节多见。关节活动过多及关节局部的损伤如脚扭伤等及外科手术、饱餐饮酒、过度疲劳、受冷受湿和感染等为诱发因素。

（三）痛风石

痛风石是痛风的特征性改变，因尿酸盐在关节附近肌腱、腱鞘及皮下组织中沉积，常见于耳廓、前臂伸面、第一跖趾、手指、肘部等处。局部形成结节，大小不等，呈圆形、椭圆形突起，有的皮肤破溃，可见白色糊状的尿酸盐漏出。

（四）肾脏病变

病程较长的痛风患者，约1/3有肾脏损害，表现为痛风性肾病、尿酸性尿路结石和急性梗阻性肾病等。部分患者肾结石的症状发生在关节炎之前。

四、诊断

中年以上男性，突然发生第一跖趾关节等单关节红肿剧痛，夜间尤甚，伴或不伴血尿酸增高，即应考虑痛风可能，如秋水仙碱治疗有特效，或在滑囊液中检查到尿酸盐结晶即可确诊为痛风。

因本病表现呈多样化，有时症状不典型，故需与类风湿性关节炎、蜂窝织炎、创伤性关节炎、化脓性关节炎、牛皮癣性关节炎、骨肿瘤及假性痛风等疾病鉴别。

五、药物治疗

1. 别嘌呤醇　可竞争性消耗黄嘌呤氧化酶，抑制尿酸合成。
2. 丙磺舒　可促进尿酸排出，肾功能不良者禁用。

3. 秋水仙碱　关节炎急性期疗效明显，但副作用较多，且损害肝、肾功能。
4. 强的松　可配合秋水仙碱使用。

六、营养治疗

（一）营养治疗的目的

限制饮食中嘌呤和蛋白质的摄入，以减少外源性尿酸的来源；增加每日饮水量，多选用碱性食物，如蔬菜和水果，促进尿酸的溶解和排泄。

（二）营养治疗的原则

1. 低嘌呤膳食　应了解各类食物中嘌呤的含量，然后根据患者的病情设计食谱。急性期应严格限制嘌呤在150 mg/d之内，禁肉类食品，可选择嘌呤含量很少的食物，如牛奶和鸡蛋；缓解期应供给平衡膳食，仍应禁食嘌呤含量高的食物，有限制地选用嘌呤中等含量的食物，自由进食嘌呤含量低的食物。鸡、鱼和肉类烹调时先用宽汤生煮，可使50%左右的嘌呤溶解在汤内，然后弃汤食用，以减少嘌呤的摄入量。

2. 合理控制能量摄入　痛风患者多伴有肥胖、高血压或糖尿病，故应限制能量摄入。肥胖者应减轻体重，应尽可能维持理想体重，每日供给能量25～30 kcal/kg。减肥应循序渐进，否则脂肪分解过度会诱发痛风急性发作。

3. 低蛋白质摄入　应限制蛋白质的摄入量，每日供给0.8～1.0 g/kg（标准体重），牛奶、鸡蛋、精白米、富强粉中嘌呤含量较低，可多选用。

4. 低脂饮食　痛风患者常伴肥胖和高脂血症，高脂饮食会减少尿酸排出，故应限制脂肪的摄入量。脂肪供热比应占总能量的25%左右，每日应小于50g。

5. 碳水化合物　应作为能量的主要来源。应减少果糖的摄入，因其可增加尿酸生成。

6. 增加水的摄入　痛风患者应大量饮水，入液量每日维持在2000～3000ml左右，以利尿液稀释和尿酸排泄。

7. 维生素和矿物质　应供给充足的维生素C和B族维生素。多供给蔬菜、水果等碱性食物，因碱性环境可提高尿酸盐的溶解度，有利于尿酸排出。新鲜蔬菜和水果还富含维生素C，可促进组织内尿酸盐的溶解。痛风患者常合并高血压，故食盐每日摄入量应在6g以下。

8. 禁酒　酒精可造成体内乳酸堆积，乳酸对尿酸的排泄有竞争性抑制作用，故痛风患者应禁酒。

（三）可用食物

1. 嘌呤含量很少的食物　精白米、富强粉、玉米、通心粉、苏打饼干、馒头、面条、蛋糕、精白面包、洋葱、大白菜、卷心菜、胡萝卜、芹菜、黄瓜、茄子、萝卜、甘蓝、莴苣、南瓜、西葫芦、西红柿、土豆、各类水果、精制糖、各类糖果、果酱、植物油等。

2. 极低嘌呤优质蛋白质来源　牛奶、脱脂奶粉、炼乳、奶酪、酸奶、适量奶油、冰淇淋、鸡蛋、鸭蛋等。

3. 碱性食物　绿叶蔬菜、黄色蔬菜、水果等。

（四）禁用及少用食物

1. 嘌呤含量高的食物（150～1000 mg/100g）　动物肝脏、肾脏、胰脏、脑、肉精、鱼卵、凤尾鱼、沙丁鱼、酵母及各种肉、禽制的肉汁、浓汤等，此类食品痛风患者绝对禁用。

2. 嘌呤含量较高的食物（75～150 mg/100g）　扁豆、猪肉、兔肉、小虾、鲤鱼、鳕鱼、鲈鱼、鳗鱼、鳝鱼、鹅、鸭等，此类食品痛风患者禁用。

3. 嘌呤含量较少的食物（<75mg/100g） 面包、麦片、黄豆、豌豆等干豆类，菠菜、蘑菇、菜花、芦笋、四季豆及鸡肉、羊肉、牛肉等，以上食物痛风缓解期可少量选用。

七、食谱举例

1. 痛风急性期食谱举例（表18-12）

表18-12 痛风急性期食谱举例

餐别	内容	食物	重量（g或ml）
7:00	牛奶		250
	维生素面包		50
	炼乳		10
9:00	砀山梨		200
11:30	米饭	粳米	100
	莴笋炒鸡蛋	莴笋	250
		鸡蛋	50
	冬瓜汤	冬瓜	100
15:00	猕猴桃		200
18:00	摊南瓜饼	富强粉	100
		南瓜	150
	西红柿蛋汤	西红柿	150
		鸡蛋	25
	全日用盐		5
	全日用油		20
	全日饮水		2000

蛋白质47g（12%） 脂肪41g（23%） 碳水化合物263g（65%） 总能量6.7MJ（1610kcal）

2. 痛风缓解期食谱举例（表18-13）。

表18-13 痛风缓解期食谱举例

餐别	内容	食物	重量（g或ml）
7:00	牛奶		250
	蜂糕	富强粉	50
		绵白糖	15
9:00	富士苹果		150
11:30	肉丝芹菜面	面条	120
		熟牛肉丝	25
		芹菜	150
		葱头	100
15:00	西瓜		300
18:00	米饭	粳米	100
	素炒西葫芦	西葫芦	200

(续表)

餐别	内容	食物	重量（g或ml）
	小白菜豆腐汤	小白菜	100
		北豆腐	50
	全日用盐		6
	全日用油		30
	全日饮水		2000

蛋白质56g（13%） 脂肪43g（22%） 碳水化合物279g（65%） 总能量7.2MJ（1727kcal）

（于 康 孙孟里）

第四节 甲状腺功能亢进症

甲状腺功能亢进症（hyperthyroidism）简称甲亢，是指各种原因导致甲状腺功能增高、分泌激素增多或因甲状腺素在血循环中水平增高所致的一组内分泌疾病。

由于发病机理的不同，甲亢的临床分型有多种，其中毒性弥漫性甲状腺肿伴甲状腺功能亢进，亦称Graves病，是甲亢中最常见的一种。本病是一种自身免疫性疾病，多见于女性，以20~40岁为好发年龄，临床表现并不限于甲状腺，而是一种多系统的综合征。

一、临床表现

（一）典型症状

1. 高代谢症候群 兴奋、急躁、怕热多汗、多言多动、敏感、多猜疑、失眠、思想不集中；舌和双手平举向前时有细震颤；皮肤、手掌、面部、颈部和腋下皮肤红润多汗；患者常有低热、消瘦、食欲亢进、心悸、疲乏无力、大便次数多等症状。

2. 甲状腺肿大 为轻中度弥漫性肿大，质地一般较软，吞咽时可上下移动。因甲状腺血管扩张，血流增多加速，触诊可扪及震颤，听诊可闻及血管杂音。

3. 突眼 多为良性突眼，重者为恶性或浸润性突眼，可出现复视及眼睑不能闭合。

（二）非典型症状

非典型症状多见于老年性甲状腺功能亢进症。老年人发病较隐蔽，临床表现不典型，眼病和高代谢症候群表现较少，甲状腺常不肿大，但甲状腺结节的发生率较高，常以心血管或胃肠道的症状为突出表现。

1. 甲亢心脏病 心悸、气促，稍活动即明显加剧。重症者可发生心律紊乱和心力衰竭。

2. 甲亢肌病 肌肉软弱无力、行动困难，蹲起及上下楼为甚。年轻男性易发生周期性麻痹。

3. 消化系统 食欲减退、恶心、呕吐或有严重腹泻。患者消瘦，可呈恶病质，常误诊为癌症。

4. 淡漠、无欲等精神病样变化。

二、甲亢状态下营养代谢的改变

（一）碘

碘参与甲状腺素的合成，甲状腺中的碘含量约占人体总碘量的20%左右。人体摄取的碘大多在肠道内还原为碘化物后再被吸收。碘在体内蓄积过多，也可诱发甲亢，称为碘甲亢。如用碘化钾治疗多结节性甲状腺肿或用碘剂造影后，都可能发生甲亢。但正常人一次摄入碘过多，一般不发生甲亢。

（二）其他微量元素

患甲亢时，血中镁、锰、锌等微量元素的浓度明显降低，血镁浓度与 T_3 浓度呈显著负相关。因甲亢时肠蠕动增强，锌的吸收减少，同时锌从汗液中的丢失增加，可引起锌缺乏，并可能导致妇女月经周期延长甚至闭经。低锰可能导致卵巢功能紊乱、性欲减退及糖耐量异常。

（三）能量代谢

甲亢时因 T_3、T_4 分泌增加而使蛋白质、脂肪和碳水化合物的代谢加速，机体氧耗和产热均增加，使基础代谢率明显升高，故甲亢患者每天需增加能量摄入，以补充体内能量的消耗。

（四）蛋白质、脂肪和碳水化合物的代谢

生理剂量的甲状腺激素可促进蛋白质合成，但甲状腺素分泌过多时，则加速蛋白质的分解，使排泄增加，导致负氮平衡。

大量甲状腺素可促进脂肪动员，加速脂肪氧化和分解，并加速胆固醇的合成，促使胆固醇转化为胆酸排泄出体外，增加胆固醇的利用，故甲亢患者血胆固醇偏低。

过量的甲状腺素可促进肠道对碳水化合物的吸收，并促进葡萄糖进入细胞内被氧化，刺激肝糖原和肌糖原分解，加速糖原异生，导致糖耐量降低。

（五）水盐代谢

过多的甲状腺激素有利尿排钾的作用，且促进钾的细胞内转移，可诱发周期性麻痹，发作时常伴低钾血症。此外，甲状腺激素对破骨细胞和成骨细胞均有兴奋作用，使骨骼的更新率加快，导致骨骼脱钙，发生骨质疏松。

（六）维生素代谢

甲状腺素是多种维生素代谢的必需激素。甲亢时 B 族维生素及维生素 C、维生素 A 的消耗量增加，容易发生缺乏。

三、营养治疗

（一）营养治疗的目的

甲亢患者常表现为高代谢综合征，基础代谢率明显增高，蛋白质分解代谢明显增强，故营养治疗的目的是：供给高热量、高蛋白、高碳水化合物、高维生素的膳食，并增加钙、磷的摄入，补充因代谢亢进而引起的能量及各类营养素的消耗，改善全身营养状况，防止营养不良的发生。

（二）营养治疗的原则

1. 能量　每天应供给充足的能量，以补充其过度的消耗。每日供给能量 3000～3500 kcal（12.6～14.6MJ），比正常人增加 50%～70%。

2. 蛋白质　每日供给蛋白质 1.5 g/kg 以上，并保证优质蛋白的供应。

3. 碳水化合物　应适当增加碳水化合物的供给量，通常占总能量的 60%～65%。

4. 维生素　甲亢时，多种水溶性维生素容易缺乏，尤其是 B 族维生素，故应保证 B 族维生素及维生素 C 的供应。同时应注意脂溶性维生素的补充，如维生素 A 和维生素 D，必要

时可服用维生素类制剂。

5. 矿物质　应适当增加矿物质的供给，尤其是钙、磷及钾。对于症状长期不能控制的患者和老年性甲亢病人，尤应注意钙、磷的补充，以减少骨质疏松及骨折的发生。

6. 忌食富含碘的食物和药物　碘是合成甲状腺素的原料，摄入大量的碘可加速甲状腺激素的合成，诱发甲亢或使甲亢症状加重，因此应忌食含碘丰富的食物。含碘药物包括碘含片、碘造影剂等也应慎用。

7. 餐次　每日5~6餐，除正常3餐外，另增加2~3餐点心。

四、食物选择

（一）可用食物

1. 根据病人的膳食习惯，可选用各种富含淀粉的食物，如米饭、面条、馒头、粉皮、芋头、马铃薯、南瓜等。
2. 部分肉类食物，如禽肉、猪肉、牛肉、羊肉及鱼类（忌海鱼及其他海产品）。
3. 各种新鲜的水果及蔬菜。
4. 富含钙、磷的食物，如牛奶、酸奶、奶酪、果仁等。
5. 如有低钾时，可多选橘子、苹果、香蕉等水果。

（二）禁忌食物

忌食富含碘的食物，如海带、紫菜、发菜、淡菜、海藻及虾皮、海鱼、碘盐、碘蛋等。中药中的牡蛎、昆布、丹参等也应忌用。

五、食谱举例（见表18-14）

表18-14　甲亢食谱举例

餐别	内容	食物	重量（g或ml）
7:00	牛奶		250
	维生素面包		75
	苹果酱		20
9:30	香蕉		200
11:30	蒸饼	富强粉	150
	紫米粥	紫米	50
	肉片茭白	瘦猪肉	100
		茭白	150
		胡萝卜	50
15:30	猕猴桃		250
18:30	米饭	粳米	150
	腰果鸡丁	鸡胸肉	100
		腰果	50
		柿子椒	50
	素炒土豆丝	土豆	200
20:30	酸奶		125
	苏打饼干		30
	全日用盐		6
	全日用油		50

蛋白质 109g（14%）　脂肪 99g（27%）　碳水化合物 477g（59%）
总能量 13.5MJ（3235kcal）

（于　康）

第五节 肥胖症

近年来,肥胖症(obesity)在我国和其他国家迅速流行,已经成为当今人类社会最重要的医学和公共卫生学问题之一。在相当长的历史时期内,肥胖仅仅被视为总体脂肪(total body fat,TBF)含量过多,但随着肥胖遗传基因和瘦素(leptin)的发现,随着对肥胖有害健康的认识不断深入,肥胖已被看成是一种慢性疾病。肥胖的营养治疗受到广泛重视,其基础研究和临床实践不断深入。

评估肥胖的方法很多,简便且最常用的方法为体重指数(BMI)。用 BMI 评估肥胖,国外诊断标准为:25 为正常上限,25～30 为过重,≥30 为肥胖。因中国人的种属及形体与西方人有差异,故诊断标准大致为:24 为正常上限,24～27 为超重,≥27 为肥胖。

一、分类

按发病机制及病因,肥胖症可分为单纯性和继发性两大类。

(一)单纯性肥胖症

无明显内分泌、代谢病病因可寻者称单纯性肥胖症。在肥胖者中,99% 以上属单纯性肥胖。根据发病年龄及脂肪组织的病理,单纯性肥胖又分为二型。

1. 体质性肥胖症(幼年起病型肥胖症) 此类肥胖有下列特点:
(1) 有肥胖家族史。
(2) 自幼肥胖,一般从出生后半岁左右起由于营养过度而肥胖直至成年。
(3) 脂肪呈全身性分布,患儿脂肪细胞的数量增多且一生都难以减少并呈增生肥大。
(4) 限制饮食及加强运动疗效差,对胰岛素较不敏感。

2. 获得性肥胖症(成年起病型肥胖症) 其特点为:
(1) 起病于 20～25 岁,由于营养过度及遗传因素而肥胖。
(2) 以四肢肥胖为主,脂肪细胞单纯肥大而无明显增生。
(3) 饮食控制和运动的疗效较好,胰岛素的敏感性经治疗可恢复正常。

另外,根据体脂分布的特点,单纯性肥胖又可以分为腹部型肥胖和臀部型肥胖两种。腹部型肥胖又称为向心性肥胖、男性型肥胖、内脏型肥胖、苹果形肥胖,脂肪主要沉积在腹部的皮下以及腹腔内,四肢则相对较细,许多女性肥胖者亦属腹部型肥胖;臀部型肥胖者的脂肪主要沉积在臀部及腿部,又称非向心性肥胖、女性型肥胖或梨形肥胖。腹部型肥胖者并发症的发生率比臀部型高,有人观察一组白人女性,发现肥胖者患糖尿病的危险性是非肥胖者的 3.7 倍,而腹部型肥胖的女性患糖尿病的机会则高达普通女性的 10.3 倍。当然,与非肥胖者相比,臀部型肥胖仍然存在着相当严重的危害。

(二)继发性肥胖症

继发于神经-内分泌-代谢紊乱基础上的肥胖症有下列疾病:

1. 下丘脑病。
2. 垂体病。
3. 胰岛病 由于胰岛素分泌过多,脂肪合成过度。
(1) 2 型糖尿病早期。
(2) 胰岛 β 细胞瘤。

(3) 功能性自发性低血糖症。

4. 甲状腺功能减退症。

5. 肾上腺皮质功能亢进症　主要为皮质醇增多症，表现为向心性肥胖。

6. 性腺功能减退症

(1) 女性绝经期及少数多囊卵巢综合征。

(2) 男性无睾或类无睾症。

7. 其他　水钠潴留性肥胖症及痛性肥胖等。

二、病因和发病机制

肥胖症的病因和发病机制与下列因素有关：

(一) 遗传因素

众多研究表明，肥胖症有显著的遗传倾向。已发现肥胖患者体内有导致肥胖的遗传基因。据统计，60%～80%的肥胖患者有阳性家族史。目前的研究还表明，不仅肥胖有遗传因素，体脂的分布也受遗传因素的影响。

(二) 营养因素

营养因素是导致肥胖的重要外因，能量摄入多于能量消耗，使脂肪合成增加，是肥胖的物质基础。近年来，随着我国经济的快速发展，人民的生活水平普遍提高，动物性食品及高脂肪、高热能食品的摄入明显增加，而由于交通的发达，电视机的普及，人们的活动量又明显减少，使多余的能量以脂肪形式储存于体内，造成肥胖。饮食诱导儿童肥胖的原因为：在胚胎期，由于孕妇能量摄入过剩，可能造成婴儿出生时体重较高；另外出生后人工过量喂养，过早断奶并添加固体食物，进食速度快及食量大，偏食、喜食油腻和甜食、喜吃零食等，都可能是造成肥胖儿的原因。

(三) 体力活动因素

体力活动可以促进能量消耗。适宜的体力活动可以抑制体内脂肪的积聚。因此，长期进行体育运动或从事重体力劳动的人群，肥胖的发生率较低。

不同性质的体力活动对体脂的影响是不同的。目前认为有规律地、持续地进行有氧运动，消耗体脂的作用最显著。其主要原因是，有氧运动可影响神经-内分泌系统的功能和脂代谢酶的活性。

1. 动力性活动可引起交感神经兴奋，血中胰岛素分泌减少，而儿茶酚胺、胰高血糖素和生长激素等分泌增加，作用加强，故促进了脂肪分解。

2. 动力性活动可降低6-磷酸葡萄糖脱氢酶的活性，使游离脂肪酸（FFA）的合成受阻。

3. 有氧活动可导致α-磷酸甘油脱氢酶的活性增高，使α-磷酸甘油的氧化增强，从而抑制甘油三酯的合成。

以上因素综合作用，可使脂肪分解加速，合成减少，从而可有效防止或减少肥胖的发生。

(四) 其他因素

神经精神因素、高胰岛素血症及褐色脂肪组织异常等，都是近年来备受学术界关注的导致肥胖症发病的重要因素。

三、临床表现

肥胖患者的脂肪分布与性别有关。男性以颈部、躯干和头部为主，女性则以腹部、胸部乳房、四肢及臀部为主。轻度单纯性肥胖者常无症状，而中重度肥胖者可有下列表现：

1. 肺泡低换气综合征　肥胖患者因腹腔、纵隔、胸壁和心脏周围大量脂肪堆积而严重影响呼吸功能和循环功能。患者出现胸壁增厚、横膈升高、肺泡换气不足，出现二氧化碳潴留症状。患者可有头痛、头昏、心悸、多汗、乏力、腹胀、下肢水肿等症状。长期处于通气不良状态下，可导致慢性肺心病和心力衰竭。

2. 心血管系统综合征　肥胖可明显影响有效循环血量和心输出量，使静脉回流受阻，静脉压和肺动脉压增加，患者出现高血压，可引起左心室肥大。重度肥胖症患者可因心脏长期负荷过重而导致心力衰竭。

3. 消化系统综合征　肥胖患者可出现食欲亢进、便秘、腹胀等。50%的肥胖患者可合并脂肪肝或胆石症。

4. 糖代谢紊乱　主要表现为胰岛素受体异常、葡萄糖转运和代谢能力降低等。肥胖患者常出现高胰岛素血症，同时存在胰岛素抵抗，造成糖耐量减低，血糖增高，同时可出现血脂增高。

5. 激素代谢紊乱　肥胖症患者常出现激素代谢紊乱，特别是性激素代谢紊乱。重度肥胖的男性，雌激素增多而雄激素减少，多有阳痿和性欲减退。重度肥胖的女性，雄激素可增加至正常值的2倍，而雌激素也显著增高，可使青春期少女月经初潮提前，成年女性卵巢功能异常，出现闭经不孕或月经稀少，还可刺激乳腺和子宫异常增生。

四、肥胖的并发症

1. 肥胖程度与2型糖尿病之间的相关性很强。轻度、中度和重度肥胖者发生2型糖尿病的风险分别增加2倍、5倍和10倍。肥胖持续时间也是决定2型糖尿病发生的重要因子。肥胖常与高胰岛素血症并存，一般认为系高胰岛素血症引起肥胖，高胰岛素血症性肥胖者的胰岛素释放量约为正常人的3倍。

2. 肥胖者常伴有高血压。在西方发达国家中，约30%的高血压患者与肥胖有关。在小于45岁的高血压患者中，与肥胖有关者高达60%。国外研究表明，体重每增加10%，收缩压增加6.5 mmHg。体重增加维持6年，高血压风险将增加一倍。内脏型肥胖与血压的进一步升高有关。

3. 肥胖者常伴发血脂异常。肥胖者高密度脂蛋白胆固醇（HDL）值通常降低，总胆固醇（TC）和低密度脂蛋白胆固醇（LDL）值一般稍增高或维持正常，血甘油三酯（TG）值随体重增加而增高。载脂蛋白B（Apo-B）通常增高。内脏型肥胖与TG增高和HDL降低具有相关性。

肥胖者冠心病的发病率增高。国外对115 886名护士随访8年，发现其中BMI>29者的冠心病风险是BMI<21者的3.3倍，她们的BMI值与冠心病发病率之间呈正相关。小于40岁肥胖者心肌梗死的发病率较高，20~40岁期间发生肥胖，具有更大的心血管病风险。

4. 肥胖除并发糖尿病和心血管疾患外，还可并发胆囊炎、睡眠呼吸暂停、某些癌症、痛风和关节炎等疾病。

总之，肥胖不仅影响生活质量，还会并发多种严重疾患，缩短人的寿命。

五、体脂的测定及肥胖症的诊断

（一）体脂的测量方法

可采用体重指数（BMI）评估肥胖程度，并用腰臀比（W/H）评估体脂分布，还可测量三头肌、肩胛下等部位的皮下脂肪厚度；需确切了解全身脂肪含量及其变化时，可选用体密度法；需确切了解内脏脂肪含量及其变化时，可选用 CT 等检查手段；需了解身体某些部位皮下脂肪的厚度及其变化时，可选用 B 超等检查方法。双能 X 射线吸收法也可测定体脂和瘦体组织的含量。

（二）肥胖的诊断标准

可采用以下几种方法诊断肥胖：

1. 体重指数（前已述）。
2. 现实体重占理想体重百分比法（见第十一章 住院病人营养状况评价）。
3. 体脂测定法 正常男性成人脂肪组织重量约占体重的 15%~18%，女性约占 20%~25%。随年龄增长，体脂所占比例相应增加。

六、肥胖症的营养治疗

（一）营养治疗的目的

营养治疗是肥胖综合治疗的基础。不论何种肥胖，均需进行营养治疗，并同时开展运动治疗，以增加能量消耗。某些患者必要时还需辅以药物或手术治疗。

营养治疗的目的：在保证蛋白质、矿物质和维生素等各种营养素供给的前提下，为机体制造一个能量"负平衡"状态，使体重按适宜的速度逐步降低，以接近理想体重或合理状态。

肥胖的营养治疗是一个长期的过程，需根据体重变化及机体的反应随时调整饮食治疗方案，患者必须自愿接受治疗并持之以恒，才能获得较满意的疗效。

（二）营养治疗的原则

1. 能量 成年肥胖症患者每日能量可按 15~20 kcal/kg（0.063~0.084 MJ/kg）供给，此能量水平大致相当于正常能量的 70% 左右。对于重度肥胖患者，还需进一步降至正常量的 50% 左右。能量的降低要逐步进行，可采用体重下降值监测能量供给是否合理。一般以每月体重降低 0.5~1.0kg 为宜。降低过快对机体不利。待体重降至正常范围或合理范围后，给予维持体重的能量值。

2. 蛋白质 对各类肥胖症患者，在降低能量摄入的同时，应供给充足的蛋白质。一般每日给予 1.0~1.2 g/kg，其产热占总能量的 15%~20%，较正常比例略有增加。同时，应保证优质蛋白占总蛋白量的 50% 以上，可增加瘦肉、鱼虾、脱脂奶、大豆制品等食物的摄入。但蛋白质的供给也不宜过高，以防止肝、肾功能受损。

3. 脂肪和胆固醇 应限制脂肪的摄入，尤其应限制动物脂肪的摄入。脂肪产热比例应控制在 25%~30%。对于血胆固醇正常的患者，摄入量应控制在每日 300mg 以下；而已有血胆固醇增高的患者，每日应控制在 200mg 以下。

4. 碳水化合物 应限制碳水化合物的摄入量，其产热比应控制在 50%~60%。碳水化合物在体内可转变为脂肪，尤其是肥胖者摄入简单糖后，更容易以脂肪的形式储存，故应以多糖为碳水化合物的主要来源。

5. 膳食纤维 应增加膳食纤维的摄入量。每日可摄入膳食纤维 25~30g 或更多。应特别强调增加可溶性膳食纤维的摄入量，多选用麦麸面包、魔芋制品、果胶、海藻制品等食物。

6. 维生素和矿物质 在低热量膳食中，维生素和矿物质的摄入量应达 DRIs 的标准，以满足机体的需要。食盐摄入过多可能造成肥胖症患者血压波动，还可能刺激食欲，增加摄食量。故肥胖症患者每日食盐摄入量应控制在 3~5g。需禁用或少用榨菜、酱豆腐、咸菜、腌制食品、泡菜、火腿等。

7. 嘌呤　嘌呤摄入过高可加重患者的肝、肾负担，并可能诱发痛风症，故应限制高嘌呤食物的摄入，如动物内脏、浓肉汤等。

8. 烹调方法　可采用凉拌、蒸、煮、汆、烤等烹调方法，禁用油炸、煎等方法。

9. 餐次　每日3~6餐，在减肥初期，宜采用少量多餐的方法，以减少饥饿感，并减少发生低血糖的危险性。

10. 食物选择　宜选用低热量、低饱和脂肪、低胆固醇、高膳食纤维的食物。禁用高糖、高胆固醇、高嘌呤、高动物脂肪的食物。

（三）食谱举例

肥胖症患者食谱举例参见表18-15。

表18-15　肥胖症患者食谱举例

餐别	内容	食物	重量（g 或 ml）
7:00	牛奶		250
	维生素面包		50
9:00	黄瓜		200
12:00	馒头	富强粉	75
	酱牛肉		30
	炝芹菜豆腐丝	豆腐丝	50
		芹菜	150
	蒜茸海带丝	海带（浸）	125
18:30	米饭	粳米	75
	肉片汆冬瓜	瘦猪肉	50
		冬瓜	300
		香菜适量	
20:30	西红柿		250
	全日用盐		4
	全日用油		15

蛋白质63g（19%）　脂肪38g（26%）　碳水化合物185g（55%）
总能量5.6MJ（1334kcal）

（于　康）

第十九章 神经精神疾病的营养治疗

第一节 肝豆状核变性

肝豆状核变性又称 Wilson 病,是一种常染色体隐性遗传的铜代谢障碍所引起的肝硬化和脑变性疾病。主要表现为进行性加剧的肢体震颤、肌强直、构音困难、精神症状、肝硬化及角膜色素环。

一、临床表现

(一)临床表现

本病发病机制至今不明,多数在儿童、青少年或青年起病,兄弟姊妹中常有同病患者。多隐匿起病,病程进展缓慢。患者体内有过量的游离铜沉积在肝、脑、肾和骨中,导致肝、脑、肾等组织的损害。本病神经症状出现越早者进展越快,早期诊断并早期治疗效果较好。如不及早治疗,病情多进展较快,患者多死于肝功能衰竭或并发感染。

1. 以肝脏病变为首发表现者 可有急性或慢性肝炎、肝区痛、肝脾肿大、肝硬化、脾功能亢进、肝昏迷等;在儿童中也可无症状,仅有血清转氨酶增高。

2. K-F 环 在患者角膜边缘与巩膜交界处,常有金黄色或绿褐色环(K-F 环),是本病的重要体征。有时需用裂隙灯检查才能发现,7 岁以下儿童少见。

3. 神经系统表现 大量铜盐沉积在脑内、基底核,可有明显的运动障碍。如一侧或两侧的上肢有粗大震颤,于随意运动时增强,静止时减轻,震颤还可扩及下肢、躯干及头部。还可有动作缓慢、肌强直、构音和吞咽障碍、流涎。患者面部皮肤色素沉着而暗黑,表情少而僵硬。少数患者可出现舞蹈-手足徐动症等不自主运动。不到 6% 的患者可有癫痫,少数有共济失调。

4. 精神症状 绝大多数患者伴有精神症状,表现不一。可有性格改变、好攻击、躁狂、欣快或孩子气,或抑郁、妄想、幻觉等。智力一般不受影响。

5. 肾脏 因肾脏损害可出现氨基酸尿、高钙尿、肾性糖尿等,可造成肾小管性酸中毒。

6. 骨骼 骨质疏松可引起多发性骨折。

(二)实验室检查的特征性改变

1. 日尿排铜量增多。
2. 血清铜蓝蛋白降低。
3. 肝组织铜含量异常增高。
4. 血清铜氧化酶活性降低。
5. 血清总铜量可能降低。

(三)MRI 扫描

MRI 扫描示豆状核(壳核与苍白球)T_1 加权低信号,T_2 加权高信号。

二、治疗

本病治疗的主要目的是尽快清除已沉积在组织内的过多铜盐和防止铜盐在组织内的积聚。D-青霉胺为较好的药物，此药能与组织内沉积的铜结合成水溶性物质，然后经尿排出。硫酸锌和葡萄糖酸锌等药物可减少铜离子的吸收，可遵医嘱服用。采用低铜膳食是治疗本病的重要措施。

三、营养治疗

1. 铜的适宜摄入量（AI）和可耐受最高摄入量（UL） 世界卫生组织（WHO）建议人群铜的每天安全摄入量下限为 1.25mg，成年男性为 1.3 mg/d，成年女性为 1.2 mg/d。中国营养学会于2000年建议我国居民成人铜的 AI 值为 2 mg/d，0~6 个月婴儿每日以 40 μg/kg 计算，7~12 个月婴儿每日以 40 μg/kg 乘以 F 值（1.36），其余各年龄组均以成人 AI 值乘以不同体重计算的 F 值所得，详见表 19-1。

表 19-1 中国居民膳食铜参考摄入量（DRIs）

年龄/岁	AI（mg/d）	UL（mg/d）
0~	0.4	-
0.5~	0.6	-
1~	0.8	1.5
4~	1.0	2.0
7~	1.2	3.5
11~	1.8	5.0
14~	2.0	7.0
18~	2.0	8.0

2. 低铜膳食

(1) 应避免食用含铜量高的食物如粗粮、干黄豆、坚果类、菌类、软体动物、各种贝类、螺类、蟹类、虾类、动物肝和血等。

(2) 选用精白细粮作为主食。

(3) 勿用铜制器皿盛食物和水或烹调食物。

3. 维持理想体重，避免热量摄入过高而导致肥胖。

4. 本病常伴有肝硬化，故蛋白质供给量应充足，应根据患者的肝、肾功能来调整蛋白质的摄入量。奶类铜含量甚低，可适当多用。

5. D-青霉胺可引起尿锌排出量增加及维生素 B_6 缺乏，故应适当提高锌的摄入量，并供给富含维生素 B_6 的食物，如绿叶蔬菜、土豆、鱼、奶及奶制品。

四、食物选择

1. 食物中的铜含量受土壤含量的影响波动较大，测定数据很不一致。

2. 制定食谱时应了解食物中铜含量的特点，一般粗粮多于细粮，肝多于一般肌肉，瘦肉多于肥肉，蛋黄多于蛋白。

3. 可用与免用食物参见表 19-2

表 19-2 肝豆状核变性可用与免用食物

食物种类	可用食物	少用或免用食物
谷类	细粮	粗粮
乳类	可食	
蛋类	适量，不宜食用过多	少用蛋黄
瘦肉类（包括鸡、鸭、鱼）	适量，不宜食用过多	
肝		免用
虾、蟹、贝壳类		免用
蔬菜类		少食含铜高的蔬菜
水果类		少食含铜高的水果
干豆、硬果类		免用
其他		免用干蘑、可可、巧克力

五、食谱举例 （见表 19-3）

表 19-3 肝豆状核变性低铜普通膳食举例

餐别	内容	食物	重量（g 或 ml）
7:00	牛奶（强化维生素 A、D）		200
	煮鸡蛋	鸡蛋	50
	馒头	富强粉	50
11:00	米饭	粳米	100
	肉片油菜	瘦猪肉	50
		油菜	200
	西红柿蛋汤	西红柿	100
		鸡蛋	25
15:00	富士苹果		150
18:00	馒头	富强粉	100
	清炖鸡翅大白菜	鸡翅	100
		大白菜	200
21:00	牛奶		200
	全日用油	色拉油	25
	全日用盐		6

蛋白质 80g（17%） 脂肪 60g（30%） 碳水化合物 246g（53%）
总能量 7.7 MJ（1844 kcal） 铜 1.26mg

六、常见食物中铜含量 （参见表 19-4）

表 19-4　常见食物中铜含量（mg/100g 食部）

食物	铜含量	食物	铜含量
精白米	0.19	香蕉	0.14
富强粉	0.26	西瓜	0.04
标准粉	0.42	炒花生仁	0.89
燕麦片	0.45	牛奶（强化维生素 A、D）	0.04
黄豆	1.35	全脂奶粉	0.12
南豆腐	0.14	酸奶	0.03
北豆腐	0.22	肥猪肉	0.05
豆浆	0.07	瘦猪肉	0.11
豆腐丝	0.26	猪肝	0.65
胡萝卜	0.03	瘦牛肉	0.16
土豆	0.12	瘦羊肉	0.12
大白菜	0.04	鸡	0.07
韭菜	0.08	鸭	0.21
冬瓜	0.07	鸡蛋	0.06
茄子	0.10	鸡蛋黄	0.28
橘子	0.10	鸡蛋白	0.05
苹果	0.06	草鱼	0.05
梨	0.06	带鱼	0.08
西红柿	0.06	河虾	0.64

（于　康　孙孟里）

第二节　神经性厌食

神经性厌食（anorexia nervosa，AN）是一种以厌食、严重的体重减轻和闭经为主要表现而无器质性基础的病症，多见于青春发育期少女，其次为年轻妇女。本病病因不清，可能是精神因素、生理、家庭及社会文化等因素综合作用的结果。患者开始并非厌食，而是由一种病态心理所支配，为了追求苗条，担心肥胖，于是采取节制饮食、拒食或食后呕吐、过量服用泻药及过度运动等方法使体重下降，往往体重低于正常体重的 15%～50%，甚至达恶病质程度，以致出现病态。

一、临床表现

患者极度消瘦，体重减轻，有中至重度的蛋白质-热能营养不良，甚至达到恶病质的程度。皮肤干燥、毛发稀少、毛囊角化。血浆蛋白可有不同程度的降低，上臂围及三头肌皮褶厚度也明显低于正常值。患者常有神经内分泌功能失调，表现为闭经、低血压、心动过缓、体温过低以及贫血、水肿等。食欲消失、胃排空延迟、恶病质的外表与充沛的精力共存，是本病的特征。

二、营养治疗的目的

本病应采取综合治疗的方法,包括心理治疗、营养支持和护理等。营养治疗的目的为:供给充足的能量和各种平衡的营养素,以满足正常生理活动及青春发育期的需要,纠正负氮平衡,改善营养不良的状况,使体重及各项营养监测指标逐渐恢复到正常水平。

三、营养治疗的原则

1. 供给高热量、高蛋白、高维生素的平衡膳食,蛋白质、脂肪和碳水化合物的供能比分别为15%~20%、25%~30%及50%~60%。

2. 应循序渐进、由少至多,由流食先过渡到半流食再过渡到软饭,最后供给普食,并由低能量、低蛋白逐渐过渡到高能量、高蛋白的配餐原则,使胃肠功能逐渐恢复。

3. 营养支持的途径应首选口服,必要时可采用管饲或胃肠外营养。

四、营养护理方面的注意事项

1. 营养师及医生、护士的态度要热情、和蔼、乐观、积极,以争取患者的配合,为患者解除顾虑,纠正不良的饮食习惯。

2. 尽量满足患者的饮食习惯,与患者协商制订食谱。因患者长期未正常进食,使胃肠功能减弱,消化酶活性受抑制,故开始进食时,应给予清淡、少油、易消化的食物。禁食牛奶、干豆类、硬果、生萝卜等易引起胀气的食物。多选用含蛋白质、矿物质及维生素丰富的食物,如鱼、鸡、蛋、瘦肉、豆制品以及新鲜的蔬菜和水果。

3. 少量多餐,逐渐增加进食量,勿操之过急。否则,患者会因上腹饱胀不适而终止进食。

4. 营养师可辅导患者记营养日记,包括进食时间、地点、食物名称、自我感觉等内容。营养师可根据记录为患者选择更合适、更富营养的食物,使患者早日康复。

5. 定期称体重,体重增加可增强患者配合治疗的信心。最好在每日晨起后称量,可每周称重1~3次。根据体重变化,可为患者制定相应的饮食治疗方案。如体重增加缓慢,可适当减少患者的活动量,以减少热能的消耗。

6. 严重消瘦者,可采用鼻饲或肠外营养,但这只是暂时的措施,不宜长期使用。

(于 康)

第二十章　外科疾病的营养支持

第一节　概述

一、外科营养支持的目的

外科营养支持和治疗的目的是供给适宜的能量、蛋白质和各类营养素，满足病人的营养需求，对营养状况较差者，尽量改善其营养状况，增加患者的抵抗力和对手术的耐受力，减少术后并发症和感染，促进伤口愈合，提高病人的生活质量。

二、蛋白质-热能营养不良

蛋白质-热能营养不良（PEM）是目前外科病人最常见、最严重的营养问题。经临床确认的 PEM 发病率一般为 40%~60%。PEM 可导致不良的临床预后，包括并发症的发生率增加、死亡率增高、住院时间延长、住院费用增加等。

多种原因可导致外科病人发生 PEM，如外科手术每丢失 100ml 血液，相当于丢失约 3g 氮。腹部外科病人若发生 PEM，可导致手术后切口愈合不良及感染率、死亡率增加。在 ICU 病人和老年病人中，营养不良的发病率更高。老年人的瘦体组织比例降低而总体脂肪比例增加，手术后更易发生负氮平衡。

（一）干瘦型或单纯饥饿型营养不良

1. 主要原因　能量摄入不足，常见于慢性疾病或长期饥饿的病人。该类型通常同系统性炎症反应无关。常见于神经性厌食、食管狭窄引起的梗阻或有严重吸收不良综合征的患者。

2. 主要临床表现　严重的脂肪和肌肉消耗。婴幼儿则生长发育延缓。

3. 营养评定　皮褶厚度和上臂围减少，躯体和内脏肌肉量减少，血浆白蛋白显著降低，但免疫力、伤口愈合力和短期应激能力尚好，病人精神及食欲尚好。

（二）低蛋白血症型或急性内脏蛋白消耗型

1. 主要原因　常见于长期蛋白质摄入不足，常由于严重的外伤、感染、大面积烧伤等引起的剧烈的系统性炎症反应造成，同时还可能伴随食物摄入量的显著减少。机体对此类情况的回应与单纯的半饥饿状态决然不同。

2. 主要临床表现与营养评定　与干瘦型不同，该型伴有明显的生化指标异常，主要为血浆白蛋白值明显下降和淋巴细胞计数下降。病人脂肪储备和肌肉块可在正常范围，因而一些人体测量指标仍正常，但内脏蛋白质迅速下降，毛发易拔脱、水肿及伤口愈合延迟。对此型病人若不采取有效的营养支持，可因免疫力受损，导致革兰阴性菌败血症或严重真菌感染。

（三）混合型营养不良

1. 主要原因　该型为最严重的一类营养不良，是由于蛋白质和能量摄入均不足所致。

常在病变的终末期产生。包括脏器器官性的,如晚期肝脏病变引起的恶病质;疾病病源性的,如癌症引起的恶病质等。

2．主要临床表现　这类病人因原本能量储备少,在应激状态下,体蛋白急剧消耗,极易发生感染和伤口不愈等并发症,病情危重,死亡率高。

3．营养评定　皮褶厚度和上臂围明显减少,躯体和内脏肌肉量减少,血浆白蛋白值和淋巴细胞计数明显下降,患者多呈恶病质。

三、能量与蛋白质摄入原则

(一) 能量

外科病人能量不足的问题极为普遍。创伤、感染后的代谢变化之一是能量代谢增高。Wilmore 等的研究表明,在腹腔感染时,能量的需要可增加 50%。

能量摄入不足会影响体重的稳定及氮平衡的维持,从而导致严重的营养不良,降低治愈率,增加死亡率。补充能量的目的是维持而非增加体重,故对危重病人的能量补充并非越多越好,否则可能导致血糖过高或肝功能异常等。

能量补充因人、因时而异。在分解代谢期,以维持能量平衡、氮平衡和各重要脏器的功能为原则;在合成代谢期,应将能量消耗和合成代谢所需能量合计在内,以利病人尽快恢复。

计算病人能量需要的最常用且简单的方法是根据基础能量消耗(BEE)再加上活动系数、体温系数及疾病应激状态所增加的能耗进行计算。即:

能量需要 = 基础能量消耗 × 活动系数 × 体温系数 × 应激系数

基础能量消耗可采用 Harris-Benedict 公式计算。

活动系数：卧床 1.2,下床少量活动 1.25,正常活动 1.3。

体温系数：38℃取 1.1,39℃取 1.2,40℃取 1.3,41℃取 1.4。

应激系数用以补正不同疾病状态下的能量需要(表 20-1)。

表 20-1　不同外科疾病的应激系数

疾病	应激系数
术后(无并发症)	1.00 ~ 1.05
癌症	1.10 ~ 1.45
腹膜炎	1.05 ~ 1.25
长骨骨折	1.15 ~ 1.30
严重感染/多发性创伤	1.30 ~ 1.55

(二) 蛋白质

创伤所引起的蛋白质分解代谢反应与饥饿所引起的后果有所不同,饥饿时氮的损失较低,而创伤后氮的损失较多。饥饿早期,肌肉组织分解过程相对增加,氨基酸向血液内释放增多,但由于缺乏能量,生糖氨基酸被肝脏异生糖大量消耗,肌肉组织可直接氧化支链氨基酸而获得能量,而支链氨基酸降解过程中脱下的氨基,在肌肉组织中又被用于丙氨酸合成。饥饿时,葡萄糖-丙氨酸循环过程加强,导致肌肉组织消耗,丙氨酸及其他生糖氨基酸浓度降低,与机体能量缺乏密切相关。

创伤伴以饥饿可明显影响机体能量代谢,体内糖原储备数小时内即耗尽,肌肉组织分解增加,通过消耗肌肉蛋白质也不能满足机体能量需要,因此机体增加动用贮备脂肪作为主要能源。饥饿引起的机体代谢改变是手术损伤后血浆游离氨基酸谱变化的原因之一,损伤后机体分解代谢过程增加，而饥饿时合成代谢减弱，二者表现类似，呈负氮平衡，机理却不相同。

在各种创伤情况下，如外科手术、烧伤等，尿氮排泄都明显增加。其增加的程度和持续时间与创伤的严重性、患者的年龄、创伤前的营养状况及创伤后的营养摄入有关，并受体内激素水平的制约。手术创伤越大，蛋白质的分解率就越高。在严重创伤时，蛋白质的合成率和分解率都增加，而分解率的增加更多，故创伤程度越严重，负氮平衡就越显著，如负氮平衡长期不能纠正，则可能导致以下结果：

1. 血容量减少，可造成低血容量性休克，使病人对手术及麻醉的耐受力降低。
2. 血浆蛋白降低，使血浆渗透压也降低，造成细胞间水肿。
3. 肝功能障碍及蛋白质缺乏，使肝内脂肪不易运出，可导致脂肪肝。
4. 因蛋白质及含硫氨基酸缺乏，使伤口愈合能力减弱，可发生伤口裂开、感染，甚至长期不愈合。
5. 抗感染能力减退。蛋白质缺乏的外科病人网状内皮细胞出现萎缩，免疫力降低，术后易发生感染。

常见手术过程中的蛋白质丢失量见表 20-2。

表 20-2 常见手术过程中的蛋白质丢失量

手术名称	平均蛋白质丢失（g）
甲状腺大部切除术	75
乳腺癌根治术	150
复杂性胃部分切除术	113
腹-会阴式直肠切除术	75

四、饮食治疗的原则及营养支持途径

（一）术前营养治疗的原则

供给充足的能量、蛋白质及丰富的维生素，使患者术前有足够的营养储备，增加对手术和麻醉的耐受力，顺利通过手术。

1. 对择期手术的病人，应根据具体情况，采取相应的营养支持措施，改善其营养状况。
2. 对营养不良的消瘦患者，应增加能量和蛋白质的摄入，以增加体重，使血浆蛋白恢复到正常水平。
3. 糖尿病患者，应通过药物及饮食控制，使血糖接近正常水平后再行手术。
4. 消化功能不良的消瘦患者，应改善其营养状况后再行手术。可给予低脂、低膳食纤维的平衡膳食，并需少量多餐。
5. 肝、胆、胰疾病患者，要注意控制脂肪摄入量。
6. 胃肠道手术前 2~3 日，应停用普食，改为少渣半流食或流食，以清除手术部位的食物残渣。
7. 一般手术前 12 小时应禁食。4 小时前开始禁水，以防麻醉和手术进程中呕吐，减少发生吸入性肺炎的危险性，也避免因胃内积存食物过多引发术后腹胀。

（二）术后营养治疗的原则

供给高碳水化合物、高蛋白饮食，保证优质蛋白的供应，适当补充矿物质和维生素，尤其注意对水溶性维生素的补充。尽快恢复正氮平衡，减少感染和并发症，使伤口一期愈合。

1. 恢复进食后，饮食从流食开始，逐步过渡到半流食、软饭和普食。

2. 应采用少量多餐的方式。

3. 对于非腹部手术的病人，可根据手术大小、麻醉方式及患者对手术、麻醉的反应，决定开始进食的时间。

4. 小手术术后即可进食，如扁桃体摘除术，术后即可进冷流食，以减少伤口渗血，有利于伤口愈合，次日可进流食，第3日即可改为半流食。

5. 口腔手术后应给予细、软、烂的饮食，并保证能量及营养素的供应。

6. 大肠或肛门手术后，应限制膳食纤维的摄入量，以减少术后排便的数量和次数。

7. 肝、胆、胰术后的饮食原则与胃肠手术相似，但应限制脂肪的摄入量。

（三）营养支持的途径

1. 口服　包括口服自然膳食和肠内营养制剂。口服是最有效、最安全、最合乎生理特点的营养支持途径。在患者胃肠道功能基本良好时，应鼓励经口进食，并注意改善膳食的色、香、味、型，以刺激病人食欲。

2. 肠内营养（enteral nutrition，EN）　对不愿经口进食或进食量不足者，或有严重口腔、食管疾病或梗阻者，可采用管饲方式（详见第二十二章）。

3. 肠外营养（parenteral nutrition，PN）　对大面积烧伤、创伤、手术、骨折、重度感染、急性胰腺炎、高位大流量肠瘘、短肠综合征等外科重症病人，采用肠内营养有一定困难时，应采用肠外营养支持（详见第二十二章）。

第二节　常见外科疾病的营养支持

一、胃大部切除术后的饮食治疗

（一）饮食治疗的目的

预防营养不良和倾倒综合征的发生。

（二）原则与要求

1. 术后早期　胃切除术后2周内，采用"循序渐进，少量多餐"的原则。应供给清淡、易消化、体积小的食物。必要时可给予肠内营养支持。

2. 手术后期　需预防发生倾倒综合征。早期倾倒综合征一般在进食后30分钟以内发生，其症状与胃快速排空有关。倾倒综合征是因胃容积减少及失去幽门，大量食物和液体快速进入十二指肠或空肠，引起胃肠功能和血管舒张功能的紊乱，而出现的特异症状群。临床症状为上腹饱胀不适、腹泻、可伴有频繁恶心和呕吐。患者全身无力、头昏、晕厥、大汗淋漓、面色苍白、心动过速、呼吸深大，全胃切除的患者更易发生。晚期倾倒综合征的发生率较低，症状一般出现在餐后2~4小时，胃肠道症状不明显，以心血管舒张的症状为主。

（三）饮食治疗的原则

1. 第一阶段　采用不需咀嚼的液体食物，每日6餐，每餐由30~40ml开始，逐步增加至150~200ml。可采用米汤、鸡汤、鱼汤、排骨汤、蒸蛋羹等。

2. 第二阶段　采用半流食，每日6餐，主食可选用米粥、面包、面条、面片等。副食可选用煮蛋、瘦肉、鱼虾类、豆腐、少渣的蔬菜、果泥、菜泥等（食谱见表20-3）。

3. 第三阶段　采用软饭，每日6餐。为预防倾倒综合征发生，应采用低碳水化合物的膳食，适当提高脂肪和蛋白质的摄入量，少量多餐，干稀分开。进食后立即平卧可减轻症状，汤和饮料应在餐前或餐后 30 分钟再用（食谱见表 20-4）。

表 20-3　胃大部切除术后第二阶段食谱举例

餐别	内容	食物	重量（g 或 ml）
7:00	大米粥	粳米	30
	卧鸡蛋	鸡蛋	50
	面包		25
9:30	蒸蛋羹	鸡蛋	50
11:30	馄饨	富强粉	75
		瘦肉末	40
		菠菜叶	50
15:00	蛋糕		30
18:00	鸡丝龙须面	龙须面	30
		鸡胸肉	30
		西红柿	100
20:30	小米粥	小米	30
	全日用盐		6
	全日用油		15

蛋白质 50g（17%）　脂肪 35g（27%）　碳水化合物 166g（56%）　总能量 4.9MJ（1179kcal）

表 20-4　胃大部切除术后第三阶段食谱举例

餐别	内容	食物	重量（g 或 ml）
7:00	小米粥	小米	25
	蜂糕	富强粉	50
	煮鸡蛋	鸡蛋	50
9:30	蒸蛋羹	鸡蛋	50
	奶油饼干		20
11:30	软米饭	粳米	50
	清蒸鱼	草鱼	100
	清炒茼蒿	茼蒿	200
15:00	维生素面包		25
	小泥肠		20
17:15	紫米粥	紫米	25
	小笼包	富强粉	50
		瘦猪肉	40
		小白菜	50
20:00	蛋清蛋糕		25
	全日用盐		6
	全日用油		20

蛋白质 69g（18%）　脂肪 52g（30%）　碳水化合物 204g（52%）　总能量 6.5MJ（1560kcal）

二、短肠综合征

短肠综合征（short bowel syndrome，SBS）是因小肠被广泛切除后，小肠吸收面积不足导致的消化、吸收功能不良的临床综合病征。最常见的病因是肠扭转、肠系膜血管栓塞或血栓形成和 Crohn 病行肠切除术所致。其主要临床表现为早期的腹泻和后期的严重营养障碍。

（一）诊断标准

正常人小肠长度长短不一，个体差异较大，一般在 400～600cm 之间。若残留小肠 <100 cm，则必定会产生不同程度的消化、吸收功能不良。小肠越短，症状越重。切除回肠后引起的营养障碍比切除空肠更明显。如同时切除了回盲瓣，则功能障碍更严重。患者不能对营养素进行充分地吸收，可导致腹泻、脱水、血容量下降、电解质紊乱、酸碱平衡失调及进行性营养不良。

（二）主要临床表现

腹泻、体重丢失及中至重度进行性蛋白质-热能营养不良。

（三）对营养素吸收的影响

小肠切除对营养素吸收的影响主要决定于切除的长度和切除的部位两个因素。

1. 切除长度的影响　正常情况下，人体小肠吸收面积很大，有较强的功能储备，小肠部分切除不致严重影响营养物质的吸收，一般也无临床症状。如小肠被广泛切除（切除 >50%），会导致显著的吸收不良，若大面积切除（切除 70% 以上），可导致严重后果，甚至威胁生命。

2. 切除部位的影响　食物的消化、吸收过程几乎均在小肠内进行，其中某些营养成分的吸收有其特定部位，例如铁、钙主要在空肠吸收，而胆盐、胆固醇、维生素 B_{12} 等则是在回肠吸收。故切除不同部位的小肠所造成的营养素缺失是不一样的（表 20-5）。

表 20-5　切除不同部位小肠对营养素吸收的影响

切除部位	对营养素吸收的影响
十二指肠	铁、叶酸、钙
空肠、回肠	蛋白质、铁、钙、水溶性维生素、微量元素、电解质
回肠远端	脂溶性维生素
结肠	水、电解质

（四）营养支持与治疗

1. 肠外营养　术后最初几周治疗的主要目的是维持体液和电解质的平衡。密切监测病人的血流动力学指标和电解质水平。维持每日尿量 1500～2000ml。

2. 肠内营养　可采用要素膳。要素膳既能为患者提供必需的能量及营养素，又无需消化即可直接或接近直接吸收和利用，不含残渣或残渣极少，故常用于短肠综合征等病人。

3. 饮食治疗　供给适当能量、低脂肪、少渣的饮食，采用少量多餐的方式，尽快恢复肠道的正常生理功能，一般分为以下 3 个阶段：

（1）试用期：术后 3～4 天可给于少量温和的液体食物，如稀米汤、淡果汁、生理盐水、低浓度葡萄糖液等。由 20～30ml 开始，观察病人有无不适，如能耐受，可逐步增量，以刺激胃肠道功能的恢复。试用期应主要以碳水化合物提供热量，一般持续 5～7 天。

（2）适应期：在接受试用期饮食一周后，如无特殊不适，则可进食适应期饮食。一般先进食以淀粉为主的食物，如米粥等。而后逐步增加易消化的含蛋白质较高的食物，如脱脂酸奶等，如患者能够耐受，无明显胃肠道反应，可谨慎地添加少量含脂肪的食物，如蛋黄等。此期一般持续 8～10 周，食谱举例参见表 20-6。

（3）稳定期：约手术后 11 周左右进入稳定期。此阶段可供给适宜热量（30～35 kcal/kg）的少渣半流食或软饭，逐步增加蛋白质、碳水化合物和脂肪的摄入，应坚持少量多餐的原则。

表20-6 短肠综合征适应期食谱举例

餐别	内容	食物	重量（g或ml）
7:00	米粥（烂）	粳米	30
	酱豆腐		10
9:00	牛奶		200
	白糖		10
11:00	面片汤	富强粉	30
		西红柿	50
		鸡蛋	30
14:00	鸡茸汤	鸡肉	30
		团粉	5
		蛋清	10
16:30	果汁	果汁	200
		白糖	10
18:00	米粥（烂）	粳米	25
	小包子	富强粉	50
		瘦猪肉	30
		小白菜	50
20:00	脱脂酸奶		200
	全日用盐		5
	全日用油		10

蛋白质 44g（13%）　脂肪 24g（16%）　碳水化合物 241g（71%）　总能量 5.7 MJ（1356 kcal）

三、肠瘘

肠瘘是指肠道与其他脏器或肠道与腹腔、腹壁外有不正常的通道。

（一）临床特点

小肠瘘多由腹部手术和外伤所致，如果瘘管通向腹腔，可使肠腔内的胰液、肠液等消化液流入腹腔，造成腹腔感染。同时还使肠腔内的大量的水分、电解质及消化液流失，导致严重的营养障碍和水、电解质平衡失调。

高位肠瘘，尤其是高流量瘘（空腹时肠液流出量 > 1000 ml/24h），常造成水、电解质和营养素大量丢失，易发生全身感染和肠道出血等并发症，导致重度营养不良，临床治疗困难，死亡率高。

（二）营养支持

肠瘘早期必须禁食，以减少分泌和有助于控制瘘处的感染扩散，应首选肠外营养（PN），能量供给应以葡萄糖和脂肪为主，约 25～30 kcal/kg·d。氮源可从普通氨基酸液中获得，一般1g/kg·d即可满足患者需要，个别患者因周围静脉耐受性差，可改用短期中心静脉营养。对小肠瘘，可加用生长抑素或生长抑素类似物。

肠瘘口小、流量少的患者可采用管饲或口服要素型或短肽型肠内营养制剂（参见第二十二章）。若为低位瘘，患者情况已稳定，可耐受自然食物时，可给予少量流食，并逐渐过渡到少渣清淡半流食（参见表 20-7）。

表 20-7 低位肠瘘少渣半流食食谱举例

餐别	内容	食物	重量（g 或 ml）
7:00	大米粥	粳米	50
	卧鸡蛋	鸡蛋	50
	酱豆腐少许		
9:00	牛奶		250
	蛋清蛋糕		30
11:30	龙须面		75
	鸡蛋		50
	西红柿（去皮）		150
15:30	牛奶		250
18:00	小馄饨	富强粉	75
		鸡胸肉	50
21:00	藕粉		40
	白糖		10
	全日用盐		6
	全日用油		15

蛋白质 60g（14%） 脂肪 41g（23%） 碳水化合物 256g（63%） 总能量 6.8MJ（1633kcal）

四、肝脏手术

肝是人体内最大的实质性脏器，重约 1200~1500g，左右径约 25cm，前后径约 15cm，上下径约 6cm。肝的血液供应 25%~30% 来自肝动脉，70%~75% 来自门静脉。肝动脉供给肝所需氧量的 40%~60%，门静脉汇集来自肠道的血液，供给肝营养。肝的总血流量约占心排出量的 1/4，正常可达到 1500 ml/min。

（一）肝脏的生理功能

肝脏每日持续不断地分泌胆汁约 600~1000ml，经胆管流入十二指肠，帮助脂肪消化以及脂溶性维生素 A、D、E、K 的吸收。胆汁排入肠道，参与肝肠循环；肝能将碳水化合物、蛋白质和脂肪转化为糖原，储存于肝内。当血糖减少时，又将糖原分解为葡萄糖，释入血液；肝在蛋白质代谢过程中主要起合成、脱氨和转氨作用，如肝脏损害严重，可出现低蛋白血症和凝血功能障碍；肝在脂肪代谢中也起重要作用，可维持体内各种脂质（包括磷脂和胆固醇）的恒定性，使之保持一定浓度和比例；肝还参与多种维生素的代谢，能将胡萝卜素转化为维生素 A，并加以储存。肝还储存维生素 B 族、维生素 C、D、E 和 K；此外肝脏还参与激素的代谢并具有凝血功能、解毒作用和吞噬或免疫等作用。

（二）营养治疗的目的

肝脏手术后，影响了肝脏正常的生理功能，故营养治疗的目的是保护肝脏，促进肝细胞再生，尽快恢复肝功能。

（三）营养治疗的原则

肝脏手术后应禁食 3~7 天，以肠外营养来供给人体需要的能量及各类营养素，使胃肠道充分休息。静脉可给予葡萄糖、脂肪乳、氨基酸、白蛋白、各种维生素以及矿物质。

能经口进食后，需从清流质开始，逐渐过渡到低脂半流食。应选择含蛋白质丰富的低脂食品，可进食鱼、鸡蛋白、虾仁、柴鸡肉、豆腐、豆浆、新鲜蔬菜及水果等。可用中链脂肪酸替代部分饱和脂肪酸及多不饱和脂肪酸。肝脏手术后低脂半流食食谱举例见表20-8。

表20-8 肝脏手术后低脂半流食食谱举例

餐别	内容	食物	重量（g或ml）
7:00	西红柿龙须面	西红柿	100
		龙须面	40
		鸡蛋	30
9:00	蒸蛋羹	鸡蛋	50
11:30	肉末碎菜粥	粳米	50
		瘦猪肉末	30
		小油菜	50
		胡萝卜	30
	蛋清蛋糕		25
15:00	西瓜		250
18:00	山药粥	粳米	50
		草鱼肉	50
		山药	100
	维生素面包		25
20:30	脱脂酸奶		125
	维生素面包		25
		全日用盐	6
		全日用油	15

蛋白质 53g（16%）　脂肪 34g（23%）　碳水化合物 203g（61%）　总能量 5.6MJ（1330kcal）

五、胰腺手术

胰腺位于腹膜后，斜向上方横卧于第1~2腰椎前方。正常成人胰腺长约15~20cm，重约75~125g，分为头、颈、体、尾四部分。

（一）胰腺的生理功能

胰腺具有外分泌和内分泌两种功能。胰腺由腺泡细胞分泌消化酶，中心腺泡细胞和导管细胞分泌水和电解质。胰液为澄清的等渗液，pH值为7.4~8.4，比重1.007~1.035。胰液分泌量每日约750~1500ml，其主要成分为水、碳酸氢盐和消化酶。胰消化酶主要有淀粉酶、胰蛋白酶、胰脂肪酶、胰磷脂酶等。胰液通过胰管汇集到肠道，参与食物的消化，此为胰腺的外分泌功能；胰腺的胰岛β细胞可分泌胰岛素，α细胞可分泌胰高血糖素，δ细胞可分泌生长抑素，这些内分泌激素在保证机体正常的糖、蛋白质和脂肪代谢及维持水、电解质及酸碱平衡方面发挥着重要的作用，此为胰腺的内分泌功能。

（二）胰腺手术后对人体代谢的影响

1. 胰液分泌量减少，胰消化酶分泌不足，可影响蛋白质、脂肪及碳水化合物的消化和吸收，也可发生钙、镁等矿物质及脂溶性维生素的吸收不良。

2. 残存胰岛细胞的内分泌功能受损，胰岛素分泌不足可导致继发性糖尿病。全胰切除术后，可发生继发性糖尿病、脂肪泻和体重下降，患者需终生依靠注射胰岛素及口服胰酶片的替代治疗。

（三）营养支持与治疗

1. 完全肠外营养　术后禁食，必要时胃肠减压，以减少胰腺分泌。以完全肠外营养为患者提供能量与营养素，肠外营养中添加谷氨酰胺有助于维持肠粘膜上皮的功能。

2. 肠内营养　急性胰腺炎等手术的术中可同时行胃造瘘或空肠造瘘，用于肠内营养支持。患者肠道蠕动恢复后，可由空肠造瘘输注要素饮食，要素饮食对于胰腺没有刺激，不会增加胰液分泌量。

3. 饮食治疗　患者病情稳定、停止胃肠减压后1~2天可逐步恢复经口进食。应限制脂肪的摄入量，碳水化合物及蛋白质的摄入量也应适当限制。

可经口进食后，先给予清流质，如米汤、果汁、菜汁、藕粉、蛋白水等。如无不适，可逐渐过渡到低脂半流食，可进食鱼、鸡蛋白、虾仁、柴鸡肉、豆腐、豆浆、新鲜蔬菜及水果等，每日5~6餐，烹调方法宜采用氽、清蒸、烩、煮等。恢复期可给予低脂软饭。

禁饮酒并禁食含脂肪多的食物，如肥肉、肉松、花生米、芝麻、核桃、油酥点心等。胰腺术后恢复期食谱见表20-9。

表20-9　胰腺术后恢复期软饭食谱举例

餐别	内容	食物	重量（g或ml）
7:00	脱脂酸奶		125
	维生素面包	富强粉	75
	鸡蛋	鸡蛋	50
11:30	软米饭	粳米	75
	烩豆腐	南豆腐	200
		瘦猪肉末	50
		西红柿	100
15:00	西瓜		250
18:00	馄饨	富强粉	75
		柴鸡肉	50
		小白菜叶	100
20:00	苹果		200
	全日用盐		6
	全日用油		20

蛋白质69g（18%）　脂肪43g（25%）　碳水化合物215g（57%）　总能量6.4MJ（1523kcal）

六、胆囊切除术

胆囊切除术是治疗胆囊结石的首选方法，可以根除急性结石性胆囊炎的病变。胆囊结石的成因十分复杂，是综合性因素所致。

胆囊切除后，经过一段时间的代偿，胆总管可稍有代偿性扩张，管壁增厚，粘膜腺体肥厚增多，从而使胆汁在通过胆管系统时可得到一定的浓缩。

（一）胆囊切除术后对人体代谢的影响

胆囊切除后，浓缩和储存胆汁的功能丧失。进餐后进入肠道的胆汁浓度和数量下降，影响了脂肪的消化和吸收，患者易发生脂肪泻和体重下降，故术后应控制脂肪的摄入量，应给予低脂饮食。

（二）饮食治疗

术后 1~2 天，肠功能开始恢复，肛门排气后即可经口进食；如术后 5 天以上患者仍不能经口进食或不能接受肠内营养，则应采用肠外营养。

经口进食后，应先给予清流质，如米汤、果汁、菜汁、藕粉、蛋白水等。如无不适，可进食低脂半流食，并逐渐过渡到低脂普食，应采取少量多餐，每日 5~6 餐。术后恢复期食谱见表 20-10。

表 20-10　胆囊切除术恢复期食谱举例

餐别	内容	食物	重量（g 或 ml）
7:00	豆浆		200
	煮鸡蛋	鸡蛋	50
	维生素面包	富强粉	50
9:00	苹果		150
11:00	米饭	粳米	100
	砂锅白菜豆腐	瘦猪肉	75
		南豆腐	75
		大白菜	200
15:00	脱脂酸奶		125
18:00	蒸饼	富强粉	100
	清蒸鱼	草鱼	100
	凉拌黄瓜	黄瓜	200
	全日用盐		6
	全日用油		15

蛋白质 79g（21%）　脂肪 40g（23%）　碳水化合物 216g（56%）
总能量 6.4 MJ（1540 kcal）

（于　康　孙孟里　刘秋喜）

第二十一章 烧伤的营养支持

一、烧伤后的代谢特点

1. 能量代谢

(1) 分解代谢率与合成代谢率均增高,但分解代谢率增高大于合成代谢率,称之为高代谢状态。

(2) 能量消耗在烧伤早期最多,且随烧伤面积和深度而增加(表21-1)。严重病人代谢率可增加50%~100%

表21-1 烧伤面积和代谢率增高的关系

烧伤面积 %	10	20	30	40	50	60
代谢率增高(大于正常 %)	+28	+54	+70	+85	+93	+98

(3) 代谢率变化也与烧伤病程有关,一般伤后6~10天达到高峰,之后随创面逐渐修复,感染被控制,患者康复而逐渐下降。

(4) 能量代谢的四个特点:

① 过度产热。

② 氧消耗量增加到100%以上。

③ 通过体表丢失的水分比正常皮肤增加3~4倍。烧伤病人每小时蒸发丢失水分(ml) = (25 + 体表烧伤面积%) × 体表面积(m^2)。

④ 体温调定点比正常人增高1~2℃。

2. 神经-激素反应 烧伤可以引发一系列神经-激素反应,近年来大量的研究显示,细胞因子或脂质介质可能是激素变化的启动因子。

(1) 兴奋交感神经系统,刺激下丘脑-垂体-肾上腺轴,引起心动过速、呼吸急促、高血糖、体内脂肪动员、骨骼肌蛋白质分解等。

(2) 儿茶酚胺分泌增加,抑制胰岛素分泌,刺激胰高血糖素,刺激垂体分泌ACTH。

(3) 对肾上腺皮质的刺激,使皮质醇和醛固酮的分泌增加,与胰岛素的作用相拮抗。

(4) 对垂体后叶的刺激,产生抗利尿作用并造成水潴留。

(5) 生长激素(GH)被激活。

3. 糖代谢 烧伤后促进分解代谢的激素分泌增加,促进合成代谢的激素——胰岛素分泌减弱。

(1) 肝糖原分解加速,组织产生胰岛素抵抗,对葡萄糖的利用率相对下降。患者血糖升高。

(2) 血糖升高的程度与烧伤的严重程度相关,烧伤面积大于30%的患者伤后几小时内即可出现明显的血糖升高。

(3) 烧伤后的高血糖改变主要与皮质醇、儿茶酚胺及胰高血糖素分泌增加有关。

(4) 糖异生增强。

4. 脂肪代谢

(1) 脂肪分解加速,严重时每日脂肪丢失可达600g以上。

(2) 血浆游离脂肪酸浓度增高。

(3) 烧伤后肉毒碱缺乏导致长链脂肪酸氧化障碍,易造成甘油三酯在肝脏和其他组织沉积,可引起肝脂肪变性,增加心肌纤维、肾小管细胞内脂肪的含量。

5. 蛋白质和氨基酸代谢

(1) 烧伤后蛋白质分解和合成的速度均加快,但分解代谢的速度超过了合成速度,造成负氮平衡。

(2) 烧伤后能量和蛋白质供给不足,是造成负氮平衡的重要原因。

(3) 尿氮排出量增多,可持续数日甚至数周(表21-2)。尿氮量与烧伤面积和深度有关,轻中度烧伤每日丢失氮10~20g,严重烧伤可达28~45g。

表21-2 创伤、烧伤或疾病对氮丢失的影响

创伤种类	负氮平衡		分解代谢期(天)
	总量(g)	平均每日量(g)	
阑尾炎	26	2.2	12
骨切开术	32	2.3	14
肱骨骨折	98	3.4	29
股骨骨折	124	3.0	41
烧伤	200	4.5	44

(4) 烧伤病人创面渗出液是丢失氮的肾外因素,深度烧伤面积达全身体表面积1/3的病人,创面渗出液丢失的氮量占总丢失量的10%~20%,大面积深度烧伤病人创面丢失氮可达总量的20%~30%。

(5) 皮质醇、儿茶酚胺和胰高血糖素分泌增加,可促进蛋白质分解,抑制蛋白质及核酸合成,与胰岛素相拮抗,加速肝糖原分解,增加糖异生,减少周围组织对葡萄糖的利用,使血糖升高;烧伤后胰岛素分泌相对不足,使其促进肝糖原合成、抑制脂肪和蛋白质分解的作用减弱。

(6) 肌肉组织蛋白质加速分解释放氨基酸,可用于氧化供能,也可合成葡萄糖,为脑组织、骨骼肌和心肌提供能量。

(7) 烧伤后,血浆氨基酸谱有变化,一般血浆浓度降低的有甘氨酸、脯氨酸、苏氨酸、丝氨酸、精氨酸、谷氨酰胺等;血浆浓度升高的主要有苯丙氨酸、谷氨酸和亮氨酸。

6. 矿物质的代谢

(1) 钠:烧伤后出现肾钠潴留,病情好转时出现钠利尿,即"钠潴留"和"钠利尿"现象;有时患者出现低血钠症,多因给予过多的低渗溶液所致。

(2) 钾:烧伤早期,因钾从创面和尿中丢失较多,钾离子从细胞内释出,常出现高血钾症;随着创面修复,蛋白质合成增加,钾的需要量也相应增加,如不注意补充,会发生低血钾症。

(3) 锌:烧伤后锌从创面渗出液中大量丢失,渗出液中锌含量为血浆的2~4倍;而且烧伤病人尿锌排出量也显著增加,达正常人的5~10倍,故导致低锌血症,影响创面的愈合。

(4) 铜:血清铜、铜蓝蛋白下降,下降程度与烧伤严重程度成正比,与输液造成体液稀

释、创面渗出及补充不足有关。

（5）铁：烧伤后血清铁降低，与摄入不足及手术切痂时失血有关，严重者缺铁存在于整个病程中。

（6）其他离子：磷代谢也常出现负平衡，低磷对组织氧化、白细胞吞噬功能和细胞ATP的消耗不利。血清钙虽能维持正常低限，但尿钙排出仍增多，伤后2周达高峰。最近发现，儿茶酚胺和肾上腺素可促进降钙素分泌，可能与血磷降低有关。镁如长期得不到补充可发生缺乏，近年有报道烧伤后铬浓度也有下降，与尿铬排量增加有关，铬缺乏将影响葡萄糖和脂肪的代谢。

7. 维生素代谢

（1）维生素从创面和尿中丢失。

（2）血中维生素 A、B_1、B_2、B_6、B_{12}、C、生物素、叶酸和烟酸的浓度均降低。

二、烧伤病人的营养障碍

1. 主要表现　低蛋白血症、贫血、电解质紊乱、维生素缺乏和免疫功能低下，临床可见患者消瘦、体重下降、创面愈合延迟、抗感染能力差等。

2. 主要原因

（1）代谢率增高，分解代谢旺盛。

（2）创面有大量渗出，大量蛋白质、矿物质和维生素随渗出液丢失。

（3）胃肠功能紊乱，患者食欲差，营养素吸收和补充困难。

（4）组织修复对能量和各类营养素的需求增加。

3. 营养评估　见表21-3。

表21-3　成人营养不良程度评估

监测指标	标准值	正常	轻度营养不良	中度营养不良	重度营养不良
标准体重（%）	100	>90	80~90	60~80	<60
血清白蛋白（g/L）	45	35~45	30~35	25~30	<25
血清运铁蛋白（g/L）	2.0~4.0	>2.0	1.5~2.0	1.0~1.5	<1.0
前白蛋白（mg/L）	150~300	>150	100~150	50~100	<50
氮平衡	±1	±1	-5~-10	-10~-15	<-15
淋巴细胞计数（$\times 10^8$/L）	>17	>17	12~17	8~12	<8

三、营养支持的原则

（一）根据病程及临床症状调整营养支持的方式

1. 休克期　烧伤后1~2天内，患者应激反应严重，此时应以静脉补液纠正休克为主。因休克期胃肠蠕动减弱，贲门松弛，胃肠功能失调，故不宜经胃肠道供应过多的饮食。需限制饮水量，防止大量饮水导致呕吐或急性胃扩张。可置鼻-空肠导管，用肠内营养泵控制，持续泵入少量肠内营养制剂，以保护胃肠的生理功能。

2. 感染期　休克期过后，患者进入代谢旺盛期，此时创面坏死组织逐渐脱痂，易发生创面感染，严重时可出现全身感染。此期应通过营养支持改善高代谢状态，为患者提供充足的能量和大量的营养物质，缩短高代谢反应期，纠正负氮平衡，促进创面修复。休克期过后，多数患者胃肠道功能逐渐恢复，但不能承受大量的饮食供给，因此，早期应以肠外营养为主，约一周后，可从肠外营养逐渐过渡到肠内营养。应从小量开始，逐渐增加用量。如口服有困难，可置鼻-胃管或鼻-空肠导管给予肠内营养液。如患者有严重的消化道功能紊乱，且经周围静脉不能满足对能量和营养素的需求时，可以考虑经中心静脉插管进行营养支持。

3. 康复期 此期患者创面大部分愈合，全身情况逐渐好转，应继续给予合理的营养支持，以促进患者痊愈。应以肠内营养为主，给予高蛋白、高能量、富含维生素的膳食。

（二）强化给予特殊物质

近年来有研究显示，一些特殊物质有助于改善烧伤后的高代谢反应，纠正负氮平衡，如生长激素（GH）、精氨酸、支链氨基酸、鸟氨酸、α-酮戊二酸盐等。国外资料显示，在大面积烧伤时用低剂量的GH治疗（$0.03 \sim 0.06\ mg/kg \cdot d$），可以降低血尿素氮，对氮平衡和体重无影响；用 $0.2\ mg/kg \cdot d$ 的剂量治疗时，患者供皮区愈合时间及住院天数都显著减少。

北京协和医院对24例严重烧伤病人应用谷氨酰胺，剂量为 $0.3 \sim 0.5\ g/kg \cdot d$，观察到有改善肠粘膜通透性的作用，但临床应用的具体剂量及方法尚需进一步探索。

四、烧伤病人热能及营养素的需要量

1. 热量
(1) 北京积水潭医院计算公式：
① 烧伤面积50%以上的成年人，应按 $40 \sim 60\ kcal/kg \cdot d$ 补充热量。
② 8岁以下的儿童按 $150\ kcal/kg \cdot d$ 补充热量。
(2) 国外计算公式（表21-4）

表21-4 常见烧伤病人能量需要计算公式

来源	公式
Curreri	成人：能量摄入（kcal）= 25 × 体重（kg）+ 40 × 烧伤面积（%）
	儿童：能量摄入（kcal）= B × 体重（kg）+ 40 × 烧伤面积（%）
Boston Group Long	能量摄入（kcal）= 2 × 预测的基础代谢率（BMR）
Wilmore	能量摄入（kcal）= 2000 × 体表面积（m²）
Davies & Liljdahl	成人：能量摄入（kcal）= 20 kcal/kg·d + 70kcal/烧伤面积%/d
	儿童：能量摄入（kcal）= 60 kcal/kg·d + 35kcal/烧伤面积%/d

注：B：1岁时为100，随年龄增长而递减，15岁时为25

2. 蛋白质
(1) 临床上要根据蛋白质的丢失程度适当补充。
(2) 补充蛋白质的同时应补充非蛋白热量（脂肪和糖），以免蛋白质作为热能消耗。一般非蛋白热卡和氮的比例约为 150kcal:1g，严重烧伤患者约为 100kcal:1g。

3. 脂肪 在重度烧伤时，脂肪需要量增至 $3 \sim 4\ g/kg \cdot d$。

4. 矿物质
(1) 烧伤病人的钠、钾、磷需要量均比正常人高，组织恢复时对钾离子的需要量增加，补充钾离子有利于氮的利用。
(2) 每日膳食中或肠外营养支持时微量元素的供给量见表21-5。

表21-5 烧伤病人每日微量元素供给量

微量元素	膳食（mg）	肠外营养（mg）
铁（Fe）	12（男）	1
	18（女）	1
锌（Zn）	15	10
铜（Cu）	2~3	2
锰（Mn）	2.5~5	5
铬（Cr）	0.05~0.2	0.2
碘（I）	0.15	0.5
硒（Se）	0.05~0.2	0.12
钴（Co）	-	0.05

5. 维生素　不同烧伤面积病人的主要维生素需要量见表21-6。

表21-6 不同烧伤面积病人的主要维生素需要量

烧伤面积 （%）	Vit A （IU）	Vit B_1 （mg）	Vit B_2 （mg）	Vit B_6 （mg）	Vit C （mg）
<30	10	30	20	2	300
31~50	20	60	40	4	600
>51	30	90	60	6	900

（于　康）

第二十二章 肠外与肠内营养支持

肠外营养（parenteral nutrition，PN）与肠内营养（enteral nutrition，EN）支持是适应现代治疗学的需要而发展起来的，现已从外科治疗领域扩展到内科、神经科、妇产科、小儿科、重症监护病房等多个领域。

第一节 肠外营养的适应证、禁忌证和并发症

20世纪60年代，美国的外科医师Durick及Wilmore等首先经中心静脉置管，将肠外营养支持应用于临床，之后我国各大、中型医院也相继开展了这项技术及有关研究。肠外营养在20世纪70年代初期称为"静脉高营养"（IVH），现已明确"IVH"的称法是不正确的。70年代后期称为"完全胃肠外营养"（TPN），90年代起称为"肠外营养"。

一、肠外营养的适应证

凡患者不能或不宜经口摄食超过5~7天，都是肠外营养的适应证。包括营养不良者的术前准备、消化道瘘、急性坏死性胰腺炎、短肠综合征、严重感染与脓毒症、大面积烧伤以及肝、肾衰竭等，都是应用PN的指征。

复杂手术后应用PN有利于患者康复，特别是腹部大手术之后；溃疡性结肠炎和Crohn病等肠道炎性疾病，应用PN可使肠道休息，有利于病情缓解；恶性肿瘤病人在进行化疗或放疗期间应用PN可补充摄食之不足。

二、肠外营养禁忌证

休克、心血管功能紊乱、严重代谢紊乱或需急诊手术的病人不宜进行肠外营养支持。

三、肠外营养的并发症

（一）中心静脉置管及输液等技术性并发症

如术者技术熟练并严格按照操作规程和解剖标志进行操作，绝大多数并发症是可以避免的，一般不致引起严重后果。下述情况应避免做锁骨下/上静脉穿刺：

1. 全身肝素化或凝血机制有严重障碍者。
2. 严重肺气肿病人，肺尖部位过高易发生气胸者。
3. 胸廓畸形致解剖标志不清楚者。
4. 做过颈或胸部手术，改变了解剖关系者。

（二）感染性并发症

在早期应用肠外营养支持时感染的发生率相当高，如北京协和医院1971~1974年与感染有关的并发症的发病率约为5.0%，但1980~1984年已下降，约为1%。

在治疗过程中如出现不明原因的寒战、高热时，应考虑导管性脓毒症已经存在。应检测输液瓶内残液，做细菌培养和血培养，并拔除中心静脉导管，做导管头细菌培养，并采取相

应的治疗措施。

(三)代谢性并发症

1. 与输入高渗葡萄糖有关。应用脂肪乳剂提供一部分能量后,此并发症已很罕见。

2. 与输入氨基酸有关的并发症

(1) 高氯性代谢性酸中毒和高血氨症：目前已很少发生。

(2) 肝脏毒性反应：临床上常可发现肠外营养疗程中转氨酶、碱性磷酸酶以及血清胆红素浓度升高,一般认为因患者对氨基酸的耐受性不良所致,但长期应用高糖、小儿较长期应用脂肪乳剂亦可发生,尤其缺乏必需氨基酸时。肝脏毒性反应一般是可逆的。

(3) 某些氨基酸溶液中用二硫化钠作为色氨酸的稳定剂,而其分解产物有毒性,可致肝损害。现已注意不用或少用稳定剂,此种并发症已较少发生。

(4) 谷氨酰胺 (glutamine) 缺乏：现已有复方氨基酸静脉制剂含谷氨酰胺双肽。

第二节 肠内营养的适应证、禁忌证和并发症

一、肠内营养的适应证

凡胃肠道功能正常,或存在部分功能者,营养支持时应首选肠内营养 (EN)。食物的直接刺激有利于预防肠粘膜萎缩,保护肠屏障功能。有以下情况适合肠内营养：

(一) 经口摄食不足或禁忌

1. 不能经口摄食　因口腔和咽喉炎症或食管肿瘤手术后。

2. 经口摄食不足　营养素需要量增加而摄食不足,如大面积烧伤、创伤、脓毒病、甲状腺功能亢进、癌症及化疗或放疗时。此外,厌食、严重的恶心呕吐、蛋白质-热能营养不良,也可考虑采用 EN。

3. 经口摄食禁忌　中枢神经系统紊乱、知觉丧失、脑血管意外以及咽反射丧失而不能吞咽者。

(二) 胃肠道疾病

肠内营养的营养素齐全,要素膳在肠内不需消化即可被肠道直接吸收,其他肠内营养制剂也较易消化,通过较短的或粘膜面积较小的肠道即可被吸收,无渣、无乳糖,对肠道及胰外分泌刺激较轻。

1. 短肠综合征　详见第二十章第二节。

2. 胃肠道瘘　严重的恶心、呕吐、慢性胃肠瘘的死亡率在采用肠外或肠内营养支持前为 30%~50%,目前该病的死亡率已降至 5%~8%。肠内营养适用于提供的营养素不致从瘘孔流出的病人。要素肠内营养可降低瘘液的排出量,适用于低位小肠瘘、结肠瘘及远端喂养的胃、十二指肠瘘。高位胃和十二指肠瘘应由空肠造口给予要素肠内营养。至少近端有 100cm 功能良好的小肠的小肠瘘,可由胃内喂养。

3. 炎性肠道疾病　溃疡性结肠炎与克隆病在病情严重时,应采用 PN 以使肠道得到休息。待病情缓解,小肠功能适当恢复后,可采用 EN。

4. 胰脏疾病　EN 可减轻胰液外分泌,并可提供能量及营养素。

5. 结肠手术及结肠镜检查前准备　要素膳无渣,适用于结肠手术或结肠镜检查及放射科钡灌肠前的准备,可使肠道干净,菌群改变及降低感染。

6. 憩室炎、胆盐腹泻、吸收不良综合征及顽固性腹泻。

（三）其他

1. 术前或术后营养补充　需择期手术的营养不良病人，可于术前两周给予肠内营养，改善其营养状况；某些预知术后需给予 EN 的腹部手术，在手术结束前可放置空肠造口喂养管，以便于术后及时给予 EN。

2. 心血管疾病及肝、肾功能衰竭　心脏病患者如每日经口摄入的能量不足 1000kcal，则应给以肠内营养补充。如每日经口摄入低于 500kcal，需主要依靠 EN 维持其代谢需要。肝、肾功能衰竭者需用特殊应用的肠内营养制剂，如 Hepatic-Aid 与 Amin-Aid 等。

二、肠内营养的禁忌证

年龄小于 3 个月的婴儿、小肠广泛切除后、胃部分切除后、空肠瘘、麻痹性肠梗阻、上消化道出血、腹膜炎或腹泻急性期、严重吸收不良综合征等，均不宜给予肠内营养。

三、肠内营养的并发症

肠内营养无严重的并发症，常见有机械性、胃肠性及代谢性三方面（参见表 22-1）。

表 22-1　肠内营养并发症的原因及其防治

并发症	原因	防治
机械性		
吸入性肺炎	误吸	暂停鼻-胃管灌注，可改用鼻-空肠管
	胃潴留	检查胃残留物的体积，改鼻-空肠管
鼻、咽、食管损伤	管径粗与质硬	改用细软喂养管
喂养管堵塞	肠内营养液粘稠，药品未研碎，输毕未冲洗	采用粘度低的肠内营养液，输毕以水冲管
胃肠性		
腹泻	吸收不良	采用低脂肪要素肠内营养
	高渗溶液	改用等渗液或稀释
	开始滴注速率太高	降低速率，改用连续滴注
	乳糖不耐受症	采用无乳糖肠内营养液
	抗生素治疗导致肠菌群失调	服用乳酸杆菌制剂
	营养液污染	无菌操作，悬挂时间不超过 8 h
	血清白蛋白低	输注人白蛋白
恶心呕吐	滴注速度太快	减慢滴速，胃内速率为 50 ml/h；小肠为 25 ml/h 每日逐渐增加 25 ml/h
倾倒综合征	高渗液入小肠	降低滴注的速率与浓度
便秘	水分摄入不足	多饮水
	膳食纤维摄入不足	补加膳食纤维 2~5 g/d
	卧床时间过多	鼓励增加活动量
代谢性		
低血糖症	在治疗高血糖症时，突然停止喂养	逐渐降低喂养速度

第三节 肠外与肠内营养支持的方式及操作技术

一、肠外营养

(一) 支持方式

临床上肠外营养支持方式可分为两种类型,即应用"氨基酸-高浓度葡萄糖"系统及应用"氨基酸-中低浓度葡萄糖-脂肪"系统。采用高浓度葡萄糖作为主要能源的肠外营养必须经过中心静脉导管输入,且并发症多,近年很少应用。"氨基酸-中低浓度葡萄糖-脂肪"系统可由中心静脉输入,也可由周围静脉输入,并发症少,近年应用较多。

(二) 基质 (substances) 的需要量

1. 肠外营养 国内目前广泛使用复合氨基酸注射液,此种氨基酸注射液需含有 8 种必需氨基酸及 6~12 种非必需氨基酸。

2. 能量的需要 对保持正氮平衡的能量需要的研究表明,热量从 0 增加到 40 kcal/kg,氮的平衡有显著的增加;热量增加到 40 kcal/kg 以上时,氮平衡的增加不显著。所以 40 kcal/kg 的能量对多数病人是过高的,一般供给 20~30 kcal/kg 即可。

能量的来源包括糖和脂肪。在早期开展肠外营养时,主要以葡萄糖为能量来源。20 世纪 80 年代后,人们主张 50% 的能量可由脂肪乳剂提供。如单用葡萄糖作为热量的来源,主要的代谢产物是丙酮酸和乳酸,而且血清胰岛素的水平 4 倍于正常人饭后的水平,游离脂肪酸和酮体则减少。如用脂肪作为热量的主要来源,则丙酮酸和乳酸减少,胰岛素水平下降到接近正常,而游离脂肪酸及酮体则增加。近年来有较多文献报道,如单独使用葡萄糖作为非蛋白的热量来源时,可发生脂肪肝,但在加用脂肪乳剂后,则不发生脂肪肝。脂肪乳剂还可预防必需脂肪酸缺乏,故每日应供给 500ml 的脂肪乳剂。

3. 维生素 在肠外营养中维生素是很重要的组成部分。每日维生素的供给量见表 22-2。

表 22-2 肠外营养支持每日维生素的供给量

种类	供给量
Vit B_1	15mg
Vit B_2	5~10mg
Vit B_6	6mg
泛酸	20mg
尼克酸	150mg
Vit B_{12}	10~15μg
叶酸	2.5 mg
Vit C	500mg
Vit D	100 IU
Vit E	5mg
Vit K_3	10mg

4. 水和电解质 水的入量每天以 2000 ml 为基础,尿量过多要想到高糖性和尿素性利尿的可能。尿量以每天 1000~1500 ml 为基础,亦有按每日每 1 kcal 热量给水 1~1.5 ml 计算者。成人主要电解质每日需要量如下:钠 100~126mmol,钾 60~80mmol,镁 7.5~12.5mmol,钙 5~10mmol,磷酸盐 10mmol。

5. 微量元素 对于长时间肠外营养支持的病人,维持微量元素的平衡也是个重要的问题。微量元素的每日需要量如下:铜 0.3 mg、碘 0.12 mg、锌 2.9 mg、锰 0.7 mg、铬 0.02 mg、硒 0.118 mg、铁 1.0 mg。临床上已研究了肠外营养病人锌的需要量,此种元素是若干酶的必要成分,如果缺乏,可以发生皮炎。如有体液丢失时,需要增加锌的供给量。近年的研究观察到肠外营养支持中发生缺铬时,可引起糖尿病及神经病变,补充后可纠正。缺铬时也易发生感染。肠外营养时铬及硒的代谢研究在国内正在开始过程中。

(三) 营养液的输入技术

肠外营养治疗中,目前已有可与氨基酸等混合后输入的脂肪乳剂。但脂肪代谢紊乱的病人,不宜使用脂肪乳剂。故有些病人需作"廓清"检查,以了解对脂肪的利用情况,脂肪乳剂可在 25~30℃室温保存。各种营养要素都必须在无菌条件下混合。对于免疫功能高度抑制的患者,可应用终端过滤器,以减少菌血症的发生率。有条件的医院,应使用有微电脑控制的输液泵。

(四) 肠外营养的供应量

一般成人肠外营养的供应量见表 22-3。

表 22-3 成人每日一般基质的供应量

氮入量	0.14~0.16 mg/kg
能量	24~32 kcal/kg
脂肪:糖	1:1/0.4:0.6
氮:钾	1mg:(5~10) mmol
钠	50~100 mmol

二、肠内营养

肠内营养指经鼻胃/鼻肠管或经胃肠造瘘管滴入要素制剂,也有人愿经口摄入。肠内营养可以提供各种必需的营养素以满足病人的代谢需要,导管应放在空肠内。EN 在消化道尚有部分功能时可取得与 PN 相同的效果,且较符合生理状态,较经济、安全并易于监护。

(一) 常用肠内营养制剂

目前临床上使用的肠内营养制剂有多种商品供应,基本上分为以氨基酸为氮源、以水解蛋白为氮源和以整蛋白为氮源的三大类。各种商品中维生素、矿物质及电解质的含量相差较大,通常配成热量密度为 1kcal/ml 的溶液。肠内营养制剂中应含有谷氨酰胺、中链甘油三酯和膳食纤维等成分,以维护肠道的正常生理功能。

(二) 肠内营养投入途径

肠内营养投入途径的选择决定于原发疾病的特点、胃肠道功能、营养支持的时间及患者的精神状态。肠内营养投入途径的选择见表 22-4。

表 22-4　肠内营养投入途径的选择

经口或鼻胃管途径
适应证
1. 胃肠道完整，代谢需要增加，短期应用
2. 昏迷（短期应用）
3. 需要恒速输注时（如严重腹泻等）
4. 补充能量（神经性厌食症、炎性肠道疾病及癌）
5. 早产儿（孕期<34周）
禁忌证
1. 严重反复呕吐、胃反流
2. 食管炎、食管狭窄
并发症
1. 误吸而导致的吸入性肺炎等
2. 鼻腔损伤（鼻胃管引起）等

经鼻十二指肠/鼻空肠管或空肠造口途径
适应证
1. 胃内喂养有吸入危险时（早产儿、婴儿及老年人）
2. 胃蠕动不佳（术后、早产儿）
禁忌证
1. 远端肠道阻塞
2. 小肠吸收不良或肠道菌群失调
3. 肠麻痹等
并发症
1. 肠穿孔（因采用硬质聚氯乙烯喂养管）
2. 倾倒综合征（高渗肠内营养）
3. 吸收不良（营养液与胰液及胆汁混合不全）
4. 喂养管移位至胃

食管造口途径
适应证
1. 头、颈部癌
2. 上颌面部创伤或先天性畸形
禁忌证　食管阻塞
并发症　感染、出血

胃造口途径
适应证
1. 昏迷（长期应用）
2. 吮吸或吞咽不全
3. 先天性畸形（食管闭锁，气管食管瘘）
4. 长期高代谢状态
禁忌证
1. 严重食管或胃反流、胃癌、胃溃疡等
2. 胃潴留
并发症
1. 幽门梗阻（由于喂养管移位造成的扭结等）
2. 倾倒综合征、反流

三、从肠外营养过渡到肠内营养

长期采用肠外营养可使胃肠道功能衰退。所以，从 PN 过渡到 EN 必须逐渐进行，否则会加重肠道负担，不利于正常生理功能的恢复，其过渡过程大致可分为四个阶段：

(1) 肠外营养与管饲结合。
(2) 单纯管饲营养。
(3) 管饲与经口摄食相结合。
(4) 正常肠内营养。

应根据患者的具体情况，制定营养支持方案及从肠外营养过渡到肠内营养的具体步骤。如短肠综合征患者，术后应首先给予肠外营养，使残留小肠适应，并发生代偿性增生。当患者能耐受 EN 时，PN 也不能骤然停止，需逐渐降低 PN 的供给量并增加 EN 的摄入量，直至 EN 可满足机体的代谢需要时，才可完全停止 PN。EN 先缓速输注低浓度的要素膳或其他肠内营养制剂，逐渐将管饲与经口摄食相结合，最后过渡到正常的肠内营养。管饲与经口摄食的适当配合，有助于从肠外营养过渡到肠内营养。可利用菜肴的色、香、味增强患者的食欲，有条件时，可鼓励患者与家人共餐，以保持愉快的心情，有利于肠内营养制剂及食物的消化和吸收。

近 20 年来，国外肠内营养发展很快，在营养制剂的研制、器材的改进与应用技术等方面都有日新月异的变化。它为不能或不愿经口进食或摄食不足的患者提供了生存必须的能量与营养素，挽救了众多患者的生命。

在我国，肠内营养起步较晚，与发达国家相比差距还较大。国产要素膳及其他肠内营养制剂的品种较少，质量也有待提高，我国肠内营养的配套设施也较为落后，还有待进一步改进，今后需有食品、制药、化学与机械等工业共同参与，才能使我国的肠内营养逐步完善。

医院应成立临床营养支持小组，小组成员应各司其职，互相配合。营养师应负责评定患者的营养状况，计算能量及营养素的需要量，制定营养支持方案并观察疗效。患者出院时，应制定家庭肠内营养治疗计划，指导患者及其家人掌握操作技术，并负责定期进行家庭随访。需与主管医师积极联系，共同调整和制定符合患者需求的治疗方案。

第四节 肠外与肠内营养支持的监测

一、肠外营养的监测

(一) 临床监测

1. 中心静脉插管后监测　中心静脉插管可通过上、下腔静脉分支的多种进路插入，但原则是一致的，即导管尖端应在上、下腔静脉的根部。

2. 体液平衡等监测　主要是水、电解质、氮平衡的监测。每例均应有平衡记录表，平衡表格是了解肠外营养支持的重要依据。

临床监测的基本项目如下：
(1) 中心静脉插管后检查有无并发症，应摄 X 线片。
(2) 导管部位的皮肤应每天更换敷料，并定时做局部消毒。

（3）准确的输液速度（最好用输液泵）。

（4）每 2~7 天测体重 1 次。

（5）每两周测上臂围及三头肌皮褶厚度 1 次，每周做血细胞检查 1 次。

（6）每日测体温、脉搏 4 次并测血压 1 次。

（7）留 24 小时尿，记总尿量。并记录每日出入量。每天分析 K、Na、N 的排出量。

（8）病房主治医师、住院医师及护士至少每天讨论病情 1 次。

（9）使用临床观察表格，逐日认真填写。

（二）实验室监测

一般包括氮平衡、血浆蛋白、血糖及电解质等项目。

二、肠内营养的监测

必须对接受肠内营养的患者进行代谢与营养两方面的周密监测，及时发现或避免并发症的发生，并观察营养支持的效果。为防止重要监测项目的遗漏，北京协和医院设计了管饲营养的核对清单（表 22-5），以便于对肠内营养的全过程进行监测。

表 22-5 管饲营养的核对清单

喂养管的位置：_____

以下事项须待检查：

1. 在喂养以前，必须确证管端的位置。胃内喂养可藉吸引胃内容物而证实。如胃内无内容物或管端应在十二指肠或空肠，则藉 X 线片证实。

2. 胃内喂养时，床头抬高 30°~45°。

3. 肠内营养名称_____

体积_____ml，浓度_____%，速率_____ml/h

预计_____小时输毕。

4. 每次输注的肠内营养悬挂时间不得超过 8 h。

5. 胃内喂养开始时，每隔 3~4 h 检查胃内残留物的体积，其量应＜前 1 h 输注量的 2 倍。当营养液的浓度及体积可满足需要且患者能耐受时，每日检查胃残留物 1 次，其量应＜150ml。如残留物过多，应停止输注数小时或降低速率。凡胃排空延缓者，不宜胃内喂养。

6. 每周称体重。

7. 记录每日出入量，肠内营养液的体积与摄入的水分应分别记录。

8. 每日更换输注管及肠内营养容器。

9. 每次间歇输注后或投给研碎药物后，以 20ml 水冲洗喂养管。

10. 因其他原因停输后，亦以 20ml 水冲管。

11. 开始喂养的前 5 日，每日由营养医师记录能量及蛋白质（氮）的摄入量。在每日输入量基本固定后，可每周记录 1 次。

12. 喂养开始前及开始后第 1 周，每日查全血细胞计数并作血液化学分析，以后每周 2 次。

13. 每日上午 8 时收集 24 h 尿，作尿素氮分析。

（于　康）

第二十三章 儿科疾病的营养治疗

第一节 苯丙酮尿症

苯丙酮尿症（phenylketonuria，PKU）是先天代谢障碍病中比较常见的一种疾病。属常染色体隐性遗传。本症是由于病人肝脏中苯丙氨酸羟化酶或其辅酶的缺陷，致使苯丙氨酸（Phe）不能转化为酪氨酸，大量苯丙氨酸及其异常代谢产物聚积在血液、脑脊液及各种组织中，并随尿排出。这些异常物质蓄积在脑内，使正在发育的脑组织受到不可逆的损伤，从而导致严重的智力残疾。

一、临床表现及诊断标准

（一）临床表现

PKU最主要的危害是神经系统损害。患儿初生时正常，在生后3~4个月内出现发育落后，表现为应人能力、应物能力、动作能力、语言能力均落后于同龄儿。但单纯母乳喂养的患儿，症状出现稍晚。近半数患儿在婴儿期出现癫痫发作，其中多表现为婴儿痉挛症，随年龄增长发作形式有可能发生改变。部分患儿伴有抑郁、多动、孤独症倾向等精神行为异常症状。大部分伴有癫痫的患儿脑电图可有弥漫性改变。由于苯丙氨酸代谢障碍，引起酪氨酸缺乏，造成黑色素减少，患儿常表现为毛发黄、虹膜、皮肤颜色较浅。牙齿稀疏，釉质发育不良，有的伴有骨骼发育迟缓。约50%的患儿在开始喂奶后不久出现呕吐、烦躁不安、易激惹等症状。30%的患儿伴有湿疹、易流涎、出汗，而且汗液和尿液常有鼠尿味。部分患儿肌张力高，腱反射亢进。

（二）诊断与鉴别诊断

1. 诊断　患儿的确诊主要依据临床症状、体征以及血苯丙氨酸浓度和尿的测定。经典型PKU患儿血苯丙氨酸的浓度在20 mg/dl以上，患儿尿三氯化铁、2,4二硝基苯肼试验阳性。但尿检易受其他因素影响，稳定性差，假阳性率高，易造成漏诊，只作为参考。

2. 鉴别诊断　经典型的PKU需与其他类型的高苯丙氨酸血症进行鉴别。

（1）高苯丙氨酸血症：又称轻型苯丙酮尿症，该类型患者体内苯丙氨酸羟化酶的活性较经典型的PKU高，血苯丙氨酸浓度多在2~16 mg/dl之间，临床表现轻重不一，轻者接近正常，重者与经典型相似。诊断时应以临床表现和血苯丙氨酸浓度相结合加以鉴别。

（2）四氢生物喋呤（BH4）缺乏引起的高苯丙氨酸血症：患儿血苯丙氨酸浓度高，即使采用严格的低苯丙氨酸饮食将血苯丙氨酸浓度控制在理想范围，但仍有进行性的神经系统症状和生长发育迟缓。

二、疾病与营养的关系

本病的发病与饮食中苯丙氨酸的含量有直接关系，故必须尽早开始低苯丙氨酸饮食治疗。低苯丙氨酸饮食疗法是目前治疗经典型PKU的惟一方法，也是决定PKU患儿愈后的关键。治疗的效果取决于治疗开始的时间以及饮食治疗的控制水平。生后3个月内开始治疗，可使患儿智力发育正常。否则，可有不同程度的智力低下和行为异常。但任何年龄的患儿经过治疗后，智力都有不同程度进步。

三、饮食治疗的目的

经典型苯丙酮尿症需要特殊饮食治疗，而暂时性高苯丙氨酸血症的多数患儿则不需要饮食治疗。高苯丙氨酸血症的患儿当血苯丙氨酸浓度 > 10 mg/dl，需进行特殊饮食治疗，血苯丙氨酸浓度 < 10 mg/dl，可采用低蛋白饮食。四氢生物喋呤缺乏症的患儿需配合药物治疗，部分患者需给予特殊饮食。

治疗的目的是使患儿血中苯丙氨酸的水平控制在理想范围，避免脑损伤的发生。

四、饮食治疗的原则

（一）限制苯丙氨酸的摄入

给予患者低苯丙氨酸饮食，避免过多的苯丙氨酸在体内蓄积，造成神经系统的损害。由于苯丙氨酸是人体发育的必需氨基酸，供应不足，会出现蛋白质合成障碍，亦可引起脑损伤。故苯丙氨酸供给量，应根据各年龄阶段的最小生理需要量有计划地给予（见表23-1）。

（二）蛋白质的摄入

蛋白质的摄入应满足生长发育的需要（见表23-2）。由于天然蛋白质中均含有4%~6%的苯丙氨酸，食物中蛋白质含量越高苯丙氨酸含量也越高。因此，必须限制天然蛋白质的摄入，而以低或无苯丙氨酸的奶粉或蛋白粉作为PKU患儿蛋白质的主要来源。同时配以天然食品，补充机体所需最小量的苯丙氨酸和其他营养成分。总蛋白质摄入量中80%来自人工蛋白质，即特殊食品中的低苯丙氨酸蛋白质，20%来自天然蛋白质。蛋白粉只适于1岁以上患儿食用。保证患儿摄入足够的蛋白质，满足生理需要量。

表23-1 苯丙氨酸摄入量

年　龄	摄入量（mg/kg·d）
1~3个月	70~50
3~6个月	60~40
6~12个月	50~30
1~2岁	40~20
2~3岁	35~20
>3岁	35~15

表23-2 蛋白质摄入量

年　龄	摄入量（g/kg·d）
0~1岁	2.2~1.8
1~3岁	1.8~1.5
3~6岁	1.5~1.2
>6岁	1.2~1.0

（三）能量及其他营养素的摄入

能量供给充足（见表23-3），可提高蛋白质利用率。因此，饮食中要有足够的碳水化合物和脂肪。麦淀粉、玉米淀粉、土豆粉、藕粉等纯淀粉食物含蛋白质少，含碳水化合物丰富，可代替谷类作为碳水化合物的来源。儿童生长发育所需的无机盐、维生素除在饮食中多采用新鲜蔬菜和水果外，还需补充B族维生素、维生素C、叶酸以及钙片、鱼肝油等。

（四）食物选择

目前我国已经有低苯丙氨酸或无苯丙氨酸的制剂。各地选用最多的是由国家卫生行政部门批准用于苯丙酮尿症人群的特殊营养食品——维思多系列低苯丙氨酸或无苯丙氨酸奶粉、蛋白粉、淀粉以及饮料等。天然食品中苯丙氨酸的含量差别较大，用量多少应以患儿每日苯丙氨酸的最小生理需要量为依据仔细计算后选用。

（五）定期监测血苯丙氨酸浓度

为保证疗效，应定期监测血苯丙氨酸的浓度，使其控制在理想范围（见表23-4）。PKU患儿血苯丙氨酸浓度控制如何，蛋白质、能量等供给是否充足是饮食治疗的关键。在控制监测时血苯丙氨酸浓度不应小于2 mg/dl。同时，还应定期复查其他与体格、营养发育相关指标。

表23-3 所需能量摄入

年 龄	摄入量（kcal/kg·d）
<1岁	120～100
1岁～	100～90
4岁～	90～80
7岁～	80～70
>13岁	60～50

表23-4 血苯丙氨酸理想控制水平

年 龄	血苯丙氨酸浓度（mg/dl）
0～3岁	2.0～4.0
3～6岁	3.0～6.0
6～12岁	3.0～8.0
12～16岁	3.0～10.0
>16岁	3.0～15.0

（六）饮食治疗的时限

近年的临床经验说明，过早停止治疗会出现智力倒退，成人患者可出现不同程度的各种精神行为异常，特别是女性患者，如妊娠期血苯丙氨酸过高，会造成胎儿脑损害。因此，目前国际上主张至少应治疗到患儿青春期发育成熟，最好是终生治疗。

五、食谱

在苯丙酮尿症的饮食治疗中，为每个患儿制定合理的食谱是重要环节，饮食治疗要坚持个体化的原则。在设计食谱时要尽量满足患儿年龄及口味的特点，增加患儿食欲，以保证各种营养素的摄入。

1. 根据患儿年龄、体重计算出每天摄入的能量、蛋白质及苯丙氨酸范围。
2. 母乳苯丙氨酸含量较低（36 mg/100g），对PKU患儿同样提倡母乳喂养，切忌嘱其停母乳。
3. 婴儿辅食的添加时间、方法与正常婴儿相同。4个月以上适当添加计算量的辅食，如鸡蛋、瘦肉末、稀饭等；6个月后添加水果、蔬菜以及淀粉类低蛋白质食物。
4. 初诊患儿按制定的食谱喂养后要测定血Phe浓度，以确定该食谱是否适用。
5. 由于不同年龄段患儿生长发育的快慢不同，各种营养物质摄入量不同，因此食谱可依据体重、血Phe浓度和营养状况进行调整。
6. 食谱举例见表23-5～9。

表23-5 1岁以内患儿的食谱举例（体重：9 kg）

食 物	用量(g)	蛋白质(g)	脂肪(g)	碳水化合物(g)	苯丙氨酸(mg)	能量(MJ)	能量(kcal)
母乳	100	1.3	3.4	7.4	36	0.27	65
无苯丙氨酸奶粉（北京）	80	12.8	9.6	53.6	—	1.47	352
鸡蛋	30	3.8	3.3	0.4	186.6	0.20	46.8
特殊淀粉	60	0.72	0.6	50.9	—	0.89	212

(续表)

食物	用量(g)	蛋白质(g)	脂肪(g)	碳水化合物(g)	苯丙氨酸(mg)	能量(MJ)	能量(kcal)
藕粉	40	0.08	—	37.2	1.6	0.62	148.8
蔗糖	30	—	—	30	—	0.50	120
油	10	—	10	—	—	0.38	90
总计		18.7 7%	26.9 23%	179.5 70%	224.2	4.33	1034.6

表23-6 1~2岁患儿的食谱举例（一）（体重：13 kg）

食物	用量(g)	蛋白质(g)	脂肪(g)	碳水化合物(g)	苯丙氨酸(mg)	能量(MJ)	能量(kcal)
无苯丙氨酸奶粉（北京）	50	8	6	33.5	—	0.92	220
专用蛋白粉（北京）	5	5	—	—	—	0.08	20
鸡蛋	30	3.8	3.3	0.39	186.6	0.75	180
特殊淀粉	100	1.2	1.0	84.8	—	1.48	353
藕粉	25	0.1	—	23.2	1	0.39	93
大米	25	2	0.2	19.5	101	0.36	87
蔬菜（包括白薯、土豆等）	100	2	0.2	16.5	70	0.32	75.8
水果（苹果）	150	0.3	0.3	18.5	16.5	0.33	77.7
蔗糖	25	—	—	25	—	0.42	100
油	20	—	20	—	—	0.75	180
总计		22.4 7%	31 22%	221 71%	375.1	5.24	1253

表23-7 1~2岁患儿的食谱举例（二）

餐别	内容	食物	重量(g)
早餐	无苯丙氨酸奶粉		25
	小糖包	淀粉	25
		糖	15
加餐	专用蛋白粉		2
午餐	菜叶面片汤	淀粉	25
		菜	50
		鸡蛋	30
		油	15
加餐	苹果		150
	专用蛋白粉		3
晚餐	米粥	大米	25
	小馄饨	淀粉	50
		蔬菜	50
		油	15
加餐	冲藕粉加糖	藕粉	25
		糖	10
睡前	无苯丙氨酸奶粉		25

表23-8 3~6岁患儿的食谱举例（一）（体重：17 kg）

食 物	用 量 (g)	蛋白质 (g)	脂肪 (g)	碳水化合物 (g)	苯丙氨酸 (mg)	能量 (MJ)	能量 (kcal)
无苯丙氨酸奶粉（北京）	35	5.6	4.2	23.5	—	0.64	154
专用蛋白粉（北京）	8	8	—	—	—	0.13	32
鸡蛋	40	5.1	4.4	0.5	249	0.26	62.5
特殊淀粉	150	1.8	0.2	127.3	—	2.17	517.8
藕粉	25	0.1	—	23.2	1	0.39	93
大米	35	2.8	0.2	27.3	141	0.51	121.8
蔬菜（包括白薯、土豆等）	150	3	0.3	24.8	105	0.48	113.7
水果（苹果）	200	0.4	0.4	24.6	22	0.43	103.6
蔗糖	25	—	—	25	—	0.42	100
油	30	—	30	—	—	1.13	270
总计		26.8 7%	39.7 23%	276.2 70%	518	6.56	1568

表23-9 3~6岁患儿的食谱举例（二）

餐别	内容	食物	重量(g)
早餐	无苯丙氨酸奶粉		35
	糖花卷	淀粉	25
		糖	10
加餐	专用蛋白粉		4
	饼干	淀粉	25
午餐	小饺子	淀粉	75
		菜	100
		鸡蛋	20
		油	10
加餐	橘子		200
	专用蛋白粉		4
晚餐	米粥	大米	35
	摊鸡蛋菜饼	淀粉	25
		蔬菜	50
		鸡蛋	40
		油	10
加餐	冲藕粉加糖	藕粉	25
		糖	15

（杨丽华 顾 强 王丽德）

第二节 儿童时期的糖尿病

儿童时期的糖尿病指15岁或20岁以前发生的糖尿病，多数属于1型糖尿病，但儿童期2型糖尿病也有散发病例。1型糖尿病可发生于30岁以前的任何年龄，男女性别无差别。1型糖尿病的病因仍未完全阐明，目前认为是一种自身免疫性疾病，是在遗传易感性基因的基础上，在外界环境因素如病毒感染、化学毒物等的作用下，引起自身免疫功能改变，导致胰岛β细胞损伤和破坏，最终因胰岛β细胞功能衰竭而发病。本病如治疗得当，病情可得到较好控制；如控制不好时，易出现低血糖、酮症酸中毒等急性并发症，晚期可出白内障、视力障碍、视网膜病变，甚至双目失明。还可因糖尿病肾病而导致肾功能衰竭。

一、临床表现

儿童时期的糖尿病一般起病较急,多数病人可由于感染、情绪激惹或饮食不当等诱因起病,出现多饮、多尿、多食和体重减轻等症状,合称为 1 型糖尿病的三多一少症状。但是,婴儿多尿、多饮不易被发觉,很快发生脱水和酮症酸中毒。幼儿因夜尿增多可发生遗尿。患者疲乏无力,易感冒、发烧、咳嗽,皮肤易感染,阴道常瘙痒,还易患结核病。

二、理想的治疗目标

1. 临床症状消失。
2. 空腹血糖维持在 6.7~7.8 mmol/L(120~140 mg/dl)。
3. 餐后 2 小时血糖接近空腹水平。
4. 24 小时尿糖应 < 5g。
5. 糖化血红蛋白(HbA$_1$c)< 7%,不超过 9%。
6. 防止或延缓急性及慢性并发症的发生与发展。
7. 保持正常的生长和青春期发育,能参加同龄儿童的正常活动。

儿童时期的糖尿病需要终身坚持治疗,包括胰岛素、营养、运动、心理等的综合治疗。

三、饮食治疗

糖尿病儿童的饮食,应是有一定限度的计划饮食,应采用适合儿童年龄段的平衡膳食。营养治疗计划及食谱设计在不违背糖尿病饮食治疗原则的情况下,应尽可能接近患儿家庭的饮食习惯,使患儿易于接受和坚持。

(一)饮食治疗的目的

1. 使血糖能稳定地控制在接近正常水平,减少并发症的发生和发展。
2. 要保证患儿生长发育及体力活动的需要。
3. 避免肥胖,预防心血管病过早发生。

(二)能量及三大营养素比例

1. 能量 每日总热量 = [1000 + 年龄 × (70~100)] kcal

注:3 岁以内者用每岁 100kcal,10 岁以上者用 70~80kcal。1 kcal = 4.184 kJ。

举例:一 3 岁患儿,每日所需总热卡为[1000 + 3 ×(70~100)]kcal,即 1210~1300kcal。设计食谱时,应根据患儿病情、食欲、活动量、生长发育情况而定。原则上对年龄较小、发育不良、病前食量大的儿童给予较高能量;对于年龄较大,有超重趋势或已经肥胖或病前食量较小的患儿给予较低能量。全日总能量还可用以下方法计算:首先估算患儿当前每日总能量,在此基础上计划饮食,然后根据病情及生长发育水平及时调整,使之达到或维持适宜体重。

2. 蛋白质 蛋白质供给生长发育及更新修补组织的材料,是参与构成酶、激素等的重要物质,是增强机体免疫力的不可缺少的营养素。患儿蛋白质的供给可按下列方法计算:

(1)蛋白质提供的能量应占全日总能量的 15%~20%,3 岁以下儿童选用较高的百分比,较大的儿童选用较低的百分比。

(2)按公斤体重计,给予 1.5~2.0 g/kg·d。

(3)可参考《中国居民膳食营养素参考摄入量(DRIs)》标准,结合病情来制定。当病情控制不佳,出现负氮平衡时,应增加蛋白质的供给量。蛋白质中有 1/3 来自优质蛋白质,如奶类、黄豆类及其制品、瘦肉、鱼及水产类、禽类、蛋类等。

3. 脂类　脂类可供给能量，是构成人体所有生物膜的重要组成成分，可供给必需脂肪酸，提供脂溶性维生素并促进其消化吸收，可增加食物的美味与饱腹感，是人体不可缺少的营养物质。脂肪应占总能量的30%以下，其中饱和脂肪酸应少于10%。由于儿童期糖尿病易并发冠状动脉疾病，故营养预防措施应从儿童及青少年时期开始，对有家族史、超重或肥胖儿童尤应重视。有不少学者认为，儿童因生长发育的需要，不需过分强调低脂，以免引起营养不良。低脂、低胆固醇饮食对2岁以下儿童的安全性尚属疑问。

在实际生活中，应选择含饱和脂肪酸较少的食物，不吃或少吃肥肉与荤油。应该用植物油进行烹调，要改善烹调方法，减少油的用量。每日烹调用油约25g。

4. 碳水化合物　在合理控制能量的基础上，适当放宽碳水化合物摄入量，可改善糖耐量，提高机体对胰岛素的敏感性。由碳水化合物提供的能量，应占全日总能量的50%~55%。膳食中的碳水化合物主要由主食提供，奶类、豆类及蔬菜、水果中，也含有一定量的碳水化合物。应鼓励适量进食粗粮、豆类等血糖指数较低的食物。

5. 膳食纤维、矿物质及维生素　应达到该年龄段DRIs水平，特别是钙、铁、锌、铬、B族维生素、维生素C等。如因临床治疗需要而使用微量元素注射液或静脉用多种维生素制剂时，应在医生指导下使用。

6. 餐次分配与定时定量　因每餐中碳水化合物是决定血糖和胰岛素需要量的关键，故在患者活动量大致恒定的情况下，每日应定时定量地进餐。全日能量分为三次正餐和三次点心，早餐为每日总热卡的25%，午餐25%，晚餐30%，三餐间2次点心各5%，睡前点心（加餐）10%。三餐内容最好是主副食搭配，每餐都含有碳水化合物、蛋白质和脂肪。加餐可由正餐中匀出约25g的主食或相当于25g主食，以碳水化合物为主的食品即可。睡前加餐除含碳水化合物之外，还应含有一定量的蛋白质，以防止夜间出现低血糖。

进餐的时间与数量，应与胰岛素的种类及注射时间相配合，需在胰岛素作用最强的时间及时进餐（见表23-10）。

表23-10　胰岛素的种类和作用时间（小时）

胰岛素种类	开始作用时间	作用最强时间	作用最长时间
速效 RI	0.5	2~4	8~12
中效 NPH	1.5~2	8~12	18~20
长效 PZI	3~4	14~20	24~36

注：本表摘自吴瑞萍、胡亚美、江载芳主编《实用儿科学》第6版　2001页

7. 运动治疗　运动疗法是儿童期糖尿病必不可少的治疗方法之一。运动可控制体重、促进血液循环、改善心肺功能，并能改变血浆中脂蛋白成分，减少冠心病的发病率。运动可增强胰岛素的敏感性，降低血糖。此外运动还能给患儿带来自信心和生活的乐趣。

1型糖尿病稳定期的患者均适宜运动，运动时间及运动量要相对恒定，一般每周至少运动3次以上，每次运动>20~30分钟，不超过1小时。可根据个人爱好及能力选择适当的运动，如散步、快走、跑步、骑车、跳绳、划船、游泳、跳舞、打羽毛球、乒乓球等，要制定循序渐进、持之以恒的运动计划。需在医生及营养师的指导下，安排好饮食、药物、运动量之间的关系，运动前应减少胰岛素用量或加餐。由于运动能降低血糖，故在超强度、超时间运动时，需额外加餐。加餐的内容随运动强度及时间而异，骑车、体操等运动持续1小时后，要添加1份含碳水化合物的食物，如1片面包或1份水果。游泳、球类等较剧烈运动持

续1小时后,可加2~3份含碳水化合物的食品,也可加含碳水化合物及含蛋白质的食品各1份,如三明治、馍夹肉等。一般在运动前加餐,必要时也可在运动中或运动后加餐。患者如准备从事剧烈运动,应监测运动前、中、后及睡前的血糖,以便调整加餐的内容。

(三)低血糖时的饮食治疗

低血糖是指血糖浓度低于正常。较大婴儿和儿童空腹血糖<2.8 mmol/L(<50 mg/dl)即认为是低血糖。

1. 临床表现 低血糖时患者有饥饿感及苍白、出冷汗、颤抖、软弱、心悸、烦躁;进而可能出现精神紧张不安、性情改变、头痛、神志不清甚至惊厥昏迷。

2. 营养治疗 低血糖的产生与进食太少、运动量过大、药物过量,如注射胰岛素过量等原因有关。应以预防为主,患儿需生活规律,按时进食,运动量要恒定,不可随便增加药量。一旦出现低血糖,可给予葡萄糖水、蔗糖水、甜饮料、果汁、蜂蜜、糖块、巧克力等,其量根据年龄而定。年龄小者,可将1~2茶匙糖溶于50~100ml的温水中。年龄大者可用25~50g糖溶于200~300ml水中,5~10分钟后如未缓解可重复一次。病情缓解后,可给予饼干、面包、馒头、水果等食品。如患儿拒食,可将糖浆置于牙龈与面颊之间,使其自行溶化。神志不清者,禁用任何食物或饮料,应急送医院抢救。

(四)合并其他疾病时的饮食治疗

患儿合并其他疾病时,如能进食,饮食计划应尽可能与平时相近,要注意餐次和质量的安排要与胰岛素用量保持一致。如不能进原有饮食,则:

1. 食欲不佳时,可给予饼干、馒头干、面包干、牛奶等易于消化的食品。

2. 疾病的应激状态,常使血糖升高,尿中出现酮体,此时应供应充足的水分如清汤等,分多次少量饮入。

3. 患儿如因呕吐、腹泻而致体液丢失,可喝咸肉汤、鸡汤或吃些苏打饼干或少量的咸菜。

4. 学会食品交换份。可以在同类食品中互换,如患儿不能进固体食物,则可用米粥代替米饭。也可在不同类别但营养素含量相似的食物中互相替换,如将谷薯类换成蔬菜或水果,用牛奶制品替代肉类。还可用儿童喜爱的冰淇淋、冰棍等补充所需的热量及碳水化合物。

四、糖尿病教育

目前糖尿病教育与心理疗法、饮食、药物、运动及血糖自我监测并列,成为糖尿病综合治疗的重要组成部分。糖尿病教育及心理治疗,对儿童糖尿病患者尤为重要。因为一旦确诊,就需终身注射胰岛素及控制饮食,其治疗的长期性和复杂性,给患儿和父母带来很大的精神压力和经济负担。家长及患儿会有许多疑问,例如患糖尿病后是否影响寿命?能否正常生长发育?是否能继续上学?还能上体育课吗?男孩成人后能否娶妻生子?女孩长大后能否结婚与生育?以上所有问题,都有正反两个答案。如果患者能认真执行医生、护士及营养师为他们制定的综合治疗方案,则可以保证生活质量,他们可以顺利地长大成人,并能和正常人一样工作、生活。多年来的医疗实践证明,应对年长患儿、家长及其他家庭成员、同学、朋友普及糖尿病的基础知识,进行糖尿病综合治疗的教育,使他们能逐步掌握治疗糖尿病的知识和技能,共同参与、协助治疗,这样才能降低发病率、致残率和死亡率,把疾病带给社会、家庭和个人的损失减少到最小。糖尿病教育的方法,既有集体讲课,又有个别指导,近年来举办的儿童糖尿病夏令营取得了很好的疗效,积累了对儿童期糖尿病进行综合治疗的丰富经验。

(杜寿玢)

第三节 急性肾小球肾炎

急性肾小球肾炎（acute glomerulonephritis，AGN）常简称"急性肾炎"，广义上是指一组病因及发病机理不一，但临床上表现为急性起病，以血尿、蛋白尿、水肿、高血压和肾小球滤过率下降为特点的肾小球疾病，故也常称为急性肾炎综合征。临床上绝大多数属急性链球菌感染后肾小球肾炎。本病是小儿时期最常见的一种肾脏疾病，年龄以3~8岁多见，2岁以下罕见，男女比例约为2:1。

一、病因

根据流行病学、临床表现、免疫病理等研究，证明本病与链球菌感染有关，是通过免疫机制引起的弥漫性肾小球免疫性炎症。一般发生于呼吸道链球菌感染之后，如急性化脓性扁桃体炎、咽炎、淋巴结炎及猩红热等，或发生于皮肤感染，如脓疱病、疖肿等。

二、临床表现

典型的临床表现为链球菌感染后经1~3周急性起病。
1. 水肿　水肿是最常见的症状，初仅累及眼睑及颜面，晨起重。重者波及全身，少数可伴胸、腹腔积液。
2. 血尿　半数病儿有肉眼血尿，镜下血尿几乎见于所有病例。肉眼血尿时尿色可呈洗肉水样、烟灰色、棕红色或鲜红色等。
3. 高血压　高血压见于30%~80%的病例，一般为轻或中度增高。
4. 蛋白尿　几乎全部患者尿蛋白阳性，但多数低于3.0 g/d，少数患者超过3.5 g/d。

患儿还常伴有乏力、头晕、头痛、食欲减退、恶心、呕吐，年长儿诉腰部钝痛，年幼儿可诉腹痛。

三、营养治疗

本病临床上主要采取对症治疗，急性期应卧床休息，营养治疗是重要的治疗措施之一。

（一）营养治疗的目的

通过限制饮食中蛋白质、盐、水的摄入，纠正水钠潴留，控制血容量，以减轻临床症状，防止合并症，保护肾功能。

（二）营养治疗原则

1. 蛋白质　蛋白质摄入量应根据患儿年龄、病情、肾功能情况具体酌定，一般可按每日1 g/kg左右计算。应选用含优质蛋白丰富的食品，如牛奶、鸡蛋、瘦肉等。
2. 食盐及出入量　原则上应给予低盐饮食，每日供给食盐2~3g。如患儿血压很高，水肿显著，应给予无盐低钠膳食，每日入液量限制在1000ml以内。
3. 能量及脂肪的供应　能量供应同正常儿。保证充足的能量供给可避免组织蛋白自身消耗，有利于控制氮质血症。脂肪供应亦应同正常儿童。
4. 碳水化合物　适当增加碳水化合物摄入量，以满足能量需要。必要时采用麦淀粉代替部分主食，以减少植物蛋白摄入。可增加富含单糖或双糖的食物，如果汁、水果羹、蜂蜜等。
5. 维生素　供给维生素丰富的食品，特别是富含维生素C、B族维生素的食物。

第四节 肾病综合征

肾病综合征（nephrotic syndrome，NS）是多种病因和多种病理类型肾小球疾病中的一组临床综合征。它不是一个独立性疾病。据国内统计，在因泌尿系统疾病住院的患儿中，本病仅次于急性肾炎，是小儿时期泌尿系统的常见病，且病程迁延，部分病儿可多次反复，严重影响患儿健康。

一、病因

1. 原发性 是指原发于肾小球病变引起者。
2. 继发性 继发于过敏性紫癜、系统性红斑狼疮、糖尿病以及药物、毒物等导致全身病变引起的肾小球损害。

二、临床表现

典型临床表现为：
1. 大量蛋白尿 每日≥3.0~3.5g。
2. 低白蛋白血症 血浆白蛋白<30g/L。
3. 水肿伴或不伴有高脂血症。

水肿常为肾病综合征的主诉，开始见于眼睑及面部，以后渐及四肢和全身，男孩常有显著阴囊水肿。由于长期蛋白自尿中丢失，患儿可有蛋白质-热能营养不良及营养不良性贫血。重病者可出现胸水、腹水及心包积液。

三、营养治疗

（一）营养治疗的目的
纠正蛋白质-热能营养不良及水、电解质紊乱，保护肾功能。
（二）营养治疗原则
1. 蛋白质 蛋白质摄入需满足小儿生长发育的需要，由于患儿尿中长期丢失蛋白，机体呈负氮平衡，故应补充足量的蛋白质。目前主张每日提供蛋白质1.5~2.0 g/kg，应选择高生物价的优质蛋白，如乳类、蛋、鱼、瘦肉等。
2. 食盐 每日食盐摄入量3g左右。当大量利尿或患儿有腹泻、呕吐时，需适当增加食盐摄入量。
3. 能量 一般按正常儿所需热卡供给。在应用皮质激素过程中，患儿食欲异常亢进，可因过度摄食致体重剧增，使小儿过度肥胖，有时还出现肝大和脂肪肝，故应适当限制能量摄入。
4. 脂肪及碳水化合物 脂肪摄入量≤总能量的30%，烹饪宜采用植物油。要给予充足的碳水化合物，以保证能量的供应。
5. 维生素及矿物质 应注意补充维生素D、A、B_2、C及富含钙、铁、锌等矿物质的食物。

第五节 慢性肾小球肾炎

慢性肾小球肾炎（chronic glomerulonephritis）系指各种病因引起的不同病理类型的双侧肾小球弥漫性或局灶性炎症改变，临床起病隐匿、病程长、病情发展缓慢的一组原发性肾小球疾病的总称。按照全国儿科肾脏疾病科研协作组的建议，将病程超过1年、伴有不同程度肾功能不全和/或持续性高血压、预后较差的肾小球肾炎称为慢性肾小球肾炎，简称慢性肾炎。本病多以慢性肾功能衰竭为最终结局。

一、病因

慢性肾小球肾炎是一组多病因，各种细菌、病毒或原虫等感染通过免疫机制、炎症介质因子及非免疫机制等引起的肾小球疾病，但多数患者与链球菌感染并无明确关系。

二、临床表现

临床表现轻重不一，常见的症状有食欲不振、乏力、水肿、高血压，尿常规检查可有蛋白尿、血尿及管型尿。随病情进展可有肾功能减退、贫血、生长发育停滞、电解质紊乱等。临床症状经过治疗可缓解，但由于反复发作也可使病情逐渐加重。慢性肾炎可经数年或数十年进入慢性肾功能衰竭，此时如不进行透析或肾移植则常导致死亡。

三、营养治疗

（一）营养治疗的目的

根据不同病程及肾功能状况进行合理的营养治疗，可保护肾脏，防止或延缓肾功能恶化，改善临床症状，控制病情的发展。

（二）营养治疗的原则

1.能量、碳水化合物及蛋白质的供应　能量供给同正常儿，要供给含充足的碳水化合物及适量脂肪的食物。患儿有肾功能不全时，过量摄入蛋白质，不仅增加肾脏排泄含氮代谢物的负担，加重氮质血症，并可导致肾小球局部血流动力学改变，加重和加速肾小球的硬化过程。但小儿时期正值生长发育期，蛋白质不宜过度限制。故主张低蛋白饮食，或加用必需氨基酸或酮酸，可按每日 $1.25\sim1.6\ g/100kcal$ 计算，要选用含优质蛋白丰富的食物，如蛋、奶、瘦肉、鱼肉等。

2.食盐及水的摄入　有水肿、高血压、心力衰竭的患儿，为预防及纠正水、电解质紊乱，应控制液体入量及钠盐的摄入，根据水肿及高血压的程度选择低盐或无盐饮食（表23－11）。

3.维生素及矿物质　应供给含钙丰富的食物。多尿期应补充含钾丰富的食品，如绿色蔬菜及水果。无尿期或少尿期应限制钾的摄入。

表 23-11 常用食物含钠量（mg/100g 食部）

食物名称	钠含量	食物名称	钠含量
苹果	0.7	牛肉（瘦）	53.6
土豆	2.7	猪肉（瘦）	57.5
南豆腐	3.1	鸡肉	63.3
西瓜	4.2	鸡蛋（红皮）	125.7
番茄	5.0	松花蛋	542.7
茄子	5.4	酱豆腐	3091.3
黄豆芽	7.2	雪里蕻（腌）	3304.2
胡萝卜（黄）	25.1	酱油（高级）	4056
强化 V AD 牛奶	42.6		

第六节 急性肾功能衰竭

急性肾功能衰竭（acute renal failure，ARF）简称急性肾衰，是由多种原因引起的特殊综合征，主要表现为肾脏生理功能急剧下降，甚至丧失，导致代谢产物堆积，血尿素氮及血肌酐迅速升高并引起水、电解质代谢紊乱及急性尿毒症症状。

一、病因

1. 肾前性　任何原因引起的急性血容量不足，导致肾血流量下降，出现少尿或无尿。如脱水、呕吐、腹泻、外科手术大出血、烧伤等。
2. 肾性　由肾实质损害所致，是儿科最常见的肾衰原因。
3. 肾后性　任何原因引起的尿路梗阻都可引起急性肾衰。

二、临床表现

少尿、无尿并伴有氮质血症、代谢性酸中毒及水、电解质紊乱。电解质紊乱表现为"三高三低"，即高钾、高磷、高镁和低钠、低钙、低氯血症。患儿可出现疲乏、淡漠、嗜睡、厌食、恶心、呕吐和不同程度的水肿。严重者可并发充血性心力衰竭及肺水肿。还可因应激性溃疡引起消化道出血。病情危重时可有昏迷、抽搐等尿毒症表现。

三、营养治疗

（一）营养治疗的目的

根据病情及肾功能状况提供合理的营养治疗，纠正电解质紊乱，减轻氮质血症，使肾功能早日恢复正常。

（二）营养治疗的原则

急性肾衰患者的营养支持，应依据个体营养状况、肾功能、病程的不同阶段、分解代谢状况及临床治疗措施（如用药情况、是否透析等）进行。

1. 少尿期

（1）严格控制水分入量，"量出为入"：每日补液量＝尿量＋不显性失水＋异常损失－食物代谢和组织分解所产生的内生水。不显性失水：婴儿每天按20 ml/kg，幼儿每天15 ml/kg，儿童每天10 ml/kg；内生水按每天100 ml/m² 计算。异常丢失包括呕吐、腹泻、胃肠引流等。

(2) 能量和蛋白质：早期只给碳水化合物，每日供给葡萄糖3～5 g/kg，经静脉点滴，以减少机体自身蛋白质分解和酮体产生。情况好转能口服时应及早给予基础代谢热卡：婴儿50 kcal/kg·d，儿童30 kcal/kg·d。可给予低蛋白、低盐、低钾、低磷食物。蛋白质应限制在0.5～1.0g/kg·d，并选用高生物价蛋白，如鸡蛋、肉类、鱼、奶类。

(3) 矿物质：少尿期常伴发高钾血症，应严格限制钾盐摄入量，饮食中应注意选用含钾低的蔬菜，如大白菜、冬瓜、佛手瓜、西葫芦等，忌食含钾丰富的水果、果汁（见表23-12）。根据病人尿量、水肿程度、血钠水平及是否合并高血压等，分别采用少盐、无盐或低钠饮食。患者常出现低钙血症和高磷血症，故应增加钙摄入量，适当控制磷的供给。

表23-12 常用食物含钾量（mg/100g 食部）

低含量 （<150mg）		中等含量 （150～250mg）		高含量 （>250mg）	
稻 米	103	柑	154	香 蕉	256
富强粉	128	橙	159	枣（鲜）	375
鸭 梨	77	蜜 橘	177	枣（密云小枣）	612
冬 瓜	78	小白菜	178	土 豆	342
佛手瓜	76	胡萝卜（红）	190	萝卜（红心）	385
西 瓜	79	胡萝卜（黄）	193	菠 菜	311
大白菜	90	芹菜（茎）	206	鲜 蘑	312
桃（久保）	100	番 茄	197	海带（干）	761
菠 萝	113	黄豆芽	160	银耳（白木耳）	1588
葡 萄	126	桂圆（鲜）	248	紫 菜	1796
绿豆芽	68	油 菜	210	黑木耳	757
丝 瓜	115	荔 枝	151	桂圆（干）	1348
圆白菜	124	扁 豆	178	红果（干）	440
西葫芦	92	豆 角	207	小 米	284
长茄子	136			蚕 豆	391
黄 瓜	102				
豇 豆	112				
苹 果	83				

2. 多尿期 在多尿期，易出现低钾血症，要注意补钾，应多选用含钾丰富的食物。还需注意水溶性维生素的补充。当患者肾功能好转后，可适当放宽蛋白质的摄入量，应多选用含优质蛋白丰富的牛奶、鸡蛋、鱼类及瘦肉等。

（杨丽华　孙孟里）

第七节　儿童钙缺乏

钙是人体中含量最多的一种矿物质，其中99%的钙集中在骨骼和牙齿中，组成人体巨大的钙库，其余1%以离子形式存在于血液和软组织中，发挥重要的生理功能。钙是维持人体健康不可缺少的物质，人体许多重要的生理功能均与钙离子有关，如保证神经、肌肉的正常兴奋性，参与凝血过程和细胞再生等。儿童、青少年期是骨骼和牙齿生长的重要时期，如果维生素D和钙供给不足，直接影响骨骼和牙齿的发育。

一、钙的营养现状

1992年全国营养调查结果表明,中国居民膳食钙摄入量普遍低下,只达到推荐供给量的50%左右,是摄入量最不足的营养素,因此钙缺乏症是较常见的营养性疾病。目前儿童钙摄入量不足比成年人严重,只达到每日推荐量的1/3左右。儿童、青少年膳食钙摄入量与每日适宜摄入量的比较见表23-13。

表23-13 儿童、青少年膳食钙摄入量与每日适宜摄入量比较

组 别	平均实际每日摄入量(mg)	适宜摄入量(mg)
0~6个月	-	300
6~12个月	322	400
1~3岁	322	600
4~10岁	322	800
11~13岁	322	1000
14~17岁	518	1000

二、钙缺乏的原因

1. 蛋白质和维生素D缺乏。
2. 钙长期摄入不足

(1) 与膳食结构有关:中国传统的膳食结构是以谷类、蔬菜为主,此类食物中钙含量少,又受到食物中植酸盐、草酸盐和膳食纤维的影响,钙的吸收率低。

(2) 奶类消费水平低:奶类食品消耗少是钙摄入量不足的重要原因。奶类食品中含有丰富的钙,如果膳食中缺少奶类,很难满足人体对钙的需求。

三、钙营养状况评价

儿童钙营养状况评价要结合钙的摄入量、儿童的健康状况、临床症状和体征、生化检查及骨X线片等综合评定。

1. 膳食摄入量 首先计算钙的每日实际摄入量,并与同年龄段钙的适宜摄入量比较。儿童患病时食欲差,如合并呕吐或腹泻,则影响钙的摄入量及吸收率。

2. 维生素D摄入量 维生素D是类激素样物质,进入人体后经过肝、肾的两次羟化,转化成$1,25-(OH)_2D_3$才能发挥其生物活性,其促进肠道对钙、磷的吸收及骨骼的钙化。预防钙缺乏每日维生素D的适宜摄入量是400IU。

3. 生化指标

(1) 血清钙、磷和碱性磷酸酶:佝偻病初期血磷下降,随后血钙下降,碱性磷酸酶活性增高。激期血钙、血磷均降低,碱性磷酸酶活性明显增高,恢复期三项指标均恢复正常。

正常值:血清钙90~110 mg/L,血清磷40~60 mg/L,碱性磷酸酶20~220 IU/L。

(2) 血清$25-(OH)D_3$或$1,25-(OH)_2D_3$是评价佝偻病比较灵敏的指标。患病期间血清$25-(OH)D_3$或$1,25-(OH)_2D_3$水平降低,恢复期正常。

4. X线检查 X线检查可协助诊断佝偻病。佝偻病激期X线片可出现变化,如临时钙化带正常、模糊或消失、腕关节干骺端变平或凹陷,杯口样变形,骨小梁稀疏等。

5. 症状和体征 维生素D和钙的摄入量不足婴幼儿可患佝偻病。早期表现为多汗、易惊吓、睡眠不安、枕秃、出牙迟等。随着病情进展，可出现骨骼的变化，如前囟门闭合晚、肋缘外翻、肋串珠、鸡胸、漏斗胸、"O"形腿或"X"形腿等。年长儿童也可患晚发佝偻病，有腿痛，腿"抽筋"等症状。

四、钙缺乏的营养治疗

1. 补充维生素D 钙缺乏的治疗首先要补充维生素D，以促进钙的吸收。饮食中维生素D的含量很少，单靠饮食补充不能满足需要。所以，婴幼儿要补充维生素D制剂，年龄大些的儿童应增加户外活动的时间。

2. 调整膳食结构，增加饮食中钙的摄入量 钙是一种营养素，营养素的补充首先应选择食补，这样既方便又安全。乳儿期的孩子要鼓励母乳喂养，虽然母乳中钙的含量不及牛奶高，但是由于钙磷比例合适，钙的吸收率高。孩子断乳以后，应该增加奶类制品和含钙丰富食物的摄入量。

奶类是钙最好的食物来源，奶中钙的吸收率较其他食品高，所以儿童的饮食中不能没有奶类。目前市售的鲜牛奶和配方奶中都强化了维生素D，可促进钙的吸收。常用食物中钙的含量见表23-14。

表23-14 常用食物中钙的含量（食部 mg/100g）

食物名称	含钙量	食物名称	含钙量	食物名称	含钙量	食物名称	含钙量
人乳	30	腐竹	77	猪肉（瘦）	6	小白菜	90
牛乳	140	豆腐丝	204	牛肉（瘦）	9	大白菜	50
奶酪	799	虾皮	991	羊肉（瘦）	9	圆白菜	49
奶粉（母乳化）	251	河虾	325	鸡胸脯肉	3	香菜	101
酸牛奶	118	海带（浸）	241	苹果（国光）	8	油菜	108
果料酸奶	140	紫菜	264	鸭梨	4	茄子	24
大米	5	蛋黄	112	葡萄	5	毛豆	135
富强粉	27	鸡蛋	56	桃	6	土豆	8
标准粉	31	大黄鱼	53	西瓜	8	空心菜	99
燕麦片	186	鲤鱼	50	香蕉	7	芹菜茎	80
馒头	58	平鱼	46	橙子	20	芹菜叶	40
玉米面	22	草鱼	38	芦柑	45	黄瓜	24
黄豆	191	鲫鱼	79	哈密瓜	4	西红柿	23
豆腐	164	带鱼	28	菠菜	66	芝麻酱	1170

3. 补充钙制剂 当食物补充不能满足需要时，再用药物补充。钙制剂每天的用量一般是推荐摄入量的1/3~1/2为宜，每次补钙量不宜过多。钙制剂中钙元素的含量：葡萄糖酸钙9%，乳酸钙13%，磷酸氢钙23%，氯化钙27%，碳酸钙40%。

选择钙制剂时要注意：

（1）安全性：首先要注意产品的安全性。由于近年海洋污染，一些天然的海洋生物制剂中铅、镉等有害金属超标，在选择时要注意。如果草原污染，食草动物的骨骼中有害物质也有可能超标。

(2) 孩子的生理特点：为便于儿童服用，3岁以下的孩子一般选择冲剂或液体制剂；3岁以上的儿童可选用片剂。

(3) 口味：选择口味好、孩子乐于接受的钙制剂。

(4) 钙的量价比：选择含钙量高，价格合理的钙制剂。

(5) 补钙食谱举例（表23-15）。

表 23-15 补钙食谱举例

餐别	内容	食物	重量（g 或 ml）
7:00	牛奶	牛奶	200
	鸡蛋	鸡蛋	1个
	葱油花卷	富强粉	25
		植物油	2
11:00	米饭	大米	100
	麻汁羊肉	羊肉	50
	粉条小白菜	小白菜	150
		芝麻酱	10
		粉条	20
		植物油	10
14:00	苹果		150
18:00	包子	富强粉	100
		大白菜	100
		猪瘦肉	50
	拌芹菜	芹菜	100
	西红柿豆条汤	豆腐	50
		西红柿	50
		植物油	10

蛋白质 65g（15%） 脂肪 53g（28%） 碳水化合物 241g（57%） 钙 850mg
总能量 7.1MJ （1700 kcal）

（魏静心）

第二十四章　骨质疏松症与营养

骨质疏松症（osteoporosis）被认为是一种不可避免和无法治愈的老龄化退行性疾病，累及大多数妇女和许多男子，病人骨量减少，骨质变脆，极易发生骨折。骨质疏松症由于其较高的患病率和严重的骨折后果，给人们尤其是老年人的健康和生活带来极大的影响，给社会造成巨大的经济负担。引发骨质疏松症的危险因素很多，其中最具预防意义的因素为钙和维生素 D 的营养失衡。本章将全面介绍骨质疏松症的定义、分类、患病率、发病原因、临床表现、诊断、治疗和预防，重点讨论钙和维生素 D 营养与骨质疏松症发生的关系以及骨质疏松症的营养性预防措施。

第一节　概述

一、骨质疏松症的定义

原发性骨质疏松症是以骨量减少、骨组织微结构退变为特征，以致骨的脆性增高、骨折危险性增加的一种全身性骨病。骨量减少指骨矿物质和其基质等比例地减少；骨微结构退变指由于骨组织吸收和形成失衡所导致的骨小梁结构的破坏、变细、变稀和断裂；骨的脆性增高，骨力学强度下降，骨密度下降，载荷承受力降低，骨折的危险性增加，易发生微细骨折或完全骨折。

二、骨质疏松症的分类

第一类为原发性骨质疏松症，又分 I 型和 II 型。I 型原发性骨质疏松症又称绝经后骨质疏松症，主要与绝经后卵巢内分泌功能低下、雌激素减少有关，常见于绝经后妇女，年龄多在 50~70 岁。II 型原发性骨质疏松症亦称老年性骨质疏松症，主要与老龄化有关，多见于 70 岁以上的老年人，男女比例约为 1:2。

第二类为继发性骨质疏松症，是继发于多种疾病或因素的骨质疏松症。这些疾病或因素包括内分泌性疾病、药物性骨量减少、营养缺乏性疾病、明显的实质性器官疾病、结缔组织性疾病、先天性疾病、废用性骨丢失等。

第三类为特发性骨质疏松症，包括青少年骨质疏松症和青壮年成人骨质疏松症。前者罕见，可见于 8~14 岁的青少年，原因不明，多伴有遗传家庭史。后者少见，发生于妊娠期或哺乳期，亦与遗传因素有关。

三、患病率

骨质疏松症是一种常见病，但由于其症状不明显（除非发生骨折），在我国民众中还未引起足够的重视。据统计，在我国 1.3 亿 60 岁以上人口中，女性骨质疏松症患病率达 60%~70%，男性为 25%~35%。在日本，65 岁以上的老年人中约有 1/3 患骨质疏松症。美国 50 岁以上人群中，女性骨质疏松症患病率为 42.2%，60 岁以上为 50.6%，女性患病率是男性的 4

倍。就全球人口而言，发生骨质疏松性骨折的危险性，女子高达40％，男子达13％。随着人口日趋老龄化，骨质疏松症及其引起的骨折患病率逐年增高，已成为威胁人类健康的重大社会保健问题。

第二节　骨质疏松症的发病原因及机理

一、发病原因

骨质疏松症的发病原因有多种，主要与女性激素、营养、遗传、失用、免疫、药物、某些疾病等因素有关，并且是多种因素共同作用的综合结果（表24-1）。

表24-1　原发性骨质疏松症的主要危险因素

危险因素	危险因素的特征
性别	女性
年龄	老年人，并与年龄成正相关
雌性激素	卵巢功能不全或绝经后的雌性激素缺乏
饮食营养	钙缺乏，维生素D缺乏，高蛋白饮食，高钠盐，酗酒，咖啡因摄入过量
活动	运动锻炼和体力劳动较少
生活、工作方式	坐态工作，看电视或卧床时间长，吸烟
家族史	有骨质疏松症家族史
种族	亚洲人（尤其皮肤白者）、欧洲人、高加索人
体型	娇小瘦弱者
慢性病	加快骨丢失或干扰骨代谢的慢性病，如胃切除、（男女）性腺功能减退、肾上腺皮质功能亢进、甲状腺功能亢进、甲状旁腺功能亢进、肝病、钙代谢紊乱（如变形性骨炎）、骨软化症、某些肿瘤、肾病、免疫性疾病
寿命增加	骨质疏松症的患病率随年龄增长而升高
药物	促进骨吸收或抑制骨形成的药物，如抗惊厥药、皮质类固醇药物、肝素、含铝抗酸药等

老年女性骨质疏松症患病率是老年男性的4~6倍，与女性绝经后内分泌与代谢发生改变有关。女性绝经后，卵巢和子宫功能衰退，雌激素、孕激素分泌大大减少，对肾上腺皮质的刺激亦减少，使内分泌发生变化，绝经女性特别是身体瘦弱的女性尿中钙排出量增加。雌激素与肾脏保留钙的作用有关，雌激素降低，导致肾脏保钙能力下降，尿钙排出增多。

老年机体缺钙是骨质疏松症的主要原因之一。老年人缺钙的原因有：老年人肠道钙的吸收率下降；老年人肝脏和肾脏功能降低，使维生素D在羟化生成25-(OH)D_3和具有活性的1,25-(OH)$_2D_3$的过程中受到影响，合成减少。维生素D、甲状旁腺素和降钙素是机体调节钙代谢的三大激素。具有生物活性的维生素D可与一种蛋白质结合成钙结合蛋白，可在肠道促进食物钙的吸收，使血钙浓度维持正常水平，抑制甲状旁腺的功能，增加机体对钙的利用，维持骨钙的正常新陈代谢；老年人的活动量减少，造成骨量废用性丢失增多；老年人户外活动减少，日照量下降，使皮肤生成维生素D前体的量减少。

骨质疏松症患者血中甲状旁腺素水平明显高于正常人。甲状旁腺素的作用是促进骨吸收。甲状旁腺素增高，可使骨内钙质移入血中，即骨吸收增加，导致骨质疏松。血中甲状旁腺素的水平随年龄增长而增加。甲状旁腺素的升高，除了老年的生理性原因外，尚与肾功能降低、钙摄入量减少、钙吸收率下降、肝脏和肾脏对维生素 D 的羟化功能减退有关。

降钙素是调节控制骨形成的重要激素，可抑制骨吸收，促进骨形成。血液降钙素水平随年龄增长而降低，男性比女性降得更低。降钙素下降，使骨形成减慢，骨吸收加快。降钙素的缺乏是老年尤其是绝经后女性骨质疏松症的重要因素之一。

二、发病机理

骨质疏松症的发生与个体的峰值骨量和骨矿丢失速率有关。峰值骨量是指个体一生中骨质积累的最大密度值。峰值骨量的多少主要取决于个体的营养状况。钙和维生素 D 营养状况好，则峰值骨量高，骨质疏松症的发生就可能延缓。骨矿丢失的潜在机制是骨重建过程的失调。骨重建包括骨吸收和骨形成两个对立统一的过程，主要由破骨细胞和成骨细胞参与，首先由破骨细胞激活，出现骨吸收，然后成骨细胞激活，出现骨形成，这两个过程相互交替、连续不断发生于骨组织，形成骨组织的新陈代谢。如果骨吸收和骨形成的过程出现失衡，即骨吸收的速率大于骨形成，则造成骨矿的丢失，骨矿丢失速率越大，越容易导致骨质疏松症。

正常情况下，人体 30 岁以前骨形成的速度大于骨吸收的速度，表现出骨质积累、骨密度逐年增加。至 35～39 岁左右，骨量达到高峰，即峰值骨量。峰值骨量时期骨吸收和骨形成的代谢速率相对较慢，但二者相等，处于动态平衡中。35～39 岁后平衡则被打破，骨吸收的速率超过骨形成的速率，骨质发生丢失，年丢失率约为 0.3%～1%。女性在绝经的头 3～5 年，骨质的年丢失率可达 3%～7%。

骨矿丢失率还与骨转换率有关。骨转换率指被激活的骨重建单位的多少。骨转换率高，骨更新就快。当骨形成速率低于骨吸收速率时，骨转换率越快，骨质丢失率就越高，骨量减少的速度就越快。

至此可以看出，任何降低峰值骨量和增加骨质丢失速率的因素都会导致骨质疏松症的发生。膳食钙缺乏或维生素 D 不足，不仅可以影响峰值骨量，还影响骨形成的矿化过程。长时期活动量减少，可导致骨质废用性减少，亦影响峰值骨量。

绝经后卵巢功能退化，雌激素水平下降，是促发 I 型原发性骨质疏松症的决定性因素，其主要后果是使骨质丢失速率大大加快。绝经后雌激素剧减，一方面对破骨细胞的抑制作用减弱，使破骨细胞活性增加，引起骨吸收（骨溶解）增强；另一方面使成骨细胞活性降低，使骨对甲状旁腺激素的敏感性增加，肾上腺皮质激素的作用增加，降钙素的分泌下降，再加上 $1,25-(OH)_2D_3$ 的减少，导致骨形成的下降，并引起甲状旁腺素反馈性增高，造成骨钙的溶解。这样在总体上造成骨吸收大于骨形成、骨代谢处于负平衡的状态，呈现骨量的快速丢失。骨量丢失达一定程度后，就出现骨质疏松症，形成骨折的基础。

II 型原发性骨质疏松症的主要引发因素是年龄的老化，而甲状旁腺素的增高是促发因素。随着年龄的老化，肝、肾功能降低，$1,25-(OH)_2D_3$ 的合成减少，再加上胃肠功能也降低，进食减少，钙的摄入量和吸收率均下降，致使血钙水平降低，引起甲状旁腺素分泌升高。甲状旁腺素的增加使骨钙入血，造成骨吸收作用增强，骨量丢失加快，出现继发性甲状旁腺亢进。降钙素的老年性减少亦使骨形成减慢，骨吸收相对增高。

对于老年女性，骨量丢失加快是由绝经和老龄双重因素共同作用的结果。研究显示，绝经后早期，绝经的影响大于年龄增加的影响，70%以上的骨丢失是由于绝经的作用。绝经后 15～20 年后，绝经对骨丢失的影响逐渐减弱，而老龄化对骨量丢失的作用日益增大。

第三节 骨质疏松症的临床表现及诊断

一、临床表现

骨质疏松症早期通常没有明显的症状,仅有腰痛、背痛和腿痛等不典型症状。腰背疼痛是骨质疏松症最常见、最主要的症状。

身长缩短、驼背是继腰背痛后出现的重要临床体征之一。脊椎椎体前部几乎全部由松质骨组成,因此椎体最易发生骨质疏松改变。经过若干年整个脊椎会缩短 10~15cm,从而导致身长缩短。如果活动度大或负重量较大,椎体变形显著或出现压缩性骨折,可造成脊柱前倾,形成驼背。

骨折是骨质疏松症的后果性病症。骨质疏松症患者在转身、持物、开窗等日常动作中,即使没有较大的外力作用也可发生骨折。好发部位多为胸腰椎椎体、桡骨远端、股骨上端和踝关节等处。

椎体压缩性骨折是骨质疏松性骨折中最常见的一类,几乎 90% 的椎体骨折由骨质疏松所致。椎体骨折最常见的症状是背部疼痛和椎体塌陷。背部疼痛多为突发性,常发生于日常轻微的动作如突然弯腰、跳跃、一般负重时,表现为深而钝的疼痛,可经肋部向腹部放射,卧床休息可暂时缓解。椎体塌陷常表现有驼背和身材变矮,严重者可影响呼吸功能。

骨质疏松症所致脊柱后弯、胸廓畸形,易引起多个脏器的功能变化,其中呼吸系统的表现尤为突出。虽然临床病人出现胸闷、气短、呼吸困难及紫绀等症状较为少见,但肺部疾病发生率会增加,肺功能下降,甚至出现肺动脉高压和右心室肥大等症状。

二、诊断原则

注意骨质疏松症的发病危险因素,以骨密度减少为基本依据,在鉴别继发性骨质疏松症的同时,对原发性骨质疏松症的诊断要根据病史、生化检查和骨折情况综合判断(表 24-2)。

表 24-2 Ⅰ型和Ⅱ型原发性骨质疏松症的特点

	Ⅰ型	Ⅱ型
年龄	50~70 岁	>70 岁
性别及男女比例	多见女性,1:6	1:2
骨量丢失部位	主要在松质骨	松质骨和皮质骨均有
骨丢失率	呈加速态势	不加速
骨折部位	椎体(粉碎性)和桡骨远端	椎体(多楔形)和股骨近端
骨形成和骨吸收	均增加,但骨形成 > 骨吸收	骨形成减少,骨吸收 > 骨形成
甲状旁腺素	降低	增加
钙摄入	不足	不足
$25\text{-}(OH)D_3 \rightarrow 1,25\text{-}(OH)_2D_3$	减少(继发性)	减少(原发性)
最主要发病危险因素	与绝经有关	与老龄有关

Ⅰ型原发性骨质疏松症：多发生于女性，主要因绝经后卵巢激素缺乏所致，破骨细胞活跃，骨转换率高，骨松质骨矿丢失较多，椎体骨折和腕部骨折较常见。

Ⅱ型原发性骨质疏松症：多见于70岁以上老人，女性患病率为男性的2倍，发病机理不详，可能与长期钙不足、维生素D缺乏、高龄、骨形成不足、甲状旁腺亢进等因素有关（详见表24-2）。

三、特异检查

可结合骨矿含量和脊椎X线片判断骨密度减少。

（一）骨密度检查

1. 骨密度常用的检查方法　包括双能X线吸收法（DXA）、双光子吸收法（DPA）、单光子吸收法（SPA）、定量计算机断层扫描（QCT）、定量超声技术（QUS）。其中DXA优点较多，为首选。

2. 骨密度诊断标准　我国1999年公布的原发性骨质疏松症骨矿含量诊断及分级标准（试行）参考了世界卫生组织（WHO）的标准，并结合我国的国情，以种族、性别、地区的峰值骨量为依据，提出骨量大于峰值骨量均值减一个标准差（>M-1SD）为正常；骨量在M-1SD与2SD之间为骨量减少；骨量少于M-2SD为轻度或中度骨质疏松症，如果伴有一处或多处骨折，则为严重骨质疏松症。

确立女性以峰值骨量减少2.0标准差作为骨质疏松症的骨密度诊断标准（男性可参考执行），是根据我国20世纪90年代国内大中城市骨密度测量的大量数据而做出的。WHO于1994年推荐的骨密度诊断标准为峰值骨量减少2.5标准差，该标准适用于西方国家，如果用于我国，可能将造成一定数量骨质疏松症患者的漏诊。

（二）普通X线检查

只有骨丢失达到30%以上时方可用此法检测出，因此对骨质疏松症的早期诊断无意义，但可明确骨折的诊断。

四、生化检查

生化检查的目的包括骨质疏松症的诊断和鉴别诊断，可酌情采用。常规检查包括血常规、血钙、血磷、血碱性磷酸酶（ALP）和抗酒石酸盐酸性磷酸酶（TRAP），尿钙、尿磷、尿羟脯氨酸，血清蛋白电泳、肝功能、肾功能等。根据病史可检查血清25-(OH)D_3、甲状旁腺激素及甲状腺功能等。还可检查骨转换率的指标，如血清骨钙素（BGP）、Ⅰ型前胶原羧基端前肽（PICP）、尿胶原吡啶交联（Pyr）、尿脱氧胶原吡啶交联（D-Pyr）等。

第四节　骨质疏松症的治疗

一、治疗目标和主要措施

1. 病因治疗，消除引起骨矿丢失的原因。骨量减少是因为骨吸收大于骨形成造成的。因此抑制或减少骨吸收的因素和任何增加骨形成的措施都能有效地治疗骨质疏松症。应根据不同的病因进行特异性治疗。

2. 减轻骨吸收，抑制骨转换率，防止额外的骨矿继续丢失。适用于骨转换率增高者如

Ⅰ型原发性骨质疏松症，可选择骨吸收抑制剂防止骨量的进一步丢失，主要药物有雌激素类、降钙素、氨基二磷酸盐、钙剂等。

3. 促进骨形成，增加骨量，纠正已丢失的骨量。适用于骨形成低下的Ⅱ型原发性骨质疏松症，可选用骨形成刺激剂，如氟化物、同化激素、钙剂、活性维生素D等。

4. 加强骨矿化，改进骨质量。可使用钙制剂、活性维生素D、氨基二磷酸盐等。

5. 避免继发性甲状旁腺功能亢进症的发生。采用骨矿化剂以纠正低钙血症。

6. 使用止痛药治疗疼痛。

7. 非药物治疗。包括营养疗法、运动疗法、物理疗法、增加皮肤日照等。

二、常用药物及适应证

（一）雌激素替代治疗

雌激素可有效减少骨吸收，特别适用于绝经后骨质疏松症，即Ⅰ型原发性骨质疏松症。雌激素还可保护心血管和神经系统的功能，对抗衰老。但此法有明显的不良反应，主要表现有体重增加、不规则阴道流血、体液潴留、乳腺疼痛等，还有子宫内膜癌和乳腺癌的危险性增加。如果长期服用，必须定期做相关检查。有人报告，雌激素与孕激素联合使用，可降低致癌的危险性。

（二）黄酮类

新近研制上市的所谓植物雌激素——从植物中提取的黄酮类药物，可与人体内雌激素受体结合，产生雌激素样的作用，可抑制破骨细胞的活性，增强成骨细胞的作用，减轻骨丢失。此类药物虽然作用活性不如合成或提取的雌激素，但无远期副作用，而且对心血管疾病有防治作用，因此应用前景十分看好。

（三）降钙素

适用于骨转换率高、特别是伴有骨痛的患者。

（四）双膦酸盐

分一代、二代、三代药物，是疗效比较理想的抗骨质疏松药物，应用适应证广泛，价格较为低廉，在一定程度上可取代雌激素，应用于不适宜雌激素替代疗法的患者。有阿伦膦酸盐、双膦酸盐伊拜膦酸盐等。

（五）噻嗪类利尿剂

业已证明，噻嗪类有保持骨密度的作用。

（六）氟化钠

氟化钠是强效骨形成刺激剂，可增加脊椎骨的骨密度，但其治疗骨质疏松症的作用仍存在争议。

（七）各种钙剂和活性维生素D

元素钙每日不少于800mg，一般为800~1200mg，每日补钙量2000mg对绝大多数人是安全的。维生素D成人每日400IU，老人600IU。需要指出的是，以上治疗剂量的钙剂或维生素D一般使用时间较短。

（八）中药治疗

中医认为骨质疏松症为"骨痿"，以肝肾亏虚、气血不足为本，寒湿凝滞、痰瘀络阻为标。故调补肝肾、祛邪行瘀为治疗大法。"形不足者，温之以气"，可服用金匮肾气丸、参茸丸、右归丸等；"精不足者，补之以味"，可服用大补阴丸、六味地黄丸等。

三、物理疗法

（一）光线疗法

紫外线可促进维生素 D 的合成，增加骨矿含量，可以采用日光浴或人工紫外线照射。要注意保护头部、眼睛，不可过量照射。

（二）物理疗法

短波、超短波、微波、磁疗、热疗等物理疗法，具有止痛、改善循环的作用。

四、营养疗法

合理平衡的饮食营养，对增加骨形成、降低骨质丢失和减缓骨质疏松症的发展极为重要。

五、运动疗法

持之以恒的运动可增加骨矿含量。

第五节 骨质疏松症的预防

骨质疏松症是一种老年退行性疾病，治疗补救措施只能减缓骨质的丢失，不能达到骨质的复原和疾病的治愈。因此根本的问题是预防，防重于治，只有早防早治才能推迟骨质疏松症的发生和避免骨折。鉴于女性绝经后骨质疏松症的患病率明显高于男性，因此骨质疏松症防治的重点是妇女，尤其是绝经后妇女。合理的膳食营养、经常的运动和良好的生活方式是预防骨质疏松症的基本而重要的措施。

一、合理的膳食营养

充足合理的钙和维生素 D 营养是通过合理平衡的膳食营养防治骨质疏松症的中心内容。

（一）加强钙和维生素 D 营养

对于骨质疏松症的防治，加强钙和维生素 D 营养的主要目的是：①使峰值骨量最大化。②最大限度维持峰值骨量的时间。③为骨形成提供充足的钙源，最大限度减轻因骨吸收而造成骨丢失的程度。

1. 钙　成人体内约有 1.0~1.2 kg 的钙，这需要从胎儿到出生后 35 年左右长时间的积累。人体成年后尽管身高不再增长，但骨骼的密度依然不断增加，大约 35~39 岁时才达到骨密度的最大值即峰值骨量。40 岁后，尤其是女性，骨钙开始丢失，更年期骨钙丢失速度加快。老年人骨密度受峰值骨量和围绝经期骨质丢失速度的影响。峰值骨量越低，骨质丢失越快，骨质疏松症发生的危险性越大。因此，40 岁以前的预防重点是提高峰值骨量，40 岁以后的重点是减少骨量丢失和防止骨折的发生。充足的钙供给可提高骨密度峰值，可推迟骨质疏松症发生的时间，减轻其严重程度。

2. 维生素 D　维生素 D 可经日光照射皮肤在体内合成，亦可从食物中摄取。肠道所吸收的食物维生素 D 和皮肤经日光紫外线照射形成的维生素 D_3 在肝脏转化为 25-$(OH)D_3$，然后在肾脏再转化为 1,25-$(OH)_2D_3$ 和 24,25-$(OH)_2D_3$ 后才具有活性，而 1,25-$(OH)_2D_3$ 是维生素 D 的主要活性形式。维生素 D 在肠道以钙结合蛋白的形式，增强肠道内钙的吸收，促进骨矿化，抑制因缺钙继发的甲状旁腺机能亢进，减少骨吸收，通过增加降钙素的分泌抑制骨吸收，从而在骨质疏松症的防治中发挥重要作用。25-(OH)D_3是维生素D在血液中的主要存在形式。研究发现，老年人血清中25-(OH)D_3水平低下的比例较高，且随年龄的增高而增加。

但目前在防治骨质疏松症中，人们对维生素D的重视程度远不如钙，仅补钙而忽视补充维生素D，造成钙的生物利用率下降。日照时间短和户外时间少是引起维生素D缺乏的重要原因。人群干预实验显示，维生素D与钙制剂合用，能延缓妇女绝经后骨质的丢失，减少髋部骨折的危险。一项大规模研究显示，3000名平均年龄为84岁的老人每天补充维生素D 800IU并加1200 mg钙，可显著降低非椎体骨折的发生率。

由于食物成分表中缺乏维生素D的数据，1992年的全国营养调查没有给出我国居民膳食维生素D的摄入量。国外有人估计年轻人和老年人维生素D的膳食摄入量分别为2.9 μg/d和2.3~3.5 μg/d，并估计人体皮肤合成维生素D的量为10 μg/d左右，但老年人要少于此数值，这是由于老年人代谢功能降低和户外活动减少而使日照减少等因素所致。

过多摄入钙虽无明显毒性作用，但由于可增加肾结石的危险性和影响其他矿物质的吸收，并且可引起耐碱综合征（一种高钙血并可伴随代谢性碱中毒和肾功能不全的症候群），故我国建议儿童和成人钙的可耐受最高摄入量为2000 mg/d。为避免摄入维生素D过量导致的中毒，我国建议儿童和成人维生素D可耐受的最高摄入量为20μg（800 IU）/d。维生素D的最低副作用剂量为50 μg（2000 IU）/d。

（二）钙剂补充

由于我国居民膳食结构以植物性食物为主，从食物中获得足量的钙并非易事，因此，合理补充钙剂以弥补膳食钙的不足是目前防治骨质疏松症的重要手段，对缺钙的老年人和绝经后妇女来说更是首选措施。

虽然专家们对钙剂补充的剂量仍有争议，但大部分认为，如果长期补充，用钙剂补足到钙的膳食推荐供给量即可，剂量过大有害无益。如果短期补充，绝经后女性可酌情用钙剂补足到1000~1500 mg/d，男性老人可酌情补足到1000~1200 mg/d。

目前市场上钙剂的品种较多，选择使用时，既要考虑吸收利用率，又要考虑效能价格比。一项研究显示，健康人体在正常膳食营养状况下，大部分钙剂的吸收率在30%左右，如碳酸钙为39%，柠檬酸钙35%，苹果酸钙35%，乳酸钙32%，草酸钙30%，葡萄糖酸钙27%，与牛奶的31%不相上下。钙剂的吸收率还与剂量的大小有关，当元素钙在500mg或以下时，吸收率较高。钙剂的吸收率与钙制剂化合物的溶解度关系不大，而与剂型的崩解度关系密切。

（三）其他饮食营养措施

1. 摄入钠盐要少　钠的摄入量是影响尿钙排泄的重要因素，这是因为钠与钙在肾小管重吸收的过程中发生竞争，钠多必然导致钙的重吸收减少而排泄增多。研究表明，膳食中高钠盐可引起尿钙排泄的增加，导致钙代谢的负平衡。估计饮食钠摄入每天增加100 mmol可使尿钙丢失增加1 mmol。对健康志愿者和骨质疏松症患者进行的干预研究结果表明，盐摄入减少与尿钙排泄减少有关联。因此，少吃钠盐是预防骨质疏松症的饮食措施之一。

2. 蛋白质摄入要适中　高蛋白质膳食也具有促进尿钙排出的作用。这是因为一方面蛋白质本身的酸性成分可减少肾小管内钙的重吸收，另一方面蛋白质代谢所产生的磷酸盐残基在肾小管中与钙形成复合物而不利于钙的吸收，这种情况在低钙摄入时尤为明显。但低蛋白膳食也不利于骨形成。实验证实,单纯蛋白质摄入不足可导致骨量和骨强度减低。低蛋白饮食还会通过减少胰岛素样生长因子Ⅰ(IGF-Ⅰ)而影响骨骼的完整性。可见,适量合理的蛋白质摄入对预防骨质疏松症具有积极的意义。

3. 不可酗酒　酒精可通过损害肝脏等器官抑制钙与维生素D的摄取和代谢,并抑制维生素D的活化。酒精还有直接对抗成骨细胞的作用。酒精性骨质疏松症伴有极其显著的骨小梁断裂。男性骨质疏松症与酗酒关系明显。

4. 不可大量饮用咖啡　研究者对美国980名50～98岁的老年妇女的调查结果发现,长期每天饮2杯以上咖啡而不饮牛奶的老年妇女,不管年龄、肥胖程度如何,与同龄不喝咖啡的女性相比,其髋骨和脊椎的骨密度都出现降低,且降低的程度与喝咖啡习惯延续时间的长短和饮用量的多少有关。咖啡中的咖啡因不仅能在胃肠道与钙结合,阻止钙的吸收,还能与人体内的游离钙结合,并经尿排出。游离钙的减少必然引起骨钙的溶解,从而导致骨质疏松症和骨折危险性的增加。但是,少量饮用咖啡不会对健康造成危害。研究证实,每天摄入含100 mg咖啡因的1杯咖啡饮料(约180 ml),不会导致骨钙丢失。

5. 少喝碳酸饮料　一项对美国400名14～16岁少女的调查结果显示,喜欢饮用汽水类饮料者骨折的几率是不喝者的3倍,而爱喝可乐少女骨折的几率是不喝者的5倍。目前仍不清楚喝汽水和可乐等碳酸饮料与骨折之间的关联,但是这些饮料中的磷酸可能是造成易骨折的原因之一,因为磷酸对钙的新陈代谢和骨质有不利影响。另一方面,喜喝饮料致使牛奶摄取不足,身体缺钙,因而易发生骨折。

6. 多吃蔬菜水果　蔬菜水果也具有预防骨质流失、防止骨质疏松症的良好功效。一项对1000名妇女所做的研究显示,饮食结构中蔬菜水果较多即饮食中富含钾、镁、膳食纤维和维生素C的妇女,比起蔬菜水果少的妇女,骨质密度明显较高。蔬菜中的白菜、苋菜、花椰菜、芹菜、紫菜、红萝卜、青豆等都是含较多钙质的食物,平日应多摄取。

7. 多吃富含黄酮类物质的食物　人们发现,与动物性食物为主的膳食相比,以植物性食物为主的膳食结构有利于预防骨质疏松症。这是因为某些植物性食物中富含具有雌激素样作用的黄酮类物质即植物雌激素。这些植物性食物有全谷、种子、豆类、大麦、嫩玉米、花生、各种果仁、椰子肉、圆白菜、胡萝卜、萝卜缨、土豆、大蒜、苹果、樱桃、无花果、橄榄、李子、草莓等。另外甘草根、欧芹、牛至、鼠尾草等植物中黄酮类含量也较高。在以动物性食物为主的人群中,应提倡增加植物性食物的比例,特别是富含黄酮类物质的植物性食物,有助于部分补偿因绝经而导致雌激素分泌减少对骨代谢的巨大影响。

8. 合理、平衡、全面的饮食　研究表明,包含各种维生素如维生素A、B族、C、D、E、K、叶酸和矿物质如钙、镁、锌、铜、铁、硒、锰、硅、硼、锶等的合理全面的膳食,有助于骨钙代谢的正平衡。任何营养素的过量使用,都会加重机体组织器官的负担,导致骨钙平衡的破坏。

二、经常性运动

经常性运动是防治骨质疏松症的有效手段。经常性运动可以保持对骨骼、肌肉系统的刺激,增强新陈代谢,避免废用性骨质丢失,防治骨质疏松症。经常性运动还能够矫正骨骼变形,改善关节功能,提高柔韧性,增强肌肉力量,保持运动系统的协调性和灵活性,从而防止摔跤,减少骨质疏松性骨折。研究表明,运动可以刺激睾酮、雌激素、生长激素、胰岛素样生长因子等分泌增强,有利于骨矿化,使骨密度增高。运动还能促进肠道钙的吸收,这与运动经常在室外进行、接受较多阳光、维生素 D 体内合成增多有关。相反，长期卧床可造成尿钙排泄增多，骨密度下降。青少年和壮年时期经常性运动可以增加峰值骨量，有利于延缓老年时期骨质疏松症的发生。老年期经常性运动亦能有效减少骨丢失，对骨密度有正性效应。缺乏运动是引起骨密度下降的一个非常重要的危险因素。研究表明，卧床休息、瘫痪和骨折后 1 年内骨密度均可下降 40%。

非老年人可采取多种多样的运动，形式不限。而老年人一般采取运动强度较低、频率较小的有氧运动，如慢跑、快走、蹬车、游泳、健身操、太极拳、乒乓球等多种运动，运动时间每天应保持 2 小时以上。提倡多进行户外运动，以获得日光照射，有益于维生素 D 的体内合成。一般认为，每天日晒 15 分钟，即可满足维生素 D 的需要。

老年人要避免剧烈的运动，防止运动性损伤或其他危险。运动时还要考虑心血管等系统的健康状况，不可勉强和莽撞。患有骨质疏松症的老年人如果想开始运动锻炼，最好征求医生的建议，按照医生的运动处方进行运动。运动锻炼要循序渐进，逐步增加运动的强度和运动的时间，切莫操之过急。运动时要注意安全，防止意外跌倒，发生骨折。

三、良好的生活方式

吸烟会加速骨吸收。每天吸不到 1 包的烟，可导致每年 1% 的骨钙丢失。女性吸烟者的停经年龄较早。吸烟可加速雌激素的灭活和分解，从而减弱雌激素对骨骼的保护作用。雌激素的减少可促发骨骼动脉血管的粥样硬化，影响骨组织的营养供给和新陈代谢。吸烟者常易厌食，导致钙摄入减少。而且吸烟者肺功能受到影响，进而使运动锻炼受限。因此要戒除吸烟的不良习惯。

减少看电视的时间，代之以户外活动。在保证充足睡眠的基础上，尽可能减少卧床的时间。

老年人要培养有益于防止骨折发生的生活行为习惯，如使用拐杖、改善家庭照明、穿防滑鞋、避免在黑暗处及平滑处行走、小心上下楼梯、避免抬举重物、下蹲时腰背要挺直、少弯腰拾物或拿取高处重物，等等。

四、预防性使用药物

骨质疏松症的预防性药物主要有雌激素和阿伦膦酸盐，亦可把钙制剂和维生素 D 归入预防性药物。对于围绝经期妇女，雌激素替代治疗具有肯定的预防作用，但应注意与孕激素的联合使用，避免不良后果。对于不适宜雌激素替代疗法者，可使用阿伦膦酸盐，还可使用植物雌激素。由于药物更新速度极快，应注意使用更加有效、副作用更少的新药或新疗法。

五、避免服用促骨质丢失的药品

尽量避免或少服用引起骨质疏松症的药物，如含铝的抗酸药、巴比妥盐、皮质类固醇、肝素、异烟肼、甲氨蝶呤、苯妥英钠、左旋甲状腺素等。

六、定期体检

定期进行健康检查，测量骨密度，早期发现，早期防治，对预防骨折的发生有重要意义。

（艾　华）

第二十五章 营养、饮食与癌症

近年来，许多研究证明饮食习惯及某种营养素摄入不足、摄入过多或营养素间不平衡和肿瘤发生有关。膳食中有可能抑制肿瘤发生的因素称保护因子。目前认为可能与人及实验动物肿瘤发生有关的营养因素为：蛋白质、碳水化合物、脂肪、维生素、热量、膳食纤维、抗脂肪肝物质（胆碱、蛋氨酸、叶酸及维生素 B_{12}）、植物中非营养素的活性化学物质、微量元素等。可能与营养因素有关的肿瘤主要为食管癌、胃癌、肝癌、大肠癌、口腔和咽喉癌、胰腺癌、卵巢癌、前列腺癌、甲状腺癌、膀胱癌、乳腺癌、肺癌等。目前有关营养与肿瘤发病关系的资料主要来自流行病学调查及动物实验观察。有学者估计，女性肿瘤死亡的60%、男性肿瘤死亡的30%～40%与营养有关。世界癌症研究基金会及美国癌症研究所提出了适于世界各国的食物、营养与癌症预防的十四条建议。如能实施，则最终可使全世界癌症发病率减少30%～40%，相当于每年减少300～400万癌症病人。

第一节 营养与癌症

一、膳食脂类

目前较一致的看法是高脂肪膳能增加肺、直肠、前列腺及乳腺癌的发生。根据不同膳食脂肪量以及移民的流行病学调查结果都认为高脂肪膳地区、国家及人群中癌发病率高，脂肪摄入量与几种癌的发病率及死亡率呈正相关。如结肠癌多发于西欧和北美，而亚洲、非洲低发。日本第二次世界大战后，饮食逐渐欧化，结肠癌发病率逐渐升高，发病率与膳食脂肪摄取量呈正相关，主要与动物脂肪摄取量有关，与植物油摄取量无相关关系。乳腺癌发病率与脂肪总摄入量和动物脂肪摄取量亦有明显正相关。高脂肪膳影响大肠癌发病的机理，有的作者认为高脂肪使肝脏分泌胆增多，胆汁中初级胆汁酸在肠道厌氧菌的作用下转变成脱氧胆酸及石胆酸，而脱氧胆酸和石胆酸是促癌物质。此外，高脂肪膳还可改变肠道菌群的组成和活性，如曾观察到食用高脂肪、高动物蛋白膳者，粪便中厌氧菌增多，需氧菌减少。高脂肪膳食促进乳腺癌发生的机理与大肠癌不同。乳腺癌的发生与激素有关。肠道细菌能将胆汁中固醇类转变成雌激素固醇，高脂肪膳使胆汁分泌增多，产生的雌激素也增多。也有人提出高脂肪膳食可使人肥胖，而肥胖增加患癌症的危险性。肥胖可能增加子宫内膜癌、乳腺癌及肾癌危险性。有些报告认为高脂肪膳与前列腺癌、睾丸癌及卵巢癌有关。多年来已确认高胆固醇膳食是高脂血症、动脉硬化、冠心病的危险因素。虽然胆固醇增加癌症的危险性报告并不一致，但高胆固醇膳食可能增加肺及胰腺癌发生的危险性，而和乳腺癌可能不相关。

二、维生素

与肿瘤发生有关的维生素主要有以下几种：

（一）类胡萝卜素及视黄醇类

β-胡萝卜素是食物中含量最多的类胡萝卜素，可在体内转变成维生素 A。类胡萝卜素是植物合成的色素，在自然界广泛存在。除β-胡萝卜素是主要的维生素前体外，另一些有维生素A活性的是玉米黄素和α-胡萝卜素。自然界中有600余种类胡萝卜素，可分为三大类，即叶黄素类为含氧类的类胡萝卜素；胡萝卜素类为羟基类的类胡萝卜素；第三类为番茄红素。类胡萝卜素在小肠吸收率约为10%～30%，番茄红素是血浆中浓度最高的类胡萝卜素。

视黄醇类物质是指视黄醇（即维生素A）、视黄酸、视黄醇的酯类以及视黄酸的同类物等。一些流行病学调查结果均指出维生素A或类胡萝卜素的摄入量和肿瘤发生为负相关，包括胃癌、食管癌、肺癌、宫颈癌、膀胱癌、喉癌、结肠癌等。

维生素A对肿瘤的作用，主要是防止上皮组织癌前病变发展成癌变。对其作用机理，有不同的看法。近年来许多研究者认为类胡萝卜素为抗氧化剂，可以保护细胞膜，使DNA及其他一些大分子不受活性氧的损伤。活性氧会损伤DNA和RNA及蛋白质中的核酸，还会使细胞膜中脂肪酸的双键饱和，从而改变其结构和功能。这些变化增加了癌的危险性。而抗氧化剂可以清除活性氧，使自由基灭活。维生素A无抗氧化功能。有人认为视黄酸对癌变细胞的影响主要是动员溶酶体作用，视黄酸是溶酶体的不安定剂，能增强溶酶体的脆性，使溶酶体内的水解酶类（蛋白酶类）释放进入代谢或起载体作用。有的则认为维生素A可增强动物的免疫反应，增强对肿瘤的抵抗力。最近一些用不同剂量联合给药的方式用抗氧化剂进行大规模的干预实验，包括在美国、芬兰、我国林县的干预实验，一些结果并不一致。在营养良好的人群中，某些抗氧化剂可能对防癌无益。有的实验甚至是补充β-胡萝卜素组肺癌的发病率及总死亡率稍高于对照组。在营养较差的人群中补充β-胡萝卜素、维生素E及硒与降低癌的危险性相关。虽然如此，但目前尚不能确切否定维生素A及胡萝卜素的防癌抗癌作用，因维生素A在上皮分化上有重要生理功能，胡萝卜素类有很强的消灭自由活性氧的的作用。并且不少动物实验证明维生素A缺乏，动物对致癌物的敏感性增加。

应当注意的是，大剂量天然维生素A有毒性作用，且在体内主要分布于肝脏，限制了其实际应用。现人工合成的视黄醇类已有近百种，其中全反式视黄酸于体内分布均匀，毒性小。

（二）维生素C（抗坏血酸）

癌症发生可能与维生素C缺乏有关。膳食维生素C含量高，有可能降低胃、口腔、咽部、食管、肺、胰腺、子宫等部位发生癌的危险性。

1. 维生素C与肿瘤发生的关系　一些流行病学资料显示：食管癌、胃癌高发区居民维生素C摄入量较低；人群中癌的发病率与每日摄入维生素C的平均值成反比；一些临床检验资料证明：癌周围组织维生素C浓度高，而病人体内储存的维生素C减少；癌症病人血液中维生素C含量低于正常人。以上均说明人体癌症的发生可能与维生素C缺乏有关。

2. 维生素C与宿主对肿瘤的抵抗力　有的学说认为：细胞间质的高粘性是阻碍癌细胞突破周围组织的第一道屏障。这种高粘性由长链聚合物透明质酸形成，可因透明质酸酶的解聚作用而破坏。透明质酸酶则可被"生理学的透明质酸酶抑制剂（PHI）"所抑制，而"PHI"的产生则需补充维生素C，维生素C可以合成适量的透明质酸酶抑制剂（PHI）而增强细胞间质的粘性，防御肿瘤细胞的侵袭。维生素C尚可增强机体的免疫系统，有利于增强机体对肿瘤的抵抗力。

维生素C可阻断亚硝胺类化合物的体内合成。国内实验证明维生素C可抑制甲基苄胺与亚硝酸钠在体内合成亚硝胺，从而减少肿瘤发生。

（三）维生素E

维生素E可阻断亚硝胺合成，并降低一些化学物质的致癌作用。维生素E也是抗氧化剂，它是内脂质膜中最重要的抗氧化物质。通过清除氧自由基和终止自由基链反应而保护细胞膜的多不饱和脂肪酸，使之免受氧化损伤。另一种可能机制是维生素 E 可使类胡萝卜素保持还原状态，从而加强这些物质的抗氧化能力。维生素 E 含量高的膳食可能降低肺癌及宫颈癌的发生。对胃癌、结肠癌、直肠癌及乳腺癌的作用结论尚不一致。

（四）B 族维生素

维生素 B_2 缺乏可增强化学致癌物的致癌作用。实验证明，不论用何种方法造成动物缺乏维生素 B_2，用偶氮染料诱发肝肿瘤时，肝肿瘤生长速度加快，肿瘤发生率高。叶酸和维生素 B_{12} 以及胆碱、蛋氨酸都是抗脂肪肝物质或甲基供体，参与 DNA 的甲基化，而 DNA 的甲基化异常是癌的特性。有资料证明这类物质摄入不足或缺乏与癌的危险性有关。叶酸和蛋氨酸含量高的膳食可能降低结肠、直肠癌的危险性。

三、微量元素

（一）碘

膳食和饮水含碘量低，可引起单纯性甲状腺肿，甲状腺肿又可引起甲状腺肿瘤。甲状腺肿流行区，甲状腺癌的发病率较高。其机理可能是甲状腺机能低下，通过反馈机理使过量的垂体促甲状腺激素不断作用，结果引起实验动物甲状腺组织增生及发生肿瘤。低碘饮食还可诱发与激素有关的乳腺癌、子宫内膜癌和卵巢癌的发生。一些国家的资料证明，乳腺癌的发病率与甲状腺肿瘤的发病率差异平行。

（二）硒

资料表明，硒有抗癌作用。高硒使多种化学致癌物诱发动物肝癌、皮肤癌和淋巴肉瘤的作用受到限制。硒可对抗某些化学致癌物的机理，可能与硒参与抗氧化作用有关。硒本身并无抗氧化能力，它是谷胱甘肽过氧化物酶的必需组分，因而可阻止过氧化物生成。流行病学资料表明，消化道癌患者血清硒水平明显低于健康人，血清硒含量与肿瘤死亡率呈负相关。1984～1990 年在我国江苏启东县肝癌高发区进行了 6 年的补硒干预实验，结果肝癌发病率由 $52.84/10^5$ 显著下降到 $34.49/10^5$。还有一些队列研究和病例对照研究，说明硒可能降低肺癌的危险性。应该注意的是高硒可引起中毒。

（三）锌

分析了中国香港居民食管癌患者的血、头发、食管癌组织和无癌食管样品中锌含量并与其他病人（其他类型肿瘤或非肿瘤患者）及正常人比较，食管癌患者血中锌含量显著较低，头发中含量亦低。因此锌缺乏可能与食管癌发生有关。

四、热量、蛋白质

（一）热量

很早以前就有人发现，限制膳食热量，可使体重下降，减少肿瘤的发生。20 世纪 40 年代有关的疾病统计资料表明，体重超重的人较体重正常或体重轻的人更容易患癌症，肿瘤死亡率也较高。大多数实验结果证实，限制热量摄入，可减少动物自发性肿瘤的发生率，延长肿瘤发生潜伏期，并可抑制移植性肿瘤的建立，减慢生长速度。如不限制膳食热量，而强迫动物不断运动以促进热量的消耗，也可以抑制化学致癌物对实验动物的诱癌作用。

虽然限制热量可以抑制人和动物肿瘤的发生，但不能考虑用限制热量的办法作为控制人的肿瘤生长的实际措施，因为限制膳食必然减少身体的营养素供给，造成机体衰弱、抵抗力下降，肿瘤却仍能发展。所以应提倡增加体力活动，以控制体重使之平衡。

（二）蛋白质

关于蛋白质与肿瘤发生的关系，许多流行病学和动物实验证明，膳食中蛋白质含量低，会促进人和动物肿瘤的发生，若提高蛋白质含量或补充某些氨基酸，可抑制动物肿瘤的发生。

国内外食管癌流行病学研究发现，食管癌高发区，一般都是土地贫瘠、居民营养欠佳、蛋白质和热量摄入不足的地区。营养不平衡、蛋白质和热量缺乏被认为是食管癌的发病因素之一。

国内研究证明，饲料中蛋白质含量高或补充某些氨基酸，可抑制动物肿瘤的诱发。但也有实验证明，饲料中蛋白质含量高或补充某种氨基酸，可促进动物肿瘤的发生。由于膳食蛋白质对癌的危险性很难与其他营养素或食物中很多其他化学成分的影响区分，如动物蛋白质与动物脂肪、胆固醇共存，给癌的危险性评价带来困难，所以目前膳食中蛋白质的摄入量以符合参考摄入量及平衡膳食为主。

五、膳食中其他成分

近年来膳食纤维与大肠癌的关系引起很大注意。流行病学资料表明，膳食中纤维低会促进大肠癌的发生。对23个国家妇女食肉量与大肠癌关系的研究表明，食肉量与大肠癌发病呈正比关系，证明少渣食物增加大肠癌的危险。美国一些地区，随牛肉消费量增加，谷物消费量减少，大肠癌发病率20年内上升35%。我国近年来结肠癌、直肠癌发病率也在上升。

十几项病例对照研究结果显示膳食纤维可能预防乳腺癌，还有几项病例对照研究结果显示膳食纤维可能使胰腺癌危险性下降。

第二节 食品中致癌因素

一、食品中自然致癌物

（一）霉菌毒素

霉菌毒素是食品中重要的一类致癌物。霉菌在适宜的温度、湿度下在食品中生长、产毒。曲霉菌属、青霉菌属、镰刀菌中都有产毒菌株，其中黄曲霉毒素 B_1（AFB_1）毒性和致癌性最强。

我国长江沿岸以及长江以南地区黄曲霉毒素污染严重，北方各省污染很轻。各类食品中，花生、花生油、玉米污染严重，大米、小麦、面粉污染较轻，豆类很少受到污染。目前有60多个国家制订了食品和饲料中黄曲霉毒素限量标准和法规。我国食品中黄曲霉毒素 B_1 允许量标准为：玉米、花生仁、花生油不得超过 $20\mu g/kg$。其他粮食、豆类不得超过 $5\mu g/kg$。婴儿代乳食品不得检出。不论我国还是世界其他国家，都重视逐渐降低食品中黄曲霉毒素限量标准，使之达到尽可能低的水平，以保障人畜的健康。

黄曲霉毒素可使鱼类、大鼠、猴及家禽等多种动物诱发实验性肝癌。不同动物的致癌剂量差别很大，以大白鼠最为敏感。根据计算 AFB_1 比二甲基亚硝胺诱发肝癌能力大75倍，因此黄曲霉毒素属极强的化学致癌物质。它不仅主要致动物肝癌，在其他部位也可致肿瘤，如胃癌、肾癌、直肠癌及乳腺、卵巢、小肠等部位肿瘤。黄曲霉毒素尚能在灵长类动物诱发肝癌。

从亚非国家和我国肝癌流行病学调查研究中发现，某些地区人群膳食中 AF 水平与原发性肝癌（PHC）的发生率呈正相关。这些地区包括中国、肯尼亚、莫桑比克、菲律宾、斯威士兰、泰国和南非。尽管一度有人认为，乙肝病毒（HBV）感染是 PHC 的重要原因。但最近的研究表明，PHC 的发病机制中 AF 的暴露水平较 HBV 的感染和流行更为重要。在南非和莫桑比克，10 年的监测结果表明，降低人群膳食中 AF 水平，HBV 感染和肝癌发病率均呈下降趋势。

（二）N-亚硝基化合物

N-亚硝基化合物是另一类重要致癌物。此类化合物可在动物体内、人体内、食品及环境中由其前体物（胺类、亚硝酸盐及硝酸盐）合成。人体主要在胃内合成，受感染的膀胱、肠道内也可合成。维生素 C 或 E 或富含维生素 C 的水果蔬菜可阻断其合成。

人类接触亚硝基化合物可能通过：①食物、水及空气中由前体物已合成的亚硝基化合物；②分别摄入前体物硝酸盐、亚硝酸盐和胺类而在体内合成亚硝基化合物；③体内形成前体物后在体内合成亚硝基化合物。综合已调查结果，认为肉类、鱼类、酒类及发酵食品中的亚硝基化合物较为重要。肉制品如用硝酸盐或亚硝酸盐作防腐剂，则多可测出亚硝基化合物，含量多在 5 μg/kg 以下，个别香肠类制品可高达 165 μg/kg。咸肉经油煎后，肉及煎出的油中亚硝基化合物每公斤可增加数十微克。鱼类食品中，盐腌干鱼也含有亚硝基化合物。尤其以粗盐腌制或用硝酸盐或亚硝酸盐作为保藏剂者，其含量个别可高达每公斤数十至数百微克。奶制品中奶粉，尤其是干酪，可查出亚硝基化合物，多为痕迹量，最高量为 5 μg/kg。发酵食品中酱油、醋、酒、啤酒、酸菜等均可查出亚硝基化合物，除啤酒及酸菜外一般含量皆在 5μg/kg 以下。啤酒中亚硝基化合物主要来自麦芽，麦芽中亚硝胺含量与烘干方法有关，如直接火烘则麦芽亚硝胺含量较高，如间接火烘则麦芽亚硝胺含量较低。人体内内源性合成的亚硝基化合物每天 0~700 μg。除食品中含有亚硝基化合物外，香烟、农药、化妆品、车间空气、药品、工业品中也有亚硝基化合物存在。

N-亚硝基化合物致癌性很强，经研究的 200 多种 N-亚硝基化合物中，约 80% 以上有致癌性。亚硝基化合物可以诱发大鼠、小鼠及地鼠的所有器官及组织的肿瘤，其中以肝、食管、胃等器官为主。目前尚未发现人类肿瘤和亚硝基化合物直接有关的可靠证据。有关亚硝基化合物致癌作用虽有不少研究及学说，但至今尚无统一的看法。怀疑亚硝胺是人类肿瘤重要病因的依据是：①人类食物及其他环境中有亚硝基化合物及其前体物存在，人类经口可摄入这些物质；②人胃内可合成亚硝基化合物；感染的膀胱内查出亚硝胺；③尚未发现任何一种动物对亚硝基化合物的诱癌性有抵抗力，包括灵长动物（人亦属灵长动物）及对化学致癌物不够敏感的动物；④人肝的体外代谢实验证实人肝与其他动物肝脏对亚硝基化合物代谢类似；⑤人类亚硝胺中毒（如二甲基亚硝胺）与动物中毒类似；⑥某些胃癌高发区，饮水中或土壤内硝酸盐含量较高。

减少人体接触 N-亚硝基化合物的措施为：①制定食品中硝酸盐、亚硝酸盐使用量及残留量标准。②含蛋白质丰富的易腐食品，如肉类、鱼类、贝壳类，以及含硝酸盐较多的蔬菜尽量低温储存以减少胺类及亚硝酸盐的形成。③烘烤啤酒麦芽和干燥豆类食品尽量用间接加热以减少亚硝胺形成。制定啤酒中亚硝胺最高允许量标准。④多选食含维生素 C、E 丰富的食物及新鲜水果等，以阻断体内亚硝基化合物形成。少食用腌菜、酸菜。⑤胡椒、辣椒等香料与盐等分开包装，以减少加工肉内亚硝基化合物的量。⑥曝晒粮食及饮水，使已形成的亚硝基化合物光解破坏，并减少细菌及霉类，以避免促进亚硝基化合物合成作用。⑦使用钼肥可增产，并可减少农作物中硝酸盐聚集。⑧注意口腔卫生，减少唾液中亚硝酸盐量。

（三）蕨类（羊齿植物）

如饲料中含蕨类较多，牛可产生膀胱癌，大鼠产生膀胱癌和小肠腺癌，豚鼠产生膀胱肿瘤，小鼠产生肺腺瘤，鹌鹑产生小肠腺癌等。近年来土耳其及巴西家畜食管和胃肿瘤发病率高，归因于蕨类中的致癌物质。日本胃癌发病率高，曾有人认为与日本人喜食蕨类有关，但流行病学调查未能证实。蕨类对人类危害，可能因直接食用蕨类；也可能是间接的，奶牛如食蕨类，其奶汁中可含有毒性物质。如用此奶喂小牛，小牛骨髓所发生的损害与直接食蕨类所造成的损害相似。通过奶及奶制品带给人类健康的危害更为重要。

（四）黄樟素、异黄樟素及二氢黄樟素

国际癌瘤中心已确认黄樟素、异黄樟素及二氢黄樟素对动物有致癌性。在某些芳香油类中常含有黄樟素，甚至是某些挥发油的主要成分，如樟脑油和桉叶油中可能含有黄樟素，桂皮和茴香中也可含有少量。有的国家曾将黄樟素用来作为饮料、啤酒及香皂的香料。大鼠饲料含 5000 ppm 黄樟素，经 2 年，19/50 动物发生肝肿瘤，其中 14 只为恶性，并可使动物生长缓慢、寿命缩短、贫血、骨髓损害等。

（五）苏铁素

苏铁素为一种糖苷，存在于苏铁果实及壳中。苏铁在我国广东、广西、福建及云南等省有种植，茎内淀粉、种子及有的种属的幼叶可食用或酿酒，叶及种子尚可入药。日本冲绳的居民将苏铁果实作为日常食品，但用水多次漂洗以除去毒性物质。如未经处理喂给大鼠则显示其强致癌性。苏铁素在动物体内代谢可产生 N–亚硝基化合物。苏铁素尚能诱发小鼠、豚鼠、地鼠和鱼的实验性肿瘤。国际癌瘤中心也确认苏铁素为对动物有致癌性的 94 种物质之一。

（六）槟榔

我国云南、广西、广东部分地区居民有嚼槟榔习惯。嚼槟榔习惯与口腔、喉、食管和胃肿瘤发生有关。印度人主要是女性有嚼槟榔习惯，因此，女性上消化道肿瘤发病率高于男性。

（七）酒精性饮料

饮酒能增加某些癌症的危险性。如饮酒又吸烟则可产生协同作用。世界卫生组织认为过量饮酒与口腔、喉及食管癌有关。最近一些报告酒精还可能和咽、结肠、直肠和乳腺癌有关。饮酒与癌的关系可能是酒精本身或是酒含有致癌物，如威士忌酒可含致癌性多环芳烃及亚硝胺；滤酒时如用石棉，则石棉可混入酒中，石棉是人类的致癌物。啤酒可含有亚硝胺，国内外均已有报告。酗酒常易使人发生肝硬化，有的学者认为先导致肝硬化，再发展成肝癌。长期慢性酒精中毒者常合并营养不良，而缺乏某些维生素又是某些肿瘤发生的因素，故饮酒造成营养不良也许是诱发肿瘤的原因。

二、食品污染物中致癌物

食品污染物中有多种致癌物质，如多环芳烃类、某些有致癌作用的农药和容器包装材料及设备中某些潜在的致癌性因素等。食品添加剂使用也应注意防癌，如滑石粉问题尤应注意，我国各地糖果加工尤其是软糖加工过程中使用滑石粉。有人认为日本胃癌发病率高与日本人所吃的米在碾米时表面涂有混着滑石粉的葡萄糖有关。

三、食品烹调加工过程中的致癌物

食品在烹调加工过程中除可能受致癌物质污染外，烹调加工过程本身亦可产生致癌物质。如食品成分热解或热聚可产生多环芳烃类，鱼、肉经烹调后可形成亚硝胺等。食品中脂

类物质高温加热亦可产生致癌物质。1977年日本人首先发现鱼、肉经高温加热的表面烧焦部分有很强的致突变作用。其后又经一些系统研究，发现蛋、奶、动物内脏、干酪和豆腐均可产生致突变物质，系由蛋白质、氨基酸热解产生；其中色氨酸热解产生的物质致突变性最强。谷氨酸、赖氨酸、苯丙氨酸及大豆蛋白热解均可产生致突变物。用这些有致突变性的热解产物做动物实验，可诱发癌前病变、肝癌、肉瘤等。以上物质均来自食品表面烧焦部分或氨基酸加热至250℃以上的高温热解产物，一般烹调加工，没有烧焦的食品中并不一定含有。日本胃癌高发，据认为与食用腌制食品有关。鼻咽癌可能和咸鱼有关。冰岛胃癌高发与食用熏制食品有关。近年来西欧和美国胃癌发病率下降与广泛使用冰箱有关。因冷藏可减少胺类、亚硝酸盐及亚硝胺形成，并可减少过氧化物生成。食品加工中使用的某些添加剂可能有抑癌作用或防止致癌物质生成，如肉制品中添加维生素C则可抑制肉制品中亚硝胺形成。

第三节 癌症病人的营养治疗和饮食护理

一、营养治疗的必要性

大量临床资料显示恶性肿瘤病人营养不良发生率在40%~75%之间，而营养不良是病人恶病质的重要原因之一。癌瘤病人癌细胞增长较快，代谢增高，再加上癌瘤病人往往食欲低下，食物摄入量少，因此对病人必须进行营养治疗，以改善病人营养状况，使病人较好地耐受手术、化疗或放疗，增强免疫力，减少继发感染，提高生活质量。

二、营养治疗的原则及方式

（一）经口进食

营养治疗的原则是：若病人尚可经口进食，则应尽一切努力增加摄入量，烹调病人爱吃的食品，使用病人喜欢的调味品。营养师应针对病情及病人习惯，进行个别指导。

（二）管饲

如病人不能经口进食，则可考虑管饲。所谓管饲就是用细径的管子将营养物直接送到胃内或肠内，胃肠道尚有功能而不能经口进食时，即可应用。经鼻管饲只宜短期使用，以不超过3周为好。因长时间使用容易刺激病人的鼻、咽喉、食管。

管饲的好处是比静脉营养要便宜，同时能保持胃肠道组织结构不致退化而丧失功能，并能达到营养支持的效果；合并症较少；病人自己或其家属经训练后可在家里进行；住院病人用管饲对护理人员来说工作量也不大。

（三）胃肠外静脉营养

若病人的肠道功能已丧失，或在手术前后需纠正营养不良，或不能耐受化疗或放疗时，也可经静脉给予营养物，这叫作胃肠外静脉营养，也就是将氨基酸、葡萄糖、乳化脂肪、矿物质、维生素、水分等直接输入静脉。如短期应用，可在四肢远端静脉输入；若需做较长期的10~14天或以上的静脉营养治疗，或是因病情需要不能输入大量液体而需较浓缩液体，可使用中心静脉输入。直接输入中心静脉，必须由医师进行，严格要求操作规范和严密监测及观察。

三、各种癌瘤病人的营养饮食护理

（一）化疗病人的营养饮食护理

化学抗癌药物引起的消化道不良反应主要是由很多药物对消化道粘膜损伤引起的。最初表现为食欲不振，继而食欲减退，恶心，反复呕吐，腹泻。氟尿嘧啶等药物可引起频繁腹泻，甚至血性腹泻。

化疗病人的饮食护理措施包括：①关心病人进食情况，了解病人的饮食习惯，提供病人喜食食品，尽力创造良好的进食环境，鼓励病人多进食。多吃水果和高蛋白、高维生素、低脂肪食物。②对反应较重者宜安排在睡前服药，以免影响进食。③化疗前0.5~1小时和化疗后4~6小时服些镇静剂，有助于减轻恶心、呕吐。④对胃粘膜有刺激的药物可装入肠溶性胶囊服用，以减轻胃部刺激。应检查病人的排便情况，减少腹泻。⑤做好口腔护理，尤其对有口腔炎和溃疡的病人要注意保持口腔清洁，减少细菌的繁殖。化疗期间应选用半流食及软饭，要高蛋白、高维生素和低脂肪膳食。一般选择色、香、味能够适应病人口味的食物。可以少食多餐，增加每天的总摄入量。化学药物可引起白细胞减少，可吃些富含蛋白质、铁、维生素的食品，如动物肝脏、瘦肉、大枣、桂圆、阿胶、新鲜水果和蔬菜等。对食欲不振、消化不良、腹泻的病人可辅之以健脾养胃食品，如薏米仁、白扁豆、大枣、萝卜、山楂或粳米炒后泡茶等等。对不良反应严重、长期营养摄入障碍的病人可考虑用胃肠外营养输入法来改善病人的状况。

（二）放疗病人的营养饮食护理

放疗的不良反应可引起粘膜损伤、骨髓抑制、细胞减少等。与营养失调有关的反应有：头颈部放疗损伤味觉细胞，使味觉减退或消失，造成食欲不振；口腔、食管、胃肠道等部位接受放疗后，粘膜受损出现吞咽困难、恶心呕吐、腹泻、便血，少数病人可能发生消化道穿孔，同时可以抑制胃酸及蛋白酶分泌，也会影响胃肠消化功能。

放疗期间和放疗后病人饮食营养十分重要。一般供给病人流食、半流食，应根据病人情况酌情决定数量和餐次。饮食中宜增加一些滋阴生津的甘凉之品，如藕汁、梨汁、甘蔗汁、荸荠、枇杷、猕猴桃等。对于营养状况较差的病人可以给予静脉营养，以补充体内的严重消耗。

（三）癌症病人的手术营养饮食护理

1. 手术前　手术前给病人良好的饮食，使病人有良好的体质以保证手术的顺利进行，是促进病人康复的必要条件。病人应在手术前一段时间内采取一些具体措施增加营养，如消瘦的病人要给高热量、高蛋白质、高维生素膳食，使病人能在短期内增加体重，对较肥胖的病人要给高蛋白、低热量、低脂肪膳食，以储存部分蛋白质并消耗体内脂肪，因为体脂过多会影响伤口的愈合。对患不同部位肿瘤的病人也要有针对性地安排膳食，如肝、胆、胰肿瘤的病人要用低脂膳食，而胃肠道肿瘤的病人术前要安排少渣流食或半流食，以减少胃肠道内残渣。

一般病人在术前12小时应禁食，术前4~6小时要禁水，以防止麻醉或手术过程中呕吐或并发吸入性肺炎，胃肠道内较多食物积存也影响手术的顺利进行。

2. 癌症病人手术后的营养饮食护理　手术后初期一般采用特殊途径供给营养，如静脉营养。待胃肠道功能恢复后，可以先给清流食或流食，逐步过渡半流食，经过一段时间后再依次过渡到软饭或普通膳食，并可采用少食多餐的方式增加营养素摄入。由于手术的创伤要补充大量的蛋白质和维生素，为了促进病人的早日康复或尽快接受其他治疗，术后原则上进食高蛋白、高热量和高维生素的营养膳食，如牛羊肉和瘦猪肉、鸡肉、鱼、虾、蛋、排骨及豆制品，可以多喝牛奶、藕粉和鲜果汁,多吃新鲜的蔬菜水果。

3. 不同手术部位病人的膳食安排

(1)非胸腹部手术的病人:一般在麻醉反应消失后进食。最先用冷流食,次日用流食,第三天改为半流食。口腔部肿瘤手术后要酌情进食,以半流食和软饭为好。膳食要营养充足,食物细、软、烂,如牛奶、酸奶、豆浆、豆腐脑、菜泥、肉泥等,忌硬的食物或辛辣刺激食物。

(2)腹部手术的病人:胃肠道手术后,病人应在术后3~4天排气,然后可进少量清流食,需经一段时间后过渡到软食;适应后才能用普通膳食。大肠、直肠手术后要用少渣食物以减少排便数量和次数,从而减少对伤口的刺激。肝、胆、胰脏肿瘤手术后要注意限制脂肪的摄入量,一般采用低脂肪膳食。

(3)头部肿瘤手术的病人:对于术后昏迷的病人,合理的饮食能促进病人早日恢复,并减少合并症发生。昏迷病人一般可采用鼻饲的方法给高热量、高蛋白质饮食。

(四)食管癌病人的饮食营养护理

食管癌病人的突出症状是吞咽困难,也是食管癌病人在饮食方面的严重问题。大多数食管癌病人的吞咽困难是逐渐发生的,并进行性加重。开始时病人仅在进食干食物时有哽噎感,逐步加重,甚至发展到进软食、半流食都有困难,最终出现喝水、进流食均完全困难,使病人的营养状况越来越差,最后导致恶病质。摄食困难是食管癌病人的一个十分严重的问题。

对于已确诊的早、中期食管癌病人应抓紧机会全面地给病人增加营养,给病人含有高蛋白、高维生素的软食或半流食,尽可能利用其胃肠道的吸收功能多补充营养,使病人有一个较好的身体状况,以便能接受手术治疗、化疗、放疗。

食管癌病人饮食中要注意避免:①当病人出现哽噎感时,不要强行吞咽,否则会刺激局部癌组织出血、扩散、转移和疼痛。在哽噎严重时应进食流食或半流食。②避免进食冷流食,放置较长时间的变冷的面条、牛奶、蛋汤等也不能喝。因为食管狭窄的部位对冷食刺激十分敏感,容易引起食管痉挛,发生恶心、呕吐、疼痛和胀麻等感觉。所以进食以温食为好。③不能吃辛、辣、臭、腥的刺激性食物,因为这些食物同样能引起食管痉挛,使病人产生不适。

对于完全不能进食的食管癌病人,应采取胃造瘘管饲或胃肠外静脉营养的方法输入营养素以维持病人机体的需要。

(五)胃癌病人的饮食营养护理

胃癌是一种常见的肿瘤,在我国恶性肿瘤死亡率中占第一位。大多数胃癌病人早期为消化不良的表现,进食后上腹部有短暂轻微的腹胀,食量减少,食欲减退或上腹部不适感等,一旦确诊后应尽快治疗。中、晚期胃癌在临床上分为:①胃窦癌;②贲门癌;③幽门癌。

早期胃癌病人应给予易消化的食物,含蛋白质、脂肪较丰富的烹调较烂的食物,尽量减少食物中粗纤维的含量。必须注意:不易消化的粗糙食物可加重病人的病情。

对于胃窦癌,尤其是溃疡型一定要给予软食或半流食,食物不宜过冷过热,温度的变化容易引起胃粘膜血管的变化而造成出血。必须禁忌烟酒和辛辣刺激性食物,这些可能刺激胃部蠕动和痉挛,增加病人的疼痛和不适感。

对于贲门癌或幽门癌引起梗阻的病人,尽可能给予流食或半流食,如牛奶、果汁加糖和维生素,可以参考食管癌病人的饮食配膳。由于胃癌组织的恶性生长消耗体内大量营养素,同时影响正常的消化系统功能,很容易造成病人的营养不良。所以胃癌病人膳食中要尽量补充大量的蛋白质、维生素和热能,使病人能有较好的体质接受手术治疗和术后的其他辅助治疗。

对于手术病人的饮食已另有所述,这里仅对胃癌切除后的病人饮食给予具体指导:病人在胃肿瘤切除后,胃容量大大减少,胃的储存和消化功能大大降低,病人可能引起食量小、营养不良和缺铁性贫血等一系列小胃综合征。一些病人甚至引起生理紊乱,严重影响消化功能。常见的合并症有:①倾倒综合征:由于幽门对胃内容物的控制能力丧失,进食大量食物后骤然进入小肠,使病人感到上腹饱满、不适、恶心、呕吐、头晕、乏力、出汗、心悸、衰弱,血压稍高,面色苍白,一般休息 10~20 分钟可以缓解。②低血糖:由于饭后葡萄糖在小肠内吸收过快,造成暂时性血糖升高,刺激胰岛素分泌增加,发生血糖过低。病人表现心悸、头晕、出冷汗等症状,多发生在进食后 2~3 小时,稍微进食或喝些葡萄糖水可以缓解症状。③体重下降:由于胃容量变小后影响胃的纳食和消化功能,进食方式不当可以造成营养素和热量不足,使病人的体重下降。④贫血:多见缺铁性贫血,由于胃液分泌减少和肠液反流,使胃酸明显减少,直接影响到口服铁的吸收,造成贫血。

合理的进餐制度和正确的进餐方式完全可以预防上述各种合并症的发生:

(1)少食多餐。胃大部切除病人宜少食多餐,每天进餐 6~7 次,定时定量进餐可使胃内不空不胀,也可以逐步适应残胃的消化功能。少食多餐还能增加总热量摄入,避免体重的减轻。每两小时进餐一次还可以预防低血糖的发生,少食多餐是胃癌切除后病人的重要饮食制度。

(2)干稀分食。为使食物在胃内停留时间延长,进餐时只吃较干食物,不喝水,可以在进餐后 30 分钟喝水,从而避免食物被快速冲入小肠,并能缓慢通过小肠,促进食物进一步吸收。

(3)限制碳水化合物摄入,预防倾倒综合征。

(4)逐步增加食量和食物种类,病人应从术后的流食、半流食逐步转为软食或普通膳食,并根据病人的饮食习惯增多花样,提高病人的食欲,有助于病人的康复。

(六)肠癌病人的饮食营养护理

肠道肿瘤中以直肠癌和结肠癌占绝大多数。肠癌早期往往有大便的改变,有时便秘,有时腹泻,便中带血,有些病人便秘和腹泻交替出现。所以对早期肠癌病人应重视调理大便,在饮食中摄入含粗纤维较多的食品,如土豆、红薯、香蕉、嫩叶青菜等等,但加工要细致,避免食物过分粗糙对肿瘤部位的刺激。含纤维素丰富的食品,可以使大便有一定容量,既可以预防便秘,又可在一定程度上防止腹泻,并能保证每日的规律排便。

晚期肠癌病人由于肿瘤恶性生长侵入肠道内造成肠道狭窄,不同程度地阻塞排便,并减少对食物的容纳。这时应注意给予病人营养丰富、少粗纤维的食物,如蛋类、瘦肉、豆制品和细粮、嫩叶蔬菜等等;并嘱咐病人多喝蜂蜜水和吃香蕉、鸭梨等,其中以蜂蜜通便效果最佳。

肠癌病人禁忌辛辣食物,辣椒、胡椒等食物对肛门有刺激作用,尽量避免。

(七)肝癌病人的饮食营养护理

早期肝癌患者:①应特别给予易消化的食物,由于肝肿瘤的存在,造成肠道内脂肪的消化吸收障碍。②给予低脂肪的食物,可以缓解病人恶心、呕吐、腹胀的症状;还可以一定程度地缓解肝区疼痛。③肝区剧烈疼痛不思饮食者,可以在服用一些镇痛药后抓紧时间进食,或在肝区疼痛自行缓解时进食。

中、晚期肝癌患者:①有上消化道出血的病人,在止血后才可以进食,饮食中一定注意食物中要少粗纤维或无纤维,避免机械刺激出血的伤口。食物不能过冷过热,避免刺激粘膜血管发生再出血。②给予富含蛋白质并容易消化的食物,可以喝富含维生素的鲜果汁、鲜菜汁。

饮食原则:要少食多餐,以减少负担。

病人的食物应包括:牛奶、鸡蛋、豆浆、果汁、菜汁、瘦肉泥、肝泥等,可以适当给予维生素 C 和口服铁剂,使失血得到及时恢复。

(八)肺癌病人的饮食营养护理

肺癌是一种十分常见的癌症,在我国恶性肿瘤死亡率中排第二位。一般肺癌的全身症状并不明显,早期可有咳嗽、气急、痰中带血等类似结核的症状,晚期病人可有发烧、消瘦、乏力,甚至出现恶病质。

早中期的肺癌病人,其消化系统功能是健全的,在临床诊断后,应抓紧时间给机体补充营养,以提高身体素质,增强抵抗力,防止或延缓恶病质的出现。如果在临床治疗以前营养素补充得较充分,机体状况较好,病人对化疗、放疗的耐受力较强,治疗效果亦较好;病人在消化吸收允许的条件下应尽可能补充各种营养素,如优质的蛋白质、碳水化合物、脂肪、矿物质和多种维生素。

针对肺癌病人咳嗽、咯血等症状,祖国医学有许多养阴润肺和止咳止血、收敛的药方和食方,例如有养阴清肺功用的食物杏仁、海蜇、百合、荸荠等,而藕节、莲子、鸭梨、山药、百合、白木耳等都有止咳、收敛止血的作用。根据民间验方,肺癌病人还可以吃蛤蚧、龟板膏、龟肉、糯米等滋阴补养的食品。

同消化道肿瘤相比,肺癌病人的饮食应该是比较好解决的。除中医中药的滋补食品外,肺癌病人宜选用牛奶、鸡蛋、瘦肉、动物肝脏、豆制品、新鲜蔬菜水果等,可以尽量增加病人的进食量和进食次数。要注意:肺癌病人应忌荤腥油腻食物,禁忌辛辣的刺激性食物。

四、食谱举例

化疗期软饭见表 25 – 1。

表 25 – 1 化疗期间的软饭

餐次	主食及副食	食品名称及重量(g 或 ml)
早餐	加糖牛奶	脱脂牛奶 250 ml
		白糖 15 g
	蛋羹	鸡蛋 50 g
早 10 时	豆浆	200 ml
	蜂蜜	15 g
	橘子	50 g
午餐	猪肝汤面	挂面 100 g
		猪肝 50 g
		小白菜 150 g
		盐 2 g
下午 3 时	饼干	50 g
	冰激凌	100 g
晚餐	糖醋鱼	草鱼 100 g
		淀粉 10 g
		糖 15 g
	米饭	米 100 g
	西红柿蛋汤	西红柿 150 g
		鸡蛋 50 g
晚 8 时	去皮苹果	50 g
	酸奶(脱脂)	100 g
	全日用油	10 g

蛋白质 76.7 g (15.6%)　　脂肪 47.7 g (21.8%)　　碳水化合物 308 g (62.6%)　　全日总能量 8.23 MJ,(1967 kcal)

(宋圃菊)

附录一 中国居民膳食营养素参考摄入量(Chinese DRIs)

(摘自中国营养学会 2000 年 10 月版)

年龄(岁)	能量 RNIs MJ/d		能量 RNIs kcal/d		蛋白质 RNIs g/d		脂肪 AIs %总能量	碳水化合物 AIs %总能量	Ca AIs mg/d	P AIs mg/d	K AIs mg/d	Na AIs mg/d	Cl AIs mg/d	Mg AIs mg/d	Fe RNIs mg/d	I AIs μg/d	Zn AIs mg/d	Se RNIs μg/d	Cu AIs mg/d
	男	女	男	女	男	女													
0~	0.40MJ/(kg·d)*		95MJ/(kg·d)*		1.5~3g/(kg·d)		45~50		300	150	500	200	400	30	0.3	50	1.45(AI)	15	0.4
0.5~	0.40MJ/(kg·d)		95MJ/(kg·d)		1.5~3g/(kg·d)		35~40		400	300	700	500	800	70	10	50	8.0	20	0.6
1~	4.60	4.40	1100	1050	35	35	30~35	55~65	600	450	1000	650	1000	100	12	50	9.0	20	0.8
2~	5.02	4.81	1200	1150	40	40	30~35	55~65	600	450	1000	650	1000	100	12	50	9.0	20	0.8
3~	5.64	5.43	1350	1300	45	45		55~65	800	500	1500	900	1600	150	12	90	12.0	25	1.0
4~	6.06	5.85	1450	1400	50	50		55~65	800	500	1500	900	1600	150	12	90	12.0	25	1.0
5~	6.70	6.27	1600	1500	55	55			800	500	1500	900	1600	150	12	90	12.0	25	1.0
6~	7.10	6.70	1700	1600	55	55	25~30	55~65	800	700	1500	1000	2200	250	12	90	13.5	35	1.2
7~	7.53	7.10	1800	1700	60	60													
8~	7.94	7.53	1900	1800	65	65													
9~	8.36	7.94	2000	1900	65	65													
10~	8.80	8.36	2100	2000	70	65									男 女		男 女		
11~	10.04	9.20	2400	2200	75	75		55~65	1000	1000	1500	1200	2400	350	16 18	120	18.0 15.0	45	1.8
14~	12.13	10.04	2900	2400	85	80	20~30	55~65	1000	1000	2000	1800	2800	350	20 25	150	19.0 15.5	50	2.0
18~								55~65	800	700	2000	2200	3400	350	15 20	150	15.5 11.5	50	2.0
轻	10.04	8.80	2400	2100	75	65													
中	11.30	9.62	2700	2300	80	70													
重	13.38	11.30	3200	2700	90	80													
孕妇(1~3月)	+0.84		+200		+5			55~65	800	700	2500	2200	3400	+100	20	200	11.5	50	2.0
孕妇(4~6月)	+0.84		+200		+15			55~65	1000	700	2500	2200	3400	+100	25	200	+5		
孕妇(7~9月)	+0.84		+200		+20			55~65	1200	700	2500	2200	3400	+100	35	200	+5		
乳母	+2.09		+500		+20			55~65	1200	700	2500	2200	3400	+100	25	200	+10	65	2.0
50~					75	65		55~65	1000	700	2000	2200	3400	350	15	150	11.5	50	2.0

附注：RNIs:推荐摄入量 AIs:适宜摄入量 α-TE:α-生育酚 RE:视黄醇当量 NE:烟酸当量 轻、中、重:体力劳动强度

*:为 AI,非母乳喂养应增加 20%。1kcal=4.18kJ

附录二 食物血糖生成指数

食物血糖生成指数
Glycemic Index of Foods

食物类 Food group		食物名称 Food name	GI	食物类 Food group		食物名称 Food name	GI
糖类					40	玉米糁粥	51.8
	1	葡萄糖	100.0		41	玉米片	78.5
	2	绵白糖	83.8		42	玉米片(高纤维)	74.0
	3	蔗糖	65.0		43	小米(煮)	71.0
	4	果糖	23.0		44	小米粥	61.5
	5	乳糖	46.0		45	米饼	82.0
	6	麦芽糖	105.0		46	荞麦(黄)	54.0
	7	蜂蜜	73.0		47	荞麦面条	59.3
	8	胶质软糖	80.0		48	荞麦面馒头	66.7
	9	巧克力	49.0		49	燕麦麸	55.0
谷类及制品				薯类、淀粉及制品			
	10	*小麦(整粒,煮)	41.0		50	马铃薯	62.0
	11	*粗麦粉(蒸)	65.0		51	马铃薯(煮)	66.4
	12	面条(小麦粉)	81.6		52	*马铃薯(烤)	60.0
	13	*面条(强化蛋白质,细,煮)	27.0		53	*马铃薯(蒸)	65.0
	14	*面条(全麦粉,细)	37.0		54	*马铃薯(用微波炉烤)	82.0
	15	*面条(白,细,煮)	41.0		55	*马铃薯(烧烤,无油脂)	85.0
	16	*面条(硬质小麦粉,细,煮)	55.0		56	*马铃薯泥	73.0
	17	*线面条(实心,细)	35.0		57	马铃薯粉条	13.6
	18	*通心面(管状,粗)	45.0		58	甘薯[山芋]	54.0
	19	面条(小麦粉,硬,扁,粗)	46.0		59	甘薯(红,煮)	76.7
	20	面条(硬质小麦粉,加鸡蛋,粗)	49.0		60	藕粉	32.6
	21	面条(硬质小麦粉,细)	55.0		61	苕粉	34.5
	22	馒头(富强粉)	88.1		62	粉丝汤(豌豆)	31.6
	23	烙饼	79.6	豆类及制品			
	24	油条	74.9		63	黄豆(浸泡,煮)	18.0
	25	大米粥	69.4		64	黄豆(罐头)	14.0
	26	大米饭	83.2		65	黄豆挂面	66.6
	27	*粘米饭(含直链淀粉高,煮)	50.0		66	豆腐(炖)	31.9
	28	*粘米饭(含直链淀粉低,煮)	88.0		67	豆腐(冻)	22.3
	29	糙米(煮)	87.0		68	豆腐干	23.7
	30	稻麸	19.0		69	绿豆	27.2
	31	糯米饭	87.0		70	绿豆挂面	33.4
	32	大米糯米粥	65.3		71	蚕豆(五香)	16.9
	33	黑米粥	42.3		72	扁豆	38.0
	34	大麦(整粒,煮)	25.0		73	扁豆(红,小)	26.0
	35	大麦粉	66.0		74	扁豆(绿,小)	30.0
	36	黑麦(整粒,煮)	34.0		75	*扁豆(绿,小,罐头)	52.0
	37	玉米(甜,煮)	55.0		76	*小扁豆汤(罐头)	44.0
	38	玉米面(粗粉,煮)	68.0		77	*利马豆[棉豆]	31.0
	39	玉米面粥	50.9		78	*利马豆(加5克蔗糖)	30.0

食物类 Food group		食物名称 Food name	GI	食物类 Food group		食物名称 Food name	GI
	79	*利马豆(加10克蔗糖)	31.0		124	牛奶(加糖和巧克力)	34.0
	80	*利马豆(嫩,冷冻)	32.0		125	牛奶(加人工甜味剂和巧克力)	24.0
	81	鹰嘴豆	33.0		126	全脂牛奶	27.0
	82	鹰嘴豆(罐头)	42.0		127	脱脂牛奶	32.0
	83	*咖喱鹰嘴豆(罐头)	41.0		128	低脂奶粉	11.9
	84	*青刀豆	39.0		129	降糖奶粉	26.0
	85	青刀豆(罐头)	45.0		130	老年奶粉	40.8
	86	*黑眼豆	42.0		131	克糖奶粉	47.6
	87	罗马诺豆	46.0		132	酸奶(加糖)	48.0
	88	黑豆汤	64.0		133	*酸乳酪(普通)	36.0
	89	四季豆	27.0		134	*酸乳酪(低脂)	33.0
	90	四季豆(高压处理)	34.0		135	*酸乳酪(低脂,加人工甜味剂)	14.0
	91	*四季豆(罐头)	52.0				
蔬菜类	92	*甜菜	64.0	速食食品			
	93	胡萝卜[金笋]	71.0		136	大米(即食,煮1分钟)	46.0
	94	南瓜[倭瓜,番瓜]	75.0		137	大米(即食,煮6分钟)	87.0
	95	麝香瓜	65.0		138	小麦片	69.0
	96	山药[薯蓣]	51.0		139	桂格燕麦片	83.0
	97	雪魔芋	17.0		140	荞麦方便面	53.2
	98	芋头(蒸)[芋艿,毛芋]	47.7		141	即食羹	69.4
水果类及制品					142	营养饼	65.7
	99	苹果	36.0		143	*全麦维(家乐氏)	42.0
	100	梨	36.0		144	*可可米(家乐氏)	77.0
	101	桃	28.0		145	*卜卜米(家乐氏)	88.0
	102	桃(罐头,含果汁)	30.0		146	*比萨饼(含乳酪)	60.0
	103	*桃(罐头,含糖浓度低)	52.0		147	*汉堡包	61.0
	104	*桃(罐头,含糖浓度高)	58.0		148	白面包	87.9
	105	杏干	31.0		149	面包(全麦粉)	69.0
	106	杏(罐头,含淡味果汁)	64.0		150	*面包(粗面粉)	64.0
	107	李子	24.0		151	*面包(黑麦粉)	65.0
	108	樱桃	22.0		152	*面包(小麦粉,高纤维)	68.0
	109	葡萄	43.0		153	*面包(小麦粉,去面筋)	70.0
	110	葡萄干	64.0		154	面包(小麦粉,含水果干)	47.0
	111	葡萄(淡黄色,小,无核)	56.0		155	*面包(50%~80%碎小麦粒)	52.0
	112	猕猴桃	52.0		156	*面包(75%~80%大麦粒)	34.0
	113	柑	43.0		157	*面包(50%大麦粒)	46.0
	114	*柚	25.0		158	*面包(80%~100%大麦粉)	66.0
	115	*巴婆果	58.0		159	*面包(黑麦粒)	50.0
	116	*菠萝	66.0		160	*面包(45%~50%燕麦麸)	47.0
	117	*芒果	55.0		161	*面包(80%燕麦粒)	65.0
	118	*芭蕉[甘蕉,板蕉]	53.0		162	*面包(混合谷物)	45.0
	119	香蕉	52.0		163	*新月形面包	67.0
	120	香蕉(生)	30.0		164	棍子面包	90.0
	121	西瓜	72.0		165	燕麦粗粉饼干	55.0
种子类					166	*油酥脆饼干	64.0
	122	*花生	14.0		167	*高纤维黑麦薄脆饼干	65.0
乳及乳制品					168	竹芋粉饼干	66.0
	123	牛奶	27.6		169	小麦饼干	70.0
					170	梳打饼干	72.0

食物类 Food group	食物名称 Food name	GI	食物类 Food group	食物名称 Food name	GI
	171 *格雷厄姆华饼干	74.0	混合膳食及其他		
	172 *华夫饼干	76.0		190 馒头+芹菜炒鸡蛋	48.6
	173 *香草华夫饼干	77.0		191 馒头+酱牛肉	49.4
	174 *膨化薄脆饼干	81.0		192 馒头+黄油	68.0
	175 达能闲趣饼干	47.1		193 饼+鸡蛋炒木耳	48.4
	176 达能牛奶香脆	39.3		194 饺子(三鲜)	28.0
	177 酥皮糕点	59.0		195 包子(芹菜猪肉)	39.1
	178 马铃薯片(油炸)	60.3		196 硬质小麦粉肉馅馄饨	39.0
	179 爆玉米花	55.0		197 牛肉面	88.6
饮料类				198 米饭+鱼	37.0
	180 苹果汁	41.0		199 米饭+芹菜+猪肉	57.1
	181 水蜜桃汁	32.7		200 米饭+蒜苗	57.9
	182 *巴梨汁(罐头)	44.0		201 米饭+蒜苗+鸡蛋	68.0
	183 *菠萝汁(不加糖)	46.0		202 米饭+猪肉	73.3
	184 *柚子果汁(不加糖)	48.0		203 *玉米粉加人造黄油(煮)	69.0
	185 橘子汁	57.0		204 猪肉炖粉条	16.7
	186 可乐饮料	40.3		205 西红柿汤	38.0
	187 *芬达软饮料	68.0		206 二合面窝头(玉米面+面粉)	64.9
	188 *冰激凌	61.0		207 *牛奶蛋糊(牛奶+淀粉+糖)	43.0
	189 *冰激凌(低脂)	50.0		208 黑五类粉	57.9

注:*表示引用国外数据

摘自《中国食物成分表2002》.中国疾病预防控制中心营养与食品安全所.北京大学医学出版社,2002.

附录三 常用食物能量表

附表 3-1 常用主食简表 [食部（注）每 100 克含量]

食物名称	蛋白质（克）	脂肪（克）	碳水化合物（克）	热量（千卡）
稻米（粳）	8.0	0.6	77.7	348
机米	7.9	0.6	77.5	347
小米	9.0	3.1	73.5	358
玉米面	8.1	3.3	69.6	340
标准粉	11.2	1.5	71.5	344
富强粉	10.3	1.1	74.6	350
荞麦	9.3	2.3	66.5	324
苦荞麦粉	9.7	2.7	60.2	304
燕麦片	15.0	6.7	61.6	367
莜麦面	12.2	7.2	67.8	385
馒头（标准）	7.8	1.0	48.3	233
馒头（富强）	6.2	1.2	43.2	208
挂面（标准）	10.1	0.7	74.4	344
切面（富强）	9.3	1.1	59.5	285
油饼	7.9	22.9	40.4	399
方便面	9.5	21.1	60.9	472
烙饼（标准）	7.5	2.3	51.0	255

注：食部指从市场上购来的样品，丢掉不可食的部分后，所剩余的可食部分

附表 3-2 肉蛋类（食部每 100 克含量）

食物名称	蛋白质（克）	脂肪（克）	碳水化合物（克）	热量（千卡）
猪肉（瘦）	20.3	6.2	1.5	143
羊肉（瘦）	20.5	3.9	0.2	118
牛肉（瘦）	20.2	2.3	1.2	106
猪肝	19.3	3.5	5.0	129
猪肾（腰子）	15.4	3.2	1.4	96
猪肉松	23.4	11.5	49.7	396
牛肉松	8.2	15.7	67.7	445
酱牛肉	31.4	11.9	3.2	246
蛋清肠	12.5	22.8	5.8	278
小泥肠	11.3	26.3	3.2	295
鸡蛋（红皮）	12.8	11.1	1.3	156
鸡蛋（白皮）	12.7	9.0	1.5	138
鸡蛋白	11.6	0.1	3.1	60
鸭蛋	12.6	13.0	3.1	180
咸鸭蛋	12.7	12.7	6.3	190
鹌鹑蛋	12.8	11.1	2.11	160

附表 3-3 鸡鱼类（食部每 100 克含量）

食物名称	蛋白质（克）	脂肪（克）	碳水化合物（克）	热量（千卡）
鸡	19.3	9.4	1.3	167
土鸡（家养）	21.6	4.5	0	124
乌骨鸡	22.3	2.3	0.3	111
鸡翅	17.4	11.8	4.6	194
鸭	15.5	19.7	0.2	240
北京烤鸭	16.6	38.4	6.0	436
鲤鱼	17.6	4.1	0.5	109

(续表)

食物名称	蛋白质（克）	脂肪（克）	碳水化合物（克）	热量（千卡）
草鱼	16.6	5.2	0	112
带鱼	17.7	4.9	3.1	127
小黄鱼	17.9	3.0	0.1	99
平鱼	18.5	7.8	0	142
对虾	18.6	0.8	2.8	93
虾米（海米）	43.7	2.6	0	195
海蟹	13.8	2.3	4.7	95
河蟹	17.5	2.6	2.3	103
海参（水浸）	6.0	0.1	0	24

附表 3-4 乳类、豆类及豆类制品（食部每100克含量）

食物名称	蛋白质（克）	脂肪（克）	碳水化合物（克）	热量（千卡）
牛乳	3.0	3.2	3.4	54
牛乳（强化 VA、VD）	2.7	2.0	5.6	51
羊乳	1.5	3.5	5.4	59
牛乳粉（全脂）	20.1	21.2	51.7	478
羊乳粉（全脂）	18.8	25.2	49.0	498
酸奶	2.5	2.7	9.3	72
黄豆（大豆）	35.1	16.0	18.6	359
蚕豆（去皮）	25.4	1.6	56.4	342
绿豆	21.6	0.8	55.6	316
北豆腐	12.2	4.8	1.5	98
南豆腐	6.2	2.5	2.4	57
豆腐干	16.2	3.6	10.7	140
豆腐脑	1.9	0.8	0	10
豆腐丝	21.5	10.5	5.1	201
腐竹	44.6	21.7	21.3	459
粉丝	0.8	0.2	82.6	335
豆浆	1.8	0.7	0	13
凉粉	0.2	0.3	8.3	37

附表 3-5 各种蔬菜食部每100克中所含碳水化合物的量（%）

2%	3%	3.5%	4%	5%	6%	7%
水芹菜	菠菜	茄子	柿子椒	香菜	蒜苗	毛豆
生菜	韭菜	西红柿	红苋菜	大葱	青萝卜	
蒜黄	芹菜	苦瓜	芹菜叶	扁豆	苤蓝	
空心菜	大白菜	丝瓜	茭白	青蒜		
莴笋	绿苋菜	长茄子	白萝卜			
小白菜	茴香菜	菜瓜				
油菜薹	菜花	圆白菜				
瓢儿菜	油菜	葱				
绿豆芽	西葫芦	荷兰豆				
冬瓜	黄豆芽					
黄瓜	豌豆苗	8%	12%	15%	17%	18%
竹笋	小水萝卜	洋葱头	山药	藕	土豆	豌豆
	雪里蕻	胡萝卜			芋头	

附表 3-6　坚果类（食部每 100 克含量）

食物名称	蛋白质（克）	脂肪（克）	碳水化合物（克）	热量（千卡）
炒西瓜子	32.7	44.8	9.7	573
炒南瓜子	36.0	46.1	3.8	574
炒葵花子	22.6	52.8	12.5	616
炒花生仁	24.1	44.4	21.2	581
核桃（干）	14.9	58.8	9.6	627

附表 3-7　各种水果类（食部每 100 克含量）

食物名称	碳水化合物（克）	热量（千卡）	主食半两可换（克）	换水果重量（市两）
菠萝	9.5	41	215	4 两
草莓	6.0	30	293	6 两
柑	11.5	51	173	3 两半
四川红桔	9.1	40	220	4 两半
鸭梨	10.0	43	205	4 两
苹果	12.3	52	169	3 两
葡萄	9.9	43	205	4 两
柿子	17.1	71	124	2 两半
桃	10.9	48	183	3 两半
香蕉	20.8	91	97	2 两
杏	7.8	36	244	5 两
鲜枣	28.6	122	72	1 两半
山里红	22.0	95	93	2 两
猕猴桃	11.9	56	157	3 两
西瓜	5.5	25	352	7 两
哈密瓜	7.7	34	259	5 两
鲜荔枝	16.1	70	126	2 两半
桑葚	9.7	49	180	3 两半
樱桃	9.9	46	191	4 两

参 考 文 献

1. 陈灏珠主编．实用内科学．第11版．北京：人民卫生出版社，2001
2. 王光亚主编．食物成分表．北京：人民卫生出版社，1991
3. 陈炳卿主编．营养与食品卫生学．第4版．北京：人民卫生出版社，2000
4. 中国营养学会编著．中国居民膳食营养素参考摄入量．北京：中国轻工业出版社，2000
5. 王海燕主编．肾脏病学．第2版．北京：人民卫生出版社，2001
6. 叶任高主编．内科学．第5版．北京：人民卫生出版社，2001
7. 于康主编．临床营养医师速查手册．北京：科学技术文献出版社，2001
8. 陈春明，葛可佑主编．中国膳食营养指导．北京：华夏出版社，2000
9. 吴瑞萍，胡亚美，江载芳主编．诸福棠实用儿科学．第6版．北京：人民卫生出版社，2000
10. 杨霁云，白克敏主编．小儿肾脏病基础与临床．北京：人民卫生出版社，2000
11. 翁心植主编．慢性阻塞性肺疾病与肺源性心脏病．北京：北京出版社，1999
12. 蒋朱明，蔡威主编．临床肠外与肠内营养．北京：科学技术文献出版社，2000
13. 蔡东联主编．临床营养学．上海：第二军医大学出版社，2000
14. 蔡美琴主编．医学营养学．上海：上海科学技术文献出版社，2001
15. 吴在德主编．外科学．第5版．北京：人民卫生出版社，2001
16. 汪丽蕙，许广润，张树基主编．现代内科诊疗手册．第2版．北京：北京医科大学出版社，2001
17. 蒋朱明，吴蔚然主编．肠内营养．第2版．北京：人民卫生出版社，2002
18. 杨月欣，王光亚，潘兴昌主编．中国食物成分表2002．北京：北京大学医学出版社，2002